【宮中取材余話】

皇室の風

岩井克己

講談社

はじめに——光の底のブラックホール

皇居では毎年ゴールデンウィークのころ（以前は秋も）に吹上御苑《ふきあげぎょえん》の自然観察会が開かれる。昭和天皇の意向で手つかずに残された武蔵野の樹林。都内の巨木の二割がここに群生し、五千種の動植物が生息する。

厳重な警備がめぐらされる皇居。そのなかでも宮内庁職員も記者も入ることのない「聖域」だったが、現天皇の意向で二〇〇七（平成十九）年から春と秋に一般に公開されるようになった。抽選に当たった子どもたちが、うっそうとした樹林を見上げ、網で捕獲した蝶などの昆虫の説明に耳を傾けるなど、のどかで明るい光景が見られる。

その探勝コースに観瀑亭《かんばくてい》という休所がある。一九四四（昭和十九）年六月、太平洋戦争の天王山となったサイパン戦の戦況が絶望的となるなか、昭和天皇がせせらぎに舞う蛍を眺めて神経をやすめた場所だ。途中、コース脇にはコンクリート製の穴がぽっかりと口を開けている。長崎への原爆投下後の一九四五（昭和二十）年八月十日未明、昭和天皇が終戦を決断した御前会議の舞台となった地下防空壕への出入り口だ。今は鉄格子で閉ざされ、草むらのなかで荒れ果て、気にとめる人もいない。

筆者が宮内庁担当を命じられ、初めて坂下門《さかしたもん》をくぐったのは一九八六（昭和六十一）年。閉門時刻の夜八時を過ぎて出入りする際には、皇宮護衛官が二人がかりで太いかんぬきを抜き、全体重をかけて巨大な扉を開けてくれる。「江戸城開門」を実感する。文久《ぶんきゅう》二年（一八六二）一月、開国を進める幕府の老中安藤信正《あんどうのぶまさ》を水戸藩士らが襲った「坂下門外の変」の舞台。一九四五年八月十五日、玉音盤を奪い降伏を阻止しようと近衛歩兵を率いて乱入した青年将校たちが切腹したのもこのそばだ。

毎日通い詰めて三十年もの歳月が流れた。皇居のなかは、現天皇、皇后の住まいとして新御所が半蔵門近くに建設された以外は、まったく変わっていない。宮内庁、宮中三殿、生物学研究所と天皇が稲を植える水田、皇后が蚕《かいこ》を飼う紅葉山御養蚕所《もみじやまごようさんじょ》、楽部《がくぶ》……。時間が停まっているかのようだ。

一方、お濠の外の激動ぶりをふりかえれば茫然とするばかりだ。

昭和の終焉、平成のスタートは、バブル経済の頂点と重なりあった。プラザ合意（一九八五〔昭和六十〕年）による急激な円高や、ブラックマンデー（一九八七〔昭和六十二〕年）以後の世界的株安を受けた金融緩和策によって、空前の土地・株投機ブームにわきつつあった。新天皇が即位した一九八九（平成元）年の十二月には株価が史上最高値をつけた。一方、海外では同年十一月にベルリンの壁が崩壊し、十二月にはマルタ会談で米ソの冷戦終結が宣言された。国内でも、一九九三（平成五）年の細川護熙《ほそかわもりひろ》内閣発足で五五年体制が終わりを告げた。そしてバブルの崩壊。平成不況による「失われた十年」が続き、阪神・淡路大震災、オウム事件、連続児童殺傷事件などと暗い世紀末に、世界と日本の戦後の社会経済秩序が音をたてて崩れたかのようだった。

何が起きたのか、起きつつあるのか。

米国で起きたことについて、民主党オバマ大統領の経済ブレーンも務めたロバート・ライシュ元労働長官は「超資本主義時代の到来」として、著書『暴走する資本主義』でそれは「冷戦が生み出した新技術であるコンテナ、貨物船と貨物輸送機、光ファイバーケーブル、人工衛星通信システムから始まった」と、次のように分析している。

技術革新、グローバル化、規制緩和の三つが、消費者や株主を引き寄せようとする企業間の競争を激化させ、競争が企業にコストダウンを迫る。賃金がもっとも大きなコストであるから、企業は人員整理と賃金カットを迫られる。そして終幕は、……民主的資本主義という米国のシステムを特徴づけてきた一連の約束の消滅である。こうして消費者と投資家が権力を獲得し、市民が権力を失ってきたのである。

この波は、米国のみならず、日本にも押し寄せている。企業内雇用の規制緩和によって、非正規雇用は一九九〇年の八百万人から二千万人に増えた。企業内の年功序列との決別や成果主義が叫ばれた。派遣など低熟練で低賃金の労働者が増加し、さまざまな「格差」が広がったが、労働効率は上昇していない。政府債務も平成の三十年間で五倍強に膨れあがり、地方経済の沈下も大きな社会問題になっている。

昭和の終わりのころは、宮内庁記者クラブの窓から丸の内方向を眺めると、東京海上ビル（高さ約一〇〇メートル）より高いビルは見あたらなかった。平成に入って、続々と超高層ビルが立ち上がった。バブル経済の崩壊で不良債権処理の一環として不動産の活用、都心の集積施策が打ち出されたからだ。

一九九〇年代なかばに東京都と国土庁によって都心のオフィルビル開発の方向が打ち出され、一九九八（平成十）年の小渕恵三《おぶちけいぞう》内閣の経済戦略会議や二〇〇一（平成十三）年の小泉純一郎《こいずみじゅんいちろう》内閣の都市再生本部の方針に沿って、二〇〇二（平成十四）年に大手町・丸の内・有楽町が都市再生緊急整備地域に指定された。丸ビル（二〇〇二年竣工、高さ一七九メートル）、丸の内オアゾ（二〇〇四［平成十六］年、一六〇メートル）、東京ビル（二〇〇五［平成十七］年、一六四メートル）、新丸ビル（二〇〇七［平成十九］年、一九八メートル）、グラントウキョウノースタワー（二〇〇七年、二〇〇メートル）……。

皇居から眺めると、すり鉢の底にいるようだ。グローバル経済の波頭が押し寄せてきているようにも感じる。

夜間、上空から見ると、深い森に囲まれた皇居は、都会の不夜城の光の底に横たわる巨大なブラックホールのように見える。『中空構造日本の深層』（河合隼雄《かわいはやお》）や、ロラン・バルト『表徴の帝国』の「穿たれた日本の中心」と呼びたくもなる。「歴史」と死者たちが住む黄泉《よみ》の国に通じる「黄泉比良坂《よもつひらさか》」（古事記）への入り口のようでもある。

「帝国の統治権の総攬者」から「平和と民主主義の象徴」へと変わったが、あたかも座標軸が大きく転回しても動かぬ「原点」のように天皇はこの中からお濠の外を見つづけてきた。

この三十年、皇居では昭和天皇の大喪、現天皇の即位礼、太古の宗教儀式・大嘗祭《だいじょうさい》、皇太子結婚など国家的イベントがあった。皇室や仕える人びとの悲喜こもごもの人間ドラマもあった。今も進行中だ。天皇は皇后とともに、座標軸とそれで区切られる数々の象限を見つめ、ときに悩み、引き裂かれる思いにとらわれながらも戦いつづけてきたように感じる。

「ブラックホール」の縁で実見した過去と現在について報告し、未来について考えてみたい。

宮中取材余話　皇室の風

【目次】

装幀　榇本完二郎
装画　大場玲子

宮中取材余話　皇室の風

お濠の向こうは

天井桟敷から見た宮殿

宮殿行事の取材では、記者たちは宮内庁庁舎から渡り廊下で宮殿地下に潜りこみ、迷路のように入り組んだ薄暗い通路を空調配管に頭をぶつけそうになりながら延々と歩く。正殿松の間や長《ちょう》和殿《わでん》春秋の間では天井近くののぞき窓からひしめき合ってのぞく。どぶねずみが床下を走り裏階段をのぼって天井桟敷へとたどり着くようなものである。

二十数年間にわたり何百回となく通ったけれど、宮殿の美しさには飽きることはなかった。皇室記者の役得のひとつである。

イギリス、ベルギー、デンマークなど欧州の王宮、サウジアラビア、オマーンなど中東の宮殿、バチカン、米ホワイトハウス、紫禁城《しきんじょう》なども見る機会があった。壮大さや豪華さで日本の宮殿は遠く及ばぬものも多い。しかし、簡明な美と安らぎを醸す独特の華やぎの空間として世界に比類ないものだと思う。

天皇の傘寿《さんじゅ》を記念し初めて一般の参観に供された。天皇の発案という。二〇一四、一五両年の春と秋に、それぞれ一日約百五十人ずつ二日間にわたり応募を受け付けたが、数万人から十数万人の希望が殺到。抽選倍率百倍から七百倍という〝狭き門〟だった。

戦災で焼け落ちた明治宮殿跡に昭和の新宮殿が着工されたのは東京オリンピック開幕直前の一

九六四（昭和三十九）年六月。戦後民主化と経済復興のさなかである。宮内庁で造営主管を務めた高尾亮一《たかおりよういち》は次のように考えた。

京都御所は街の中に街とおなじ平面に建っている。外部との境は塀一重である。江戸末期にはその築地《ついじ》塀さえ破れて、夜ともなれば外から御所の灯が見えたと伝えられている。威厳とは無縁なのだ。（略）ドイツの建築家ブルーノ・タウトは、ヨーロッパと日本との宮殿についての概念の違いを端的に指摘している。ヨーロッパの宮殿は、どんなに小さいものでも常に「階級」――タウトは文化まで含めているが――を誇示している。これに反して、日本の宮殿にはまったくその匂いがない。タウトは宮殿の例として桂離宮、古くは桂御所といった建物を取り上げている。桂離宮はまったく「市民的」なのである。
（『宮殿をつくる』）

鉄骨鉄筋コンクリート造り、建築面積一万二〇〇〇平方メートル。地上二階地下一階の延べ床面積は二万三〇〇〇平方メートル。一般参賀に応えて天皇・皇族が手を振る長和殿の前の広大な広場「東庭《とうてい》」の地下は大駐車場となっている。

壮大な規模だが、日本古来の高床式の建物はいずれも高さを抑え、緩やかで軽い反りがある傾斜屋根も平らかで威圧感がない。中庭《ちゅうてい》を囲む主要棟の正殿（儀式棟）、長和殿、豊明殿《ほうめいでん》（大食堂）や表御座所《おもてござしょ》（天皇執務棟）は入母屋造り。小ぶりの連翠《れんすい》（小食堂）や千草・千鳥の間（控室）は寄棟造り。銅瓦葺きに人工の緑青《ろくしょう》を施してあり、明るい白緑色は珊瑚礁《さんごしょう》の海の色を思わせる。

高尾は「宮殿にはもともと固定した様式などというものは存在しない。（略）建築された時代を集約的に表現するものなのだ」と思い定め、ときに独断をふるった。よほどの素養と信念があったのだろう。

皇居造営審議会は屋根を瓦葺きとするよう答申していたにもかかわらず銅葺きを決断。古代中国以来の「天子南面」にもこだわらず、正殿を東面とした。御所に古来つきものとされ雛飾りでも欠かせない「左近《さこん》の桜《さくら》・右近《うこん》の橘《たちばな》」もあっさりやめて、中庭の正殿側と長和殿側とに白梅と紅梅を配した。

一方で「私どもの血液のなかに動いているものだけが、かえりみるに足る伝統なのだ」と、内装は細部まで「国産」にこだわった。

コンクリートの太い柱は硫化いぶしの黄銅板で覆って木材そっくりに仕上げ、壁はアルミの厚板に白い塗料を吹き付けて漆喰《しっくい》の風合いを出した。明かり障子は合成樹脂と張り合わせた和紙に。材木も数年前から手当てに走り、芯材は強い冷暖房にもひび割れしない集成材を研究させる一方、樹齢数百年の銘木などを遠路運ばせた。

正殿松の間の高さ八メートルの舟底天井は木曾檜板張り、床は欅《けやき》の大板、廊下天井には熊本県人吉《ひとよし》市の樹齢八百年の杉。豊明殿の高さ六・三メートルの天井は鳥取県産若桜《わかさ》杉《すぎ》の板張り、長押《なげし》は宮崎県えびの高原の栂《つが》。連翠などに使う松は沼津《ぬまづ》御用邸から百本近くを切り出した。

装飾、調度も「国風」にこだわった。

松の間に玉座はなく天皇は相手と同じ平面に立つ。立ち位置の目印に置く椅子と背後の三曲の衝立《ついたて》のほか装飾はいっさいない。衝立の上端の曲線は法隆寺《ほうりゅうじ》の阿弥陀三尊像の背障を真似た。

豊明殿の主賓席背後の壁面は巨大な綴織《つづれおり》の「豊幡雲《とよはたぐも》」。広大な大空にたなびく雲を夕陽が茜色に染めている。原画は中村岳陵《なかむらがくりょう》の六曲一隻屏風「豊幡雲」。中大兄皇子《なかのおおえのみこ》の万葉歌「わたつみの豊旗雲に入日さし今宵の月夜あきらけくこそ」による。京都の川島織物が巨大織機を特注して織り上げた。

豊明殿に敷き詰めた手織り緞通はサーモンピンク地に草の図案、長和殿春秋の間はあやめ色地に雲の図案を杉山寧《すぎやまやすし》が描いた。前者は京都府京丹後市の住江織物、後者はバチカン宮殿法皇謁見の間の絨毯を製作した山形県山辺町《やまのべまち》のオリエンタルカーペットが熟練の農村女性の人海戦術で織りあげた。

松の間廊下の大杉戸は年を経た春日杉の板を探し出し、右の春の桜は橋本明治《はしもとめいじ》、左の秋の楓《かえで》の紅葉は山口蓬春《やまぐちほうしゅん》に描かせた。当代の色彩画家の名作は、晩餐会などで照明が灯ると目にも艶《あで》やかに浮かび上がって夢幻の美を演出する。

石橋《しゃっきょう》の間には前田青邨《まえだせいそん》作の能楽「石橋」の赤がしらの獅子の絵が掲げられ、千草の間にはとりどりの伝統色の和紙に書かれた桂宮本万葉集の書額が万葉仮名の美を楽しませる。あえて画家の安田靫彦《やすだゆきひこ》に描かせた。

圧巻は、国賓などが南車寄せから入って階段を上ると最初に目に飛びこんでくる大壁画「朝明けの潮」だ。東山魁夷《ひがしやまかいい》作。「光昏《こうこん》」で日本芸術院賞を受けたばかりで無名だった東山に高尾が目をつけ、面識もなかったのに東宮御所の日月《じつげつ》の間の壁画を描かせた経緯があった。新宮殿の目玉として「外国の客が日本に来たと実感する図柄を」と注文し、東山が「海を描きましょう」と即答して決まった。表題は万葉集巻第七「時つ風吹かまく知らず阿胡《あご》の海の朝明の潮に玉藻刈りてな」（作者未詳）から採った。東山は全国の海岸を歩いてスケッチを重ね、岩礁と波のうねりを幅一五メートルの大壁画に描き代表作となった。

緑青、群青、金、プラチナなどで描いた青緑の波のうねり、真っ黒な岩礁、白い波頭、朝日に金色に輝くしぶきの存在感は強烈で巨大宮殿に負けないスケールだが、包みこまれるような深い安らぎを見る者に与える。

思えば、この宮殿が他国に類を見ないのは、広壮でありながら平らかに外に開かれ、海といい雲といい、朝日・夕陽といい、春の桜・秋の紅葉といい、日本の「自然」の美が満ちているからだろう。

宮殿を見た文芸評論家小林秀雄《こばやしひでお》は「戦後のモニュメンタルな建物といえばあの新宮殿しかありはしません。（略）最新の技術と最古の技術とが協力している」と評した。

広く一般の人たちも戦後昭和の時代に結晶した「日本文化」の粋を楽しむ機会はもっとあっていいと思う。

伽羅先代萩《めいぼくせんだいはぎ》

「萩の間」は宮殿の天皇の執務棟である「表御座所」の一角にある小ぶりの部屋で、内庭に植えられた萩が目を楽しませる。執務や宮殿行事の合間に天皇・皇后がここで昼食をとることも多い。

その日も天皇・皇后の食事に相伴した側近らの間で窓外の萩の眺めが話題になり、こんなやりとりがあったという。

「そういえば歌舞伎にも萩の名のつく演目がありましたよね？」

「伽羅先代萩ですね」

「どんな話でしたかしら？」

「……仙台伊達《だて》家のお家騒動の話ですよ」

「……」

何気ない会話だったが、場の空気が一瞬凍り付きそうになってしまったという。

当時、皇太子妃は長期療養に入って公務や行事にまったく出て来なくなり、皇太子の「人格否定」発言もあり、一部で天皇・皇后と皇太子夫妻との確執も取り沙汰されていた。天皇・皇后の周辺では「皇室が長年積み重ねてきたものが一気に崩れてしまう」と暗鬱《あんうつ》な空気が漂っていた。

気の置けない会食にまで影を落とした一幕だった。

宮殿の中でも天皇が日常的に仕事をする空間が表御座所だ。公的儀式の場となる「正殿」の裏（西方奥）に独立した棟が張り出しており、側近や一部関連職員ら限られた者以外は入れない「聖域」である。二〇一四、一五（平成二十六、二十七）両年に初めて実施された宮殿の特別参観でも非公開となった。

開かれた儀礼空間である正殿や大食堂「豊明殿」などと違い、表御座所は天皇が執務したり少数の近しい人たちと会ったりする場であり、記者たちにはもっとも気になる場所のひとつだが、内部に取材が入ることは一部行事の撮影カメラを除き、ほとんどない。

幸運にも駆け出し時代の一九八六（昭和六十一）年九月、宮内庁が珍しく宮内記者会の求めに応じて設定した宮殿見学会に参加し、その際に表御座所内も見ることができた。昭和天皇は毎年夏に那須御用邸で長期静養して留守だったから可能だったのだろう。前年にＮＨＫの特別番組のカメラが表御座所にまで入っており、これに反発する他メディアをなだめる意味もあったのかもしれない。

案内役を務めた卜部《うらべ》亮吾《りようご》侍従は日記に次のように記している。


9月3日（水曜） ……記者会見学　月・雪・桂・御車寄・バラ・控室・鳳凰・（菊）・花・西車寄の順、本多式部官から大使午餐日程、4時吹上へ……

表御座所棟は南北二区画に分かれ、正殿との間に桂壺、萩壺と呼ばれる内庭があり、それぞれに面して「桂の間」や「萩の間」などがある。さらに南区画に天皇の執務室の「菊の間」などがある。見学は月の間、雪の間、桂の間、薔薇の間、控室、鳳凰の間、菊の間、花の間の順に回ったわけだが、どの部屋もホテルの小宴会場や応接室のように簡素で印象が薄く、今は間取りすら記憶に残っていない。平成になって宮殿見学の機会はほとんどなくなり、詳細にメモしておかなかったのが悔やまれる。

ただ、さすがにもっとも重要な執務室「菊の間」だけは印象に残っている。ここで天皇は、内閣や宮内庁関連の年間二千五百件にも及ぶ書類に小さな決裁印を押し、勲記・官記には毛筆で署名し、侍従職事務官が一八七四（明治七）年以来使われている約九センチ角、重さ約三・五キロの金印「天皇御璽《ぎょじ》」や「大日本国璽《こくじ》」を押すのである。

ト部の日記には案内した各部屋のうち菊の間だけは（菊）と括弧付けしている。本来は見せないはずを現場かぎりで特別サービスしたのか、あるいは間外から見せただけとの意味か。個人日記ですら憚《はばか》っているのが面白い。

部屋は広からず狭からず。大きな執務机の上には右隅に硯箱や文鎮、侍従らを呼ぶブザーのボタンがあるだけ。少し離れた卓上に旧式の専用電話。大臣室、豪華都知事室や大企業社長室などに比べればむしろ小ぶりで質素である。壁に三菱重工のカレンダーがかかっていたこと、椅子の後ろの書棚に『明治天皇紀』全十三巻が並んでいたことが妙に記憶に残っている。

宮内庁は毎年、菊の間で執務中の天皇の写真を撮影しホームページでも公開しているが、書棚には今も変わらず『明治天皇紀』がある。二〇一五（平成二十七）年から順次公刊された『昭和天皇実録』も加わるのだろう。

菊の間以外の多くの部屋の使用法は、他の行事との兼ね合いや部屋の格付けなどにより臨機応変のようだ。東日本大震災以降は節電のためなるべく御所を使い、表御座所の使用頻度は減ったそうだが、過去の使用例を見ると大まかな性格付けはあるようだ。

「鳳凰の間」は内輪の儀式行事や拝謁などが多い。一九八五（昭和六十）年十一月、成年式を前に礼宮は薔薇の間で勲章を着用し鳳凰の間で昭和天皇・香淳《こうじゅん》皇后に挨拶。翌年四月の天皇誕生日には、手術入院した皇太子妃が昭和天皇に退院報告した。正月行事の奏事始の儀。立太子した皇太子への壺切御剣《つぼきりのぎょけん》親授の儀と宮内庁長官らのお祝い言上。桂宮の宮家設立お礼言上。歳末の皇族挨拶も鳳凰の間で列立でおこなわれている。新年の堂上《とうしょう》会総代の祝賀。正殿松の間が即位の礼のための工事で使えなかった時期は認証式がおこなわれたこともある。秋篠宮夫妻の納采《のうさい》（結納）のときは正殿「竹の間」で天皇・皇后に挨拶した後、紀子妃のみ鳳凰の間で皇后に挨拶し指輪を贈られた。

二〇〇二（平成十四）年、第八十四代出雲国造《いずもこくそう》の拝謁と「神賀詞《かんよごと》」奏上も内々に鳳凰の間でおこなわれた。二〇一三（平成二十五）年十二月、天皇の傘寿を期して宮内庁は初めて首相の内奏の写真を発表したが、これも鳳凰の間だった。

「桂の間」は西車寄せに近く、鳳凰の間よりも小ぶりの行事や、皇太子はじめ皇族、長年勤め退職する側近幹部らとの対面や休所などに使われることが多い。皇太后葬儀を担った祭官長・祭官副長の拝謁は鳳凰の間だったが、大勢の宮内庁職員ＯＢら祭官補たちの拝謁は桂の間だった。長女紀宮《のりのみや》と黒田《くろだ》慶樹《よしき》との結婚の日取りを伝える告期《こっき》の儀では、桂の間で黒田家の使者が宮内庁長官に伝え、長官は鳳凰の間で天皇・皇后・紀宮に伝達した。

「萩の間」では先述のとおり、執務や宮殿行事の合間に天皇・皇后が昼食をとることも多い。一九八七（昭和六十二）年四月、豊明殿での誕生日祝宴の席で昭和天皇が嘔吐した際には急遽ここが仮寝室にしつらえられ、しばらく横になって休んだ。

「薔薇の間」は、皇后、皇太子夫妻ら皇族の控え所や少人数の非公式の対面など多目的に使われるようだ。一九八七年九月十八日、昭和天皇の腸疾患と手術に踏みきることが皇太子・同妃（現天皇・皇后）に富田《とみた》朝彦《ともひこ》長官から伝えられたのも薔薇の間だった。一九九〇（平成二）年九月、内奏中の長谷川信《はせがわしん》法相が突然倒れた際は薔薇の間に担ぎこまれ宮内庁病院の医師の診察を受けた。心配した天皇も見舞っている。長和殿千鳥・千草の間で皇室会議皇族議員の互選投票がおこなわれるときは皇族方の控所にもなる。

天皇が独り執務し、娘の結婚、若い皇族の成年の挨拶など家族の通過儀礼や身近な側近との別れなど内輪の行事も多く、悲喜交々《ひきこもごも》の感慨が交錯《こうさく》するのが表御座所であり、今後も秘められた場所でありつづけるのだろう。

内舎人と天皇

天皇や皇太子のそばに常時控えて、侍従以上に身近で日常生活を支えるのが「内舎人《うどねり》」と呼ばれる人たちだ。

もともと律令官制では中務省《なかつかさ》に属し天皇の身辺警護などにあたるため「禁中」に入ることを特に許される官職として、他の舎人系の官職より格上とされた。奈良時代、聖武《しょうむ》天皇に仕えた大伴《おおともの》家持《やかもち》が有名だ。のちに源氏、平氏などの武士が任命されることが多くなった。

現在の宮内庁の役職としての内舎人は、侍従職の事務官の中でも天皇のプライベートゾーンに出入りできる内廷係職員に冠される資格だ。皇宮警察の護衛官でも、特に身辺近く警護にあたる側衛には内舎人の辞令が出る。昭和の晩年には天皇の内舎人は事務官五人、護衛官十八人。東宮内舎人は事務官十人、護衛官二十五人だった（一九八五［昭和六十］年）。東宮が多いのは一家五人だったためだ。現在は天皇の内舎人は事務官五人、護衛官三十人。東宮内舎人は事務官四人、護衛官十七人だ。

事務の内舎人の仕事は天皇の身辺雑事万端である。時と場面に応じて服、靴、靴下、帽子、絹帽（シルクハット）、勲章等々を用意して着替えを手伝う。さまざまな物品を用意したり、お茶やジュースなどの飲み物を運んだり、起床や行事出発予定の時刻が来ると寝室や居間のドアを叩いて知らせたりもする。ただ、ふだんは姿を隠し、天皇とも、身繕いや用件など必要最低限の言葉しか交わさない黒衣である。

侍従が「執事」とすれば、内舎人はそのまた下働きの仕事だ。存在そのものが気にならないほど常に「聖上《おかみ》」の身辺にあって、意をくみながら手足のように動くことを求められる。時代が平成に代わると、現天皇は自分で身辺を整えることも多くなり、内舎人の顔ぶれも異動が頻繁になったが、六十三年あまり在位した昭和天皇の場合は、長年仕えた人も多かった。

そうした内舎人の仕事の記録を見せてもらったことがある。

聖上の口吻《こうふん》ひとつからご機嫌を察するためのメモもあった。
①ネエー（内舎人に相談する時。ご機嫌良）
②エー（内舎人より申し上げる時。ご機嫌良）
③ソーカイ（納得なさった時。ご機嫌良）
④ワカラナイ（ご自身に自信のない時）
⑤ヨロシイ（納得なさった時）
⑥ナンダイ（予定しなかった事を申し上げる時、ご不満な時。ご機嫌悪し）
⑦ダッテー（納得いかれない時、ご不満の時。ご機嫌悪し）
⑧独り言をつぶやいておられる時は反省なさっている時で、比較的ご機嫌が良。
こんな具合である。

そうした内舎人の記録は、あくまでも職務のための心覚えであり、来る日も来る日も服装や身辺の世話の細かい記述の連続で、記録者の主観はまずない。恐れ多いとの考えだろう。しかし、ときに主従との間にそこはかとなく漂う人情も垣間見える。

・昭和五十八年一月某日。良子皇后を指導した体操家竹腰美代子《たけこしみよこ》をモデルにしたテレビドラマのビデオを回した時。皇后役の女優も登場した。「両陛下はお笑いになってご覧。いつも通り皇后様の左手に聖上の右手が重なっている」

・同年同月。大使引見を前に長靴下をはいてもらったはずなのに短靴下のように見えた。あわてて穿き替えを頼む。「アーソウカイと仰せ。取り換え始めるとズボン下の内側から長靴下。ズボン下の上に穿き替えを願う。ご自分でもおかしいので『エヘヘ』と何度もお笑いになる」

・同年五月。元東宮内舎人のOB職員が闘病中と、吹上御所を訪れた皇太子妃（現皇后）の耳に入れた。皇太子夫妻の心づくしの見舞いの品が届けられた。「本人は感激して涙を流さんばかりであった」

・同年六月。須崎御用邸で入浴中の天皇が呼んだ。「内舎人」「はい」「出るのか」。「一瞬ためらったが、『ハイ、後からお出しいたします』『ソーカイ』。入浴後の服が出ていないので催促と解した」

・同年七月。行事中に天皇着用のカフスボタンが紛失。別のボタンを着用してもらったが、天皇はしきりに「あれはあったか」と尋ねた。「菊の間、竹の間、厠所《とうしよ》（＝便所）、洗面、車内も探しております」。宮殿の廊下で見つけ報告すると、天皇は「取り換えてくれ」。鷹司和子《たかつかさかずこ》、池田厚子《いけだあつこ》、島津貴子《しまづたかこ》の三内親王から天皇誕生日に贈られたカフスボタンで、この日、吹上御所に三内親王が昼食に来る予定だった。

・昭和五十九年二月。宮殿行事中。

「今朝からだいぶお疲れの様子で何度もため息。椅子のない場所で腰を降ろそうとされるのであわてて椅子をその場所に移す」

・同年五月。「ネクタイはあるか？」に「はいご用意してあります」。天皇は朝からしていたネクタイを出して「ではこのネクタイは女官に渡してくれ」。この夜、常陸宮夫妻との夕食が予定されており、夫妻から贈られたネクタイに取り換えた。

・同年八月。浩宮が英国留学から一時帰国し同夜に東宮一家との夕さんが予定されていたため、内舎人が気をきかせて東宮から以前贈られたネクタイを吹上御所から宮殿に移しておいた。

「早めにお取り換えを申し上げるとご機嫌を損なう」と、ぎりぎりになって宮殿で「東宮さまのネクタイを」と差し出した。「ダッテ東宮ちゃんのネクタイは吹上にあるだろう。どうしてこっちにあるのだ？」。事情を説明するとしばらく考えて「ウン、取り換える」。「非常にご機嫌良好なり」

一九八八（昭和六十三）年九月十九日夜。前年手術して闘病中の昭和天皇は突然、激しく吐血し容体は予断を許さぬものとなった。

同二十五日、北白川祥子《きたしらかわさちこ》女官長からの指示で、ベテランの内舎人は他の内舎人たちにも秘して万一の際に必要な物品の調達に走った。そのリストは驚くほどの数だ。

昭和六十二年の新嘗祭《にいなめさい》の際に天皇が着用した祭祀の装束類ひとそろえやシャツ、下着、晒《さらし》、タオル、敷布、枕覆、蕎麦殻枕《そばがらまくら》、敷布団、タオルケット等々。「お遺髪用」として、白木の盆とその上に敷く和紙、白粉、電池カミソリ、はさみ、くし、ひげはさみ、ひげバリカン、はけ、チック等々。「末期のお水用」として、お口ふき綿棒は柳箸をガーゼに包み、麻手ぬぐい、白磁の茶碗と銀盞、小皿、銀の箸受け等々。それぞれ「皇族方用」と「臣下用」とを用意した。遺髪と爪を納めるための不祝儀袋も和紙を折って作り、紙縒《こより》をよって結んだ。

その後も内舎人たちの奮闘は翌年一月七日の崩御まで続いた。この間、天皇は吐血、下血を繰りかえし、ある夜などは、夜着や敷布などの洗濯物が百六十枚にものぼり、敷布団、敷布下敷きは破棄処分に回したと記録されている。

主従の別れの記録にも、長年仕えた者としての感慨は記されていない。誠心誠意、細やかに仕えないと勤まらない仕事だが、あくまで無名の黒衣だからだろう。ただ、たとえば白羽二重《はぶたえ》の「褥《しとね》」「衾《ふすま》」「龍顔覆《りゅうがんおおい》」について「用度課で用意したものの素材があまりよくなかったため別途発注した」とある。一つひとつの品物にも心をこめて用意したことがうかがえる。

宮殿の秘所「表御服所」

表御座所《おもてござしょ》は、宮殿の「奥の院」である。宮殿西側に張り出した南北二棟からなり、天皇家の内輪の儀式・行事や天皇の執務、休憩、食事などにも使われる。宮内記者会の取材も入らず、間取りすら公表されていない。

その表御座所にある西車寄近くからエレベーターで下に降りると、広大な地下階があり多くの部屋が並んでいる。ひと口に「御服所《ごふくしょ》」と総称されるが、いくつもの納戸《なんど》、倉庫や仕人《つこうど》部屋、天皇・皇后それぞれの浴室もある。きわめて限られた者しか立ち入れない〝秘所〟であり、その存在すらあまり知られていない。

地上階の「桂の間」の下に「御服手入れ所」がある。ここは文字どおり天皇・皇后の衣装収納部屋だ。そして地上階の天皇専用の「御車寄《みくるまよせ》」の下にあるのが「表御服所《おもてごふくしょ》」。実はここに「門外不出」の最重要物品や機密書類が秘蔵されている。

五、六十坪。卓球台なら三台は並べられる部屋には絨毯《じゅうたん》が敷き詰められ、全ての壁を棚やキャビネットが埋め、天皇・皇后の儀式服、勲章や諸外国から贈られた多数の勲章のほか国会開会式の「おことば」、動静を細大もらさず記録した侍従日誌、上奏書類控え簿、アルバムなども納められていたという。三種の神器の剣と璽《じ》が御所から宮殿に「動座」した際に安置する「剣璽棚」

もある。

昭和天皇に長年仕えた側近の証言によると、表御服所の扉の鍵は侍従職で厳重に管理しているが、室内にはさらに高さ一メートルほどの鋼鉄製の金庫があり、ダイヤル番号は内舎人《うどねり》しか知らなかった。

「金庫を開けると、その中に更に厳重に施錠できる革製の手提げ鞄か金庫のようなものが入っており、その鍵とダイヤル番号は徳川義寛《とくがわよしひろ》侍従長と侍従職内廷係長（内舎人）の二人しか知らなかった」

この「金庫の中の金庫」には、平成の始めのころまでは戦時中の軍の機密書類や懐紙《かいし》などもっとも秘匿を要するものが入っていたらしい。往時の侍従長や侍従、内舎人らはほとんどが鬼籍に入り、今は知る術もない。

敗戦直後の一九四六（昭和二十一）年に東京裁判対策のため側近らが昭和天皇から四日間計八時間にわたり大戦の回顧を聴いた記録『昭和天皇独白録』が寺崎英成御用掛《てらさきひでなりごようがかり》の遺族によって刊行されたのは一九九一（平成三）年。これについて一九八八（昭和六十三）年まで侍従長だった徳川義寛は筆者にこう語っていた。

「あれの原本は私も見たことがあるが、寺崎さんの『独白録』は原本とはちょっと違うように思う。宮殿の下にいろいろ保管してあるので、そこにあるのかもしれません。世に出ることはないでしょう」

昭和五十年代に当時の入江相政《いりえすけまさ》侍従長が十九回にわたって昭和天皇の「大東亜戦争回顧」を聴き書きした『聖談拝聴録《せいだんはいちょうろく》』が存在することは入江日記でよく知られている。『独白録』とは比較にならない分量で昭和史の超一級資料だ。これも一時は表御服所に保管されていた。
一九八八（昭和六十三）年に自治省出身の山本悟《やまもとさとる》宮内庁次長が徳川から侍従長を引き継ぐとただちに卜部亮吾侍従に表御座所を案内させ、『拝聴録』を探索している。

5月2日（月曜）
……1時半から侍従長を宮殿案内　葡萄の間からバラの間まで　EVで地階に降りて倉庫・お納戸・奥御服所など細部にわたる……

5月23日（月曜）
……侍従長と表御服所に赴き入江［相政・元］侍従長の「拝聴録」を探索す　断念しかけたが最後にキャビネット最下段から発見　内容確認しリストを作り元の場所に収納……
（『卜部亮吾侍従日記』）

富田朝彦宮内庁長官のメモにも同日付で「入江聴書発見（略）陛下に報告を」と記されている。
しかし翌一九八九（平成元）年八月にはふたたび行方不明となった。

8月4日（金曜）
……宮殿表御服所へ　「拝聴録」の所在確認すれどなし……
（同）

侍従長退任後も侍従職参与として居残っていた徳川が一九九六（平成八）年二月二日に亡くなると、山本侍従長は同五日、ふたたび卜部に『拝聴録』の検索と確保のこと」を指示した。

3月13日（水曜）

……参与室で「拝聴録」が見当たらないので念のため平田［皇太后宮職］参事と表御服所へ探索に　鍵の函の中は軍事機密等の書類　お懐紙は確認　それらしきものなし、再び参与室へ、［北白川祥子・皇太后宮］女官長にも電話　心あたりがないかきく　侍従長にも見当たらない旨報告……（同）

忽然と消えてしまったのである。

そして、それから五年後、二〇〇一（平成十三）年二月七日になって、徳川の遺族が自邸に残されていた鞄を宮内庁に返してきた。

……皇太后宮職の車で吹上へ、全員集合　徳川ご遺族から返還された鞄の中の資料を点検する　問題のいわゆる「拝聴録」コピーとも出てくる　やはりという感じ、……（同）

しかし、その『拝聴録』をどうしたか卜部は記していない。卜部も平成十四年三月に死去した。

今、宮内庁も『拝聴録』の所在を把捉できていない。報道機関からの情報公開請求に対して

「存在しない」と回答。「仮にあったとしても行政文書ではないので公開できない」としている。

現天皇は二〇〇七（平成十九）年の誕生日記者会見で『拝聴録』についての質問に「それは見たことはありません」と答え、「お手元にもないということですか」との問いに「無いと思います。少なくとも私が知っているところには無いということです」と述べた。

杳《よう》として所在不明のままなのだ。

このほど宮内庁書陵部が長年にわたり史料収集し作成してきた『昭和天皇実録』が完成した。侍従職日誌、外交文書、外国公文書館の史料などはもちろん、富田メモなど関係者遺族から提供された新史料も入手し多くの側近らから聞き書きもしたという。しかし、天皇自身の肉声記録である『独白録』原本や『拝聴録』は入手できなかったという。卜部日記によると、天皇自筆の『日記』も香淳皇后の死去後に見つかったが、側近が副葬品として陵に〝埋葬〟してしまった。

冷泉《れいぜい》家の流れをくむ入江、尾張徳川家出身の徳川は、二・二六事件前後から半世紀以上も天皇の身近に仕え、ある意味で皇族以上に「身内」意識が強かった。天皇の「本音」の記録を余人や官僚機構に託すわけにはいかないと、彼らなりの信念から「封印」したのかもしれない。現天皇の会見でのそっけない返答には、継承者の長男としての不満がにじむように思われる。

この件で思い出すのはハリウッドのヒット映画『レイダース　失われた聖櫃《アーク》』だ。

モーゼの十戒を刻んだ石碑を納める聖櫃をナチス・ドイツが入手しようと探索し、阻止しようとする考古学者と争奪戦をくりひろげる。ナチスがついに探し当て、喜び勇んで蓋を開けると、中から無数の亡霊が飛び出してきて、熱線にナチス将兵らはことごとく焼かれ溶かされてしまう。奪回された聖櫃は米政府機関の巨大な地下倉庫に送られるが、膨大な収蔵品の山の中にふたたび埋もれていく――。

昭和天皇は晩年は温厚な印象が強いが、史料によってはときに激しい性格も顔をのぞかせている。歴史の修羅場に関する肉声の記録を開封することは、過去の亡霊を呼び覚まし、死者たちのみならず生者たちをも襲いかねないのだろうか。

鋼鉄製金庫内の革製金庫

宮殿の天皇執務棟「表御座所」地下の「表御服所」には高さ一メートルほどの鋼鉄製の金庫が置いてあり、さらにその中に「手提げの革製の金庫」（元側近）があって「門外不出」の機密書類や懐紙などが入っていた。

入江相政侍従長が昭和天皇から「大東亜戦争御回顧」を聴き書きした『聖談拝聴録』を卜部亮吾侍従が表御服所で発見したのは一九八八（昭和六十三）年五月二十三日だった。第一回（一九七六［昭和五十一］年二月）から第十九回（一九八一［昭和五十六］年五月七日）に及ぶ聴取録と「結語」などが計十四袋に分けて詰められていたという（『卜部亮吾侍従日記』）。

その後、この『拝聴録』はいったん行方不明になったが、徳川義寛元侍従長の死後に遺族から「鞄」ごと返却された。しかし今はふたたび行方不明だ。

実は卜部は『拝聴録』発見から三日後にもふたたび表御服所で機密書類の探索にあたるはめになっていたことが最近わかった。

一九八八［昭和六十三］年五月二十六日付毎日新聞朝刊が「天皇陛下　駐屯軍撤退は不可　昭和三十年訪米説明　重光元外相、日記に記述」と報じた。中央公論社の新刊『続 重光葵手記』の記述を特報したのである。

当時の鳩山一郎《はとやまいちろう》内閣は憲法改正と自衛軍の整備、駐留米軍の逐次撤退やソ連との国交回復を掲げていた。

外相重光葵《しげみつまもる》は一九五五（昭和三十）年八月に訪米してダレス米国務長官と米軍撤退を含む安保条約改定などに関し会談する予定だった。ところが出発三日前の同月二十日、那須御用邸に出向き内奏した際に昭和天皇から重大な発言があった。

渡米の使命に付て縷々内奏、陛下より日米協力反共の必要、駐屯軍の撤退は不可なり。

さっそく参院決算委員会で取り上げられ藤森昭一《ふじもりしょういち》宮内庁次長は「内奏は、象徴として国情を知って頂き理解してもらうため行っている。（略）陛下はそのお立場を十分御理解になっているわけでございまして、御指示と誤解されるような御意見は一切申されないという理解でございます」と答弁した。

この日、卜部は日記に次のように記している。

9・30登庁、侍従長から毎日に載った重光日記のこと「お日誌」にて事実確認　早速国会で質問ありと角田参事官、宮殿へ　長官と侍従長に拝謁の記録を報告、（略）7時前桂宮緊急入院手術の報、7時すぎ［永岡・宮内庁］審議官に電話　国会答弁のこと　東宮妃お見舞の報も入りそれぞれ出動の要あり、……

卜部は、まず『お日誌』つまり動静記録である侍従日誌を見た。その後、「国会で質問あり」と聞いて「宮殿へ」とだけある。最近になって筆者が入手した関係者のメモによると卜部はやはり地下の表御服所に行っていた。

発言資料は宮殿表御服所内、スチール製金庫内の革製金庫内より見つかる。

革製金庫には「徳川参与預かりの終戦前後の大事な書類」が入っていた。探索にあたった関係者は四人だけ。互いに「他言無用と厳重確認」した（同メモ）。

重光日記の記述どおりなら、昭和天皇は天皇の政治関与を禁じた日本国憲法第四条を逸脱し外相に「下命」したことになる。訪米した重光はダレスに米軍撤退の話は持ち出さなかったという、天皇の「下命」が影響を与えた疑いも出てくる。

国会で答弁に立った藤森次長は一般論で逃げた。質問者の一井《いちい》淳治《じゅんじ》委員も次のように釘を刺しただけで、それ以上は追及しなかった。

昭和二十六年に日米安全保障条約が結ばれまして（略）日米関係をどうしていくかということが一つの国内の大きな問題になっております。また、米軍基地をめぐる基地反対闘争ということがずっとこのころ大きな政治問題になっておったわけでございます（略）日本の防衛力を強化して、そのかわり駐留軍には撤退してもらおうと（略）重光外相などそういうお考えではなかったのかという気もいたしますけれども、そういう中で、「日米協力反共の必要、駐屯軍の撤退は不可」だというふうに言われることは、非常に高度の政治的な内容を含んでいる。

昭和天皇が国内外の共産主義勢力を極度に恐れて米軍の長期駐留を望み、ときには政権の頭越しに米側とやりとりする「二重外交」を試みたことは連合国軍最高司令官のマッカーサーやリッジウェーとの会見記録や米側外交史料などでも明らかになっている。とりわけ国際政治学者進藤《しんどう》榮一《えいいち》が発掘した「沖縄メッセージ」は衝撃的だった。

GHQ外交顧問ウィリアム・シーボルドが一九四七（昭和二十二）年九月十九日、宮内省御用掛寺崎英成から伝えられた天皇のメッセージをマッカーサーとジョージ・マーシャル国務長官に報告した書簡「琉球諸島の将来に関する日本の天皇の見解」である。

寺崎が述べるに天皇は、アメリカが沖縄を始め琉球の他の諸島を軍事占領し続けることを希望している。（略）

……軍事占領は、日本に主権を残存《リテインド》させた形で、長期《ロング・ターム》の——二十五年から五十年ないしそれ以上の——貸与《リース》をするという擬制《フイクション》の上になされるべきである。天皇によればこの占領方式は、アメリカが琉球列島に恒久的意図を持たないことを日本国民に納得させることになるだろうし、それによって他の諸国、特にソヴィエト・ロシアと中国が同様の権利を要求するのを差止めることになるだろう。

（進藤『分割された領土』）

北方四島や台湾との兼ね合いのなかで天皇は日本の潜在主権を残す形での沖縄の米軍事基地化を希望し、冷徹なリアリストぶりをみせている。

一九五五年の重光への「下命」は、講和・日米安保条約締結後もなお天皇が米軍撤退に強く反対したことを示すものだった。

昭和天皇は「一身で二生を生きた」と言われる。筆者は過渡期も加え「三生を生きた」と思う。

①明治天皇以来の帝国憲法下の「大元帥」「現人神」の時代。

②敗戦処理と再出発の時代。旧憲法から新憲法定着までの過渡期で、戦後巡幸で国民との「紐帯」を確認しつつ東京裁判を乗り切り単独講和・日米安保条約締結まで。

③新憲法・安保体制が軌道に乗り「象徴天皇」「人間天皇」へと鎮まった時代。

戦争と終戦の政治的アクターとしての天皇を演出した内大臣木戸《きど》幸一《こういち》は敗戦時は退位に反対した。②を乗り切るための判断だろう。しかし講和条約締結時には一転して退位を勧めた。「国体護持」のメドが立ち、けじめをつけるべきだと③を生きるのには反対したのだ。しかし天皇は在位しつづけた。

晩年、昭和天皇は靖国神社へのA級戦犯合祀に強い怒りを示し、久しく封印していた政治的アクターの顔をのぞかせた。①の時代を自己否定し敗戦処理・再出発に苦闘した②を経て得た③の戦後平和の根幹に関わるからだ。

天皇は「戦前も戦後も立憲主義的に行動した」としながらも、ときに危機感からリアリストの本音をのぞかせ超法規的言動を残した。

歴史の機微にふれる記録を納めた「革製金庫」は今も封印されている。時代の変遷と天皇の心境、役割を立体的に捉えるのは容易ではない。とりわけ②の過渡期がそうだ。昭和はまだ歴史になっていない。

元東宮大夫が見た宮中祭祀

現天皇の皇太子時代に東宮職のトップとして十二年間仕えた安嶋彌《やすじまひさし》・元東宮大夫《とうぐうだいぶ》（二〇一七〔平成二十九〕年、九十五歳で没）が、私家版の詩集を送ってくれたことがある。元文化庁長官で、官僚離れした文人肌。『小詩集2　時』と題された小冊子をめくっていて、「古代の神事」という詩に目が吸い寄せられた。一人の元宮内官吏が抱いた宮中祭祀観が淡々とつづられているが、並々ならぬ洞察が凝縮されているように思った。

詩は、まず、日本の神々と神事を描写する。

古代において、歌と舞と楽《がく》は、神事そのものであつた。
天宇受売命《あまのうずめのみこと》は、桶を踏み鳴らして、踊り狂つた。
歌舞する者には神霊が憑依《ひょうい》し、忘我の巫祝は、ただ人ではなかつた。
神は畏怖すべく、慰撫すべきものであり、これに食饌と神楽を捧げた。
神は火明《ほあかり》とうま酒を好んだ。
神は「もの」に依り宿つた。「もの」は神であつた。
祭と政とは一体であつた。

神は祖先神（廟）、自然神、土地神（社）あるいは穀物神（稷）であった。

石川県出身。文部官僚となり文部省官房長、初等中等教育局長、文化庁長官を歴任し一九七七（昭和五十二）年から一九八九（平成元）年まで東宮大夫を務めた。教育行政だけでなく、哲学、歴史、宗教、芸術など幅広い教養人としても知られ、日本工芸会会長、日本赤十字社常任理事、学士会副理事長などを務め、日本エッセイスト・クラブ会員でもあった。ちなみに皇太子のお妃候補リストに「小和田雅子《おわだまさこ》」の名が加わったのも安嶋の在任中だった。

宮中祭祀で、東宮大夫は宮中三殿や隣接の神嘉殿《しんかでん》の中まで入ることはないが、皇太子に毎回従い、天皇の祭祀の場近くで控える。十二年間仕えたから、新嘗祭も十回は参列したはずだ。本人によると伊勢神宮の神嘗祭《かんなめさい》にも何度か私人として参列したという。

宇宙、天地、自然の神々と人の営みを描写した詩文は、呪術的祈りへ、そして天皇の祭祀の中核である穀霊祭祀へと照準を絞りこんでいく。

雨降らせ給へ、雨やめ給へと、人は神々に迫った。
山にも杜にも木石にも、また川にも湖にも神が宿り、
地霊に対する奉幣、手向けは欠くことができなかった。このため地鎮が行はれた。
四方拝において天皇は、四方の神々を祀った。
国ほめの国見は、国魂のしづめであつた。

としごひ（祈年）は、豊穣の予祝であり、とし（稲）には稲魂がやどり、年魂がやどつた。
としは、みのりと力であった。
神嘗の祭は、豊饒の感謝であつた。
新嘗の祭は、としによる天皇の魂ふりであつた。

長年、祭祀の現場に立ち会った一教養人が、自分なりの体験と想念を結晶させた「結論」といった趣である。

新嘗祭は、春の祈年祭（予祝）に対応する秋の収穫祭だとされることが多いが、安嶋は十月十七日の神嘗祭が収穫祭であり、十一月二十三日の新嘗祭は「天皇の魂ふり」に神髄があると結論づけている。

伊勢神宮では、神田の稲の初穂を倉に納めておいて、十月、十二月、翌年の六月に「由貴大御饌《ゆきおおみけ》」と呼ばれる供え物として皇祖神に捧げる。十二月と六月を「月次祭《つきなみさい》」、新穀を供える十月の祭を神嘗祭という。午後十時、午前二時に、白石の敷き詰められた神宮の神域で、庭火の明かりに照らされ、神楽歌の流れる中を純白の斎服姿の禰宜《ねぎ》たちが、ご飯、酒やアワビ、鯛、塩、伊勢エビなどの山海の幸を神前に供え八度拝をする。宮中でもこの朝、天皇が宮中三殿に隣接する神嘉殿で伊勢神宮を遥拝する。

新嘗祭では、十一月二十三日、神嘉殿で御座（天皇の座）と神座が伊勢神宮の方角である西南方向に並べられ、中央に八重畳の寝座をしつらえて、その上に羽二重《はぶたえ》の衾《ふすま》や坂枕を置き、傍らに櫛、扇、沓《くつ》も置く。次々に運びこまれるご飯や酒や山海の幸のお供えを天皇がそれぞれ十枚の柏の葉の皿に取り分けて供え、みずからも飲食する。

天皇の即位後初めての大規模な新嘗祭である大嘗祭と並んで、この祭儀の意味については諸説紛々だが、住吉大社の禰宜や八坂神社の宮司を務めた神道学者真弓常忠《まゆみつねただ》も、新嘗祭の収穫祭説を明確に否定している。

理由として挙げているのは、
①延喜式《えんぎしき》の時代に祈年祭では三千余座の神々に朝廷から幣帛を配ったのに、新嘗祭では三百余座にしか配っておらず、新嘗祭の本義は天皇が親《みずか》ら新穀を「聞食《きこしめ》す」ことにあるためと思われる。
②供え物が運びこまれるときに掌典が「オーシー」という警蹕《けいひつ》の声をあげ、供え物そのものを神として敬っている。
③天皇が新穀を食べる際に「おお」と声を上げ頭を下げるなど最高の礼をつくしており、新穀を神に供えるというよりは、皇祖から初穂を賜って食べることで皇祖の霊を受け皇祖と一体となる意味が強い。
などだ。

また本居宣長《もとおりのりなが》の「すべて大嘗新嘗は、天皇の聞食すを主とする事にて、神に奉り給ふも、天皇の聞食さむとするにつきて、先《まず》奉り給ふ也」(『大祓詞後釈』)を引用している。新嘗祭では、衾にくるまって降臨した皇御孫命《すめみまのみこと》すなわち天皇が寝座から出て御座から神座の天照大神に向き合い、霊威の宿る稲魂を、まず食べ物をもたらした神々に感謝して供えたあと親《みずか》らも食べる。神嘗祭でも、天照大神(内宮)よりも先に食べ物の守護神で農業など産業をつかさどる豊受大神(外宮)

に供える。いわば「サバ（散飯）をサバの神にまず供える」のに過ぎず、新嘗祭の本義は「毎年の冬至の日に皇御孫命が日の神の霊威を享けて『日継《ひつぎ》の御子《みこ》』としての霊質を更新」することにあり、神嘗祭はそれに先立ち「日の神もまた天つ神の神威を受けて神威を更新する」ことにあったというのである（『古代祭祀の構造と発達』）。

新嘗祭は単なる収穫祭という生やさしいものではなく、天皇の神格を更新する王権神話の構造を持つ。しかし核心はつまるところ安嶋の言うように「天皇の魂ふり」にすぎないともいえる。

安嶋は詩文の最後を「すべては呪術であつて、それは今もなほ残つてゐる」と結んでいる。

天皇の祭祀という記号体系は、先史時代の祖先からのメッセージのような面を持つ。理解しようともせず非合理な因習として嫌悪することも、また逆に無条件に絶対化する宗教的原理主義も適切ではないことを、安嶋の詩は暗に語っているかのように感じた。

「昭和」は遠く

宮内庁廊下に幽霊が出た話

「幽霊を見ました。侍従長室の近くの廊下です」

あるとき、宮内庁記者クラブで他社の若い女性記者が真顔でそっと耳打ちしてきたことがある。

「真っ白な髪の老人の後ろ姿が見え、ふっと消えたのです」

今の宮内庁庁舎は旧宮内省庁舎として一九三五（昭和十）年に建設された。翌年には二・二六事件が起きた。侍従長室がある内廷庁舎（二期庁舎）が西側に増築されたのはこの年である。爆撃で明治宮殿が大勢の職員や皇宮警察官を犠牲として焼け落ちるのを目撃し、終戦の八月十五日には玉音盤争奪の舞台ともなり、反乱将校が自決。鎮圧した東部軍管区司令官や陸相も自決するなど血《ち》腥《なまぐさ》い昭和初期の歴史が刻まれる。一期庁舎から二期庁舎に入ると廊下に赤絨毯が敷かれ「ここからはオクに入る」とわかった。

夕方ともなると内廷庁舎は人影が消え、廊下は暗く、若い女性が怯えるのも無理はないような気味悪い静寂に包まれる。ただ、廊下や階段が入り組んでいて、高齢の参与、御用掛や客が来て急に角を曲がったり階段を降りたりして姿が見えなくなることもある。

「幽霊？　まさか」と笑ったが、女性記者は「間違いありません。たしかに幽霊でした」と言い張った。

出くわしたという場所を聞いてみると、内廷庁舎でももっとも奥まった場所にある侍従長室の手前、大きな侍従控え室の前の廊下らしい。戦時中、空襲で宮殿が焼け落ちたあとは「御政務室」として使われ、一九四五（昭和二十）年八月十四日の深夜には昭和天皇がマイクの前に立って終戦の「玉音」放送が録音された部屋だ。録音中、廊下では侍従の入江相政、徳川義寛（ともにのちに侍従長）が並んで侍立していたとされる。数時間後には反乱軍兵士が乱入し、玉音盤や内大臣のゆくえを追って駆け回った。徳川は玉音盤を預かって軽金庫に入れ、事務室の書類の裏に隠し、宮内大臣と内大臣を内廷庁舎地下の防空室「金庫室」に隠していたけれども口を割らず、兵士に殴り倒された。

私は生前の徳川から当時のできごとを直接聞いていたが、若い彼女は半世紀以上前にそこで何があったかまったく知らなかった。ほんとうに幽霊が出たかどうかはともかく、死者たちの記憶を呼び覚ます場所で、女性らしい鋭敏さで何かを感じ取ったのかもしれない。

宮内庁が戦後七十年の二〇一五（平成二十七）年夏、メディアの要望に応えて吹上御苑の奥に眠る防空壕「御文庫《おぶんこ》附属室」の撮影を許可し、玉音盤の再生音を公開した。前者は御前会議でポツダム宣言受諾を天皇が決断した「聖断」神話の舞台。後者はその際の天皇の言葉をもとに起草された「終戦の詔書」の肉声朗読である。大日本帝国の敗北とアジア・太平洋戦争の終結という歴史的瞬間を伝えるものだが、ずっと皇居の奥で埋もれ朽ちると思われていた。現天皇の英断だろう。

天皇の避難場所としての防空施設は、徳川が宮内大臣と内大臣をかくまった宮内省内廷庁舎の地下「金庫室」のほか、爆撃・火砲の破壊力増大に対応して、一九四一（昭和十六）年から吹上御苑にコンクリート製の「御文庫」が建造され、一九四二（昭和十七）年に完成した。間口約七五メートル、奥行約二〇メートルで地上一階地下二階建て。寝室・居間・書斎・映写ホールや側近の控え室・当直室などもあった。筆者も何度か内部を見学したことがあるが、薄暗くてじっとりした空気が漂っていた。爆弾に耐えるように二層のコンクリート層の間に砂の層（サンド・クッション）も設けた屋根は厚さ三メートルもあり、砂を十分乾かす暇もなく突貫工事で詰めこんだため、後年まで湿気に悩まされたという話だった。

『昭和天皇実録』によると一九四二（昭和十七）年九月十一日、宮内省の防空演習のため天皇は皇后と終日、御文庫で過ごし、その日以降、暑い日は併設のプールで泳いだりしている。爆撃の恐れが強まるとともに一九四三（昭和十八）年四月から御文庫に起居するようになり、明治宮殿が空襲で焼け落ちたこともあって戦後も一九六一（昭和三十六）年に隣接の御所が新築されるまで住みつづけた。

一方、一九四一年には御文庫の百メートルほど北方、「望岳台《ぼうがくだい》」と呼ばれた小山を掘りこんで「大本営地下室」が築造された。頑丈な鉄筋コンクリートの箱を埋めこんだようなもので、天井は五トン爆弾にも耐えるようにコンクリートと砂の層を重ね厚さ四メートルもあったという。広さ六三〇平方メートル。六〇平方メートルほどの会議室や天皇の休所、控え室、冷房・給水機械室、通信室などがあった。

徳川の日記や『実録』によると、一九四四（昭和十九）年十一月二十三日の新嘗祭は、防空警戒のため、この防空壕内に「神嘉殿代」を設けておこなわれた。皇祖神はどうやって分厚い天井・壁や鉄扉の内側まで降臨したのだろうか。

その後、この「大本営地下室」は御文庫と地下トンネルでつながれ「御文庫附属室」と呼ばれた。『実録』に記載された同附属室での動きを追ってみよう。

昭和二十年五月二十日　御文庫と附属室を結ぶ地下トンネルが完成し、皇后とともに視察。

六月一日　陸軍省が御文庫の補強工事をすることを侍従長から言上（同月五日から工事開始、七月三十一日に竣工）。

六月二日　天皇は地下トンネルを通って附属室へ。枢密院会議に臨んだ。「親臨の会議室としての御文庫附属室の使用は、本日を以て嚆矢《こうし》とする」

八月三日　侍従長藤田尚徳《ふじたひさのり》が、「今後、空襲警戒発令の際は御文庫附属室へ御動座を願う」と言上。

八月八日　空襲警報で初めて皇后と共に附属室へ。午後四時四十分、附属室において外務大臣東郷茂徳《とうごうしげのり》に謁を賜い、昨七日傍受の新型爆弾に関する敵側の発表とその関連事項、及び新型爆弾の投下を転機として戦争終結を決するべき旨の奏上を受けられる。これに対し、この種の兵器の使用により戦争継続はいよいよ不可能にして、有利な条件を獲得のため戦争終結の時機を逸するは不可につき、なるべく速やかに戦争を終結せしめるよう希望され、首相へも伝達すべき旨の御沙汰を下される。

八月十日　午前零時三分、御文庫附属室に開催の最高戦争指導会議に臨御。午前二時過ぎ、議長の首相より聖断を仰ぎたき旨の奏請を受けられる。天皇は、外務大臣案を採用され、その理由として、従来勝利獲得の自信ありと聞くも、計画と実行が一致しないこと、防備並びに兵器の不足の現状に鑑みれば、機械力を誇る米英軍に対する勝利の見込みはないことを挙げられる。ついで、股肱の軍人から武器を取り上げ、臣下を戦争責任者として引き渡すことは忍びなきも、大局上三国干渉時の明治天皇の御決断の例に倣い、人民を破局より救い、世界人類の幸福のためにも外務大臣案にてポツダム宣言を受諾することを決心した旨を仰せになる。

昭和が終わり、香淳皇后も亡くなると、吹上の御文庫も附属防空室も、そのまま放置されることになった。公開された附属防空室の荒れ果てて朽ち錆びた映像は七十年の歳月を物語る。皇太子と秋篠宮は現場に足を運んで実見したという。

焼き尽くし焼き尽くされた末、天皇が大元帥から平和の象徴として再出発した原点である。「聖断」神話の評価はともかく、保存して、若い世代に大いに「亡霊」を見てもらう縁《よすが》とすることはできないものだろうか。

堅強は死の徒なり

枢密院《すうみついん》の建物の改修工事が終わり、このほど皇宮警察本部庁舎としてよみがえった。桔梗門《ききょうもん》から皇居に入ってすぐの道路脇にある。国会議事堂を設計した大蔵省の建築技官矢橋賢吉《やばしけんきち》が一九二一（大正十）年に建てた。鉄筋コンクリート二階建て。古代ギリシア様式の円柱をあしらい、のちの議事堂のひな形となったとも言われるが、小さくてさほど見栄えのしない簡素な建物である。

この建物の「復活」には筆者なりの感慨がある。

一九八六（昭和六十一）年に宮内庁担当記者として皇居に通うようになってから、ポツダム宣言受諾の「聖断」の場となった吹上御文庫附属防空壕と、この旧枢密院とは、いずれも昭和の戦前戦後を分かつ決定的場面の舞台であることを知った。ずっと放置され荒れるにまかされているのを複雑な思いで見てきたからだ。

防空壕は一九四五（昭和二十）年八月十日未明、最高戦争指導会議（御前会議）でポツダム宣言受諾の可否が同数となった際、首相鈴木《すずき》貫太郎《かんたろう》が天皇の「聖断」を乞うたあまりにも有名な舞台。枢密院のほうは、一八八八（明治二十一）年の発足以来、天皇の最高諮問機関として幾多の国家的重要事項を審議した末に、一九四六（昭和二十一）年、日本国憲法案を審議・可決した舞台としてである。ここでも鈴木貫太郎が枢密院議長として枢要な役割を果たしたのだが、このことは前者の「聖断」神話に比べてあまり知られていない。

当時の制度では、憲法改正のような重要事項は、もちろん枢密院にかけてその審議を経なければならなかった。枢密院といえば、すでに国務大臣とか、貴族院議員とか、大審院長だとか、朝鮮や台湾の総督だとかいうような枢要な地位を卒業したお歴々が顧問官として名を列ね、それらの人たちによって、字句の末に至るまで鋭い審議を受けるわけで、政府にとっては、議会よりもうるさく、かつ手ごわい存在であった。　（佐藤達夫『日本国憲法誕生記』）

首相幣原喜重郎《しではらきじゅうろう》が枢密院に憲法改正案と、それをめぐる連合国軍総司令部（ＧＨＱ）との交渉などの起草経過を報告したのは同年三月二十日だった。鈴木はその前日の同十九日に枢府議長として昭和天皇に拝謁している。その待ち時間に、徳川義寛侍従（のち侍従長）に次のように語った。

政情は今が峠である。聖上《おかみ》お咳あるため、御座所で御床上、聖上も色々と困難をお乗り越えになったから、もう暫く、選挙、憲法改正がすめば幾分お楽にもおなりでしょう。お疲れのことと思う。　（『徳川義寛終戦日記』）

天皇は、前年の敗戦と降伏文書調印、マッカーサー会見、戦犯逮捕、一九四六（昭和二十一）

年元旦の詔書（人間宣言）、同二月には極東国際軍事裁判所設置など占領下の激動をくぐり、同月から三月にかけて神奈川、東京、群馬、埼玉と「戦後巡幸」を開始。三月五日には病床で幣原首相、松本烝治《まつもとじようじ》国務相（憲法改正担当）の拝謁を受け憲法改正の勅語を裁可。鈴木の拝謁の前日の同十八日からは東京裁判対策のための側近五人による「大東亜戦争回顧録」（独白録）の聞き取りが始まり、同二十日にも二回目の聞き取りに応じるなど、病をおして天皇制生き残りの戦いに追われていた。

徳川にもらした鈴木の口吻には、天皇が幼少時から慕う養育掛足立《あだち》たかの夫として、また侍従長として若き天皇に仕え、二・二六事件の襲撃対象となりながら九死に一生を得て終戦内閣の大命を受けた鈴木ならではの情感と気づかいがうかがえる。さらにあらためて読み返すと、憲法改正案審議という大事に臨む枢密院議長としての秘かな決意がにじむようにも思われる。

枢密院の本格審議が始まった同年四月二十二日の第一回審査委員会に鈴木はみずから冒頭挨拶に立った。同院の慣行としてはきわめて異例のことだったという。

「本件は実に重大案件で、国の内外に関係すこぶる大きい。慎重に審査してもらいたい」と切り出し、改正案の象徴天皇制について次のように述べた。

本案を見ると国体護持の精神はよく現われ、天皇制が維持されている。昨年ポツダム宣言を受諾した際、この点につき著しい疑惑があった。（略）当時陸軍側はその意味において戦争の継続を強く主張していた。自分は国体さえ護持できればあとは何とかなると思っていた。（略）しかし非常に心配していたのであるが、この案を見て自分は心から安心し、政府が大いに努力されてこの案をつくられたことに対して深く感謝する。
(憲法調査会事務局編『日本国憲法成立の経緯』)

また戦争放棄について、

軍備のない国家が国家として成り立つものかどうかと疑問にしていたが、先日自分はマッカーサー元帥の演説を聞いて非常に偉大な考え方であると感心した。(略)これが日本の生きる道であり、これを草案に取入れたことも大いに敬服する。(同)

と述べ、日ごろ愛読する老子の言葉を引いた。

「柔弱は生の徒なり、堅強は死の徒なり」

これは老子「道徳経」第七十六章の「人の生まるるや柔弱、その死するや堅強なり。万物草木の生まるるや柔脆、その死するや枯槁《ここう》す(枯れてひからびること)。故に堅強なるは死の徒、柔弱なるは生の徒なり。ここを以って兵強ければ則ち勝たず、木強ければ則ち折る」からの引用である。

二・二六事件で「君側の奸」として凶弾を受けながら生き延び、軍の本土決戦論を抑えて戦争終結に持ちこむ一方で、ポツダム宣言に対し首相として「黙殺するのみ」とコメントしたと伝えられたことが原爆投下を招いたのではないかと悔やんでいた鈴木の言葉には重みがあり、列席者に強い印象を残した。

内閣法制局参事官として居合わせ、のちに憲法学者となった佐藤功は一九八五（昭和六十）年、上智大学を退職する際の最終講義で、この三十九年前の鈴木の挨拶と老子の言葉を紹介している。

私はそのそばで聞きまして、大きな感銘を受けたのであります。このやりとりのなかの第九条についての鈴木議長のお考えは、素朴といえば素朴、単純といえば単純だと評されるかも知れませんが、やはりそこに第九条の原点があることを忘れてはならないと思います。

（「上智法學論集」第二十八巻）

一九四六（昭和二十一）年六月八日、枢密院は天皇も臨席して本会議を開き憲法改正案を可決した。皇室典範の扱いなどに不満を表明して退席棄権した三笠宮崇仁《みかさのみやたかひと》親王、改正手続きに疑義を呈した美濃部達吉《みのべたつきち》顧問官を除く全員の起立多数だった。

枢密院は新憲法成立に道筋をつけることでみずから有終の美をなしたのである。

長年、窓ガラスも破れたまま放置されてみすぼらしくなり、皇居一般参観者からも見向きもされない姿を見るにつけ、「大日本帝国」の末路を体現しているように感じたものだ。取り壊しの話も何度かあった。戦後生まれとしては「それでいいのではないか」と思う半面、昭和史の節目の舞台が消え去ることは取りも直さず歴史の忘却につながるのではないかとの不安も小さくなかった。取り壊されず遺されたことに、なぜかほっとしているのである。

歳歳年年人同じからず

年中行事の定型が年々くりかえされる伝統と慣習の世界。悠久の時間が流れつづける半面、だからこそ逆に「歳歳年年人同じからず」を思い知る持ち場が宮内庁だった。微妙な「変化」はそこに居つづけなければ見えてこない。灯台守か測候所員のように孤独に持ち場を守る「定点観測」の仕事でもある。

宮内記者会にも多々「慣わし」があって、駆け出し記者は面食らうことが多い。一九八六（昭和六十一）年二月、つまり昭和の終わりまで残り三年という時期に配属された筆者が、まず面食らったのは長官会見だった。

二十人前後の記者が長官応接室にそろい、おもむろに富田朝彦長官が執務室との間のドアを開けて入って来ると、記者たちが一斉に起立して迎えたのには驚いた。「宮内庁長官ってそんなに偉いのか」と。この慣例は二年半後に藤森昭一長官に代わると自然消滅したところを見ると、富田の前任で二十五年間務めた名物長官宇佐美《うさみ》毅《たけし》のころからの惰性だったのだろう。

逆に印象的だったのが、公式式典取材で記者席に座ると、場内アナウンスが「君が代斉唱。起立・ご唱和ください」と告げても、起立する記者は一人もいなかったことだ。地元メディアの記者も含め数十人が座ったままでも、「取材席だから」という空気だった。

「日の丸に敬礼し君が代に唱和するジャーナリストの書くものを誰が信用するものか」

そんな意気ごみもあったかもしれないが、最大公約数としては「カメラマンも記者も取材者であって式典参加者ではない」という客観的第三者の立場を明らかにするということだったのだろう。

労働担当記者が組合大会取材で労働歌に唱和したり拳を振り上げたりはしない。平和運動・市民運動担当の同僚も「いかに共感していようが、黙禱で起立したり参加者といっしょに拍手したりしない」。

「取材対象と一体化した記者は御用記者と呼ばれる」というわけだ。

しかし歳歳年年人同じからず。平成十年前後から取材席で起立する記者が、だんだん増えていった。

一九九九（平成十一）年に国旗国歌法が成立し、同年八月十三日に公布、即日施行された。そのわずか二日後の全国戦没者追悼式典の衝撃は忘れられない。

昭和の時代からずっと、君が代は天皇が入場し壇上に歩む間に厳かに吹奏されるのが「定型」だった。その式次第が改定され、天皇入場後に「国歌斉唱。みなさまご唱和ください」とアナウンスされたのだ。

「醜《しこ》の御楯《みたて》」と、子や父や兄弟など肉親を戦場にかり出され失った数千人の遺族たちが、全員起立し天皇に向かって君が代を歌わせられる光景を見て、厚生省官僚の切り替えの早さと「用意周到」ぶりに背筋が寒くなる思いだった。

やがて学校現場での指導と教員処分の嵐が強まるとともに、いつしか、筆者は記者席でも立たない最後の一人となった。やがて若い記者仲間や宮内庁職員が、目を丸くして珍獣を見るような目つきを向けて来るようになった。保守系団体の集会などの取材で満場の国歌斉唱のなかで一人だけ座りつづけるのには、かなりの気力を要したものだ。遠からず「売国記者」「それでも日本人か」とつまみ出されそうな形勢だ。

いつの間にか「定点観測」中の自分自身が観測のための目安となる「固定点」になってきた。「政府答弁は『強制はしない』と明確だったではないか、何が起きるか見きわめてやろう」と考えた。幸か不幸か二〇一二（平成二十四）年のリタイアまで、罵声を浴びることもつまみ出されることもなく、何とか無事であった。

ただ、思いもよらぬことが起きた。ある日、皇太子が臨席した五輪選手団結団式で一人座ったままの「珍獣」の写真が、保守系週刊誌に載ったのである。取材席の記者仲間が撮って売りこんだのは間違いない。国歌斉唱のさなか、起立した彼は仲間の盗撮に勤しみ「密告」したのである。国旗・国歌を尊重する人たちからの面罵よりも、これには「世も末」とがっかりしたものだ。

長年にわたり起立せず座って取材していた歴代の記者たちの多くは、今や「国歌斉唱」で記者席の全員が起立・唱和していると知って驚いたことだろう。

国旗国歌法を策定した面々にも後悔している向きもあるらしい。

当時の内閣法制局長官大森政輔《おおもりまさすけ》は、施行直後の戦没者追悼式典で驚いたと後年述懐した。「国会で『義務を課すものではない』と言っていたのに非常に違和感を持った。君が代を歌わないととやかく言われたり、国旗に敬礼しなければいけなかったりする社会は窮屈だ。歌いたくなければ歌わずに済む社会が私はいい」

内閣官房長官だった野中広務《のなかひろむ》は「『起立せなんだら処罰する』なんてやり方は権力者のおごり。教職員を処分してまで従わせようというのは、国旗・国歌法の制定に尽力した者として残念です」と述べた（二〇一一［平成二十三］年六月二十八日付朝日新聞）。

しかし、こういうのを「後の祭り」という。

二〇〇四（平成十六）年、秋の園遊会では東京都教育委員の棋士米長邦雄《よねながくにお》が天皇に「日本中の学校で国旗を掲げ、国歌を斉唱させることが私の仕事でございます」と語りかけるハプニングがあり、天皇がとっさに「やはり強制になるということではないことが望ましい……」とやんわりたしなめる一幕もあった。

しかし、これとてもどこ吹く風で、学校現場での教員処分の嵐は吹きやまない。司法の場でも抵抗した教員側が敗訴する例が続いている。

ただ、最高裁は二〇一二年、戒告までは懲戒権者の裁量の範囲だが、停職など減給以上の処分は慎重にすべきだとの判決を出した。二〇一五（平成二十七）年五月二十八日には東京高裁も、不起立などをくりかえし累積加重処分を受けてきた元都立学校教諭ら二人に対する処分（停職六ヵ月と三ヵ月）を取り消して都教育委に各十万円の損害賠償を命じる原告逆転勝訴の判決を示した。

原告の女性教諭の回想を読むと、勤務校を毎年のように転々と異動させられ、何度も処分を受け累積加重で停職六ヵ月まで受けて、次は免職で教師の職を失うという瀬戸際まで追い詰められても、停職中の学校に「登校」して校門前でプラカードを掲げて訴えつづけたといい、この十数年間の道のりは険しかったようだ。

「抵抗」教員の懲戒免職という、常軌を逸する事態には、さすがに司法からブレーキがかかった形だが、現場は抑えこまれ、「抵抗」が広がる気配はもはやないようだ。

かつて中曽根康弘内閣で官房長官だった後藤田《ごとうだ》正晴《まさはる》は一九八七（昭和六十二）年、イラン・イラク戦争の際にペルシア湾への掃海艇派遣を「蟻の一穴となる」と反対した。戦前から、この国の政治と官僚組織を知り尽くした後藤田の「蟻の一穴」論はこういう不可逆性の怖さを指していたのだろうと思う。

山で死んだら草ぼうぼう

全国戦没者追悼式で国が遺族たちに君が代斉唱を要求する、取材記者たちも式典の斉唱でいっしょに起立する……十数年ほど前にはありえなかった光景が今は当たり前となり、三十年前からずっと立たない記者は「珍獣」視されるようになった。

驚いたのはそれを「密告」する記者仲間が現れたことだった。

「政府が右と言っているものを、我々が左と言うわけにはいかない」と公言するＮＨＫ会長が現れ、「偏向メディアは広告収入から締め上げげろ」などと発言する議会人が現れる時代になったのだから、嘆いても詮無いことなのかもしれない。

「歳歳年年人同じからず」と驚いたエピソードのもうひとつは、サイパンで「海ゆかば」の歌を聞いたときのことだ。

天皇・皇后は戦後六十年の節目となる二〇〇五（平成十七）年六月、慰霊の旅でサイパンを訪れた。日米の軍人のみならず、非戦闘員の民間日本人、朝鮮半島出身者、チャモロ族などの地元島民も多数が犠牲となった「玉砕の島」だ。海ではマリアナ沖海戦で日本海軍の空母戦闘能力は壊滅した。

天皇・皇后は中部太平洋戦没者の碑やスーサイド・クリフ、バンザイ・クリフに頭《こうべ》を垂れて犠牲者を追悼した。そのあと、地元のデイケア施設「敬老センター」に立ち寄り、日本統治時代と戦争を知る老人たちを慰問したときのことだ。

食堂に集まった男女三十人ほどのチャモロの古老が「日本の歌」で歓迎。驚いたのは全員で「海ゆかば」を日本語で合唱したことだった。

海ゆかば水漬《みづ》く屍《かばね》
山ゆかば草生《くさむ》す屍
大君《おおきみ》の辺《へ》にこそ死なめ
かへりみはせじ

ぎょっとした。天皇も随行員らも一瞬、息をのみ緊張して聞き入っているようにみえた。

宮中の「定点観測者」を自任する筆者がショックを受けたのは、日米戦で酷い目に遭った同島の古老たちが天皇を歓迎するため選んだのが「海ゆかば」だったこと、そしてそれ以上に、記者たちが一斉に「今の歌はなんの歌ですか?」と色めき立って取材し始めたことだ。三十歳前後の彼らにとっては初めて聞く歌だったのである。

古老たちは日本統治時代に習い覚えたのだろう。あるいは、「サイパン戦＝玉砕＝海ゆかば」と重ね合わされた記録映像を見てきたからかもしれない。

戦前は「準国歌」ともいわれていた。昭和十二年、NHKの依頼で東京音楽学校の信時潔《のぶときさよし》が『万葉集』の大伴家持《おおとものやかもち》の長歌に曲をつけた。もともと「君が代」に準ずる儀式歌としてつくられたが、戦局悪化とともに、天皇に命を捧げた武人たちへのレクイエム（鎮魂歌）となっていった。やがて大本営が「玉砕」を報じる放送の冒頭でも流されたという。

重厚な名曲であり、それだけに戦後は危険な扇情と呪縛の力をもつ歌として「戦時中の天皇制国家の狂気の産物」「戦死を美化した」などと批判され敬遠された。

戦後生まれの筆者の世代は、神宮外苑での動員学徒壮行会の行進、特攻、玉砕……など、戦時中の記録映像や映画に必ずといっていいほど重ね合わされた歌として聞き知った。

戦後、新藤兼人《しんどうかねと》や大島渚《おおしまなぎさ》の映画の音楽を担当した作曲家林 光《はやしひかる》が作詞作曲した「太陽の旗（旗はうたう）」という歌がある。

むかし神だった人の命令で
男たちが戦場へ向かうとき
太陽をえがいた旗をふり
人びとは歌ってた
　海で死んだら　水ぶくれ
　山で死んだら　草ぼうぼう

むかし神だった人は生きのこり
男たちは帰ってこない
かわりにもどった箱のなかの

石ころが歌ってた
海で死んだら　水ぶくれ
山で死んだら　草ぼうぼう

身も蓋もない嘲笑的な響きに抵抗を覚える向きもあるだろうと思うほどの痛烈な歌詞だ。「海ゆかば」が強い力をもつ名曲ゆえに、林は戦争の犠牲を「散華《さんげ》」「玉砕」と美化する輩《やから》に二度と利用させるまじと、激しい怒りをこめて作ったのだろう。

案の定、サイパン島での「海ゆかば」合唱のエピソードを伝え聞いた国粋的な人たちのなかには、

「玉砕の悲劇を回想するとき、島民の心からおのずと『海ゆかば』が湧き出て来た」

「それなのに日本人のほうが『海ゆかば』を知らない」

と嘆く声が出た。

「大東亜戦争は軍事的な戦いだけではなく、文化的な戦いでもあった」

といった論を立てる向きもあった。今後もあるだろう。

しかし、現場で聞いたチャモロの人たちの歌声は、そうした一方的な思い入れとはかなり違うものだったので、ここに記録しておきたい。

サイパンの古老たちが合唱した「海ゆかば」は、鎮魂の重い荘厳《そうごん》な響きとはほど遠く、まるで歌垣でもしっているかのように底抜けに明るく、朗々と太平洋の長閑《のどか》な青い海の彼方へわたっていくかのようだった。このような屈託のない「海ゆかば」は初めて聞いた。

歌が終わると、古老たちも天皇・皇后も笑顔で言葉を交わしていた。まことに大らかで平和な光景に「死者たちもどこかで微笑んでいるのではないか」という気がしたほどだったのだ。

ときたま大学生たちに皇室取材の話をするよう頼まれることがある。そのたびに相手の大学生たちがいつ生まれた世代かをまず考える。彼らの記憶に残る皇室の印象的なできごとの取材の裏話から語り起こしたいと思うからだ。

しかし、まず昭和の終わりと平成の始まりを知らない学生ばかりになった。そして今は皇太子夫妻の結婚も阪神・淡路大震災も記憶にある大学生はいなくなった。先般、ある大学で講義したときは、目の前の学生たちは皇太子夫妻の結婚のときはまだ生まれていないことに気づき、愕然としたものだ。昭和史はもちろん、天皇と戦争について、皇室の「歴史と伝統」について講義を展開する足掛かりが年々なくなっていく感に襲われる。

ある大学では、

「僕は皇室の存在も皇室報道も必要だと思ったことはありません。マスコミはなぜそんなにこだわるのですか?」

と質問されたこともある。

旧世代の当惑や焦りをよそに、式典当事者に同調して起立し国歌斉唱に加わることにも、「海ゆかば」を知らないことにも、若い記者たちに屈託はない。

いずれも歌が孕《はら》んだ重い「過去」の記憶の蓄積が歳歳年年、薄らぎつつあるということであり、これが歴史の風化作用というものかもしれない。

林の歌の続きはこうだ。

むかし神だった人の子や孫に
いまもふられる太陽の旗
死んだ男たちの血でえがかれた旗は歌ってる
　海で死んだら　水ぶくれ
山で死んだら　草ぼうぼう

屍を曝すは固より覚悟なり

「御寺《みてら》」と呼ばれ皇室の菩提寺として知られる京都市東山区の泉涌寺《せんにゅうじ》と、隣接の宮内庁月輪陵墓《つきのわりょう》地の見学の機会を得たことがある。宮内記者会が京都の皇室関連施設の取材を要望し、宮内庁と同寺も応じてくれたのだが、強く印象に残ったのは月輪陵墓地だった。

寺域だった墓地が明治の神仏分離で切り離され宮内庁書陵部の管理下にある。そのこと自体が国家神道体制に向かった明治の近代史の歴然たる痕跡でもある。

東山連峰の南端の月輪山の山すそ。頑丈な塀に囲まれた同陵墓地には、ふだんは一般の人はもちろん報道陣も立ち入れない。塀の外側に掲げられた宮内庁の「制札」(立て札)にぎっしり墨書された陵墓名の数だけで圧倒される。兆域に入ると、さほど広くもない敷地に、高さ五メートルほどの仏式の九重石塔などの石塔が所狭しと林立している。墓標の九重石塔ひとつひとつが天皇の陵であり、その周りに妃や皇族を葬った小ぶりの宝篋印塔《ほうきょういんとう》が隙間なく並ぶ。類例ない異様な迫力に若い記者たちも気圧されて立ちすくみ、無言で見まわしたものだった。

北朝第四代の後光厳《ごこうごん》天皇から幕末の仁孝《にんこう》天皇まで、この泉涌寺で仏式で葬られた。「ここの御歴代の大半の天皇陛下が仏式で埋葬されました」との説明に、「えっ」と反応した一人が質問した。

「天皇を土葬するか火葬するかはどのように決まったのですか?」

日ごろ、八王子の武蔵陵《むさしりょう》墓地や文京区の豊島岡《としまがおか》皇族墓地以外は取材する機会の少ない東京の記者たちには、天皇が仏式で葬られた時代が長くあったことすら実感する機会はなかったのである。

近代天皇制下、初めて大量の死者を出した戦争だった日清戦争で、軍は満洲や遼東半島など戦場に散った戦没者の遺骨は全て本国に帰還させることになり、すでに現地埋葬されていたものも集めて七つの大箱に納めて帰国させた。

このとき、まず運びこまれたのが泉涌寺で、舎利《しゃり》殿《でん》に仮安置されたという。しかし、仏教諸派が最終的な埋葬地を協議した結果、「輦轂《れんこく》の下《もと》」(天皇のそば)である東京に忠霊堂《ちゅうれいどう》を建設して納めることになり、一九〇二(明治三十五)年、皇居に近い東京都文京区の護国寺《ごこくじ》境内の宝篋印塔を忠霊塔として、その下に埋葬された(浜井和史『海外戦没者の戦後史』)。

豊島岡皇族墓地も戦前は護国寺境内だったから、戦没者も皇族も隣り合わせで眠りについた形だ。

「海ゆかば」の歌詞「大君の辺にこそ死なめ」さながらに、戦死者たちの遺骨や魂は、泉涌寺に、護国寺に、そして靖国《やすくに》神社や千鳥《ちどり》ヶ淵《がふち》戦没者墓苑にと、天皇の近くへ慕い寄るかのように移された。

一九八九(平成元)年、崩御した昭和天皇が八王子の武蔵陵墓地に埋葬されてからまもなく、香淳皇后に仕える皇太后宮大夫安楽定信《あんらくさだのぶ》らが、ひそかに京都の泉涌寺を訪れた。昭和天皇の遺品や永代供養料を渡し、新たに造らせた位牌を霊明殿《れいめいでん》に納めた。このことは今に至るも公表されていない。

泉涌寺を取材した際には霊明殿内に入る機会も与えられ、安置された歴代天皇の位牌の行列のもっとも手前に、真新しく金字が輝く昭和天皇の大きな位牌があるのを確かめた。神仏分離で京都御所の仏間「御黒戸《おくろど》」の位牌はすべて同寺に移された、天智《てんじ》天皇以来の夥しい位牌がひしめいて並ぶ光景は圧倒的だった。

かつては神武《じんむ》以来の歴代天皇の名をすべてそらんじさせる教育があった。天皇の名のもとに無謀な戦争で凄まじい犠牲を生んで七十年余。近年は学問的根拠のない皇紀を得意げに使う非常識な国会議員も出てきた。皇国史観が敗戦で滅んだことすら風化してきた。

体験の風化と記憶の継承——その鬩《せめ》ぎ合いが歴史だとすれば、膨大な悲劇を生んだ戦争こそが最も深い傷として、民族の精神の底に神話的記憶として沈殿する。

昭和天皇の時代、一九四一（昭和十六）年一月に「生キテ虜囚《りよしゆう》ノ辱《はずかしめ》ヲ受ケズ」と全軍に訓令した「戦陣訓《せんじんくん》」は玉砕の軍隊を生んだ。その訓令には「戦陣ノ嗜《たしなみ》」として次のようなくだりもあった。


屍ヲ戦野ニ曝《さら》スハ固《もと》ヨリ軍人ノ覚悟ナリ。縦《たと》ヒ遺骨ノ還《かえ》ラザルコトアルモ、敢テ意トセザル様予《かね》テ家人ニ含メ置クベシ

戦局が悪化し膨大な戦死者が出ると、遺体は「水漬く屍」「草生す屍」と放置され、代わりに空の箱が遺族のもとに帰還するようになった。

天皇・皇后は二〇一六（平成二十八）年一月末、フィリピンを公式訪問した。

第二次大戦中のフィリピンでの日本軍の戦没者数は五十一万八千人にのぼり、戦場のなかでも最大である。二番目の中国本土の四十六万五千七百人を上回り、三番目の中部太平洋（二十四万七千人）、四番目の中国東北部（二十四万五千四百人）と比べても二倍以上という死者数である。比島戦全体の兵員生還率は約二三パーセントにすぎない。特攻作戦も展開された。そして戦没者遺骨の八割が今も未帰還のまま「水漬く屍」「草生す屍」として放置されている。

日米の大規模な地上戦「マニラ市街戦」に巻きこまれたり抗日ゲリラに加わったフィリピン国民の犠牲も百十万人に及ぶとされる。一九五〇年代に引揚援護庁が各戦地に建立した「戦没日本人の碑」も、フィリピンでは国民感情に配慮し建立できなかった。

戦後十年ごとの節目に重ねて来た「慰霊の旅」で現天皇・皇后は国境を越えてサイパン、パラオなどの戦場を訪問した。日比両国政権の外交上の思惑はともかく、天皇のフィリピン公式親善訪問も、慰霊の旅の延長線上で慰霊と過去の傷跡に向き合う旅となったことは間違いない。

ひとつの王朝が長く続くことは、「歴史」をふりかえるよすがともいうべき痕跡がタイムカプセルのように王朝に受け継がれることになる。歴代の天皇や皇族の陵墓の数の膨大さは、歴史の中で生きて逝った死者たちの気の遠くなるほどの分厚い積み重なりを思い出させる。

去る二〇一五（平成二十七）年十二月五日、泉涌寺を秋篠宮《あきしののみや》とその家族の紀子《きこ》妃、佳子《かこ》内親王、そして悠仁《ひさひと》親王が訪れた。檀家を持たない同寺の支援のために秋篠宮は「御寺《みてら》泉涌寺を護る会」総裁を務めているのだが、まだ幼い悠仁親王も同道した。前年の二〇一四（平成二十六）年にも同道しており、異例のことだ。節目ごとの昭和天皇、大正天皇陵への参拝も欠かさずおこなわせ、伊勢神宮、神武天皇陵などにも同行させた。現天皇が「父祖の地」と呼ぶ京都・奈良はもちろん、皇室と濃密で深いかかわりのある由緒地を踏ませている。皇位継承順序三位の長男悠仁親王への「天皇家の歴史」の継承への並々ならぬ覚悟が感じられる。皇太子夫妻も伊勢神宮など由緒地に愛子《あいこ》内親王を同道し始めた。

戦後七十年の節目となった二〇一五年は、それぞれに子女を戦争関連施設にも同道した。天皇家には近年、次世代に「歴史・伝統」を継承し、とくに戦争の知識と記憶を継承させたいとの動きが目立つ。加速度的に進む歴史の風化に、ふたたび同じ道をたどりはしないかとの危機感と、後事を託す次世代以降へ悲劇の教訓を継承せねばならぬとの焦りにも似た思いが感じられる。

還らぬ屍三十七万が語るもの

天皇のフィリピン訪問が急浮上し実現した。

「あくまで国交正常化六十周年の親善がメーン」（宮内庁幹部）というが、やはり太平洋戦争最大の激戦地として、あらためて惨禍の記憶が呼び覚まされる訪問である。

本土外のアジア太平洋での戦没日本人の総数は二百四十万人。そのうち戦後七十年を経て未だに収容されていない遺骨は約百十三万。このうち、中国東北地区（約二十万）など現地の国民感情から収容困難な地域を除く収容実施可能地域の遺骨は約六十一万。主たる収容実施可能地域はフィリピン約三十七万、中部太平洋約十七万。このほか海没遺骨約三十万という。

フィリピンは日本人戦没総数約五十二万人と地区別では最多であり、フィリピン国民は百十万人もが犠牲となった。しかし、マニラ市街戦で妻子四人を目前で日本軍に惨殺された悲惨な経験を抱えたエルピディオ・キリノ大統領（当時）が一九五三（昭和二十八）年、モンテンルパ刑務所の死刑囚ら日本人戦犯の恩赦に踏みきり、日本の多くの慰霊団や遺骨収集団も受け入れてきた。日本人はその「赦しと寛容」を忘れてはなるまい。

にもかかわらず、いまだに七割にあたる三十七万もの遺骨が未帰還という事実は重い。

戦後の戦没者遺骨帰還は、復員・引揚げのときに持ち帰られたほか、一九五〇（昭和二十五）

年一月にフィリピンのルソン島カンルーバン収容所隣接墓地の遺骨四千八百二十二体が米軍によって日本に送還されたのに始まる。

その後、日本政府は米国の承認を得て五二年春に硫黄島、沖縄で予備調査をおこない、閣議了解により遺骨収容に着手。一次計画（昭和二十七年度から三十二年度）で一万一千六百七十九体を収容。以後、各地に広げたが、収容・送還方法としては一九六六（昭和四十一）年までは各戦域で収容した遺体・遺骨の一部だけを当該戦域の遺骨全体を象徴する「象徴遺骨」として送還していたにすぎなかった。

しかし「国には遺体・遺骨を捜索・発見・収容し、各遺族が臨む方法により葬ることを可能にするか、または尊厳ある方法により扱う義務がある」との声が強まり、昭和四十二年度以降は、収容遺骨は全て送還することになった。

しかし、収容事業は遅々として進まず、いまだに収容実施可能地域の約六十一万を含む百十万余が未帰還となっているのである。

日本弁護士連合会は二〇一二（平成二十四）年、これら未帰還遺骨の収容に国が本格的に取り組むよう求める意見書をまとめている。

「戦後67年余経過するも、本土外戦没者の遺体・遺骨の捜索・発見・収容と身元調査につき、国が積極的施策を取らなかったことが遺体・遺骨と特定の遺族との結びつきを困難ならしめている」と。

そしてドイツ、フランスの例を挙げ、戦争の犠牲になった一般市民、外国籍保有者、外国居住者にも遺族援護の網を広げることを勧告した。

遺体・遺骨の収容方法についても、厚生労働省が「個体性のない遺体・遺骨」と判断した場合は「残骨」として検体を採取することなく現地で荼毘《だび》に付し、さらに国内に持ち帰った後、再焼骨する取り扱いをしていることに対して「誤って『個体性がない』と判断された場合、身元が判明する機会は最終的に奪われる」として反対。「残骨」であっても個々の骨はＤＮＡ鑑定のための検体となりうるし、骨片から個体を再現できる場合があると、慎重な扱いを求めている。

「『残骨』からできるかぎり個体を再現する作業をしつつこれを保存し、『個体性のある遺体・遺骨』、『残骨』を問わず遺骨のＤＮＡデータベースや遺族のそれを作成集積して、将来のＤＮＡ鑑定実施に備えておくこともできる」と。

　また、現地での焼骨が不十分なこともあるなどの理由で国内で再焼骨をしていることについても、やめるよう要求している。被爆地・広島市では、名前のわかるものは一人ひとり骨壺に納め、番号と名前をつけて、名前のわからないものは寺や町内会などから預かった状況のまま焼骨などはせず、約何人分と記載して木箱に納めて、遺族に返還されないかぎり永久保管している例を挙げて、新法制定を求めている。

「国は再焼骨を中断した上で、改めて戦没者遺体・遺骨の取扱い全般を再検討し、法律を制定して実効的な取組に着手すべきである」

　一方で、戦没者遺族にとって、親族の果てた場所におもむいて往時を偲び冥福を祈りたいというのは自然な気持ちだろう。占領が終わり海外渡航が可能になると、戦没者慰霊の動きが盛んになった。

　現地を訪れた遺族や戦友たちは、まだ多数の戦没者の遺体や遺骨が残されている現実を目の当たりにした。「象徴遺骨」のフィクションは崩れ、以来、遺骨収容は終わりの見えない状態が続いている。

DNA鑑定など活用し得る最新の科学技術を駆使して、一人でも多くの戦没者を遺族たちのもとへ「帰す」試みがなされるべきである。それは決して「遺骨の英霊化」によって戦争を賛美するような性格のものではなく、死してなお尊厳を奪われた戦没者たちに対して、まさに人間としての尊厳を取り戻すための取り組みと位置づけられるものである。

（浜井和史『海外戦没者の戦後史』）

フィリピンでは遺族の慰霊にもおおむね協力的で、多くの戦友、遺族が各地に足を運ぶことができた。政府・遺族会や自治体などの後押しもあってツアー化して「慰霊観光」と揶揄された時期もあった。そして戦友、遺族、同郷人たちは「何か形を残したい」と、思い思いに慰霊碑を建てるようになった。死者たちを忘れない、その証《あかし》を遺したいとの思いからフィリピン全土に建てられた慰霊碑の総数は厚労省も把握していないという。

戦後六十年にあたる二〇〇五（平成十七）年から民間団体「フィリピン戦没者慰霊碑保存協会」（宮内章光理事長）がルソン、ビサヤ、ミンダナオなどを回り、日系人の協力も得て慰霊碑を調査した。山奥にも分け入って見つけ出して掃除し、建立者、建立時期や写真、衛星利用測位システム（GPS）による緯度・経度も付した資料にまとめた。慰霊碑の数は四百二十二にのぼった。

フィリピンの地で銃弾や飢餓、マラリアの生き地獄のなかで果てた故人を悼む遺族や戦友らの思いの強さ、平和を願う草の根の広がりは予想以上で、誰もが「これほど多いとは」と驚いたという。そして、それらの名もない慰霊碑も多くが建立から三十年、四十年経って、訪れる遺族・戦友も途絶え、放置され朽ちつつあるという。

「草生《くさむ》す屍」と風化し帰って来ない遺骨。「せめても」と建立された慰霊碑も今や朽ち果てようとしている。同会事務局は「風化や自然災害などで、おそらく調査時点から三割くらいはすでになくなっているのではないか」という。宮内理事長は「どうして今、天皇陛下ご訪問なのかとびっくりした。涙が出るくらいうれしいですね」と語った。

「引き続き調査を続ける。死者と次世代に記憶だけでも残したい」

天皇のフィリピン訪問は、風化したとみえて、けっして終わってはいない「戦後」にあらためて光を当てることになったのである。

難航する『昭和天皇実録』

亡くなった天皇・皇族の事績を後世に伝える一代記である「実録」を作成するため、宮内庁は書陵部に編修課を置いている。『昭和天皇実録』は、二十一年がかりの資料収集・編纂の作業が終わり、二〇一一（平成二十三）年春に完成する予定だった。

ところが宮内庁は先頃、完成が三年遅れると発表した。

一九九〇（平成二）年度に十六ヵ年計画としてスタートしたが、一九九八（平成十）年度になってギブアップして五年延長。さらに今回の延長によって二十四年がかりになる。民間企業だったら、納期が八年も遅れるとなれば損害賠償ものだろう。「宮内庁という役所の事業計画とスケジュール管理は一体どうなっているのか」と言われてもしかたないだろう。

一八九一（明治二十四）年に三条実美《さんじょうさねとみ》らの建言により孝明《こうめい》天皇の事績が宮内省で編修されてから、孝明、明治、大正の三天皇の実録が作られており、『孝明天皇紀』『明治天皇紀』が公刊され、『大正天皇実録』は順次閲覧に供されつつある。

歴代最長寿で在位期間ももっとも長く、未曾有の激動の時代を生きた昭和天皇の八十七年の生涯の実録は「昭和の正史」とも言うべく、専門家のみならず国民全体が歴史と向き合う公共財産として期待されるものだろう。その作成の大幅延期という事態で、ますます気になるのは同実録の内容と、その公開がどうなるかだ。

というのも、『大正天皇実録』のケースでの宮内庁の対応は信じがたいもので、すこぶる評判が悪かったからだ。『大正天皇実録』は一九二七（昭和二）年に着手され一九三七（昭和十二）年に完成したが、ずっと公開されなかった。情報公開法が制定され、同法に基づく請求がおこなわれたのをきっかけに、ようやく二〇〇二（平成二十四）年から歴史的資料として閲覧請求に応じつつあるが、至る所が墨で黒く塗りつぶされ、マスキングがかけられている。一回目、二回目の公開では計二十九冊で六百四十ヵ所が墨塗りに。二〇〇八（平成二十）年の三回目でも九冊六百四十三ページに墨塗りは二百五十ヵ所もあった。

歴史的文書であるにもかかわらず、行政文書として公開しないものを定めている情報公開法第二条に準じるとしたためだ。

このため、公開した内容は宮内省が責任をもって公表したと確認できる情報（官報掲載や宮内省発表や大臣謹話などの明記がある情報など）、皇室令などの法令にある内容、現在であれば発表している事実、衆人の公知の情報（祭壇の幣物や行幸啓の御会釈など）、個人情報に関わらない情報などです。言い換えれば公表慣行にない情報は不開示ということです。

（宮内庁書陵部編修課）

一言でいえば「当時公表されたか、いま公表しているもの以外は一切公表しない」ということだ。当然、記者会見などでも記者から反発や疑問の声が相次いだ。

——孝明、明治天皇は全文公刊しているではないか。

「情報公開法の制定前ですから。法ができたので、それに従った」

——公表の慣行にあるものだけ出すのなら、歴史的資料としての新たな情報は出てこないではないか。多額の国費を費やして公人中の公人の昭和天皇の歴史記録を作成しても、これでは何のために作っているのかということにならないか?

「…………」

——公開を目的とする法の精神にもとるとの苦渋はなかったのか?

「苦渋だらけだった」

当時、宮内庁幹部と話していると、開き直って本音をもらす幹部もいた。

情報公開法で公開すべきでないとしているものをおおやけにした時は公務員は処分される。総務省の個人情報の扱いについての法解釈に従って非開示とした。同法は悪法だと私も思う。文句があるなら法を改正してほしい。

また、当然ながら歴史的文書も行政文書と同じ扱いで墨塗りしたことには、書陵部幹部OBからも「理解できない。『昭和天皇実録』でそんなことをくりかえしてはダメだ」との声も聞こえていた。

振り返れば、『明治天皇紀』は宮内省に臨時帝室編修局を設けて一九一四（大正三）年から着手。宮内大臣経験者を総裁とし、西園寺《さいおんじ》公望《きんもち》ら元老を顧問とし、三上《みかみ》参次《さんじ》ら歴史学の大家の参加も得て六十数人が関わる国家的プロジェクトとして、人的にも予算的にも十分な体制が組まれた。当初は五ヵ年の予定が十九年間かかり、資料稿本は一千三百四十四冊、記録文書類複本は三千冊を超えた。一九三三（昭和八）年に完成。ずっと非公開だったが、明治百年記念事業として公刊が決まり、本文二百六十冊に索引を加えて全十三巻が一九六八（昭和四十三）年から一九七七（昭和五十二）年にかけて公刊された。幕末・明治に活躍した元勲ら関係者から聞き取った談話記録なども公刊されている。いずれも近代史の一級資料である。

これに対して『大正天皇実録』は一九二七（昭和二）年、宮内省図書寮編修課内で御用掛二人、嘱託二人で着手され、その後も編修官二人、編修官補四人、雇員四人という貧弱な体制で十年式年祭に間に合わせろと急がされたらしい。したがって収集も省内資料に重点を置き、叙述も主として日常の起居や宮務に関する治績の一斑に限定されざるをえず、幅広い政治・外交・軍事などの機密にわたるものは「他日の大成に待つ」とするなど、急ごしらえにならざるをえなかったという（堀口修「『大正天皇実録』の編修について（二）」＝二〇一〇年五月刊『古文書研究第69号』所収）。和綴じの本文八十五冊、年表四冊、索引七冊、正誤表一冊の計九十七冊だ。
『明治天皇紀』の公刊は完成から三十五年後、『大正天皇実録』の公開は完成から実に六十五年後だった。

宮内庁によると、『昭和天皇実録』は課長以下編修課員全員が分担。当初の十五人から漸増してピーク時には二十一人で取り組んだという。

国立公文書館、外務省外交史料館、防衛省防衛研究所図書館、国会図書館憲政資料室の資料や関係者の記録・資料を収集し、全都道府県に出張して戦前・戦後の行幸先などを回った。天皇が訪問した英国、米国、ベルギーなど海外にも課員が出張し、米国の国立公文書館や大統領図書館などでも資料を集めた。

昭和天皇の八十七年の生涯を考えると、明治天皇の一・五倍以上の分量になるとみられていた。

完成が大幅に遅れたのは、戦後の「象徴」という立場になってからの天皇の行動範囲が予想以上に広く、記録収集もたいへんで、活動をどこまでどう記載するか、また敬語や記述の統一をどうするかなど、先行モデルがないだけに思ったより手間取ったようだ。

編修課員は史学の専門家集団でもある。しかし取りまとめ段階で大幅な延期となったと聞くと、昭和史という壮大な激動の歴史を編みこんでいく作業の困難さと力量不足の壁にぶつかっていたのではないかという危惧を覚える。国民的財産と高く評価されている『明治天皇紀』の例を考えると、学界の叡知も集めるような編修体制の強化が必要だったのではないか。そしてそれは一体いつ公開されるのか。まさかびっしり墨塗りされはしないだろうかとの不安だ。『明治天皇紀』を作成・公刊したころの、歴史に謙虚だった時代の骨太でおおらかな空気が今どれだけ残っていたのか。皇室・宮内庁そして政府の背筋がどれだけしっかり通っていたのか。どうしても気になるのである。

【付記】

　結局、『昭和天皇実録』は数次の延期を経て二〇一四（平成二十六）年八月に完成し明仁天皇に奉呈された。一九九〇（平成二）年に着手してから編纂には当初予定の十六年間を大幅に超え二十四年五ヵ月かかった。分量は全六十一冊計約一万二千ページと、それまで最長だった『明治天皇紀』の一・五倍。集めた資料は三千百五十二件、元側近ら聞き取り対象者は約五十人にのぼった。太平洋戦争開戦時の侍従長百武三郎《ひゃくたけさぶろう》の日記など約四十件の未公開資料も含まれる。『明治天皇紀』のように歴史背景も含む記述は抑え、事実関係を淡々と記す編年体で、天皇紀ではなく実録とした。史上初めて口語体とし、奉呈後の九月には一般にも公開し、『大正天皇実録』のような墨塗りはしなかった（ただ詳しい個人的情報などは編纂段階でふるい落とされたとみられる）。

御召列車徐行す

一九六三（昭和三十八）年、昭和天皇は宮城県の地方事情視察と青森県での植樹祭出席のため五月十八日から同二十二日まで両県を訪問した。十八日は仙台市で旧仙台城などを視察して一泊。翌日、青森に向かった。御召列車で約五時間ほどの移動だった。『昭和天皇実録』は、岩手県を通過する際に列車が水沢駅で速度を落としたと記述している。

（五月）十九日　日曜日　……午前九時五十八分、御泊所グランドホテル仙台を御出発になる。仙台駅より御乗車になり、青森県に向かわれる。途中の水沢駅において徐行され、斎藤春子故元内閣総理大臣斎藤実夫人の奉送迎をお受けになる。

ホームに佇《たたず》む老女。通過する列車の窓越しに会釈する天皇。一瞬の沈黙の対面だった。

編年体の『昭和天皇実録』の動静記録は油断ならない。とくに戦後は坦々たる記述が続くが、ときに歴史と人情の機微がちらりと垣間見えることがある。

斎藤実《さいとうまこと》は安政《あんせい》五年（一八五八）、水沢伊達家に代々仕える藩士の子として生まれ、維新後に幼なじみの後藤新平《ごとうしんぺい》とともに県庁の給仕となり、のち海軍入りした。実力と勤勉さを認められて米駐在公使付武官として四年間米国で学び、英語に堪能で米英露仏など各国の提督ら海軍関係者と親交を深めた。第一次西園寺《さいおんじ》公望《きんもち》、第二次桂太郎《かつらたろう》、第二次西園寺、第三次桂、第一次山本権兵衛《やまもとごんべえ》内閣で海軍大臣。朝鮮総督、ジュネーブ海軍軍縮会議主席全権。一九三二（昭和七）年、五・一五事件で犬養毅《いぬかいつよし》首相が海軍青年将校らに暗殺されると第三十代内閣総理大臣を拝命した。

昭和恐慌による不況下、政党や財閥、元老政治に対する失望が広がり、関東軍による張作霖《ちょうさくりん》爆殺事件（一九二八〔昭和三〕年）、満洲事変（一九三一〔昭和六〕年）、そして五・一五事件（一九三二〔昭和七〕年）など軍部の暴走が続き、天皇と側近は軍紀回復、事変不拡大に腐心した。

原田熊雄《はらだくまお》述『西園寺公と政局』によると、天皇は五・一五事件発生から四日後の五月十九日、元老西園寺公望に対し鈴木《すずき》貫太郎《かんたろう》侍従長《じじゅうちょう》を通じて次期首相の人選について次の希望を伝えた。

①首相は人格の立派なるもの
②現在の政治の弊を改善し、陸海軍の軍紀を振粛するは、一に首相の人格如何に依る
③協力内閣、単独内閣等は敢へて問ふところにあらず
④ファッショに近きものは絶対に不可なり
⑤憲法は擁護せざるべからず。然らざれば明治天皇に相済まず
⑥外交は国際平和を基礎とし、国際関係の円滑に務めること

ジュネーブ軍縮会議は英米の対立で結局は条約締結に失敗したが、日本の全権を務めた斎藤の冷静公平な調停ぶりは各国代表からも高い評価を受けていた。西園寺は、慎重でバランス感覚があり各方面に人望のあった斎藤を推し、陸軍、政友会、民政党や重臣らも了承した。謂わば西園寺の「切り札」だった。

斎藤は施政方針として、

①治安の保持・農村振興・人心安定をはかる

②軍紀の保持（陸海軍一致して陛下の信倚《しんい》に応える）

③政界の浄化

を掲げ、政党の枠を超えた挙国一致内閣としてスタートした。政党政治が崩壊しつつある困難な時勢の安定化に努めたが、帝人事件の責を負って二年余で総辞職した。

一九三五（昭和十）年十二月、牧野《まきの》伸顕《のぶあき》の後任として天皇のもっとも枢要な側近である内大臣に任命されたが、就任二ヵ月後に二・二六事件で二百余名の反乱軍に私邸を襲撃され、機関銃で四十発以上の弾丸を全身に撃ちこまれ殺害された。襲撃された重臣らのなかでももっとも惨《むご》い最期だった。妻春子は兵士らに抗《あらが》い「撃つなら私を撃ちなさい」と両手を広げて立ちふさがったが、背中や肘などを撃たれ重傷を負った。

事件前日の一九三六（昭和十一）年二月二十五日、斎藤夫妻は天皇の隣席で昼食の陪席を賜り、食後のお茶の席で春子は良子《ながこ》皇后から夫の内大臣就任をねぎらう言葉をかけられたばかりだった（樋口正文編『斎藤実追想録』）。そして同夜には親しかったジョセフ・C・グルー駐日米国大使に鈴木貫太郎侍従長夫妻らとともに晩餐に招かれ、米国映画を楽しんで深夜帰宅した。グルーは日記に次のように記した。

私は斎藤子爵を玄関まで見送ったが、これが一九三二年の六月、最初に首相兼外相代理としての彼を訪問した時以来の友情の終りになった。

彼がその偉大な経歴を米国人と一緒に始め――シュレイ提督とアナポリスの海軍兵学校――米国大使館で終ったのは興味の深いことである。彼は愛すべき人物だった。物静かで魅力があり、実に礼儀正しかったが、同時に好戦的争闘の時代にあって偉大な叡智と広い自由主義的な意見を持っていた。
（『滞日十年』）

グルーは戒厳令下、翌二十七日に斎藤邸を弔問に訪れた。重傷の春子は包帯姿で迎えた。

彼女は私に顔を見たいかと聞き、そこで白布を取りのけた。銃弾の傷が一つ見えたが（三十六の傷の一つである）彼は安らかに眠っているようだった。われわれはどれほど彼を愛し、彼に敬服し、彼を尊敬したことだったろう。彼の顔からは愛嬌のいい微笑が消えたことなく、彼の白髪は、彼が高い位置や有益な生涯で獲得した高貴さとは全く別な、高貴さを彼に与えていた。（略）

……斎藤夫人は遺骸の前に並んで跪いている私に、彼女の夫は昨晩までトーキーというものを見たことがなく、大使館邸での映画を非常によろこんだ。あれほどたのしい一晩を与えてくれたことについて彼は必ず彼女に、私たちに礼をいうことを望むだろうといった。私はひどく心を動かされ、それに対してはただアリスの同情の言葉を伝えることしか出来なかった。
（同）

太平洋戦争開戦後、グルーは本国で国務省極東局長、国務次官として原爆投下に反対し、対日占領政策での皇室存置などに力をつくした。

天皇―斎藤―グルーのこうした人間関係について『実録』は触れない。ただ、天皇の動静のみが記される。

（昭和四十年五月）二十八日　金曜日　元本邦駐箚特命全権大使ジョセフ・クラーク・グルー去る二十五日死去の報をお聞きになり、この日、米国駐箚特命全権大使を通じて弔意と同情の意を遺族に伝達するよう宮内庁長官に仰せ付けられる。翌二十九日、長官より外務大臣にこの旨が伝えられる。

一九六三年に斎藤春子に通過列車から会釈した天皇だったが、『実録』には後日譚も記録されている。一九七〇（昭和四十五）年十月、皇后とともに秋季国体のため岩手県を訪問したときのことだ。

（昭和四十五年十月）十四日　水曜日　水沢市の緯度観測所に御到着になる。（略）奥田所長の説明により所内の木村記念館・眼視天頂儀室・写真天頂筒室・アストロラーブ室を御視察になる。再び本館に戻られ、所長室において故元内閣総理大臣斎藤実夫人春子に御会釈を賜い、斎藤には大変世話になった旨のお言葉を掛けられる。

斎藤殺害から三十四年余。元岩手日日新聞記者高橋文彦著『惨殺』によると次のようなやりとりだったという。

「斎藤春子でございます」

「元気でなによりですね」

「よく顔を見せなさい」

「実には大変お世話になったね」

春子は十一ヵ月後の一九七一（昭和四十六）年九月十四日、夫の元へ旅立った。享年九十八。

『実録』が避けた制憲過程

憲法を「占領軍の押し付け」と声高《こわだか》に叫ぶ言説が後を絶たない。

改正に政治生命をかけると自他ともに認める安倍晋三《あべしんぞう》首相が、戦後憲法学の泰斗芦部信喜《あしべのぶよし》の名を国会で問われ「存じ上げません」「クイズのような質問はやめてもらいたい」と開き直ったのには驚いた。天皇機関説排撃を叫んだ政治家が美濃部達吉《みのべたつきち》の名前すら知らなかったに均しいのではないか。

かつて改正派憲法学者の旗頭だった小林節《こばやしせつ》慶應義塾大学名誉教授が護憲に「転向」したのは、改正派の政治家たちに接してみて「改正前でも後でも、もともと憲法を尊重する気などない」と感じたためだったと仄聞《そくぶん》する。

『昭和天皇実録』を読んで、肝心のことが書かれていないと不満が残る巻のひとつが巻三十五、一九四六（昭和二十一）年の憲法制定過程の記述である。

同年二月七日、昭和天皇は憲法改正担当国務大臣松本烝治《まつもとじょうじ》から約二時間にわたり「憲法改正要綱」（いわゆる甲案）「改正案」（乙案）等の奏上を受けた。松本案の旧態依然ぶりに天皇が違和感を示したと『実録』は記す。

九日午前、改めて松本を表拝謁ノ間にお召しになる。天皇は、「憲法改正要綱」に関して、大日本帝国憲法第一条「大日本帝国ハ万世一系ノ天皇之ヲ統治ス」は語感も強く、第四条（略）との重複もあるため、両条を合併し（略）第五十七条「司法権ハ天皇ノ名ニ於テ法律ニ依リ裁判所之ヲ行フ」の「天皇ノ名ニ於テ」の部分を削除することの可否につき御下問になる。

しかし、その後、連合国最高司令官マッカーサーが松本案を拒否し急遽総司令部側素案の作成に踏み切った過程や背景については、米国側史料の秘密解除や日本側の内閣憲法調査会の調査などでほぼ解明されているにもかかわらず、記述はきわめてうすい。

総司令部が急いだのは、連合国の対日占領政策を決める極東委員会（英・米・ソと中華民国、オランダ、オーストラリアなど十一ヵ国）が前年暮れに発足し、天皇の戦争責任や憲法改正など対日政策の権限が同委員会に移行するため、目前に迫る最初の衆院選までに憲法改正案を固め既成事実化せねば天皇の存続も危ぶまれ大混乱を呼ぶとの判断だった。

「（松本案は）古い明治憲法の言葉を少し変えたにすぎない」「（天皇の）統治権は、以前と同じで少しも改まっていない。（略）人民の権利を拡大させるどころか、むしろ縮小したように思われた」「改正と言うに値しないものである」

（内閣憲法調査会に対するホイットニーGHQ民政局長の証言）

マッカーサーの独断ではなかった。極東委員会のスタートを前に米本国では同年一月七日、国務・陸・海軍三省調整委員会（ＳＷＮＣＣ）が日本の憲法改正に関する米国政府の指針（ＳＷＮＣＣ２２８）を決定。同十一日にＧＨＱに伝達してきていた。

マッカーサーは、権限移行前の「空白」期の総司令官の権限について側近に法理的根拠を確認させた上でＳＷＮＣＣ２２８の原則に沿いつつＧＨＱ草案を策定するよう指示したのである。

その意味では現行憲法はたしかにＧＨＱの「押し付け」面が強い。しかし、日本政府が「押し付けられた」ＳＷＮＣＣ２２８の原則とは次のようなものだった。

①選挙権を広い範囲で認め、選挙民に対し責任を負う政府を樹立する
②政府の行政府の権威は選挙民に由来し、行政府は選挙民または国民を完全に代表する立法府に対し責任を負う
③立法府は選挙民を完全に代表するものとして予算権限を完全な形で有する
④日本国民および日本の統治権の及ぶ全ての人に基本的人権を保障する……

こうした背景を理解しておれば、当時の日本政府が新時代の憲法を自前で策定できなかったこと、それなのに今なお「押し付け」と言い募ることには二重の意味で恥じ入るべきではないだろうか。

『実録』巻三十五は、こうした背景の記述はほとんどない。

一方で、憲法改正に対する皇弟高松宮宣仁《たかまつのみやのぶひと》親王らの反発は記載された。

（昭和二十一年五月）三十日　御夕餐後、この日上京した雍仁親王妃勢津子、及び宣仁親王・

同妃喜久子・崇仁親王・同妃百合子に皇后と共に御対面の後、ニュース映画を御覧になる。（略）その際、宣仁親王より、新憲法草案は主権在民がはっきりしすぎており賛成しかねるため、来る六月八日開催の帝国憲法改正についての枢密院会議には出席しないつもりでいる旨の言上を受けられる。

また六月八日、憲法改正案を審議した枢密院会議を末弟三笠宮崇仁親王《みかさのみやたかひと》が採決を棄権して退席した事実も記載する。

『高松宮日記』を読むと、弟宮たちの反発には、天皇退位問題や皇族切り捨てへの不満も絡み、単純な「主権在民への反発」だけではなかったことがわかる。しかし、こうした事情は『実録』には採録されなかった。

弟宮たちの反発にもかかわらず、天皇は五月三十一日のマッカーサーとの第二回会見で新憲法作成への助力に対し謝意を表明。十月十六日の第三回会見でも「この度成立する憲法により、民主的新日本建設の基礎が確立された旨の御認識を示され、憲法改正に際しての最高司令官の指導に感謝の意を示される。そして戦争放棄の大理想を掲げるこの憲法に、日本はどこまでも忠実でありたい旨」を述べた。『実録』でも、天皇が粛々と改正を受け入れた様子がわかる。

十月二十九日の枢密院会議で、三弟宮が欠席するなか最終的に憲法改正案が可決されると、天皇は翌三十日、改正案に署名するモーニング姿の写真撮影を特別に許可。十一月一日には憲法発布奉告のため伊勢神宮や大正天皇陵に勅使を派遣。同三日、憲法公布にともなっておこなわれた恩赦の詔書ではこう述べた。

本日、帝国憲法を全面的に改正し、人類普遍の原理に基く日本国憲法を公布せしめた。
朕は、この憲法によつて、民主主義に徹した平和国家を建設する基礎が定まるに至つたことを深くよろこぶ。

同日朝には宮中三殿に親告したが、三弟宮はこれにも全員欠席。貴族院での公布記念式典に臨席した際に参列したのも傍系の久邇宮朝融王《くにのみやあさあきら》・東久邇宮盛厚王《ひがしくにのみやもりひろ》・竹田宮恒徳王《たけだのみやつねよし》・閑院宮春仁王《かんいんのみやはるひと》らだけだった。

新憲法に対する昭和天皇と弟宮たちとのこうした意識の落差に、思い出したのが終戦を決意した時の天皇の言葉だ。『木戸幸一関係文書』所収の木戸の「日記に関する覚書」に書き留められている。

昭和二十年八月十二日（略）聯合国の回答の第四項に人民の自由意思により云々について、国体論者の間に反対論が擡頭して来た情勢となって来た。この情勢について私は拝謁の際委曲申上たところが、陛下は「それで少しも差支ないではないか。仮令《たとえ》聯合国が天皇統治を認めて来ても人民が離反したのではしようがない。人民の自由意思によって決めて貰って少しも差支ないと思ふ」と仰せになったので、私は始めて目が覚めた様に思ひ、陛下が人民に対し絶対に御信頼になって居る御態度に頭の下る思ひがしたのであった。

敗戦から戦後へ、弟宮たちと比較にならぬ孤独な産みの苦しみのなかで天皇を支えた心奥の吐露かとも思われるが、これも『実録』には採録されていないのである。

曼珠沙華緋色に咲いて

皇居では、毎年九月から十月にかけて、至る所で曼珠沙華《まんじゅしゃげ》が緋色の花を咲かせる。緑の中にあちこち無数の炎が燃え散っているかのような不思議な風趣がある。

彼岸花咲ける間《あはひ》の道をゆく行き極《きは》まれば母に会ふらし

一九九六（平成八）年の年頭に「道」と題して発表された美智子皇后の歌だ。彼岸花または曼珠沙華の花言葉は「悲しい思い出」「過ぎ去った日々」。逝きし母を思う心象風景に深い内省が宿る。

皇居に住む天皇、皇后や側近らは、多くを語れず胸に秘めねばならない人たちである。しかし、ときに「心」の深奥が密かに歌に詠みこまれていると感じることも少なくない。歴史が死者との対話だとすれば、つきせぬ内省になる。

ずっと心にかかっている二首の歌がある。ひとつは二〇〇一（平成十三）年三月に美智子皇后が詠んだ。

知らずしてわれも撃ちしや春闌《た》くるバーミアンの野にみ仏在《ま》さず

「春深いバーミアンの野に、今はもう石像のお姿がない。人間の中にひそむ憎しみや不寛容の表れとして仏像が破壊されたとすれば、しらずしらず自分もまた一つの弾《たま》を撃っていたのではないだろうか、という悲しみと怖れの気持ちをお詠みになった御歌《みうた》」と宮内庁の解説がついた。しかし、その心の回廊の深奥ははかりがたい。

皇后は二〇〇二（平成十四）年九月、スイスのバーゼルで開かれた国際児童図書評議会（IBBY）大会に出席し、記念講演した。二〇〇一（平成十三）年九月十一日の同時多発テロに対して米ブッシュ政権が発動したアフガニスタンでのタリバン掃討の報復攻撃が続き、後の対イラク開戦も取り沙汰されていた。講演で皇后はさりげなく「貧困をはじめとする経済的、社会的な要因により、本ばかりか文字からすら遠ざけられている子どもたちや、紛争の地で日々を不安の中に過ごす子どもたちが、あまりにも多いことに胸を塞《ふた》がれます」と述べた。そして締めくくりに詩人竹内てるよの詩を読み上げた。

生まれて何も知らぬ　吾子《あこ》の頬《ほお》に　母よ　絶望の涙をおとすな　その頬は赤く小さく　今はただ一つのはたんきょうにすぎなくとも　いつ人類のための戦いに燃えないということがあろう……

講演のあとの大会関係者の歓迎夕食会は内輪の非公開の席だったが、思わぬハプニングがあった。乾杯の際に、米国人の国際アンデルセン賞作家で童話『テラビシアにかける橋』の作者キャサリン・パターソンが突然立って「フォーギブ・ブッシュ！」と叫んだという。

皇后の講演の直後、キャサリンは筆者に次のように語っていた。

「アメリカという国は悲劇の原因を究明せず復讐《ふくしゅう》という道を選んでしまいました。戦争は私たちの子どもたち、さらにその子どもたちを悲劇に巻き込みます」「私はかつて日本に住み、ご成婚の頃のミチコさんを見ました。いまスピーチを聴いて、あの若いプリンセスがどれほど重い責任と苦労を背負ってこれまで歩んできたかと思い、涙が止まらなかった。私たち児童文学関係者が果たしてあれほど深い思いを子どもたちに持ちつづけているでしょうか」

映画『カンダハール』のイラン人監督モフセン・マフマルバフはバーミヤンの大仏破壊について次のように記した。

仏陀の清貧と安寧の哲学は、パンを求める国民の前に恥じ入り、力つき、砕け散った。仏陀は世界に、このすべての貧困、無知、抑圧、大量死を伝えるために崩れ落ちた。しかし、怠惰な人類は、仏像が崩れたということしか耳に入らない。

（『アフガニスタンの仏像は破壊されたのではない　恥辱のあまり崩れ落ちたのだ』）

皇后のバーミヤンの歌には、こうした内省と通じるものがある。

二〇〇八（平成二十）年八月二十八日、草津で静養中だった天皇、皇后は、アフガニスタンで二〇〇二年から農業指導を続けていたペシャワール会の伊藤和也職員が現地で武装勢力に殺害されたとのニュースに接すると、予定されていたコンサート鑑賞の中止を即座に決め、遺族らに弔意を伝えた。

筆者が気にかかっているもうひとつの歌は、半世紀あまり昭和天皇に仕えた徳川義寛侍従長の作品だ。

汝人間なりと思はば思ふほど汝は神なりと刻みてありき城門の内

一九四六（昭和二十一）年元日、天皇の「人間宣言」と呼ばれた年頭詔書が発表された日に詠んだ。

二・二六事件の起きた一九三六（昭和十一）年に帝室博物館研究員から侍従になったが、青年期にベルリン大学でドイツ哲学（美学）を修めるなど学者肌で、戦前の現人神《あらひとがみ》信仰とはおよそ対極にあるような理知的な実務家だった。それだけにこの歌に初めて接したときは軽い衝撃を受け、以来、解釈に苦しみ、胸中にトゲのように刺さったままだ。

一九八七（昭和六十二）年九月、昭和天皇が病に倒れ、侍従長の徳川に付き添われて手術のため宮内庁病院に向かったときにも、また翌一九八八（昭和六十三）年九月、吹上御所で吐血し重篤に陥ったときにも、皇居の至るところで曼珠沙華が咲き乱れていた。

昭和天皇が好んだ吹上御苑の散策路脇にぽっかりと口を開けている御文庫附属防空室の出入口付近も例外ではない。一九七九（昭和五十四）年二月、宮内庁がコンクリートで閉鎖しようとしたとき、昭和天皇が「住み着いているコウモリがかわいそうだ」と難色を示したため、鉄格子をはめこんだだけで草むすままに放置された。今も秋には曼珠沙華やコスモスの花に包まれるという。

筆者が皇居に通うようになった一九八六（昭和六十一）年には、防空室で開かれた終戦の御前会議に居合わせた生き証人は、昭和天皇その人と徳川侍従長の二人だけになっていた。

終戦当時、天皇四十四歳、徳川三十八歳。侍従だった徳川は、八月十日未明の御前会議では、防空室で会議場のしつらえなどにあたり、終戦の「聖断」をくだした天皇に随従した。出席閣僚と枢密院議長が本土決戦か降伏かで真っ二つに割れ、鈴木貫太郎首相の求めにより天皇が降伏を決断した。

八月十四日にあらためて降伏を確認した御前会議の直後には、近衛歩兵を率いた継戦派将校の皇居乱入で、徳川が殴られながらも玉音盤を死守した逸話はあまりにも有名だ。

徳川の歌を読み解く手がかりを探すと、終戦時の皇居と、降伏文書調印式がおこなわれた米戦艦ミズーリ号の甲板にさかのぼるのではないかと密かに思っている。

終わらない「戦後」

破れし国の道義と民主

一九四五（昭和二十）年八月十四日正午、皇居内地下附属防空室で開かれた御前会議で、ポツダム宣言受諾を再確認する天皇の発言に、出席者の間から嗚咽《おえつ》が広がった。

天皇はまた「自分はいかになろうとも、万民の生命を助けたい」といった。（略）「戦場に在って陣没し、或は殉職して非命に斃《たお》れた者、またその遺族を思うときは悲嘆に堪えぬ次第である。また戦傷を負い戦災をこうむり、家業を失いたる者の生活に至りては私の深く心配する所である」。それは高度な政策論の言葉ではなく、生の人間としての純朴な言葉であった。それゆえに感動をもたらしたが、その一座の全員に共有された感動が反対派を従わせるために貴重であった。

（五百旗頭真『米国の日本占領政策』）

同日夜から十五日朝にかけて、宮内省は継戦派将校が率いる近衛兵の乱入で修羅場となった。

筆者は一九九四（平成六）年から約二年間、徳川義寛元侍従長から当時の模様を聞き取りしたが、当日の徳川の動きが沈着冷静でまったく無駄のないことに驚嘆した。

徳川は十四日は早朝から鹿島《かしま》（茨城県）、香取《かとり》（千葉県）両神宮に派遣され名代として参拝しており、御前会議には居あわせなかったが、午後六時に皇居に戻った。午後九時すぎ、天皇が放送で読み上げる「終戦の詔書」のチェック作業を手伝い、午後十一時半、宮内省御政務室で録音に侍立。天皇を見送ったあと、録音盤を事務官室の棚に書類で埋めて隠した。

十五日午前三時、近衛兵乱入を知ると、石渡荘太郎《いしわたそうたろう》宮内大臣、木戸幸一内大臣を庁舎地下金庫室内に誘導。さらに庁舎を出て、警戒する反乱兵の姿に目もくれず約六〇〇メートル走って吹上御文庫に急を告げ、御文庫の窓の鉄扉を閉鎖させ、ふたたび庁舎へ。そこで反乱兵に捕まり、大臣や録音盤の所在を問いつめられて言い争いに。将校が兵士らに「切れ」と命令した直後、別の一団の下士官に殴り倒された。「殴られていなかったら切られていただろう」（徳川）。

はれ上がった頬のまま、反乱鎮圧を見きわめると、賢所での毎朝代拝を買って出て、潔斎《けっさい》して拝礼。午前十時すぎから地下附属防空室で枢密院会議の準備をし、玉音放送が聴けるようにとラジオを運びこみ、アンテナを長く延ばしてセット。正午、天皇、枢密顧問官らと防空室内で放送を聴いた。反乱主謀者の将校が坂下門近くの芝生で自決したのは、枢密院会議が始まったのと同時刻だった。

関東上空にさしかかっていた米爆撃機の大編隊に攻撃中止を伝える命令を、太平洋上の米第三艦隊の旗艦ミズーリ号が受信したのは十五日午前六時十四分だった。

その戦艦ミズーリの甲板で降伏文書調印式がおこなわれたのは九月二日。重光葵元外相、梅津《うめづ》美治郎《よしじろう》陸軍参謀総長を全権とする日本代表団に随行した加瀬俊一《かせとしかず》内閣情報局第三部長の回想によると、迅雷のように火を吐いた猛射を控え、静かに東京湾に浮かぶ大艦隊を従えてそびえ立つミズーリには、制服の米兵が鈴なりで、日本代表団を見つめていた。船体には小さな日章旗が描かれ、それが同艦が撃破した日本の艦船や特攻機の数を示すと気づいた加瀬は「祖国のために死を急いだうら若い青年」を思い「彼等に霊あらば、この降伏の光景を何と眺めることであろうか」と涙ぐんだという。

やおらマイクに歩み寄った連合国最高司令官マッカーサー元帥が淡々と演説を始めた。

「……我々は相互不信、悪意、または憎悪の念を抱いてここに集まったわけではない」

「寧ろ戦勝国と戦敗国とを問はず、人類のより高き威厳に到達せんことを祈念する（略）。この厳粛なる機会に、過去の流血と殺戮のうちから信頼と諒解の上に立つ世界が招来せられ、人類の威厳とその最も尊重する念願――すなはち、自由、寛容、正義に対する念願――の実現を志す世界が出現することを期待する……」

（加瀬俊一『ミズリー号への道程』）

加瀬は記す。

最悪の侮辱を覚悟してゐた私は本当に驚いた。私はただただ感動した。（略）生ける勇士にも、死せる犠牲者にも、この演説こそは、まことに永久に枯れることなき花環であつた。

（同）

加瀬は帰路、式典の報告書を一気に書き上げ、末尾に「もし、日本が勝っていたら、果たして今日マッカーサー元帥がとった態度をアメリカに対して示し得たでありましょうか」との意味の一文を記した。それを持参して復命した重光に、天皇は嘆息して同意したという。

結局のところ、我々は戦場において優勢な武力に敗れたのではない。我々はより高い理想によってうち負かされたのである。真の問題は精神的《モーラル》であった。（同）

ただ、重光全権はむしろ昂然とした態度だったようだ。調印式を前に、重光は天皇に次のように言上《ごんじょう》していた。

「降伏文書に調印するということは、実に我が国有史以来の出来事でありまして、勿論不祥事であり、残念でありますが、これは、日本民族を滅亡より救い、由緒ある歴史及び文化を続ける唯一の方法であります（略）ポツダム宣言の要求するデモクラシーは、その実、我が国がらと何等矛盾するところはないのみならず、日本本来の姿は、これによって却って顕われて来ると思われます」（『昭和の動乱』）

天皇は「まことにその通りである」と激励したという。

天皇がマッカーサー元帥を訪問し会見したのは、調印式から二十五日後の同月二十七日だった。

翌一九四六（昭和二十一）年七月十九日。天皇が二人の米国人カトリック司教を引見したことが徳川の日記に記録されている。天皇はこう述べた。

戦禍が東洋に及んで以来、余は苦悩と瞑想とに多くの時を過した。国辱という結果を招き、且つわれわれを破壊の淵にまで追いつめた所のわが国民の悲劇のあとを辿って原因を算定せんと努めてきた。道徳的責任が欠如していることにわれわれが悩んできたことは（略）余には益々明瞭になりつつある。（略）

……占領軍はわが国民の間に、今まで知られなかった程の憐憫と正義と寛容の美徳を示した。

われらのかつての敵のこの啓蒙的な態度は、われわれが見習うべき長所であると、余は断定するようになった。

故に余はわが民族の道徳的素質を強化することを通してはじめて自らの救済が成し遂げられるのであろうとの希望を抱きつつ、わが国民にこれらの精神的価値を勤勉に学ぶべしと説いて聞かせる。

（『徳川義寛終戦日記』）

戦後の再出発を誓う昭和天皇の言葉で、これほど単刀直入な述懐を知らない。

しかし、加瀬の言う「精神的敗北」に同意することと、デモクラシーを「我が国がら」と言う重光に同意することとの間に横たわる矛盾の深さに天皇も徳川も気づいていないようにみえる。

天皇「神」と「人間」のあわい

汝人間なりと思はば思ふほど汝は神なりと刻みてありき城門の内

昭和天皇の「人間宣言」が出た一九四六（昭和二十一）年元日、徳川義寛侍従（のち侍従長）が詠んだこの歌の解釈を求めて、前項では一九四五（昭和二十）年夏、皇居内防空壕での御前会議と、米戦艦ミズーリ号甲板での降伏文書調印式にさかのぼった。

御前会議での「自分はいかになろうとも、万民の生命を助けたい」との昭和天皇の「人間としての純朴な言葉」（五百旗頭真）を、徳川は直接には聞いていない。しかし同夜、この「聖断」を元に起草された「終戦の詔勅」の清書、読みあわせを手伝った。このときに「汝は神なり」と感じたのだろうか。

天皇を「神なり」と感じたという人物は他にもいる。たとえば、東京裁判で検察側の最有力証人となった陸軍省兵務局長田中隆吉《たなかりゅうきち》がそうだ。元首相東條英機《とうじょうひでき》ら戦犯の「罪状」を次々と暴露して「同胞を売る日本のユダ」とまで呼ばれたが、天皇の不訴追のため小さからぬ役割を果たした。マッカーサーとの会見で天皇が「（戦争に）全責任を負う」と語ったと、内大臣秘書官長松《まっ》平康昌《だいらやすまさ》や首席検察官ジョセフ・キーナンから聞かされて「神の如きご態度」と感激したためとされる。

それにしても、筆者が二年近く聞き書きした徳川は、ベルリン大学で哲学（美学）を修めた学究派であり、ドイツでみずから実見したナチスの権力奪取を苦々しく語るなど、全体主義や現人神信仰とは無縁の穏健なリベラリストといった印象だった。

二・二六事件の起きた一九三六（昭和十一）年から侍従を務め、一九四五（昭和二十）年八月十五日未明、反乱兵に殴られても「玉音盤」を守り抜いた。同正午、防空壕内で天皇とともに玉音放送を聞いた徳川は、その日の日記の結びにローマの古句、

Cedunt arma togae（武は文に譲る）

を書き入れた。

その思い出を語った徳川は、目を細めて、こう付け加えた。

「それ以降、陛下はしきりに『宗教心を持たねばだめだね』とおっしゃったのよね」

そして、同年暮れから熱心に学者・文化人のご進講に臨む天皇の姿を懐かしそうに語っていた。

「文化人」天皇を志す昭和天皇を喜ぶ徳川の姿は印象的ではあったが、どう考えても「汝は神なり」と歌うには距離がある。このギャップがトゲのように刺さって抜けない。「神なりと刻みてありき城門の内」とは、もちろん戦前の天皇神格化の空気を指すのではないだろうし、防空壕での御前会議のドラマなどを通じ側近らが心に刻んだというのも平板すぎるのではないか——と。

一連のご進講の最初は、一九四五年十二月二十二日の歴史学者板沢武雄《いたざわたけお》だった。陪聴した侍従次長木下道雄によると、木下が、どこに興味を惹かれたかと問うと、天皇は次の三つを挙げた。

①後《ご》水尾《みずのお》天皇の譲位の話
②徳川氏が家康を神格化して改革を怠り破局に至った話
③謡曲の話

幽顕二界のこと。謡曲の発達、君臣の濃情を言い現わせる謡曲はかえって皇室衰微の時代に発達せること。顕界破れて幽界現われたること。

（木下道雄『側近日誌』）

謡曲については、一連のご進講の世話役を務めた哲学者和《わ》辻《つじ》哲郎《てつろう》も重視していた。和辻は敗戦後、危機に陥った天皇制を「本来の文化的な統一の象徴」あるいは「ピープルの天皇」として救い出そうと思想的格闘を試みていた。

和辻によると、皇威が衰微の極にあり、武家権力が四分五裂して争った戦国時代に、戦乱にあえぐ民衆の間に「理想的に治まった天皇の御代《みよ》への憧憬」が生まれ、謡曲にうたわれたという。たとえば世阿弥作『弓《ゆみや》八幡《わた》』でのシテの老翁の歌。

〽君が代は千代に八千代にさざれ石の、巌となりて苔のむす、松の葉色も常磐山、緑の空ものどかにて、君安全に民敦《あつ》く、関の戸ざしもささざりき

「君安全に民敦く」というのは天皇の統治の下における平和な国土をさすのであって、それを関所の解放という現象に結びつけて表現している。ここに我々は封建時代の諸国の分立と

ちょうど正反対の、全国的統一が示唆されていることを見いだす。そういう統治をすぐあとの合唱歌は、

神と君との道すぐに

と歌い起こし、天皇と神との密接な連関（略）を讃美しているのである。

（和辻哲郎『尊皇思想とその伝統』）

天皇が戦後巡幸を開始するのは一九四六年二月からだ。

徳川の歌を読み解くヒントを求めて徳川の聞き書きや日記を繰ると、「神」にかかわる記述が二つある。

ひとつは、天皇が神前で読み上げる「御告文《おつげぶみ》」についての徳川の打ち明け話だ。

沖縄戦が始まり、枢相鈴木貫太郎に組閣を命じた一九四五年四月五日、天皇は伊勢神宮に名代として参拝するよう弟の高松宮宣仁親王を呼んだ。

お使いに届けさせればいい御告文を、お手渡しになった。御告文の内容は口外すべきものではありませんが、趣旨としては「戦争がこのようになった、いままでの戦果にお礼申し上げ、相手の国も含む各国各人がそれぞれの所を得て共存していくように願う」といったものでした。

（『侍従長の遺言』）

徳川は御告文を読んで、天皇はすでに終戦の決意を固めていると確信したという。

天皇自身も『独白録』で、

「平和の日が早く来る様に御導きを願ひ度いと云ふ事、現在の国家の困難は私の不徳の致す処であるから、今后国家が立ち直る様に御指導を願ひ度いと云ふ事を告文の内容として」

と語っている。

また、降伏調印式の翌日の同年九月三日に天皇が敗戦を賢所に奉告した際の御告文も徳川は読んでおり、「終戦の詔書を踏まえて作られており、『国民と共に再建に歩む』との趣旨が入っていました」と語っていた。「陛下は退位することは考えておられなかった」と。

天皇が独り皇祖神に向き合って告げる「御告文」は公表されず、寝室に隣接する「剣璽の間」に秘蔵される。天皇の心の深奥が織りこまれる。「汝は神なりと刻みてありき城門の内」の歌は、それに接した徳川の感懐が密かにこめられているのではないかとの思いが今も消えない。皇居で半世紀以上仕えた徳川も一九九六（平成八）年に逝き、今となっては確かめる術はない。

もうひとつの「神」にかかわる記述は一九四五（昭和二十）年十月、焼け跡から貨物列車に揺られて那須の内親王や日光の皇太子（現天皇）の疎開先を訪れたときの様子だ。

十月八日（月） 雨

（略）

六・五〇　朝礼　東宮殿下の御前に出る。

御二階御座所に坐して、七・〇　明治天皇御製奉唱、「目に見えぬ神の心にかよふこそ人の心のまことなりけれ」昨日からはじめ、一週間づつの予定、山田奉唱、ついで東宮殿下および東宮侍従らと奉唱す。

（『徳川義寛終戦日記』）

二ヵ月前に新設された東宮職は、十一歳の皇太子のために、こんな「帝王学」を始めていた。

克服されなかった過去

先に書いたように、ミズーリ号艦上での降伏調印に臨むに当たり、全権の重光葵《しげみつまもる》は昭和天皇に拝謁して「これ（調印）は日本民族を滅亡より救い、由緒ある歴史及び文化を続ける唯一の方法」と述べた。

「ポツダム宣言の要求するデモクラシーは、その実、我が国がらと何等矛盾するところはないのみならず、日本本来の姿は、これによって却って顕われて来ると思われます」

（『昭和の動乱』）

天皇は「まことにその通りである」と同意した。

そこには、天皇の神格化、全体主義を生んだ「歴史及び文化」が「デモクラシー」に敗れたことについて、たとえば、ドイツでのような徹底した自己批判はない。

終戦の翌年、スイスに亡命していたヘルマン・ヘッセは、母国ドイツから届いたある書簡に「第三帝国に抵抗していたら殺されていたから、危険を考えて何もしなかったのも仕方なかったことをわかってほしい」と記されていたことについて次のように書いた。

こういう人たちの多くは長いことナチ党員だったのです。それなのに、いつも片足を強制収容所につっこんだような生活をしていたなどと言うのです。そういう連中にはこう書いてやるのです。「私は、両足を強制収容所につっこんでいた人だけしか信じません」。

（三島憲一『戦後ドイツ』）

哲学者ユルゲン・ハーバーマスは次のように書いている（三島憲一編訳『近代　未完のプロジェクト』）。

ドイツ人は自分たちの歴史の連続性なるものを頼りにすることはできない。（略）アウシュヴィッツというあの物凄い連続性の断絶によって、ドイツ人は、その政治的アイデンティティを設定するにあたって、普遍主義的な国家公民の諸原則以外のものに依拠する可能性をつぶしてしまったのだ。（略）ナショナルな伝統はまるごとそのまま受け継ぐことはできない。いまではただ批判的に、自己批判を通じてのみ伝統を獲得することしかできないのだ。

たしかに、日本は「アウシュビッツ」は持たなかった。敗戦によっても、天皇や国家、歴史の連続性は辛うじて断絶を免れた。そのことが、「自己批判を通じての伝統の獲得」を不徹底にしたのではないだろうか。

一九四六（昭和二十一）年元旦の詔書は「人間宣言」と呼ばれ、「天皇を現御神《あきつみかみ》」とする「架空なる観念」との訣別と受け止められていた。ところが天皇は一九七七（昭和五十二）年になって「それ（五箇条の誓文を盛りこんだこと）が実はあの時の詔勅の一番の目的なんです。神格とかそういうことは二の問題であった」と記者会見で述べた。

あの当時においては、どうしても米国その他諸外国の勢力が強いので、それに日本の国民が圧倒されるという心配が強かったから。民主主義を採用したのは、明治大帝の思召しである。しかも神に誓われた。（略）民主主義というものは決して輸入のものではないということを示す必要が大いにあったと思います。

ここには、一九四六年七月、米人司祭を引見した際に、米国デモクラシーの「精神的価値を勤勉に学ぶべし」と述べたときの謙虚さはない。

大戦後の世界では、米国の民主主義とソ連の社会主義という二つの近代化が強力なモデルとなった。とりわけ世俗的な市民権の感覚によって形成された米国は輝きを放ち、世界中が「ミニ・アメリカ」を目指すかのような様相だった。旧植民地の諸民族のリーダーたちは、自由で平等な世俗国家のビジョンで国の未来を先導した。宗教的な障壁は難なく乗り越えられそうに見えた。エジプトのナセル、インドのネルー、スリランカのバンダラナイケ……。

長年、世界のテロリズムを研究してきた米国の社会学者マーク・ユルゲンスマイヤーは、世俗国家ビジョンが力を失った理由を「アメリカおよび旧ソ連における政府のスキャンダル、持続する社会的不平等、そして破壊的な経済的困難は、もっと無垢の時代であった一九四〇年代および一九五〇年代に民主主義および社会主義が果たしていた役割モデルとしての魅力を、いずれからも失わせた」と分析する（阿部美哉訳『ナショナリズムの世俗性と宗教性』）。

世界の多くの部分で、世俗国家は、政治的自由、経済的繁栄、および社会的正義という自らの公約を果たしていない。

相当数の宗教的リーダーたちが世俗的な考えや機構を断固として拒絶する理由の一つは、これらの考えや機構こそが自分たちの国の道徳の衰退に対して責任を負うものだと考えるからである。


そして、日本で昭和が終わった年、ベルリンの壁が崩壊し、冷戦が終わった。東側の三十億人がグローバル市場になだれこんだ。「超資本主義」（ロバート・ライシュ）の巨大な石臼が全てをすりつぶさんばかりの勢いで回りはじめた。宗教とテロリズムの抵抗も広がっている。

米国のジャーナリスト、トーマス・フリードマンは、グローバル経済と民族的アイデンティティーとの対立を描いた著書に『レクサスとオリーブの木』とのタイトルをつけた。レクサスはグローバルな市場経済、金融、コンピューター技術の象徴であり、ヨルダン川の両岸に立つオリーブの木は家族、共同体、部族、故郷、宗教、国家といったアイデンティティーの象徴だ。冷戦終結後、近代化・市場化は「オリーブの木」を脅かし争いを呼び起こしている。

経済と情報のグローバル化とともに、世界は国境を超えて激動している。テロリズムも、NG

Oなどのさまざまな市民活動もグローバル化している。米国の政治学者ジョセフ・ナイによると、「ジハード（聖戦）」を呼びかけるウェブサイトは一九九〇年代末の数十から今日では四千五百以上に増えた。一方、国際的なNGOは第一次大戦前には百七十六だったが、一九五六年には約一千になり、一九七〇年には約二千になった。そして一九九〇年代だけで六千から二万六千へと爆発的に増えた。

多くのNGOは、個々の国家権限を越えた、あるいは国家が無視しがちな広範な公共の利益を代表して「グローバルな良心」として行動しようとしている。（略）情報革命は彼らのソフト・パワーを大幅に増大させてきた。（田中明彦・村田晃嗣訳『国際紛争　原書第六版』）

マッカーサーの軍事秘書で知日派だったボナー・フェラーズは進駐直後の一九四五年十月、マッカーサーに対して「彼らの天皇は、祖先の美徳を伝える民族の生ける象徴である」として、東京裁判での天皇不訴追と天皇制の存続を具申した。

「米国の寛容」によって残った、天皇という「オリーブの木」。今後、どのような役割を担えるのか。「伝統」を批判的に踏まえ、また未曾有の敗戦と犠牲からの再出発の軌跡を問いなおしつづけることからしか答えは見出せないのではないだろうか。

加瀬俊一が語り残したこと

一九四五（昭和二十）年九月二十五日、昭和天皇は外国メディアとの会見に踏みきった。天皇への海外の厳しい世論への対策だったが、これがその後の皇室の記者会見という「窓」を開くきっかけともなった。しかし重光葵はこれに厳しい視線を投げかけていた。

天皇陛下はニューヨークタイムスとU・P通信員に謁見を給ひ、夫《そ》れ夫《ぞ》れ会見談を発表せしめられた。

而已《のみ》ならず九月廿七日には陛下御親《おんみずか》ら米国大使館に行幸、マッカーサー将軍に敬意を表せられた。（略）

聯合軍総司令部に対する媚態は要するに戦争責任に関する自信のなきより生ずるものであつて、全然内兜を見透かされてしまつたのである。記者が身を以て救はんとした皇室の威厳も国家の権威も二つ乍《なが》ら自ら抛棄《ほうき》してしまつたのである。

（『続　重光葵手記』）

ミズーリ号艦上での降伏文書調印式でも全権の重光はステッキを突きながら昂然と臨んだ。しかし介添え役を務めた随員加瀬俊一の受けとめは違った。甲板上でマッカーサーの演説を聞いたときの気持ちを「我々はより高い理想によってうち負かされた」と後年振り返っている（『ミズリー号への道程』）。

一貫して戦争回避に外交官人生を懸けてきていた重光の舌鋒は鋭い。しかし重光がA級戦犯として投獄されると、後任の外相吉田茂は占領軍との融和により天皇の戦犯指名回避に全力を注いだ。その下で加瀬もさまざまな工作に従ったとされる。

筆者が鎌倉市の加瀬の自宅を訪ねたのは一九九九（平成十一）年八月二十七日だ。

このころ、高松宮喜久子妃が十二指腸潰瘍と肺炎で予断を許さぬ病状となり、同妃と七十年間も親交のあった加瀬の回想を聞きたいと思った。とりわけ占領軍将校や東京裁判関係者らへの「接待攻勢」で同妃が果たした役割に関心があった。ときには酔った米軍将校の非礼にも耐えて務めたと聞いていたからだ。

緑に囲まれた風格ある古い洋館の応接間で会ってくれた加瀬は、洒落たジャケット姿に白銀の長髪。九十六歳の加瀬は八十七歳の喜久子妃を「まだお若いのにねえ」と気づかいながら、一時間半にわたり思い出を語ってくれた。

一九三〇（昭和五）年、新婚の高松宮夫妻が欧州周遊の旅で訪れたベルリンで、二十七歳の大使館員だった加瀬は接遇役を務め、当時十八歳だった喜久子妃のお気に入りとなった。夫妻がパリに発つ前日には同妃を密かに宿舎から連れ出してウンター・デン・リンデン散策に案内。同妃の希望でブティックで仮縫いしたドレスを店にかけあって徹夜で仕上げさせ、駅に駆けつけて発車間際のお召し列車に届けた。喜んだ喜久子妃は婉然《えんぜん》と微笑んだという。そんな映画「ローマの休日」さながらの出会いを楽しげに語った。

名文家で知られた加瀬は座談の名手でもあった。占領軍への「接待工作」についての質問は何度もはぐらかされた。

一度目は、敗戦直後、高松宮邸に呼ばれた話にそれた。

参上すると妃殿下がお一人でおられて「日本は戦争に初めて負けました。負けた日本の、その皇族はどんな心構えをもって身を処すべきものか、それを承りたい」って。やっぱり徳川慶喜のお孫さんですよ。

ふたたび質問すると、一九八六（昭和六十一）年に「会いたい」との電話をもらって帝国ホテル内の宝石店で密会し、同妃が「殿下が加瀬にだけは知らせておけって」と涙ながらに高松宮の肺がんを打ち明けてくれた話になった。

話は縦横無尽に展開し、質問を忘れてしまう。約束の時間を大幅にすぎ、同じ質問を三度投げかけた。

――高松宮邸にGHQの要人を呼んだのは加瀬さんですか？

加瀬　GHQとの関係を何とかしなきゃあいけないと。これから東京裁判が始まる。みいんな日本のことなんか知らない。アメリカへ帰れば大工か左官かなんかっていう連中がね、少佐ですとか中佐ですとか少将ですとか言っていばってる。しかし彼らがその地位にある限り、けんかしたら損。それで、まあ嫌な言葉ですが懐柔策。宮さまに、これはといううるさい連中を呼んでいただく。私はうまく宣伝して「天皇陛下の弟さまと美しい妃殿下が晩餐に呼んでくださるぞ」って。また田舎者なんですよね、みんな。いばりちらしてるくせに「それはありがたい、行くよ行くよ」。どういうものを着るのか。タキシードなんか持ってない。「日本じゃ無理だよ、香港行って買ってらっしゃい」。で、みんな香港へ行ってね。たいへんな騒ぎをしてやって来たんですよね。

――東京裁判の首席検察官のキーナンまで、よく来ましたね。

加瀬　キーナンなんてのはね、私はずいぶん仲良くなった。イヤな男でしたけどね。しかし、強面の男ほど扱いいい。こちらのほうが役者は上。そりゃあこちらは苦労してるもの。私は秘書官としてキーナンの相手をしていたが、彼が岡田（啓介）海軍大将と話をしたいと。二人で司令部に缶詰になって、私が横から直したりして、二・二六の話とかね。「アドミラル・オカダの証言」ってすごい書類になってます。キーナン喜んじゃってね。

――それがきっかけでキーナンを呼ぶことができた？

加瀬　そうね。あれは、悪い奴じゃないですよ。

――キーナンは宴席で「天皇は訴追しない」とまで言ったと一部に書かれてますけど？

加瀬　あなたが今抱えている一番大きな問題は？　お役に立つなら協力しますよ。あなたは頭がいい。それじゃあ出世に害があるだろうと思う（笑い）。

皮肉られ煙に巻かれて取材を終えざるをえなかった。

その後、高松宮妃はいったん快復したが、二〇〇四（平成十六）年十二月、九十三歳の誕生日を前に亡くなった。加瀬も同じ二〇〇四年五月、百一歳で先立った。

徳川義寛元侍従長の日記にこんなくだりがある。

（昭和二十一年）九月十八日（水）

「世界」六・七・八月号お手許へ。

世界八月号・ポツダム宣言受諾まで、昨日お手許へ。御読了。

秋月昌筆は加瀬なりと仰せ、次長［稲田］、宗秩寮総裁［松平康昌］に聞きたる所、よくお当てになったという。なお世界の同論文は正しい。全くその通りだと仰せあり。

（『徳川義寛終戦日記』）

最近入手して秋月論文を読んだ。戦争末期、鈴木貫太郎内閣の終戦工作と内政外交や軍部の惨状が生々しく克明に暴露されていた。

天下の患は土崩に在りと言ふ。下怨めども上知らず、俗既に乱れて政修まらずと云はれた秦末の世相も、当時の我が国情に較べればまだしもであつたに相違ない。

秋月論文についても質問し、徳川日記の記述も伝えたが、加瀬はにやりと笑うだけで答えなかった。喜久子妃との「敗戦国の皇族の出処進退」についての話の中身も語らなかった。

秋月論文の末尾に自分はポツダム宣言受諾案文を起草したとある。そして、結びの一文に目が釘付けになった。

これが光輝ある帝国外交の白鳥の歌となつたのである。

ミズーリ号甲板で「倫理的敗北感」を味わったとき、若い外交官加瀬の心のなかで大きな何かが終わったのではないか。剛直だった重光よりも、受けた傷は深く、敗戦後は、自負は屈折の裡に包んで生きるほかないと知ったのではなかったのか。

実は加瀬は答えを残していってくれたのかもしれない。

白洲次郎と新憲法

毒舌で、ときには謀略も用いた白洲次郎《しらすじろう》の強烈な個性には反発や批判も絶えなかった。GHQで憲法起草作業に携わったH・E・ワイルズは白洲を次のように描いている。

占領軍側は白洲のいかにも慣れなれしい、背中叩きの態度に虫ずをはしらせ、古い自由主義者たちには、白洲が、自分がその気になれば、いつでも大臣になって見せると自慢するのが鼻についた。
（略）ホイットニーも、マーカットも、ウィロビーも、白洲が意識的に占領軍内部の部局を互いに対立させようとしているという点で、同じ見方をしていた。後になって、白洲が、駐米大使に任命され損い、東北電力の社長になって引下ったとき、（略）それを惜しむものはほとんどいなかった。
（『東京旋風』）

昭和天皇も白洲と吉田茂に不信感を抱いていたらしい。GHQと宮中の連絡役だった外交官寺《てら》崎英成《さきひでなり》の昭和二十二年四月九日の日記に、「拝謁　フィトネー［ホイットニー？］の話　侍従長とフィトネーの話をなす　陛下ハ吉田白須［白洲］のラインに疑念を持たるるなりと云ふ」と記されている。
その直後の五月六日、天皇とマッカーサーとの第四回会見の漏洩事件が起きる。マッカーサーが天皇に「米国は日本の防衛に責任を持つ」と言明したと外電に報道され、通訳した外交官奥村《おくむら》勝蔵《かつぞう》が懲戒免官となった。元侍従長徳川義寛は筆者に「奥村さんは気の毒でした。本当は奥村さんが白洲次郎さんに話したのを、白洲さんが記者に話してしまったらしいのです」と語っていた（『侍従長の遺言』）。
漏洩から二十八年後、奥村は死の床まで気に病んでいたと入江相政侍従長の日記に記されている。

（略）

（昭和五十年）九月十日（水）

……五時前安井副長来。奥村勝蔵氏が死の床につき乍らつまり思召を気にしてゐるとのこと。吹上で拝謁。うかゞつたら奥村には全然罪はない、白洲がすべてわるい、だから吉田が白洲をアメリカ大使にすゝめたが、アメリカはアグレマンをくれなかつたとの仰せ。安井さんにすぐ伝へる。

重光葵は昭和二十六年十一月、初対面の白洲を酷評している。

白洲なるものは已にノートリアスである。丁度、森格［恪］と白鳥［敏夫］とをつき交ぜた様な粗暴極まる（オーダシアス）高慢なる態度の持主であつて、外務省員を罵倒すること殆ど病的である。下品な英語を無遠慮に使用し、米国を悪罵すること一部の英人に過ぐ。（略）英国風と日本風の悪趣味を併せ得たるものならん。

吉田君は困つたものを近づけるものなり。

（『続　重光葵手記』）

白洲はこのころ、よほど鬱憤がたまっていたのかもしれない。

この二ヵ月前の同年九月、白洲は講和条約締結のため吉田茂全権の顧問として渡米。外務省の条約受諾演説案が英語で占領への謝意を述べるものだったのに卑屈だと激怒し、日本語で書き直させたうえ、案文になかった琉球諸島などの返還要求も加えさせたという。

政治学者豊下楢彦《とよしたならひこ》は近著『昭和天皇・マッカーサー会見』で、講和や安保条約の対米交渉で、吉田と白洲が米軍の日本駐留を「憲法上も対米感情からも難しい」と渋ることで交渉カードにしようとしたと見ている。そしてこの「吉田・白洲ライン」に「疑念」を抱いた天皇が「日本側から自発的に米軍駐留を求める」メッセージを吉田の頭越しに米側に送るという「露骨な天皇外交」に踏みきったとの説を展開している。

白洲は講和成立時に、天皇の退位を主張したという。

「朕戦いを宣すといった後の処理がついてないんですよ。僕はサンフランシスコで平和会議の調印があったときに、（略）これを逸すれば「朕戦いを宣す」の終わりをつけられないと、盛んに理屈いったんだけれども、それは実現しなかったのです。

（安藤良雄『昭和政治経済史への証言』）

昨今、白洲はGHQによる新憲法「押しつけ」に抵抗したヒーローに祭り上げられているが、当時は多くの国民は新憲法を圧倒的に歓迎し支持した。

たとえば東京帝国大学は報道で当初の日本政府案がスクープされると、それが帝国憲法と大差ない不十分なものだったため、南原繁《なんばらしげる》総長の発案で宮澤俊義《みやざわとしよし》、高木八尺《たかぎやさか》、岡義武《おかよしたけ》、和辻哲郎《わつじてつろう》ら二十人による「憲法研究委員会」を設けた。「（政府案から）何とかして一歩でも二歩でも理想に近いものにするために奮闘しよう、というのが多くの委員の決意だった」と我妻榮《わがつまさかえ》委員は記した。

しかし、その後にGHQ案を示された日本政府が新憲法案を発表すると、同委員会メンバーは愁眉を開く。

印象に残ったもうひとつのことは、三月六日に『憲法改正草案要綱』が発表されたときの多くの委員の驚きと喜びである。ここまでの改正が企てられようとは、実のところ、多くの委員は夢にも思っていなかった。（略）当時極秘にされていたその出所について、委員会は大体のことを知っていた。しかもなお、これを「押しつけられた不本意なもの」と考えた者は一人もいなかった。

（『世界』一九六二年八月号）

新憲法全体に対する白洲自身の評価はどうだったのか。随筆集『プリンシプルのない日本』を読むと、年を追ってニュアンスが変わっていくのがわかる。そしてどの随筆も日本側への慨嘆で終わっている。日本側の微温的な改正作業の拙劣さや、ＧＨＱ側が新憲法を盾にせき止めた昭和天皇に対する厳しい国際世論の状況などが後年わかってきたからかもしれない。
たとえば一九五二（昭和二十七）年の『腹立つままに』。

こういう結論を出した民政局の人間の無智と幼稚さを笑ったと同時に、こんな根本の問題に就て、利己御都合主義のために、こんな結論を金科玉条の御託宣の如くに振り廻した、一部政治家の不甲斐なさ、無節操に憤慨した。
（『文藝春秋』同年十一月号）

一九五四（昭和二十九）年の『占領政治とは何か』では、戦前の日本の悪行と比較されている。

（ＧＨＱは）無経験な若気の至りとでも言う様な、幼稚な理想論を丸呑みにして実行に移していった（略）イデオロギーに基いた狂暴振りは（略）末輩が宴会を強要したり人身御供を期待したり物品の献上を当然と心得たりしたことよりは感情的に不愉快さは少かったかも知れぬ。これもみんな戦争中に我が同胞の一部が外地で犯した罪業の罰であったかも知れぬ。今猶反日感情に充満している外地の人々は我々の同胞のやったことで、もっともっとひどいことをたくさん知っているだろう。
（『文藝春秋』同年七月増刊号）

そして一九六九（昭和四十四）年に書いた『プリンシプルのない日本』。

始めから、新憲法を押しつける決心であったかどうかは別として無理のない事情もあった。それは松本烝治博士による日本政府最後の憲法修正案も天皇主権であったからだ。終戦直後においても事態の認識はあまかったようだ。この認識のあまさが、戦争自体を誘発したものともいえるが。新憲法のプリンシプルは立派なものである。（略）マックアーサーが考えたのか幣原総理が発明したのかは別として、戦争放棄の条項などはその圧巻である。押しつけられようが、そうでなかろうが、いいものはいいと率直に受け入れるべきではないだろうか。

（『諸君！』同年九月号）

国際派野人・白洲の怒りは、実は主として日本人たちにこそ向けられていたのではないか。日本の戦争への激しい嫌悪、独立後の天皇退位の主張、そして「押しつけ」新憲法をしだいに高く評価するに至っていた白洲のもうひとつの顔はもっと知られていい。

バッキンガムの小さな椅子

二〇一二年（平成二十四）五月、エリザベス英女王の在位六十年式典に天皇・皇后が出席した。天皇が強く希望し、心臓手術後わずか三ヵ月という病後を押して実現した。華やかな王室絵巻の映像を見ていて、一九九八（平成十）年五月に国賓として訪英した天皇・皇后に同行取材したときのことを思い出した。

壮麗なページェントに立ち会える——そのことが宮廷記者の醍醐味《だいごみ》ではなく、その陰に潜む数多《あまた》の人間の「歴史」に触れることこそそれだと知ったのはこのときだ。

きらびやかなホースガーズ（近衛騎兵）の歓迎式典やバッキンガム宮殿での晩餐会という肝心のメーンイベントはまったく取材できなかった。英国王室の報道規制は日本の皇室よりはるかに厳しく、モニター画面や関係者のブリーフィングで取材するしかなかった。事前に日本の外務省や宮内庁を通じて懸命に要望したが、堅い扉はびくともしなかった。

ようやく許されたのは晩餐会場の下見だけだった。「皇居では認められている」と頑張って、当日の五月二十六日、ようやく特例扱いでバッキンガム宮殿内に入った。

過去に欧州やアラブ諸国の王宮内で取材した経験もあったが、バッキンガム内部は思ったより狭く、王宮府スタッフのオフィスなどは狭い廊下に質素な小部屋が並ぶだけの殺風景なものだった。さすがに客を迎える公室部分の白壁や天井の金色の装飾の華やかさ、飾られた絵画や調度類は重厚で比類ない品格を醸し出していた。

しかし、何よりも鮮明に記憶に残っているのはボール・ルームのテーブル・セッティングだ。卓上に心づくしの盛花、銀食器とワイングラスが並ぶ。席次を確かめようと逐一見ていて、ふとメーン・テーブルの一角に置かれたひとつの椅子に気づいた。豪華な椅子がずらりと並ぶなかで、それだけはみすぼらしいほど小さく古びている。近寄ってのぞいたら、その足元に使い古してすりきれかかった小さな布張りの足置台が見えた。「だれの席だ？」と問うと、英国側スタッフが小声で教えてくれた。

「クイーン・マザー」

女王の母エリザベス王太后はこのとき、九十七歳。長時間に及ぶ晩餐会のため、ふだん使い慣れた椅子ですっかり小さくなった体を支え、テーブルの下で靴を脱ぐためのしつらえだった。

前国王ジョージ六世の妃で昭和天皇とは一歳違いの同世代。第一次大戦で兄を失い、第二次大戦中にはドイツ軍の猛爆下、内閣が疎開を勧めるのを断固退けてロンドンにとどまって、国王が吃音《きつおん》を克服してマイクの前に立ち国民を励ますのを支えた。バッキンガム宮殿がＶ２ロケットの直撃を受けても「これでやっとイーストエンド（ロンドンの下町）に顔向けできます」と言い放ち、英国民の士気を高めたことはよく知られ、戦後も国民の敬愛を集めていた。

王太后は晩餐会に先立つわずか二時間ほど前、クラレンス・ハウスに天皇・皇后を招いて娘のエリザベス二世女王と四人だけのティー・タイムでもてなしたばかり。晩餐会場のテーブルの下の小さな椅子と秘密の足置台は、何としても歓迎晩餐会にも立ち会いたいという一人の老婦人の心づくしを物語っていた。

同じ日の午前中。歓迎式典会場「ホースガーズ」から女王と天皇が同じ馬車に乗り、多数の近衛騎馬隊列に守られてバッキンガムに向かう並木大路「ザ・マル」を進むパレードは多数の一般国民の歓迎を受ける国賓歓迎行事のハイライトだった。しかし、これまた取材ポイントの設定は認められず、記者たちは大群衆に混じって後方から見るしかなかった。

前列にひしめく見物人たちの背後で、制服にベレー帽の退役軍人の集団が三々五々集まってきた。東南アジア戦線で日本軍の虐待を受けたＰＯＷ（戦争捕虜）たちである。憎しみに目を血走らせた者、娘や孫らと家族連れで来て淡々と列に加わる者などさまざまだった。なかには少し離れて一人で天皇歓迎のメッセージを書きこんだたすきを肩にかけ、手に日の丸を持ってやって来た退役軍人もいた。ＰＯＷの一人が「おまえは日本軍の捕虜になったことがあるのか！」と罵声を浴びせた。しかし互いに言葉が続かず、黙ってにらみあったが、そのうち双方の目に哀しみの影が走り、やがて別れていった。

見物人の後方に整列したＰＯＷたちは、天皇と女王の馬車が通過するとき、一斉に背を向け、映画「戦場にかける橋」のテーマ「クワイ河マーチ（ボギー大佐）」を口笛で吹いた。かすれた抗議の口笛は群集の歓呼にかき消された。取材ポイントでは見られなかったはずの年老いた退役軍人たちの姿と表情が目に焼きついている。

そのなかの一人が日章旗に火を放って焼き捨てる「事件」があったことは後で知った。日英のカメラが群がり、ニュース映像で何度もそのシーンが流された。

女王と天皇・皇后の別れの場面は取材できた。宮殿中庭の車寄せで、少し離れた物陰から見ていた日本側記者と少数の側近だけが立ち会った、ひっそりとした別れだった。女王がしんみりと二人に語りかけ、静かな立ち話が続いた。話の中身はよく聞こえなかったが、互いにファーストネームで呼びあい、まるで遠い親戚同士が別れを惜しむ風情。女王も少し猫背の一人の老婦人の姿だった。

日章旗を焼き捨てたのはジャック・カプランという名前のユダヤ系スコットランド人移民で、大戦中に日本軍の捕虜として泰緬《たいめん》鉄道建設に動員され虐待を受けた兵士だった。そのジャックについては後日譚がある。

日英の戦後和解運動を長年続けていた民間日本人によると、彼の行動は英国内でヒーロー視される一方で「礼節ある整然とした抗議」を目指した退役軍人組織から非難も浴びるという引き裂かれた立場に立たされた。天皇歓迎のため沿道に飾られた日章旗を引きずり下ろしたと一部で伝えられたが、これは実は妻クラーディア手縫いの日の丸を持参し、焼いたのだったという。

さらに後日譚は続く。そのジャックは日本側の和解運動関係者の勧めを受け入れて二〇〇二（平成十四）年、初めて日本を訪れた。各所で歓待され大勢の日本人から赦しを求められて、すっかり親日家になったというのだ。

「日本人は親切で誠実だった。私は日本人を赦した。（略）もう日本人への恨みを墓場まで持って行かなくていい」

中尾知代「捕虜問題をめぐる日英『和解』の断層」（『季刊　戦争責任研究』二〇〇七年冬季号）に

よると、ジャックは、その「転向」によって「抗議のシンボル」から「和解のシンボル」になった。しかし最後まで日本政府の明確な謝罪と補償を求めつづけた。心臓病を抱えたジャックは死の半年前、中尾の聞き取りに対し次のように語ったという。

「どうして僕が何の敵意も無い人間を殺さなくちゃならない？　僕が大好きになるかもしれない人間をだよ。そいつの母親がかれを待っているだろう。僕の母親も僕を待っている」

「戦争が君に敵であり、自分の敵なんだよ。どうして他人が違う軍服を着ているからって、そいつを殺さないといけないのかい？（略）僕のせいじゃない、彼のせいじゃない、政府のせいなんだよ、政治屋たちのせいなんだ」

「日本市民の良さがわかったから、かえって日本政府の責任を確信した」

エリザベス王太后はジャックが訪日した二〇〇二年、百一歳で死去した。ジャック・カプランも二〇〇四年、八十九歳で死去した。

靖国の名にそむきまつれる

富田朝彦《とみたともひこ》元宮内庁長官から電話があったのは、徳川義寛元侍従長が死去したあと生前の証言をまとめて『侍従長の遺言』（一九九七年一月、朝日新聞社刊）と題し出版した直後だった。

「読んだよ。本当によく書いてくれた。よくぞ徳川さんから聞き出してくれた。ありがとう、本当にありがとう」

それだけである。徳川証言のどこがどうとはいっさい言わないので、その感きわまった声に当惑したのを覚えている。長いつきあいだったが、あちらから電話をくれたのは後にも先にもこのときだけだ。

ずっと忘れていたが、うかつにも最近になり思い至った。富田は、晩年の昭和天皇から靖国神社によるA級戦犯合祀に対する思いを聞かされ、それを誰にも言えず一人悶々としていたのではないか。徳川証言で一端が世に明かされ、ようやく胸のつかえがとれたのではなかったかと。

筆者の聞き取りに対し徳川は、一九七八（昭和五十三）年に靖国神社がA級戦犯を含む合祀予定者名簿を届けに来たとき、自分は異議を唱えたと証言した。

「私は、東条（英機）さんら軍人で死刑になった人はともかく、松岡洋右《まつおかようすけ》さんのように、軍人でもなく、死刑にもならなかった人も合祀するのはおかしいのじゃないか、と言ったんです。永野《ながの》修身《おさみ》さんも死刑になっていないけれど、まあ永野さんは軍人だから。（略）靖国神社には、軍人でなくても、消防など戦時下で働いていて亡くなった人は祀っている。しかし松岡さんはおかしい。松岡さんは病院で亡くなったんですから」

「靖国神社は元来、国を安らかにするつもりで奮戦して亡くなった人を祀るはずなのであって、国を危うきに至らしめたとされた人も合祀するのでは、異論も出るでしょう」

しかし靖国神社は松平永芳《まつだいらながよし》宮司が合祀に踏みきった。以後、天皇の靖国参拝は途絶えた。後年、一九八六（昭和六十一）年八月十五日に詠まれた御製が発表された。


この年のこの日にもまた靖国のみやしろのことにうれひはふかし

徳川は「合祀賛成派の人たちは、この歌も自分たちの都合のよいように曲解した」と怒っていた。

半世紀も侍従を務め、何事にも慎重で口の固かった徳川にしては珍しい強い語調に「亡き昭和天皇が徳川の口をして語らしめている」と感じた。

靖国神社を天皇が参拝しなくなった理由がA級戦犯合祀への不満だとすれば事は重大だ。徳川は合祀に異を唱えたのは自分だと語ることで、安易に合祀を推進した人たちへ天皇が突きつけようとした「切っ先」を身を挺して押しとどめ、天皇が浴びるかもしれない「返り血」をも防いだのだろう。

筆者はこの徳川証言を一九九五（平成七）年八月、朝日新聞の戦後五十年の連載企画として紹介した。しかし、一部の近代史研究者を除き目立った反響はなく、天皇や首相の靖国参拝を求める人たちからも黙殺された。徳川の「間接話法」は十分には通じなかった。

徳川は一九九六（平成八）年二月に死去し、富田も二〇〇三（平成十五）年十一月に死去した。そして二〇〇六（平成十八）年七月、小泉純一郎《こいずみじゅんいちろう》首相が靖国神社参拝を宣言し国内外の反発も巻き起こるなか、日本経済新聞が富田の日記と「富田メモ」を特報した。一九八八（昭和六十三）年四月二十八日付のメモに「直接話法」の記録があった。

私は或る時に、A級が合祀され　その上松岡、白取（白鳥敏夫）までもが、筑波（藤磨）は慎重に対処してくれたと聞いたが、松平の子（永芳）の今の宮司がどう考えたのか　易々と松平（慶民）は平和に強い考があったと思うのに　親の心子知らずだと思っている。だから私あれ以来参拝していない　それが私の心だ。

（カッコ内は筆者）

実は富田の日記は、筆者の先輩で富田と長く親しかった元朝日新聞記者が富田の死後まもなく遺族から段ボール箱で渡され、公刊の可否を相談されていた。一通り目を通し「出版は難しい」と返却したという。それにはメモは含まれていなかった。日経によると記者が日記とメモを入手したのは二〇〇六年五月。小泉首相の参拝問題が内外の激しい論議を呼んでいる時期に端無くも重なったという。

このころ、筆者は侍従職事務を長年仕切った卜部《うらべ》亮吾《りようご》侍従の日記を本人から死去直前に託され、公刊準備を進めていた。一九八八年四月二十八日の日記には、富田と卜部が順次天皇に呼ばれ「靖国の戦犯合祀と中国の批判、奥野《おくの》（誠亮《せいすけ》・元国土庁長官）発言のこと」を聞かされたと記録されていた。また後年の日記に卜部は「靖国神社の御参拝をお取り止めになった経緯　直接的にはA級戦犯合祀が御意に召さず」と記していた。「合祀を受け入れた松平永芳は大馬鹿」と怒りをたたきつけるような記述もあった。富田メモが昭和天皇自身の発言であることがほぼ裏づけられた。

そして二〇〇六年十二月には、天皇の歌の相談役を務めていた歌人岡野《おかの》弘彦《ひろひこ》が、先述の御製の真意を徳川から聞いていたことを著書で明らかにした。徳川は次のように語ったという。

「ことはA級戦犯の合祀に関することなのです。天皇はA級戦犯が処刑された日、深く謹慎して悼みの心を表していられました。ただ、後年、その人達の魂を靖国神社へ合祀せよという意見がおこってきた時、お上《かみ》はそのことに反対の考えを持っていられました。その理由は二つあって、一つは国のために戦にのぞんで戦死した人々のみ魂を鎮め祭る社であるのに、その性格が変るとお思いになっていること。もう一つは、あの戦争に関連した国との間に将来、深い禍根を残すことになるとお考えなのです。ただ、それをあまりはっきりお歌いになっては、さしつかえがあるので、少し婉曲《えんきょく》にしていただいたのです。……」

（『昭和天皇御製　四季の歌』）

岡野は「十分に真意が伝わるとは言えないが、天皇の篤いお気持を思って、徳川さんと相談の上で御集の『おほうなばら』に収めることにした」という。

徳川は間接話法で語って逝った。富田はおそらくメモを公にするつもりはなかったが、かといって廃棄もしかねたまま世を去った。卜部は中身は書かず天皇の発言があったことだけ記録した。

天皇は「私の心」を露わにすることを強く制約される。側近も口外しないのが基本である。しかし、それぞれに戦争への天皇の悔恨と平和への強い思い、それを理解しない者への怒りと哀しみという「私の心」を聞かされた。その重い「遺言」は自分かぎりで闇に葬ることができなかった。死してなお、天皇の思いはあたかも歴史における「理性の狡智《こうち》」（ヘーゲル）のように後世によみがえった。

筆者は聞き書きの作業中、生前の徳川から御製集『おほうなばら』を数日間貸してもらったことがある。ページをめくっていると、小さな短冊がはさんであるのに気づいた。鉛筆の走り書きである。後日尋ねると徳川は「発表をとりやめた歌です」とだけ答えた。「これこそが昭和天皇の元の御製に違いない」と思った。短冊にはこう記されていたのである。

靖国の名にそむきまつれる神々を思へばうれひのふかくもあるか

ゴルディアスの結び目

一九九三（平成五）年五月十四日、埼玉県大宮市（現さいたま市大宮区）の護国神社。小雨の降りしきるなか車で到着した天皇は、差していた傘を宮内庁職員に手渡して社殿に入った。入って数歩進み一礼すると、すぐ向き直って出て来た。傘をたたんで引き下がり一息つこうとしていた職員は、あわてて駆け戻りふたたび傘を手渡した。この間、わずか十秒ほどだったと思う。車列はすぐに次の視察場所へと向かった。

このときの埼玉県訪問は地方事情視察が目的。その日程に「武蔵国一宮《むさしのくにいちのみや》」と呼ばれる旧官幣大社「氷川《ひかわ》神社」訪問が組み入れられた。中国戦線の神社から戻された北白川宮永久王《きたしらかわのみやながひさおう》の霊が一時祀られていた（その後、靖国神社に奉遷）など皇室との縁も深い。「地元の強い要望で」（宮内庁）隣接の護国神社にも立ち寄ったのである。あっという間の略式参拝で、筆者を含む報道陣も、当時はこれが十五年ぶりの天皇の護国神社参拝の再開だという意識はなく、ほとんど報道もされなかった。

戦後、昭和天皇は一九五七（昭和三十二）年から毎年のように地方訪問の際に地元の護国神社を参拝していたが、一九七八（昭和五十三）年の高知県護国神社を最後に途絶えていた。靖国神社の参拝も昭和五十年を最後に途絶えていたから、それと関係があるのだろうとは思っていたが、そもそも昭和天皇が靖国参拝をやめた理由も、靖国神社と護国神社との関係も当時はよくわからなかった。

徳川義寛元侍従長の証言で靖国神社のA級戦犯合祀（一九七八年）に対する昭和天皇の怒りを知り、次のような御製があったと知ったのは一九九五（平成七）年だった。

靖国の名にそむきまつれる神々を思へばうれひのふかくもあるか

この歌は発表されておらず、また筆者もあえて徳川に完全にはコンファームを求めなかったので、ずっと書かないでいたが、間違いないと確信していた。

昭和天皇の深い「うれひ」を知り、また靖国に祀られた「英霊」の多くは本籍地の護国神社にも祀られていると気づいて始めて、靖国神社参拝と護国神社参拝とがセットで取りやめられた理由に合点がいったのである。

しかし、一九九六（平成八）年七月には栃木県護国神社を天皇が訪問する予定が発表された。栃木県護国神社は、戊辰戦争で没した宇都宮藩主戸田《とだ》忠恕《ただひろ》や藩士九十七人の招魂社《しょうこんしゃ》が起源。戸田は、幕末に天皇陵の荒廃を嘆いて幕府に修復を具申し、山陵奉行《さんりょうぶぎょう》として実地調査や神武天皇陵の修造にあたるなど尊皇家として知られる。神社もニューギニアで慰霊祭をおこなうなど活発な活動を積み重ねていた。

真っ先に筆者が思ったのは「これから全国の護国神社を順次参拝していけば、地元に招魂されたA級戦犯にも一通り参拝することになり、結果として靖国参拝の障害を除いていくことになる」との宮内庁の深謀ではないのかということだった。

近代史家秦郁彦《はたいくひこ》によると、全国五十二社の護国神社でA級戦犯が合祀されているのは、護国神社のない東京、神奈川を除き、岡山（土肥原賢二《どいはらけんじ》、平沼騏一郎《ひらぬまきいちろう》）、熊本（武藤章《むとうあきら》）、福岡（広田《ひろた》弘《こう》毅《き》）、千葉（白鳥敏夫《しらとりとしお》）、鹿児島（東郷茂徳《とうごうしげのり》）、山口（松岡洋右《まつおかようすけ》）。土肥原、武藤、広田は靖国での合祀を待たずに地元護国神社が昭和二十〜三十年代に独自に招魂して祀っている（『靖国神社の祭神たち』）。

しかし案に相違して、いくら取材しても宮内庁幹部らにそうした狙いがあった形跡はなく、むしろ筆者の指摘に慌てて調べ直している向きもあった。栃木県護国神社にA級戦犯は祀られていないことを確かめ胸をなでおろした気配もうかがえた。天皇代替わりで側近も幹部も交代し、昭和時代の経緯が周知されないまま平成二度目の護国神社参拝が組まれてしまったという感触だった。

埼玉ではほとんど注目されなかったけれども、栃木県護国神社の参拝予定が報道されると、キリスト教団体や市民団体から強い反対の声が上がった。

一九九六（平成八）年七月二十三日から二十九日までの栃木県訪問は、那須御用邸滞在が主目的だったが、天皇・皇后は、静養の暇もなく連日忙しい日程をこなした。栃木県知事からの県勢概要聴取、御用邸内での放鳥と宮内記者会員との懇談、地元農家視察、御料牧場視察。そして戦時中に天皇（当時皇太子）が疎開した日光を訪れて二荒山《ふたらさん》神社や東照宮に参拝し、疎開先の田母《たも》沢《ざわ》御用邸や金谷《かなや》ホテルも訪ねた。

同月二十五日に高根《たかね》沢町《ざわまち》の御料牧場の視察へ向かう途中、宇都宮市に立ち寄って、栃木県立博物館を視察した後に近くの護国神社に参拝したのである。道筋では「参拝反対」の横断幕が掲げられ、シュプレヒコールが天皇の車列に向けられた。

当時、宮内庁幹部は「首相の靖国参拝でも内外の反対があるような状況では陛下に靖国に行っていただくわけにはいかない」「護国神社は、たまたまお出かけの道筋にあり、日程に余裕があったので立ち寄られた」などと説明していた。

しかし、栃木参拝の三ヵ月後の同年十月、天皇・皇后は国民体育大会出席のため広島県を訪問したが、護国神社参拝はなかった。比較的緩やかな日程だったし、広島護国神社は宿舎のリーガロイヤルホテルとは目と鼻の先の城址公園にあったにもかかわらず見送られたのである。そしてその後も護国神社参拝は靖国神社参拝とともに途絶えたままである。

富田メモや徳川証言などで昭和天皇の強い遺志が明らかになった以上、「昭和天皇の御心を心とし」と即位時に誓った現天皇が靖国、護国神社に参拝するのは難しくなった。

富田メモによると昭和天皇は「A級が合祀され　その上松岡、白取（白鳥）までもが」と語っており、不満は松岡、白鳥の合祀だけではないとみられる。仮に十四人のA級戦犯全員を分祀したとしても、天皇の参拝は、憲法の政教分離原則との兼ねあいや、国民を戦争に動員するのに果たした靖国神社の歴史的役割などをめぐって内外で紛議を呼ぶのは必至だ。

徳川が歌人岡野弘彦に語ったところによると、昭和天皇はA級戦犯合祀について、明治以来の神社の性格が変わってしまい、戦争相手国との間に深い禍根を残すと考えていたという。

靖国への天皇本人の参拝は途絶えたが、天皇は現在も靖国神社の春秋の例大祭には「勅使」を派遣しているし、皇族の参拝はずっと続いている。また節目には天皇・皇后が日本遺族会に歌を下賜したり、全国護国神社宮司との拝謁の場を設けたりしている。

事態の打開策として、
①無宗教の国立追悼施設の建設
②千鳥ケ淵戦没者墓苑の拡充
③靖国神社の非宗教法人化
④A級戦犯の分祀ないし廃祀
――などがさまざまに模索されたが、いずれも頓挫したままだ。

「最後の側近」として昭和天皇を看取った侍従卜部亮吾は「合祀を受け入れた松平永芳（当時の宮司）は大馬鹿」と日記に記した。

もつれさせてしまった「ゴルディアスの結び目」（秦郁彦）は、ほどくことも断ち切ることもできなくなっている。

女王退位と白菊の花

オランダのベアトリクス女王が二〇一三年四月三十日に七十五歳で退位し長男のウィレム＝アレクサンダー王太子に譲位した。

オランダと日本の間に残る第二次世界大戦の傷跡と向きあい和解に努めた。現天皇にとっても、ベルギーの故ボードワン前国王、英国のエリザベス女王らと同様に同じ「戦中派」世代でもあり、感慨ひとしおだろう。

日本とは鎖国時代も含め四百年以上の交流が続くオランダだが、一方で第二次大戦で日本軍の蘭領東インド（いわゆる蘭印、現在のインドネシア）への進攻にともない捕虜や慰安婦とされた人たちも多い。

戦後、戦犯裁判や戦後賠償交渉を経て平和条約が結ばれ、経済交流も活発となったため、良好な関係が定着したと思われていた。しかし、欧州各国のなかでももっとも強いわだかまりが厳然と残ることは、一九七一（昭和四十六）年の昭和天皇の訪欧で多くの日本人が初めて思い知らされた。

昭和天皇が記念植樹した苗は一夜にして引き抜かれ、車列が通る沿道では「戦争犯罪人ヒロヒト」に抗議する人びとから卵や瓶が投げつけられ、車の窓ガラスにヒビが入った。

戦時中、収容所に抑留された軍人は四万人、民間人は九万人にのぼり二万人以上が死亡したとされる。泰緬《たいめん》鉄道の労役に酷使されたり慰安婦として虐待されたりした経験者も多い。

現天皇とベアトリクス女王とは皇太子、王女時代から親交があり、ともに一九八〇年代に即位して以来、両国関係の修復と和解に腐心するカウンターパートでもあった。一九八六（昭和六十一）年には女王の訪日が計画されたが、オランダ国内世論の激しい反発で中止され、一九八九（平成元）年の昭和天皇の大喪でも王室からの参列は見送られた。

しかし、天皇・皇后と女王との信頼関係は、こうした事態を互いに乗り越える過程で、むしろ深まったようだ。

大喪参列見送りを発表するに当たり、女王は事前に現天皇に書簡を送り「将来の日蘭関係のためには自分が参列しないほうがいい」との趣旨を丁重に伝えてきたという。その二年後の一九九一（平成三）年に国賓として初めて来日した際には宮中晩餐会で「お国ではあまり知られていない歴史の一章」として過去に言及し、未来のためにも直視せねばならないと訴えた。

この舞台裏は、成年になったばかりで出席していた紀宮清子《のりのみやさやこ》内親王（現・黒田清子）がみずからのオランダ訪問（平成九年）の際の記者会見で明かしている。

厳しい対日感情について私が意識したのは、ご大喪の時に女王陛下が熟慮なさった末に参列できない旨を陛下にお伝えになったお話をうかがった時でした。両陛下は女王陛下のお立場をよく理解していらっしゃいましたので、その決定を直接ご自身でお伝え下さった女王陛下のご配慮に対して感謝をもってお受けでございました。

（晩餐会で女王が）過去の大戦中の不幸にお触れになったことだけを取り上げた報道が多かったように思いますが、私はそれとともに、鎖国時代も続いていた両国の密接な交流の歴史や、日本がこれまでなしてきたことに対する認識、また日本の将来に対する期待について（略）あまり例をみない長いスピーチをなさったことが心に残っています。オランダの国民が抱く痛みの記憶に対して、戦争中の不幸に言及することが、過去にとらわれることでなく、両国の新しい未来にとって大切であるということを、晩餐に先立って両陛下にお話しになっていらした女王陛下の真摯なご様子が思い出され、乾杯の時には、両国の未来について祈るような気持ちでいたことを記憶しています。

天皇・皇后のオランダ訪問は、東南アジア・中国・英国などより遅れて二〇〇〇（平成十二）年、両国交流四百年の節目にようやく実現した。

同年五月二十三日、飛行場から直行したアムステルダム王宮前広場の戦没者慰霊碑に女王の案内で供花。軍の礼装姿で付き従った退役将校二人は、いずれもインドネシアで日本軍の捕虜として過酷な体験をしていたが、女王が「特別副官」として随従を命じた。

その夜の歓迎晩餐会に先立ち、天皇・皇后は女王とともに軍民の抑留経験者夫妻五組と懇談し戦時中の苦労を労った。そのうちの一人は「自分たちの話に心から関心を示してくれた。この機会をもてたことを嬉しく思う」と述べたことが地元で報道され、抑留経験者団体の代表者も「天皇の言葉に感銘を受け、これで精神的な償いは達成された」とコメントした。

随従した渡邉允侍従長《わたなべまこと》（当時）は「英国でも両陛下は戦争捕虜の人達に真摯に向き合われ、日本との間のわだかまりがかなり解けたように感じたが、オランダでは英国以上にそれが具体的な形で表れたように思う」とふりかえる。

この訪問中、皇后は次のような歌を詠んだ。

慰霊碑は白夜《びやくや》に立てり君が花抗議者の花ともに置かれて

天皇・皇后が供花したあと、戦争被害者の一群が白菊を手に行進して慰霊碑の柵の外周に次々に捧げた。夜になって宿舎の王宮の窓から慰霊碑を見ると、彼らの花も柵のなかに運ばれて天皇の花輪といっしょに並んでいた光景である。

戦争での日本への根強い怒りと恨みを乗り越えるには、長い年月と、段階を踏んだていねいなプロセスとが必要だった。

その後もオランダ王室の日本の皇室に対する好意は少なからぬものがあるようだ。

雅子妃の精神疾患が伝えられると二〇〇六（平成十八）年八月に皇太子一家を静養に招待。海外での私的な静養は異例中の異例だった。

ヘット・アウデ・ロー城を宿舎に提供し、女王やアレクサンダー王太子一家ら王室挙げて半月近くにわたりもてなした。欧州の親しい王族も招いてくれただけでなく、欧州在住の雅子妃の親族も城に招いた。雅子妃や愛子内親王も国内では見られない笑顔をみせた。

ただ雅子妃は、ハーグの小和田邸で親族と夕食をとった翌日、女王みずから操縦する王室ヨットでのクルーズを愛子内親王とともに直前キャンセル。皇太子が一人で乗船するという一幕もあったという。

半年後の二〇〇七（平成十九）年三月に来日して御所で天皇・皇后と夕食をともにしたアレクサンダー王太子は、オランダで夏の半月間をともに過ごした雅子妃について、精神状態の起伏の激しさに驚き、深刻だと感じたと述懐し、「自分にできることがあれば何でもしたい」と申し出たという。

皇太子の国連「水と衛生に関する諮問委員会」の名誉総裁就任が発表されたのは、この年の十一月。長年にわたり水管理の研究を積み重ねるアレクサンダー王太子は同委の中心メンバーで、二〇〇六年から同委議長を務めていた。国連事務総長が日本の皇太子に名誉総裁就任を要請した裏には、同王太子の後押しもあったのではないかと推測される。

オランダでも、戦争の傷跡は完全に癒えたわけではない。同国下院は二〇〇七年、従軍慰安婦問題で対日謝罪要求決議を採択した。日蘭双方の市民が戦時体験や東日本大震災の体験を語りあう草の根レベルの交流も続く。

皇室の積み重ねは次世代にどう引き継がれるだろうか。

ファビオラの柩と黒い喪帽

美智子皇后がベルギーのファビオラ元王妃の葬儀に参列した。二〇一四（平成二十六）年十二月十二日、ブリュッセルのサン・ミッシェル大聖堂で営まれた葬儀には各国の王室関係者、市民ら約一千三百人が参列。黒いロングドレス姿で沈痛な面持ちの皇后にベルギー側は最前列通路側の筆頭席を用意した。すべての参列者が起立して迎えるなか、すぐ脇を元王妃の柩が兵士らに担がれ入場した際、皇后はただ一人深々と柩に向かって頭《こうべ》を垂れ哀悼の意を表した。小さな黒い帽子が柩に触れそうだった。

ファビオラ元王妃は知的で穏やかな人柄で王族、国民の親愛を集めた。夫の故ボードワン一世元国王との間に子はなかったが、甥のフィリップ国王夫妻ら王族が哀しみの表情で見守り、幼い王女・王子が次々に立って愛らしい声で故人を偲んだ。独身時代から児童文学者として知られた人らしい簡素な葬儀だった。

皇后は二〇〇二（平成十四）年に国際児童図書評議会（ＩＢＢＹ）世界大会に出席するためスイスのバーゼルを私的に訪問したことはあるが、単独での公式外国訪問は初めてで、きわめて異例のことだった。フィリップ国王は、高齢の皇后が遠路参列してくれたことに感謝の言葉を述べた。

現天皇・皇后にとって、ベルギーのボードワン元国王夫妻との親交は特別のものだった。始まりは一九五三（昭和二十八）年、十九歳の現天皇が皇太子としてエリザベス英女王の戴冠式出席のため船で欧州各国を歴訪したときだ。第二次大戦終結からわずか八年。ナチス・ドイツの枢軸同盟国として英蘭はじめ欧州各国の対日感情は厳しく、日本の皇太子を迎える目には冷たいものもあった。そんななか、ベルギーで同世代の若いボードワン国王や父のレオポルド三世前国王らがラーケン王宮に温かく迎えてくれたのは忘れ難い思い出だという。

ラーケン王宮を辞したあと深夜に宿舎の日本大使館に戻った皇太子は随員の吉川重国《きつかわしげくに》式部官に「吉川さん、忘れぬうちにラーケン王宮の話をしよう」と興奮気味にせがみ、「もう遅いから」と断られるとしぶしぶ寝室に戻ったエピソードが伝えられている（吉川『戴冠紀行』）。

筆者は一九九六（平成八）年の誕生日会見で現天皇にそのときの思い出を質問したことがある。一九七一（昭和四十六）年の昭和天皇の欧州訪問の実現には同国王や王弟アルベール（前国王）が水面下で尽力してくれたことは、仲立ちした高松宮夫妻が後年明らかにしていた。また昭和天皇の大喪や現天皇の即位式が、世界各国の王室を含む多数の元首級の列席で盛大なものとなったのも、ボードワン国王夫妻がいち早く出席の意向を示し口火を切ってくれたのが大きかったと聞いていた。

また一九九三（平成五）年八月、ボードワン国王の葬儀は折しも細川内閣発足とぶつかったが、閣僚人事の難航を理由に組閣日程が遅れたため、辛うじて天皇・皇后の参列がかなった。永田町では「なんとか葬儀に出席したいとの天皇・皇后の強い希望に宮澤・細川両内閣が配慮したらしい」と噂された。私的な熱望だけでなく、国家的な恩義も絡む「配慮」だったのではないだろうか。

天皇・皇后は、その一ヵ月後の同年九月にも旧枢軸国のドイツ・イタリアとともにベルギーを公式親善訪問した。同行取材したが、ベルギー王室の歓待ぶりは心のこもったものだった。びっしり詰まった公式日程の合い間の休息日、王室は郊外の離宮シェルニオン城に招待。日本から紀宮清子内親王も私的に招かれ合流した。互いに親族同士のように親しく語らい、失意のファビオラ元王妃をいたわる様子が強く印象に残っていた。

その一ヵ月後、雑誌のバッシング報道で皇后が倒れ声を失ったときには、陰ながらファビオラ元王妃が書簡などで送りつづけてくれた励ましが皇后の大きな心の支えになったという。

会見で質問したのは、こんな友情の出発点だった昭和二十八年の出会いを天皇本人に語ってもらいたかったからだ。

天皇は遠くを見るようなまなざしで次のように語った。


ラーケン宮に泊まるようにというお話がありまして、そこで二晩泊めていただきました。（略）家庭的な雰囲気の中で二日間を過ごしたわけですけれども、国王陛下と私とは年齢も近かったことから、非常に親しみを感じておりました。いろいろな王宮の中での思い出もありますが、ピンポンもボードワン国王としたことがあります。また、ラーケン宮の中でウサギを撃ったり、それから馬にも、ほんのわずかですけれども乗りました。（略）いつでも、ボードワン国王の人に対する優しいお心遣いというものは、あふれていたような気がいたします。

ていねいに答えてもらったが、実はもう少し踏みこんで聞きたかった。こちらの胸中を察するかのように天皇は「このような答えでいいでしょうか？」と尋ねてきた。しかし限られた時間で再質問は憚られ、礼を述べて打ち切った。

今も胸中に抱いている問いは、若き国王、皇太子が負った歴史的背景と友情とだ。

第二次大戦でベルギーはナチス・ドイツの侵攻を受け、行政府はロンドンに亡命したにもかかわらず、ボードワンの父レオポルド三世国王は国軍とともに国内にとどまり防衛に努めた。しかし、仏軍の崩壊とダンケルクからの英軍撤退で孤立。降伏条件の交渉の末、国軍とともに捕虜となった。戦後、ベルギー国王がナチスと妥協したことが英仏軍敗走の一因だったとして戦争責任を問う声と「国民・国土の戦禍を避けるためだった」という擁護論とに二分された。民族問題や王室廃止運動も絡んで「国王問題」の騒動はやまず、一九五一年にレオポルド三世が当時二十歳の長男ボードワンに譲位し、ようやく危機を乗り越えることができた。

十九歳の明仁皇太子と二十二歳のボードワン新国王との出会いは、このわずか二年後のことだ。いずれも国内外に尾を引く父帝の戦争責任問題が肩にのしかかり、戦争の傷跡を癒し国民の再統合と国際社会での名誉回復に努めねばならない宿命を負う立場だった。敗戦の廃墟のなかから冷たい視線に耐えつつ欧州歴訪を続ける極東の皇太子をボードワン国王はどのような気持ちで温かく迎えたのだろうか。

その後、日本は平和国家として復興し、ベルギーはブリュッセルに欧州連合、北大西洋条約機構の本部を迎え「欧州の首都」と呼ばれるに至った。

その間、何度も相互訪問を重ねるなかでどんな会話が交わされたのだろうか。傍で支えつづけた元王妃と美智子皇后の間でどんな心の通いあいがあったのだろうか。

傘寿の高齢を押して片道十三時間の航路をとんぼ返りしてでも皇后みずからファビオラ元王妃の葬儀に参列したのは天皇の希望でもあっただろう。

葬儀で演壇に立ったフィリップ国王の長女で十三歳の王位継承者エリザベート王女は仏語とフラマン語で「ボードワン、ファビオラ両陛下は生涯平和を希求されました」と弔意を述べた。

ベルギーの女性接伴員に支えられながら参列し、柩に深々と敬意と謝意を示した皇后の姿に、険しく長い道程を歩んだ皇室と同王室の友情の軌跡とともに一つの時代が幕を閉じたように感じた。

慰霊の旅が投げかけるもの

天皇・皇后が戦後七十年となる二〇一五（平成二十七）年四月八日から一泊二日の旅程でパラオを訪問し、激戦地ペリリュー島で「西太平洋戦没者の碑」に供花した。十年前のサイパンに続く旧南洋群島への「慰霊の旅」である。

海の中もなか〳〵きれいです。水のすんでゐる事はかくべつで、波の静かな所でふなばたからのぞいて見ると、美しい海底のありさまが手に取るやうによく見えます。青・緑・紅・紫、目のさめるやうに美しい魚の群が、珊瑚《さんご》の林や海藻の間をぬつて泳いで行く。何だかおとぎばなしの世界にでもまよひこんだやうです。

（尋常小學國語讀本『トラック島便り』）

一九七九（昭和五十四）年八月六日、初めて接見したミクロネシアの子どもたちに天皇（当時皇太子）は「教科書で『トラック島便り』を読んでから、いつか南の島に行ってみたいと思うようになった」と語っていた（小林泉『ミクロネシアの日系人』より）。トラック島は戦時中、連合艦隊の泊地となり米軍の大空襲にさらされた島である。

パラオに出発する朝、見送りの皇太子、秋篠宮、安倍晋三首相らを前に天皇は「太平洋に浮かぶ美しい島々で、このような悲しい歴史があったことを、私どもは決して忘れてはならないと思います」と述べた。

「慰霊の旅」に対しては一部に「天皇や国の侵略戦争・植民地支配の責任を曖昧にし清算するものだ」との批判もないわけではないが、父・昭和天皇の戦中戦後の苦渋を見て育った現天皇の、一人の人間としての正直な表白だろう。この年の年頭所感では、先の戦争を「満州事変に始まるこの戦争」と明言し、「ＡＢＣＤ包囲網に対する自存自衛の戦いだった」などと正当化する動きに暗に釘を刺した。

いわゆる「慰霊の旅」は、戦後五十年の節目に現天皇が始めた。昭和の時代から天皇の地方訪問は「飽くまで地元からの願い出による」とされていたのを、初めて「陛下の強いご希望」（宮内庁）を前面に掲げ被爆地広島・長崎、沖縄などを訪ねた。沖縄では地元に反発もあったが、当時の宮内庁長官藤森昭一が知事大田《おおた》昌秀《まさひで》と膝詰めで折衝し実現に漕ぎ着けた。

戦後六十年にあたる二〇〇五（平成十七）年の玉砕の島サイパンに続き、戦後七十年にはパラオにと足跡を印した。戦争体験の風化が進むなか、戦場にある「戦争の現実」にあらためて光を当てるかのように、象徴天皇の慰霊は国境を越えた。外国訪問は「政府が決める」との建前を踏み越えた形だ。

天皇の国事行為は国家機関たる天皇がみずからの意思に関係なく内閣の意思によっておこなうものであるのに対し、公的行為（公人行為）は天皇が象徴の立場にある公人としてみずからの意思でおこなう。政府（内閣や宮内庁）が決め天皇が同意しておこなうものと、天皇が希望し政府のチェック・助言を受けておこなうものとがある。いずれも政府が最終責任をもつが、象徴としてふさわしいものかどうかが問われる。

憲法上、政治的権能を否定される象徴天皇に求められる行動規範としては中立性、公平性、非政治性、非宗教性、非作用性などが挙げられる。それを思えば、歴史認識が内外で紛議の種となっている現在、海外の戦場への慰霊はかなり際どい、思い切った決断だっただろう。

特定の戦場に光を当てることは、半面でさまざまな影を投げかける。「戦場に行かれるなら靖国神社にも」との声が強まるかもしれない。少なくとも「公平性から他の戦場にも」との声もあがるだろう。

第二次大戦による海外での日本人戦没者は軍人軍属だけで概数二百十万人にのぼる。

①フィリピン方面……五十万
②中国……四十五万
③中部太平洋諸島……二十四万
④ビルマ・インド……十六万
⑤ニューギニア……十二万
⑥シベリア……五万
⑦満洲……四万余
⑧台湾……四万弱
⑨朝鮮……二万六千

戦友会や政府、現地国政府などが海外で建立した慰霊碑も大小おびただしい数にのぼる。日本政府が建立に関わったものにかぎっても、天皇・皇后が供花したサイパンの「中部太平洋戦没者の碑」やペリリュー島の「西太平洋戦没者の碑」のほか、マーシャル諸島マジュロ島の「東太平洋戦没者の碑」、パプアニューギニア領ニューブリテン島ラバウルの「南太平洋戦没者の碑」、マレーシアの「ボルネオ戦没者の碑」、米アッツ島の「北太平洋戦没者の碑」、インド・インパールの「インド平和記念碑」、ロシア・ハバロフスクの「日本人死亡者慰霊碑」、同サハリン州スミルヌイフの「樺太・千島戦没者慰霊碑」などがある。中国、韓国、北朝鮮などではいまだに建立されていない。

百十三万柱におよぶとされる未帰還遺骨の探索・収集もあらためて課題として浮き彫りになりつつある。

現天皇が戦地慰霊に踏み出したことにより、次世代以降の皇室がどう引き継ぐのかも問われていく。

一九七五（昭和五十）年、皇太子時代の現天皇が初めての沖縄方面で発出したメッセージがよみがえりつづける。

払われた尊い犠牲は、一時の行為や言葉によってあがなえるものではなく、人々が長い年月をかけて、これを記憶し、一人ひとり、深い内省の中にあって、この地に心を寄せ続けていくことをおいて考えられません。

天皇の慰霊の旅となるとメディアも競って掘り起こし取材や報道に力を入れる。生存体験者、遺族、遺骨収集活動に光を当てる。半面、旅が終わると「区切り」がついたとの空気も広がる。

忘却もさらに進む——。

昭和天皇の晩年に戦後初めてとなる沖縄訪問が浮上した際、「戦後の区切りとなる」などと張りきる報道陣のなかにあって、どこか割りきれない思いを抱いた覚えがある。

結局、昭和天皇は直前に病に倒れ、病床でも最期まで切望しながら訪問はかなわなかった。現地で事前調査を重ね、手術後も実現を模索した侍従卜部亮吾と、崩御後にこんな会話を交わしたことがある。

「なんとしても沖縄に行っていただきたかった。聖上《おかみ》の心残りはいかばかりかと思うと切ない」

「卜部さんの気持ちはわかる。しかし沖縄戦の惨禍は、その規模も犠牲者・遺族の無念も、気が遠くなるほど重い。天皇の一回の訪問で区切りがつけられるほど軽いものではないでしょう。天の配剤かもしれませんよ。行きたかったが行けないまま終わった、それでいいじゃないですか。『未完成交響曲』みたいに」


太平洋・島サミットが二〇一五、二〇一八の両年五月に福島県いわき市で開かれた。

外交上や地域おこしのさまざまな思惑とは別に、太平洋諸島と日本が共通に抱える気候変動や津波などの防災の問題や放射線被曝の問題も想起されるだろう。

天皇の慰霊の旅では表立ってふれられなかったが、マーシャル諸島などは第二次大戦後すぐからビキニ環礁などが六十七回もの大気圏内核爆発の実験場とされ、住民は放射線被曝問題を抱えつづける。一九八〇年前後には日本政府が低レベル放射性廃棄物の海洋投棄を計画したが、太平洋諸国の反対で中止している。その後もプルトニウムや高レベル放射性廃棄物の海上輸送でソロモン、マーシャル諸島などに不安を与えた。

自然豊かな故郷の島から移住を余儀なくされ、今も低線量被曝や漁業の風評被害などにおびえる現地住民たちの存在は、天皇の訪問で光が当たった太平洋諸島の美しい海が、戦後七十年を過ぎた今も広島、長崎、沖縄、そして福島ともつながっていることをあらためて思い起こさせる。

「戦後」のいちばん暑い夏

憲法第九条は戦後、形骸化の一途をたどってきた。内閣法制局が辛うじて残していた「イチジクの葉」が集団的自衛権不行使だったと思う。そのタガが閣議決定で外され、違憲の疑いの濃い安保法制が成立した。戦後七十年の二〇一五（平成二十七）年夏は「『戦後』が終わったいちばん暑い夏」と呼ばれることになるかもしれない。

それにしても、体系的な青写真も政策テキストも提示せぬまま、重大な政策転換を矢継ぎ早に打ち出す安倍晋三政権の乱暴で前のめりの姿勢には怒りを通り越して呆れるばかりだった。

ようやく得心したのは、第三次アーミテージ・ナイ報告"The U.S.-Japan Alliance"（二〇一二年八月）の全文を読んだからだ。米国の「安保マフィア」「ジャパン・ハンドラー」などとも呼ばれる元国務副長官リチャード・アーミテージ、国際政治学者ジョセフ・ナイらが執筆した「戦略国際問題研究所（ＣＳＩＳ）」報告だ。安倍政権の政策はことごとくこの報告を下敷きにしたとしか思えなかった。

3・11の悲劇のために、経済と環境をこれ以上衰退させてはならない。安全でクリーンな責任ある開発と利用によって、原子力は日本の包括的な安全保障に欠かせない要素を構成す

る。――→原子力発電所の再稼働

東京は特にインド、オーストラリア、フィリピンと台湾の民主的パートナーと関与し続けていく必要がある。新しい役割と任務の見直しにおいては、日本は地域の有事における自国の防衛と米国との共同防衛を含めることで責任の範囲を拡大する必要がある。――→切れ目ない積極的平和主義

（イランがホルムズ海峡封鎖の意思を示した場合）すぐさま日本はその地域に掃海艇を一方的に派遣すべきである。（略）日本は、航行の自由を保障するために、米国と協力して南シナ海の監視も増やすべきである。――→ホルムズ海峡や南シナ海への派遣

東京は二国間の、もしくは国家の保安機密と極秘情報を保護するために、防衛省の法的能力を強化すべきである。――→特定秘密保護法

PKOへのより充実した参加を可能にするためには、平和維持部隊が必要に応じて武力で一般人や他の国際平和維持部隊を保護することも含め、許容範囲を拡大することが必要である。――→駆けつけ警護

トモダチ作戦が行われている間は憲法第九条の解釈が緩和されたし、日本と米国は、他の諸

国と協力してアデン湾で海賊と戦っている。（略）集団的自衛の禁止は、米日同盟にとってひとつの障害である。3・11は米軍と自衛隊が、必要な時にはいかに能力を最大限発揮できるかを示した。平時、緊張時、危機、そして戦時と、どんな状況でも双方が全面協力して対応できるようにすることは、日米が協力していくことを公に認めるために当然必要なことである。──→集団的自衛権行使

米国と日本は共同サイバーセキュリティーセンターを設立すべきだ。──→二〇一五（平成二十七）年一月の「内閣サイバーセキュリティーセンター（NISC）」設置

もちろん、こうした米側の知日派安保専門家の「提言」は、今に始まったことではない。すでに二〇〇〇（平成十二）年の第一次アーミテージ・ナイ報告は、ポスト冷戦時代の日米関係は日英同盟のような強固なものとなるべきで、新ガイドライン、周辺事態法は第一歩にすぎず、集団的自衛権を認めるべきだとしていた。二〇〇一年の九・一一、二〇〇二年の小泉内閣での「武力攻撃事態法案」、二〇〇三年の「イラク特別措置法案」の提出の過程で、そうした働きかけは強まり、二〇〇七年には第二次報告も出ていた。

ただ、安倍晋三政権の安保関連法や特定秘密保護法は第三次報告の提言を丸写ししたかと見紛う露骨さだ。

同報告は冒頭で、日本の少子高齢化、GDPの二倍に及ぶ国家債務、若者の悲観主義と内向き志向などを挙げつつ、「日本は一流国家であり続けたいのか、それとも二流国家になりさがって

もいいのか？」と問いかける。また「日本の自衛隊は、今や日本で最も信頼されている機関だが、時代錯誤の制約が緩和されれば、日本の安全保障と声価の向上により大きな役割を果たせる」と強調している。

安倍首相は第二次政権発足直後の二〇一三（平成二十五）年二月の訪米でＣＳＩＳを訪問して「日本は戻ってきた」と題し講演した。

> 昨年、リチャード・アーミーテージ、ジョセフ・ナイ、マイケル・グリーンやほかのいろんな人たちが、日本についての報告を出しました。そこで彼らが問うたのは、日本はもしかして、二流国家になってしまうのだろうかということでした。アーミテージさん、わたしからお答えします。日本は今も、これからも、二流国家にはなりません。わたしは、カムバックをいたしました。日本も、そうでなくてはなりません。

二〇一五年四月の訪米の際には米議会で演説し、安保法制について「戦後、初めての大改革です。この夏までに成就させます」と〝公約〟したが、実はその二年前には米側が注文したレシピに沿って料理をつくる決意表明をしていたのである。第一次安倍政権時の谷内《やち》正太郎《しょうたろう》元外務事務次官を内閣官房参与、国家安全保障局長に起用し、外務省と防衛省に手早く調理させたのだろう。

ただ、共和党系のアーミテージが以前から改憲提案をくりかえしていたのに対し、民主党系のナイは日本の右傾化に警戒的で、第三次報告では微妙な表現ながら憲法改正不要論も盛りこまれている。

集団的自衛の禁止についての政策変更が米軍と自衛隊の統一指揮を必要とするわけではないし、日本が軍事的に一層攻撃的になったり平和憲法の改正を必要としたりするわけでもない。

安倍政権は憲法改正を目指しつつも、国内世論の反発や海外の警戒、公明党への配慮から、当面は〝解釈改憲〟路線を選択。結果的にはこの点でも同報告の敷いたレールどおりに走ったのである。

二〇〇四（平成十六）年四月十三日、公式実務訪問で来日したディック・チェイニー副大統領を天皇が引見したときのことを思い出す。ブッシュ政権の「ネオコン」と呼ばれた強硬派の筆頭格。アフガニスタン進攻、イラク戦争開戦直後の硝煙《しょうえん》の匂いさめやらぬなか、小泉政権がイラク特措法で自衛隊を派遣したばかり。こんなやりとりがあった。

副大統領　かつてマンスフィールド駐日大使が日米関係ほど重要な二国間関係はないと言いました。短い滞在ですが、その重要性を改めて実感しています。この地域のみならず、世界の諸問題に対処する上でも、きわめて重要だと思います。（略）イラクではなかなか難しい状況になっておりますが、日本側の果たしている役割に感謝しています。

天皇　自衛隊は、給水、学校の復旧、医療など地元の人々のための作業を通じて復興を支援するために派遣されたものです。無事にイラクの人々の幸せに貢献することを願っております。

現天皇らしい切り返しだと感じたが、きわどいやりとりだった。安保法制が成立して将来、米軍と一体化した自衛隊の武力行使をともなう活動が展開したとき、象徴天皇は政治・軍事と一線を画すことができるだろうか。

「退位」をめぐる歴史意識

『独白録』ふたつの「結論」

『昭和天皇実録』が二〇一四（平成二十六）年八月二十一日に天皇に奉呈された。全六十一冊一万二千ページ余。昭和史の最大の基礎資料となる「正史」が戦後七十年となる二〇一五（平成二十七）年から順次公刊され、昭和史が見なおされる意義は計り知れない。

ただ、天皇の〝肉声〟のまとまった記録は、いずれも封印されたか「所在不明」で、この「正史」でも盛りこめなかったという。

天皇本人の自筆の日記は香淳皇后の陵に副葬された。入江《いりえ》相政《すけまさ》侍従長が聞き書きした『聖談拝聴録』は宮殿内の表御服所《おもてごふくしょ》地下にあった革製金庫ごと所在不明だ。

一九四六（昭和二十一）年に側近五人で聴取した『昭和天皇独白録』だけは宮内省御用掛寺崎《てらさき》英成《ひでなり》の遺族から公開された。

しかし、これとても元侍従長徳川義寛は「原本とは違う」「原本が世に出ることはないでしょう」と語って、まもなく死去。その「原本」は依然として所在不明だ。

五人組の聴取は同年三月十八日から四月八日まで五回計八時間に及んだ。マッカーサーの副官ボナー・フェラーズ准将が東京裁判で天皇を戦犯訴追から守るための「理論武装」として寺崎らに要請したもので、聴取は一日をも争うものだった。寺崎が遺した『独白録』は、米側に渡す英文版の下書きだったとみられる。

では、寺崎版はどこが「原本と違う」（徳川）のか――。筆者は、最大の違いは、戦争に至った原因をめぐる回顧談の「結論」だったのではないかと推測している。

手がかりは、共同通信記者高橋紘《たかはしひろし》が発掘した木下道雄《きのしたみちお》の『側近日誌』（一九九〇年刊）だ。木下は五人組の一人で当時の侍従次長。日誌には関連資料として「聖談拝聴録原稿　結論」と題するメモが添付されている。これが寺崎版とまったく違っているのである。二つの「結論」を比べてみよう。


【寺崎版「結論」】

開戦の際東条内閣の決定を私が裁可したのは立憲政治下に於る立憲君主として已むを得ぬ事である。若し己が好む所は裁可し、好まざる所は裁可しないとすれば、之は専制君主と何等異る所はない。

終戦の際は、然し乍ら、之とは事情を異にし、廟議がまとまらず、鈴木総理は議論分裂のまゝその裁断を私に求めたのである。

そこで私は、国家、民族の為に私が是なりと信ずる所に依て、事を裁いたのである。

（略）

日本が多年錬成を積んだ陸海軍の精鋭を持ち乍ら愈ゝと云ふ時に蹶起を許さぬとしたらば、時のたつにつれて、段ゝ石油は無くなつて、艦隊は動けなくなる、人造石油を作つて之に補給しよー《（ママ）》とすれば、日本の産業を殆んど、全部その犠牲とせねばならぬ、それでは国は亡びる、かくなつてから、無理注文をつけられては、それでは国が亡［び］る、（略）……私が若し開戦の決定に対して「ベトー」（拒否）したとしよう。国内は必ず大内乱となり、私の信頼する周囲の者は殺され、私の生命も保証出来ない、それは良いとしても結局凶暴な戦争が展開され、今次の戦争に数倍する悲惨事が行はれ、果ては終戦も出来兼ねる始末となり、日本は亡びる事になつ［た］であらうと思ふ。

【木下版「結論」】

以上緒論及び本文に於て戦争の原因とその防止の不可能なりし所以を縷々《るる》述べて来たが、結論として概括的に私の感想を話そう。

先ず我が国の国民性に付いて思うことは付和雷同性の多いことで、これは大いに改善の要があると考える。近頃のストライキの話を聞いてもそうであるが、共産党の者が、その反対者を目して反動主義者とか非民主主義者とか叫ぶと、すぐこれに付和雷同する。戦前及び戦時中のことを回顧して見ても、今の首相の吉田などのように自分の主義を固守した人もいるが、多くは平和論乃至親英米論を肝に持っておっても、これを口にすると軍部から不忠呼ばわりされたり非愛国者の扱いをされるものだから、沈黙を守るか又は自分の主義を捨てて軍部の主戦論に付和雷同して戦争論をふり廻す。

かように国民性に落ち着きのないことが、戦争防止の困難であった一つの原因であった。将来この欠点を矯正するには、どうしても国民の教養を高め、又宗教心を培って確固不動の信念を養う必要があると思う。又このことが日本民族の向上ともなり、世界に向かって人種

平等を要求する大きな力ともなることと思う。(略)
歴史は繰り返すということもあるから、以上の事共を述べておく次第で、これが新日本建設の一里塚とならば幸いである。

寺崎版「結論」では、天皇が立憲君主の矩《のり》を終始守ったため心ならずも開戦を認めたと述べられている。本文も含め国民性への慨嘆は痕跡もない。東京裁判対策として天皇の法的無答責に絞った編集の跡がうかがえる。

これに対し木下版「結論」では、「付和雷同」の国民性を慨嘆しているのである。

寺崎版の『独白録』の冒頭には「記録の大体は稲田(周一内記部長)が作成し、不明瞭な点に付ては木下が折ある毎に伺ひ添削を加へた」とある。『側近日誌』に収録された木下メモ「聖談拝聴録原稿　結論」こそが「原本」の痕跡なのではないだろうか。

天皇機関説を排撃し天皇の統帥権を盾とした軍部の暴走。五・一五事件以降の軍部テロによる政党政治の窒息。軍機保護法、国防保安法、治安維持法の暴威と情報統制によって盲目とされた国民……。昭和の戦前・戦中の悪夢の基本構図は、敗戦後になってようやく誰の目にも明白となった。木下メモのような「結論」は強い反発を呼んだだろう。やはり独白録原本は「世に出ることはない」(徳川)のかもしれない。

筆者には今もよみがえる忘れがたい記憶がある。一九八七(昭和六十二)年に昭和天皇が倒れ闘病に入って間もなく、来日した元駐日米国大使エドウィン・ライシャワーへの『朝日ジャーナル』編集部員Aのインタビューにオブザーバーとして同席させてもらったときのことだ。

ライシャワー博士は「体力が弱りましたので、質問は日本語で結構だが、英語で答えます」と、昭和天皇や皇室の将来を語った。昭和天皇の戦争責任については「責任なし」と明言した。Aが「しかし、数多の国民が天皇万歳を叫びながら戦死したではないですか」と食い下がった。するとと博士は、こう答えたのである。

「Aさん、あなた、遥か彼方の崖の上から勝手に『Aさんバンザイ』と叫んで飛び降りた人びとの責任をとれますか?」

肝炎やパーキンソン病を患ってかなり弱っていたとはいえ、米国を代表する日本史の専門家で温厚な人柄で知られた博士だけに、この激しく感情的な物言いに意表を突かれた。

昭和が終わってまもなく博士も亡くなった。あのとき、ライシャワーは、無謀な戦争に至った日本の国民、政治家、ジャーナリズムの側の主体性と政治責任を問うたのかもしれない。

亡命して反ナチス活動を展開した作家ヘルマン・ヘッセは、戦後になって元ナチ党員らが「第三帝国に抵抗したら殺された」「片足を強制収容所に突っ込んでいたようなものだった」と言い訳すると、こう返したという。「私は両足を強制収容所につっこんだ人しか信じません」(三島憲一『戦後ドイツ』)。

独白録の二つの「結論」を読み比べるたびに、ライシャワーとヘッセの言葉が脳裏に浮かぶのである。

退位しなかった心

『昭和天皇実録』が二〇一四（平成二十六）年九月に公開された。裕仁《ひろひと》親王という一人の人間が歩んだ「天皇」という特異な生涯と、天皇を精神的主軸として近代化を急いだ特異な国家体制がたどった「戦争と平和」の軌跡が精細に観望できる。

むろん天皇の足跡だけで昭和という時代が解明されるわけではない。愛国と忠誠の名の下に深く人心を蝕んだ欺瞞と盲信、国内外に及ぼした凄まじい惨禍と犠牲、その上にどのような現在があるかということこそが、国境を超えて歴史家の主題となるべきだろう。その意味でこそ『実録』は「宝の山」にもなり得るのだろうと思う。

新史料が新たに加わったとか、新事実が乏しく期待外れだとか、特定史料に宮内庁がお墨付きを与えたとか、区々に切り取って喋々することは、対象の巨大さを思えば、ある意味で空しい。むしろ当面、現役の宮中記者たちに期待されるのは、封印されたり小出しにされたりした原史料の発掘や編修プロセスの実態の解明だろう。また、いったん完成し印刷されたあとさらに五ヵ月も公表が遅れた裏に何があったか、どんな葛藤があったのかの掘り起こし作業だろう。

以上を重々承知しつつも、筆者がこだわったのは、天皇の退位問題の記述だった。

かつて、昭和天皇は敗戦責任をとるため退位を真剣に望んだが、退位すらままならなかったという物語が定説になりかかっていた。筆者もそう思っていた。

それだけに徳川義寛元侍従長が生前、筆者の聞き取りに対して「私は、陛下ご自身は退位しようとお考えになったことはずっとなかったのではないかと思っています」と語ったのは衝撃的だった。確信に満ちた口調に「どんな道義観念だったのか」といぶかったものだ。

天皇に退位の意向があったとする説の最大の根拠は『木戸幸一日記』の昭和二十年八月二十九日の記述だ。

一時四十分より二時五十五分迄、御文庫にて拝謁、其節、戦争責任者処罰の問題につき左の意味の御話ありたり。

戦争責任者を聯合国に引渡すは真に苦痛にして忍び難きところなるが、自分が一人引受けて退位でもして納める訳には行かないだらうかとの思召あり。

これについて徳川はこう語ったのである。

「陛下は木戸さんに退位すべきかどうかと何度か問いかけられたので、木戸さんは、そのご意向があったように受け取っておられたようですが、陛下はいわば念押しをしておられたのであって、必ずしも退位のお気持ちでおっしゃっていたわけではないと思います」(『侍従長の遺言』)

また天皇は同年十月二十四日、木下道雄侍従次長に「万一御退位の必要に迫られたる場合の、其の後の生物学御研究の助手のこと」を語っていた(『側近日誌』)。しかし徳川は「(宮中が短い)木下さんはあまり深い流れはご存じない」と意にも介していなかった。

天皇の発言は「綸言汗の如し」とされ、一度発したら撤回できない。その機微について、五十年以上身近に仕えた徳川は確信に満ちていた。天皇自身も晩年まで「退位すると言ったことはない」と明言していた。

実録では、同年八月二十九日の木戸の拝謁について次のように記すのみだ。

午後、内大臣木戸幸一をお召しになり、一時間十分にわたり謁を賜う。その際、自らの退位により、戦争責任者の聯合国への引渡しを取り止めることができるや否やにつき御下問になる。

徳川の「あくまで念押し」との見かたを採用している。

実際、木下は昭和二十一年三月六日に次のような天皇の述懐を書きとめている。

「御退位につきては、それは退位した方が自分は楽になるであろう。今日の様な苦境を味わわぬですむであろうが、秩父宮は病気であり、高松宮は開戦論者でかつ当時軍の中枢部に居た関係上摂政には不向き。三笠宮は若くて経験に乏しいとの仰せ」(『側近日誌』)

徳川の自信と実録の記述の決定的な裏付けとなったのは、稲田周一侍従長が聴いた「退位問題についての回顧」だろう。この聴取が昭和四十三年四月二十四日午前、表御座所でおこなわれたことは実録で初めて明らかになった。ただ、肝心の内容は短い要旨にとどまっている。

徳川の死後まもなく筆者が入手した『徳川義寛終戦日記』には「退位問題について」と題されたメモが添えられていた。実録の日付はこのメモの日付とぴったり一致した。メモは天皇の語り口まで彷彿させる長文だ。稲田の拝聴記録をほぼ忠実に書き写したものだろう。

《退位問題について昭和四十三年四月二十四日に稲田侍従長が承った要旨》

明治天皇御紀編纂に携わっていた三上参次から聞いたことであるが、明治天皇は、大臣が辞職するのとは違って、天皇は記紀に書かれている神勅を履行しなければならないから退位できないと仰せられたとのことである。明治天皇の思召は尤もであると思うと仰せられた。つまり「わたしの任務は祖先から受け継いだ此の国を子孫に伝えることである。」「わたしは明治天皇の思召に鑑み、苦難に堪えて義務を果たす方が国家に忠を尽すことになると思う。熟慮の上、苦難に堪え日本再建に尽す決意である。」

「もし退位した場合はどうであろう。何故退位したかと問われるであろうし、混乱も起るであろう。又靖国神社の宮司にまつりあげて何かしようとしている人々もあるとのうわさもあり、又摂政になると予期して、戦時中の役目から追放になる身でありながら動きを見せた皇族もあるから、退位はなさらない方がよいと言ってくれたのは松平慶民であった。」

「木戸内大臣が終戦前に将来退位問題が起るであろうと言ってくれた時、反対はしなかったが、その時とその後では事情がちがう。退位すると言ったことはない。」と仰せられた。（後略）

徳川は口が堅く、多くを語らなかったし、天皇の日記や拝聴録なども封印したり処分したりして逝った形跡もある。その徳川も、天皇の退位しなかった心については後世に残す必要を認めたのだろう。

史上、退位・譲位した天皇は数多いし、諸々の外部要因についての状況判断は道義観念とはまた別である。これをもって「国内外の犠牲者に対する責任意識の欠如」を指摘し批判するのははたやすい。「祖先から受け継いだ此の国を子孫に伝える」という責任意識は、つまるところ万世一系観念を軸とする明治国家体制のモラールだろう。天皇は人間が選んだり、すげ替えたりできる存在ではないと。

孤高の目には、敗戦と占領という激動のなかで死中に活を求められるのは自分以外にないし、それは自分の責任であるという十字架を負うかのような思いだったのかもしれない。国体の護持と国民の護持とが無前提に渾然一体化した特異な責任意識というべきだろう。

一切の恩遇は不詮議

外交史家豊下楢彦の新著『昭和天皇の戦後日本』（岩波書店）を読んだ。

講和と日米安保条約、米軍の長期駐留が決まった裏に吉田茂内閣の頭越しに「天皇の二重外交」があったことを明らかにした業績で知られる。先ごろ公開された『昭和天皇実録』を読みこみ、自説の補強を試みている。

元侍従長徳川義寛、元侍従卜部亮吾の日記など筆者が発掘した史料を随所で引用してくれており、記者冥利に尽きる。半面、自分の史料の読みこみが浅く「木を見て森を見ざる」弊に陥っていた反省しきりである。

最たるものが『徳川義寛終戦日記』の昭和二十年九月二十日、藤田尚徳《ふじたひさのり》侍従長がマッカーサー元帥に会った記述だ。占領下、天皇と元帥との初めての会見を一週間後に控えての下ごしらえだった。

藤田侍従長はマッカーサー元帥を訪問

后一・二〇——一・二五　マッカーサー訪問復命、侍従長

侍従長はこののちすぐ語るに（略）マ元帥によく来たと言って挨拶され、思召を伝えたとこ

ろ、特にお健康状態のお尋ねを感謝し、又ポツダム宣言事項を実行するとの御決意を伝えたところ、そのことは政府をはじめ協力的で、事実によって証明されていると述べ、且つ皇后さまも御一緒か、皇族方、御子さま方は何処においでかの質問もしたとのこと、マッカーサーは侍従長の辞去に際し、戸口まできて、重ねて挨拶し、マッシーバー大佐は車寄まで出て見送ったと。

進駐軍の出かたを固唾《かたず》をのんで見ていた宮中。先方の穏和で丁重な態度にほっとし、つい口も軽くなった侍従長と当番侍従の愁眉《しゅうび》を開いた明るいやりとりが目に浮かぶようだ。

豊下は旧著『昭和天皇・マッカーサー会見』（岩波現代文庫、二〇〇八年七月刊）で、第一回の会見で天皇が「全責任を負う」発言をしたのかどうか、「東条非難」発言をしたのかどうか、諸史料を駆使して詳細な分析をまとめていた。

豊下自身は前者には否定的、後者には肯定的だったが、今回の『実録』の読みこみのなかでは次のような見立てに達している。

……降伏後の厳しい情勢のなかで、天皇自身と天皇制を維持していくためには、「すべての責任を東条にしょっかぶせる」という路線で進む以外になかったということであり、そこには〝情緒的〟なものが入り込む余裕など存在しなかった。

……当時のマッカーサーにとって決定的な問題は、昭和天皇が自らの占領に協力するか否かにあった。そこさえ確認できれば、人間天皇に感動するかどうかは、全くもって二次的、三次的な問題であった。

（『昭和天皇の戦後日本』）

入江相政侍従（当時）は日記に「二十七日の御行事が済めば全く一安心」と書いた。第一回会見は念入りに準備された「御行事」つまりセレモニーだったというのだ。

筆者も第一回会見は天皇の「全責任」発言があったか否かばかりに気を取られ、藤田侍従長が元帥に伝えていた「ポツダム宣言事項を実行するとの御決意」を、前置きの挨拶くらいに読み飛ばしていた。だから豊下の読みこみは目から鱗であり、木を見て森を見ていなかったと反省したのである。

「マッカーサーの権力と昭和天皇の権威という〝両輪〟でもって円滑に占領を遂行することが至上命題」「だからこそマッカーサーは、憲法改正問題に介入して天皇制の維持をはかり、昭和天皇が東京裁判に訴追されないために奔走したのである。問題は〝美談〟の世界ではなく、両者の関係はきわめてリアリスティックなものであった」との豊下の評価はまことにもっともだと思う。

昭和天皇がいち早く憲法改正の不可避なことに気づいていたとの指摘もそうだ。

降伏文書調印から三週間も経たない同年九月二十一日。つまりマッカーサー会見の一週間前の木戸内大臣の拝謁について『実録』は記す。

内大臣木戸幸一をお召しになり、一時間余にわたり謁を賜う。内大臣は拝謁後、内大臣秘書官長松平康昌に憲法改正問題につき調査を依頼する。

当時、美濃部達吉や宮沢俊義さえ憲法改正に反対していたなかで、天皇は「敗戦の現実を踏まえるならば、明治憲法の何らかの改正なしには、それこそ『逼迫せる非常事態』を突破することはできないと確信していた」(『昭和天皇の戦後日本』)。

本書では、新憲法に高松宮が「主権在民がはっきりしすぎており賛成しかねる」と反発し枢密院会議欠席の挙に出たが、天皇は構わず粛々と受け入れた『実録』の記載を紹介した(九五ページ参照)。

高松宮は天皇退位の場合の摂政候補に擬せられていたのだが、豊下は「(新憲法とセットで天皇制が維持されたという)この核心を把握できるか否かにおいて、昭和天皇は高松宮よりも、はるかにリアリストであったと言うべきであろう」としている。

第一次世界大戦を終結させた一九一九年のベルサイユ条約は初めて元首の戦争責任を規定した。総力戦の果ての未曾有の惨害を経て高まった国際世論を背景に、前ドイツ皇帝ヴィルヘルム二世を「国際道徳及び条約の尊厳に対する重大な犯罪の故をもって訴追する」と二百二十七条で規定。それまでの君主無答責の観念を否認する「カイザー訴追条項」と呼ばれた。カイザー(皇帝)は亡命し特別法廷は実際には開廷しなかったが、日本も条約に署名しており、米・英・仏・伊とともに裁判官を出すはずだった。戦争に勝てば「勝者の裁判」に参加することを決めていた日本に、負ければ「勝者の裁判」を非難する資格はない。昭和天皇は当然、同条約もカイザー条項も熟知していただろう。

……「絞首台に上る」覚悟を固めていたはずの昭和天皇が（略）ひたすら東条などに責任を負わせ、自らの戦争責任については釈明に次ぐ釈明に終始したことも頷ける、（略）……昭和天皇個人が責任逃れに走ったというレベルの問題ではなく、天皇制をいかに維持していくかという、より大きな歴史的・政治的文脈において捉えるべき性格の問題であろう。

（『昭和天皇の戦後日本』）

『実録』は戦犯への祭粢料《さいし》を宮内庁（皇室）がどう決めたかを記す。

（昭和二十一年七月）五日　元外務大臣松岡洋右去る六月二十七日死去につき、祭粢料を下賜される。（略）戦犯容疑者として起訴中であったものの、罪の有無は未だ決定せず、且つ死亡により免訴となったため、祭粢料下賜は差し支えないものとされた。なおこれ以後、極東国際軍事裁判において有罪と確定した者の死去に際しては、一切の恩遇は不詮議とされる。

「一切の恩遇は不詮議」には峻厳な意思の響きがある。

一九四九（昭和二十四）年一月、侍従武官平田昇に昭和天皇は「戦争裁判の永久平和の理想追求の大きな流れを軽視し、今度の裁判の直接の反響のみを見てはならない。真剣真面目に深く自ら反省する処がなくてはならない」と述べていたという（秦郁彦『靖国神社の祭神たち』）。

俗に言う「戦後レジーム」、つまり平和憲法・象徴天皇・日米安保条約体制のいずれもが、実は国際社会を相手に命がけで構築した遺産だった。だからこそA級戦犯の靖国合祀に昭和天皇はあれほど怒ったのだろう。

「現天皇の基本姿勢こそが、昭和天皇が残した最も重要な遺産」と豊下は言う。

「戦後レジームからの脱却」を叫ぶ昨今の政治の薄っぺらさへの怒りが伝わってくる。

「朕は辞職する能はず」

「朕《ちん》は辞職する能《あた》はず」

一九〇一（明治三十四）年五月、辞意を示す伊藤博文《いとうひろぶみ》に対し、明治天皇はこう言ったという。『先帝と居家処世』（長井實、田中英一郎共編、大正元年、九経社刊）は次のように伝える。

明治三十一［三］年山縣内閣倒れ、故伊藤公、大命を奉じて内閣を組織したるも、遂に破綻を生じ、三十四年五月二日、闕下《けっか》に躬候《きゅうこう》し、辞表を捧呈して骸骨を乞ひ、越えて十日漸《よう》く御聴許ありたるが、当時先帝親しく公に宣《のたま》ふらく「卿等は辞表を出せば済むも、朕は辞表は出されず」とありしかば、公頗《すこぶ》る恐懼《きょうく》したりといふ。四十五年間君臨の御苦心如何《いかば》許りなりけむ、此御一語無限の意味あり、恐懼するもの豈《あ》に独り公のみならむや。

伊藤が総理の職を辞するのは実に四回目だった。初代首相としての第一次内閣で帝国憲法と皇室典範の起草を終え、初代枢密院議長に転じた一八八八（明治二十一）年。第二次内閣で日清戦争後の三国干渉により遼東半島放棄を決めた後の一八九六（明治二十九）年。第三次内閣で政党の結成を山縣有朋に反対された一八九八（明治三十一）年。そして第四次内閣でも北清事変の軍事費の財政措置をめぐる閣内対立で、再三の慰留も拒み投げ出したのである。

明治天皇の一言に、さすがに伊藤も「頗る恐懼」した。

往時はかなり人口に膾炙《かいしゃ》した話だそうだが、『明治天皇紀』には載っていない。ちなみに皇孫裕仁親王（のちの昭和天皇）が誕生したのは伊藤の辞表捧呈の三日前の四月二十九日である。

現天皇が二〇一六（平成二十八）年八月八日、生前退位の希望を示唆するメッセージを出した。戦前戦後を通じて皇室典範は天皇の終身在位を定めており、「天皇は崩御するまで天皇だ」という観念が根強かっただけに衝撃的で大きな波紋を広げた。

そこであらためて明治の皇室典範の成立過程をふりかえっていて、はっと気づいたことがある。天皇の終身在位を強引に決めたのは伊藤博文だったと。

明治の典憲体制の立案過程で、もともと一八七八（明治十一）年に右大臣岩倉具視《いわくらともみ》が制度策定のため示した「奉儀局調査議目」には「太上天皇」の項目があった。一八八七（明治二十）年には、法制家として双璧をなしていた井上毅《いのうえこわし》と柳原前光《やなぎわらさきみつ》が典範策定に携わり、両名とも譲位を認める原案をまとめていた。

しかし、同年三月に伊藤が高輪《たかなわ》別邸に井上、柳原、伊東巳代治《いとうみよじ》を呼んで開いた会議で、伊藤は「本案はその意の存する所を知るに困《くる》しむ。天皇の終身大位に当るは勿論なり。昔時の譲位の例なきにあらずと雖《いえど》も是れ浮屠《ふと》氏（仏僧）の流弊より来由するものなり」と主張。井上は「至尊（天子）と雖人類」と反論を試みたが、伊藤は「本条不用につき削除すべし」と一喝し却下したという。伊藤の言はかなり乱暴だが、明治国家の機軸に据えた「万世一系の天皇」の継承には少しの柔軟性も持たせたくなかったのだろう。

当然ながら、こうした経過でまとめられた皇室典範に明治天皇は強い関心を示し、枢密院での審議のすべてに臨席していた。くだんの高輪会議からまだ十四年。「朕は辞職する能はず」の天皇の一言には、死ぬまで重責を担わねばならぬ運命を押し付けた伊藤に対するルサンチマンと精一杯の皮肉がこめられていたのではないだろうか。

それから四十三年。治世は大正・昭和と進み、敗戦という未曾有の国難に昭和天皇の退位論が持ち上がることになった。近衛《このえ》文麿《ふみまろ》と高松宮宣仁親王が幼少の皇太子（現天皇）への譲位と高松宮の摂政就任を密議したり、芦田均《あしだひとし》首相が一時真剣に退位を検討。講和・独立回復の際には元内大臣木戸幸一も退位を勧めるなどの動きがやまなかった。典範規定など何の防波堤にもならなかったのである。

しかし昭和天皇はマッカーサー元帥との約束などをタテに在位しつづけた。天皇の真意は今もって判然としないが、本人が一九六八（昭和四十三）年四月二十四日に稲田周一侍従長に語った記録が、徳川義寛元侍従長の日記に添付されている。

明治天皇御紀編纂に携わっていた三上《みかみ》参次《さんじ》から聞いたことであるが、明治天皇は、大臣が辞職するのとは違って、天皇は記紀に書かれている神勅を履行しなければならないから退位できないと仰せられたとのことである。明治天皇の思召は尤《もっと》もであると思うと仰せられた。

「わたしの任務は祖先から受け継いだ此の国を子孫に伝えることである。

わたしは明治天皇の思召に鑑み、苦難に堪えて義務を果たす方が国家に忠を尽すことになると思う。（略）」

昭和天皇は一九七五（昭和五十）年九月六日の記者会見で、生涯でもっとも影響を受けた人物は誰かという質問に「皇室の中からあげることができるとすれば、祖父明治天皇をあげます。私は常に祖父の行いを心に留めています」と答えている。（高橋紘『陛下、お尋ね申し上げます』）

実際、昭和天皇は歴史の関頭に立たされたときには必ず明治天皇の事績に言及している。『昭和天皇実録』編纂にあたった宮内庁書陵部の研究官は、その背景に『明治天皇紀』編纂にあたった歴史学者三上参次による一九二四（大正十三）年から一九三二（昭和七）年に至る進講の影響を指摘している。

（進講は）明治天皇の聖徳を再び認識させるとともに、立憲君主としてのあり方を再確認させることであったといえよう。それは、まさしく帝王学の一環であった。その意図は確実に成果を挙げ、昭和天皇の姿勢に多大の影響をもたらした。そのことは昭和天皇がこの後、昭和十六年九月六日と同二十年八月十四日の二度の御前会議、そして翌二十一年一月一日の人間宣言等、幾度かの重要な政治的局面で明治天皇の事績にちなんだ決断・発言をしていることからもいえるのである。

（高橋勝浩「三上参次の進講と昭和天皇」『明治聖徳記念学会紀要』所収）

言うまでもないが、昭和十六年九月六日は、対米英蘭開戦方針を含む「帝国国策遂行要領」を決めた御前会議。明治天皇の御製「よもの海　みなはらからと　思ふ世に　など波風の　たちさわぐらむ」を読み上げた。

昭和二十年の終戦の御前会議ではポツダム宣言受諾の「聖断」を下す際に、武装解除・戦争責任者の差し出しは堪え難いが、国家と国民の幸福のため、三国干渉時の明治天皇の御決断に倣い、決心したとの旨を述べた（『昭和天皇実録』）。また一九四六（昭和二十一）年の年頭詔書（いわゆる「人間宣言」）では冒頭に「五箇条の御誓文」を付け加えさせた。

そして退位問題についても、明治天皇の「朕は辞職する能はず」を想起していたことが稲田の拝聴記録にあった。

しかしながら、もし仮に、この明治天皇の一言が伊藤に対する皮肉の意味を帯びていたとすれば、三上が進講の際に明治天皇の「聖徳」を称揚せんとして勢いあまって深読みして講じ、昭和天皇がこれを便《よすが》にしたのではないかとの疑いが、筆者の胸中に頭をもたげるのである。高橋勝浩の論文によるとおびただしい回数おこなわれた三上の進講は毎回感動的なものだったが、同席した側近らの日記に一部記されているだけで、今となっては詳細はよくわからないという。

「摂政はダメなのよね」

「摂政はダメなのよね」

一九九四（平成六）年一月二十一日、前侍従長徳川義寛が、こう断言したのに驚いた。

「陛下ご自身も摂政をなさって、いろいろ苦労されている。貞明《ていめい》皇后さまにもご苦労されていたようですし」

二・二六事件直後から昭和天皇に半世紀も仕えた徳川に回顧談を聞き始めたばかりのころだ。

「歴史上、摂政は聖徳太子とか三人しかいない。新嘗祭ひとつとっても、摂政はお供えまでしかできないんです。神さまとともにご自分も食べて穀霊と触れられるのは天皇だけ。大正さまのときにもお上《かみ》は摂政としてそうやっておられた」

徳川は、それ以上は詳しい説明はしてくれないまま、一九九六（平成八年）に急死してしまった。

調べると、たしかに歴史上、藤原氏などの「人臣摂政」は四十六人もいるが、皇族摂政は聖徳太子、中大兄皇子《なかのおおえのおうじ》、草壁皇子《くさかべのみこ》の三例の後は一人も立てられていない。奈良時代の聖武《しょうむ》天皇以降は通例化していた譲位を明治の旧皇室典範が否定して摂政のみを制度化し、一九二一（大正十）年に裕仁皇太子が就任したのが四人目。実に一千二百三十一年ぶりだった。

心身衰弱していたとはいえ大正天皇は存命で在位しつづけ、若年の摂政宮は母の貞明皇后の「旧思想」に悩まされ、政治家・軍人らからもとかく軽んじられたとされる。

皇族摂政がほとんどなかったのは、皇室ならではの深い知恵だったのではないか。

現皇室典範も天皇に譲位は認めず終身在位とし、天皇が成年（十八歳）に達していない場合や「精神若しくは身体の重患又は重大な事故により」国事行為をみずからおこなうことができない場合に、皇室会議の議により摂政を置くとしている。国事行為の臨時代行は憲法第四条二項により、天皇の意思により立てられる。「摂政の場合は、天皇の意思能力がむしろほとんどおありにならないような場合を想定している」（一九六四［昭和三十九］年三月十三日の衆院内閣委員会の宇佐美毅宮内庁長官答弁）。

病弱だった大正天皇に摂政を立てた際には、事前に宮内大臣牧野《まきの》伸顕《のぶあき》、内大臣松方正義《まつかたまさよし》らが皇族、元老、政府、議会など関係者に周到に根まわしし、一九二〇（大正九）年から病状悪化が逐一発表された。同九年三月の発表は「御尿中に時々糖分を見ること之れあり、昨秋以来、時々座骨神経痛を発せらる」としたが、世間では「天皇は脳の病気だ」という噂がしだいに広がった。

一九二一（大正十）年十月四日、四回目の病状発表はかなり露骨な表現となった。

御注意力、御記憶力も減退

御幼少の時、脳膜炎様の疾患に罹らせられ且御成長の時機より御成年後に於ても屢々《しばしば》御大患を御経過遊ばされし為……

同年十一月二十五日、皇族会議で摂政設置が決まったときの「容体書」に至ってはこうだ。

御降誕後間もなく、脳膜炎様の御大患に罹らせられ、其の後常に御病患多く、感冒は御持病とも言ふべきものにて屢々之れに罹らせられ、其他腸加答児《カタル》、気管支加答児、百日咳、腸チフス、胸膜炎等諸種の御悩あらせられ……

摂政設置やむなしと関係者や国民に納得してもらうためだったとしても、酷薄な文面だ。関係者の日記などによると、大正天皇は摂政設置の報告にも「アー、アー」と返事するばかりで十分理解できない様子だったが、侍従長正親町実正《おおぎまちさねまさ》が天皇印の印籠を運び去ろうとすると、拒もうとしたという（四竈孝輔《しかまこうすけ》『侍従武官日記』）。

近代国家機関の機軸として終身在位を強いられる天皇の「事実上の退場」は、痛ましくも残酷な形をとらざるをえなかった。「大正天皇は側近らによって押しこめられたのではないか」との憶測も往時からある。

筆者は、裕仁摂政宮の日記にも、宮相から父天皇の容体を発表すると聞かされた日に「容体悪化を発表せねばならぬとは」との嘆きが記されていたと側近から聞いたことがある。

一九八七（昭和六十二）年、消化管がんが見つかった昭和天皇の病状本記を担当させられ、一九八九（昭和六十四）年の崩御まで病状の推移を克明に取材し報道しつづけた。この暗く辛い一年半の記憶は今も余り思い出したくない。

メディア各社が総動員態勢の取材合戦という凄まじい重圧と空しさ。留守の侍医部屋で侍医の引き継ぎ簿「聖上拝診録」を盗み見して一面に叩きこんだり、同僚がとってきた情報に飛びついて書いた記事を侍医長に真っ向否定され青くなったり。親しかった担当デスクは倒れて急死。宮内庁病院を探りに行かせた後輩記者が皇宮警察に突き出されるなど、まさに修羅場だった。一九八八（昭和六十三）年九月の吐血から崩御までの百十一日間は一度も帰宅できず、記者クラブで貧血で倒れかけたこともある。

バイタルサインの乱高下や吐血・下血・輸血の量に一喜一憂。何とか無機質な数字の処理として割りきりたいと思った。しかし、元気なころの天皇の人柄に接した者としては辛い仕事だった。

がんと告知されなかった昭和天皇は復帰に意欲を燃やしつづけ、意識がなくなってからも「摂政」という選択肢はまったく浮上しなかった。来る日も来る日も消費税国会の厳しい政局運営に悩み、病状の見通しを探りに頻繁に皇居を訪れる竹下登《たけしたのぼる》首相の苦渋の表情もよく覚えている。崩御となれば国会審議も吹き飛ぶからだ。

後年、侍従卜部亮吾の日記を本人に託され、吹上御所の中では「摂政」の一語を巡って天皇との間で緊迫したやりとりもあったことを初めて知った。

昭和63年2月9日（火曜）

9・40登庁、大橋侍医から御様子をきく、（略）［東］優子さんの御挨拶につき女官長と打合せ　「花泉」さし上げ　そのあと突然摂政にした方がよいのではと仰せ　このあと警察と

日銀の進講について御注文　そのための伏線か　侍従長に話す　警察には反対（略）

2月10日（水曜）

9・30登庁、吹上へ　昨日からのお召し　やはり摂政問題のくり返し　このようなダラダラした生活ではと　現在は冬ごもり　春きたりなばどの程度おやりいただくか目下検討中につきもう少しお待ちをと（略）

11月29日（火曜）

……9・40吹上直行、お上は落ちついた数値で（高木）侍医長内田技官［侍医］の話による血中アンモニアを減少させる薬剤使用の結果今朝は反応がかなりはっきりしてこられた由とにかく摂政の話を消すためにも意識混濁の表現は禁句と（略）

側近も天皇に最期までまっとうしてもらおうと懸命だった。

日記には当時はうかがい知れなかった皇族方の見舞いの様子も記されており、現天皇はじめ家族の痛切な哀しみをあらためて思った。

「終身在位」は残酷な制度だと思う。摂政は象徴ではない。機能しなくなった「象徴」がいるだけの状態が続くのである。摂政の側もさまざまな葛藤を抱えこみ、関係者も国民も「天皇ならぬ準象徴」への対処に戸惑うことになる。

二〇一二（平成二十四）年に新聞社をリタイアする直前、宮内庁の医師団の一部が大正時代の宮内大臣牧野伸顕の日記や関連文書、入澤達吉《いりさわたつきち》侍医頭《じいのかみ》の『大正天皇御臨終記』などを取り寄せ、大正天皇の病状の推移や摂政設置に至る意思決定過程について詳細に調べはじめるという不思議な動きに気づいたことがある。しかし、当時は理由まではよくわからなかった。今にして思えば、生前の譲位を考えはじめた現天皇が「摂政はダメだ」との判断を周到に確認するため指示したのではないだろうか。

柳原前光の深謀

天皇の譲位を認めないことが決まったのは一八八七（明治二十）年三月二十日の「高輪会議」だった。伊藤博文首相の高輪別邸で開かれ、伊藤と井上毅《いのうえこわし》宮内省図書頭《ずしょのかみ》、柳原前光《やなぎわらさきみつ》元老院議官、伊東巳代治《いとうみよじ》首相秘書官という明治典憲体制策定の主役が顔をそろえた。

終身在位を原則としつつも譲位の選択肢を盛りこんだ井上、柳原の典範草案を伊藤が一喝。井上は「天皇も人間だ」との観点から食い下がったが、柳原が手の平を返すように伊藤に同調したため、井上は一敗地にまみれた――これが近現代の天皇の終身在位を決定づけたとされる。

伊東巳代治の議事記録『皇室典範、皇族令、草案談話要録』のおかげで後世のわれわれも生なましいやりとりを読める。

大臣（伊藤）　本案は其意の存する所を知るに困《くる》しむ。天皇の終身大位に当るは勿論なり。又一たひ践祚《せんそ》し玉ひたる以上は随意に某位を遜《のが》れ玉ふの理なし。抑《そもそも》継承の義務は法律の定むる所に由る。精神又は身体に不治の重患あるも尚ほ其君《きみ》を位より去らしめす摂政を置て百政を摂行するにあらすや。昔時の譲位の例なきにあらすと雖《いえど》も是れ浮屠《ふと》氏（仏教）の流弊より来由するものなり。余は将《まさ》に天子の犯冒すへからさると均《ひと》しく天子は位を避くへからすと

云はんとす。前上の理由に依り寧《むし》ろ本条は削除すへし

井上　「ブルンチュリー」氏（ドイツ法学の泰斗）の説に依れは至尊と雖人類なれは其欲せさる時は何時にても其位より去るを得へしと云へり

柳原　但書を削除するなれは寧ろ全文を削るへし其「ブルンチュリー」氏の説は一家の私語なり

大臣　然り一家の学説たるに相違なし本条不用に付削除すへし

削られたのは典範草案第十二条「天皇ハ終身大位ニ当ル但シ精神又ハ身体ニ於テ不治ノ重患アル時ハ元老院ニ諮詢シ皇位継承ノ順序ニ依リ其位ヲ譲ルコトヲ得」だ。

井上も柳原も終身在位は原則としながらも例外的に譲位を認めるつもりだった。伊藤の一喝に柳原が迎合し、ころりと寝返ったとみられてきた（奥平康弘「明治皇室典範に関する一研究」『神奈川法学』第三六巻第二号所収など）。

ところが、実はこのやりとりに柳原の深謀遠慮が隠されているとの説が個人ブログに現れた。深読みの射程は現皇室典範にも及び、すこぶる面白い。

ブログの主は弁護士の齊藤雅俊。経歴によると郵政省や内閣官房広報室などに勤務した経験のある元キャリア官僚のようだ。

齊藤は柳原の「但書を削除するなれは寧ろ全文を削るへし」発言は単純な伊藤への迎合ではないとみる。譲位を認める但し書きを削れば本文の終身在位だけが残る。いっそ全文削ろうとの柳原の提案は伊藤に賛同するとみせて終身在位の明記も削除することになる点に着目している。実

際、できあがった旧皇室典範は践祚について第十条で「天皇崩スルトキハ皇嗣即チ践祚シ祖宗ノ神器ヲ承《う》ク」とだけ定めた。これをほぼ踏襲した現行典範第四条も「天皇が崩じたときは、皇嗣が、直ちに即位する」とだけ記す。

戦前戦後を通じて政府は皇位継承は崩御継承のみに限られるとしてきたが、終身在位を明記した条項は新旧典範のどこにも存在しないのである。

柳原前光は、西園寺公望と並ぶ公家の俊秀と目され、幕末には十代の若さで官軍の東海道鎮撫副総督を務め、維新政府の外交官として日清戦争では清の全権李鴻章《りこうしょう》との交渉に当たるなど活躍し、伯爵に叙された。妹は明治天皇の典侍で大正天皇を産んだ柳原愛子《やなぎわらなるこ》（二位局《にいのつぼね》）。前光は大正天皇の伯父にあたる。昭和天皇に半世紀近く仕えた名物侍従長入江相政は前光の孫である。

肥後人井上毅の「人間だもの」論くらいでは生前退位を排除しようとする長州藩の足軽出身の権力者・内閣総理大臣伊藤博文の翻意は無理と見て取った京都の公家出身の柳原は（略）退位を容認することとしていたただし書のみならず、「天皇ハ終身大位ニ当ル」として終身在位を制度化する本文も併せて削られることを確保することとして、生前退位容認論と終身在位制度化論との間で法文上でのいわば相討ちを図ったのではないでしょうか。

（齊藤ブログ）

旧典範の公式解説書『皇室典範義解《ぎげ》』は伊藤名で刊行されたが、実質的には井上が書いたとされる。

第十条の解説には「本条に践祚を以て先帝崩御の後に行はるゝ者と定めたるは、上代の恒典に因り中古以来譲位の慣例を改むる者なり」とある。しかし、実は井上は例外を許さないものとは考えていなかったというのである。

奥平康弘教授は「譲位制度はよろしくなく、『上古の恒典』に戻るべきであるとする説明に『皇室典範義解』は、十分に成功していないというのが私の印象である。」と述べていますが、（略）井上毅の立場からすると、むしろ正しい読み方に基づくものということになるのかもしれません。（齊藤ブログ）

法文上の「空白」という形で「立法者の含み」を残したしかけのためか、戦後の政府答弁も奥歯にものがはさまったかのように微妙で、ストレートに「譲位は無効」とまでは言っていない。

天皇に私なし、すべてが公事であるという所に重点をおきまして、御譲位の規定は、今般の典範においてこれを予期しなかった。（昭和二十一年、金森徳次郎国務大臣）

そういう場面（天皇の自発的退位）が起らないように、適当に事実が実質において調節せらるゝものであろうということを仮定して、この皇室典範ができておる。（同）

そもそも「万世一系」は数多くの歴代天皇の譲位の正当性を認めねば成り立たない。「上古恒典」と振りかざして譲位を排するのは矛盾をはらむのであろう。

何度も内閣を投げ出した伊藤博文が四度目の骸骨を乞いに来ると、明治天皇が「朕は辞職する能はず」との一言を浴びせて恐懼させたエピソードをすでに紹介した（一八八ページ）。終身在位を押し付けた伊藤に対する精一杯の嫌味で、だからさしもの伊藤も「恐懼」したのではなかったかと。

齊藤の読みが正しいとすれば、明治典範に終身在位を明記しなかった柳原・井上という立法者の「含み」に天皇も伊藤も気づかないでやりとりしていたことになる。そして敗戦責任を問われつづけた昭和天皇は、祖父天皇の「辞職する能はず」発言を拠りどころにみずからも「退位せず」と心に決めていたと述懐していた（『徳川義寛終戦日記』）。

だとすると歴史的悲喜劇だ。そして、ひょっとしたら、現天皇が法制化を待たず一方的に退位したとしても違法性は問われなかったのではないか――柳原の深謀や恐るべし、である。

推論が走りすぎたかもしれない。それにしても、明治の先人たちは後世にここまで会議記録を遺してくれていたのである。

現天皇の退位をめぐっては各政党の意見集約、与野党協議は難航し、典範改正の「王道」を避けて一代限りの特例法という着地となった。

「政争の具にしない」「静かな環境で」との名目で、自民党は所属議員の意見は文書で出させ、回収率わずか二割ほどで意見集約と称し、中身も公開しなかった。

天皇の真摯《しんし》な問題提起が、安易で非礼な扱いで「処理」されたようにみえる。

典範改正による生前譲位を圧倒的に支持していた国民は「特例の天皇」「特例の上皇」の出現

を納得しているだろうか。

個々の議員の見識を問い、立法プロセスを検証することができる取り運びだったとは言い難い。

シラスとウシハク

伊藤博文の命で帝国憲法の起草にあたっていた宮内省図書頭井上毅は、欧州各国の法制史や国法学を広く渉猟しながらも、日本独自の天皇の統治理念を打ち出しあぐね、思い悩んでいた。

その井上の頭脳の中で、『古事記』の国譲り神話の記述が帝国憲法第一条に結晶したのは、一八八六（明治十九）年末から翌年初めにかけ安房《あわ》、上総《かずさ》、相模《さがみ》と思索の旅に出たときのことだ。法制史と国文学の素養を買って助手を務めさせていた小中村義象《こなかむらよしかた》（のち池辺義象）を同道していた。

上総の鹿野山《かのうざん》登山中、小中村が大国主神の国譲りの故事にある「シラス」と「ウシハク」の話をしたときの井上の様子を小中村は次のように回想している。

先生は右の手に仕込杖をもち、左の手にかの書類を握りなから歩きたまひしか、ふきおろす風いみしくて、手も凍るはかりなれは、之をかばんに納めたまひ、いさ話せむとて問ひおこされしは、大国主神の国譲の故事なりき。かれはいかに、これはいかになと問ひたまふ中に、かのしろしめすとうしはくとの事に及ひしかは、そはいともいとも貴きことなりとて、欧洲各国建国のこと、さては支那立国の本なとくらへかたらひ、かへりなは直に取調へよとのたまふ。

井上は宿に入ると服も脱がずに火鉢を抱くと硯《すずり》を取り寄せて書き留め、その後も小中村を質問攻めにした。

そして鎌倉の雪の下まで来て「大事なり、さらは一日はやめてこの旅をはらむ」と言いだした。しかし吹雪が吹き荒れ車も動かない。

すると井上は、

いさ是より藤沢《ふじさわ》まではしらむとて、畔道つたひに出立たまふ、例の杖を肩にして、たゞ走りにはしりたまふに、おのれもまけしと走る、雪はいよいよ降りまさりて、目鼻にみたれいり、顔は針もてさゝるやうなるに……

帽子に雪が積もり井上は「白坊主のことく」（小中村）になりながら藤沢まで走り抜けた。当時、井上四十二歳、小中村二十五歳。明治国家の統治理念を見いだしたとの興奮が伝わってくる（島善高「井上毅のシラス論註解」、梧陰文庫研究会編『明治国家形成と井上毅』所収）。

イザナキ・イザナミ～アマテラス・スサノヲ～オオクニヌシ系の土着神話と、タカミムスヒを主神とし天孫降臨を中心としたムスヒ神話とを統合し、アマテラスを皇祖神に据えた『古事記』の国譲り神話。そのクライマックスが、アマテラスに派遣された建御雷神《タケミカヅチ》、天鳥船神《アメノトリフネ》が大国主神に国譲りを迫る場面である。

この二はしらの神、出雲国の伊那佐《いなさ》の小浜《おばま》に降り到りて、十掬劔《とつかつるぎ》を抜きて、逆《さかしま》に浪の穂に刺し立て、その劔の前《さき》に趺《あぐ》み坐《ま》して、その大国主神に問ひて言《の》りたまひしく、「天照大御神、高木神の命《みこと》もちて、問ひに使はせり。汝《いまし》がうしはける葦原中国《あしはらのなかつくに》は、我が御子の知らす国ぞと言依《ことよ》さしたまひき。故《かれ》、汝が心は奈何《いか》に」

（『古事記』）

豪族の「ウシハク」は国土を私有する。それに対して天皇の「シラス」は国土を私有しない。

井上は「シラス」こそが諸外国に例のない日本独特の統治理念と確信し、一八八七（明治二十）年二月に起草した「憲法初案説明草稿」で第一条「日本帝国ハ万世一系ノ天皇ノ治《しら》ス所ナリ」を打ち出した。同年八月、伊藤主導のいわゆる「夏島憲法草案」では漢文調の条文になじまぬとして「統治ス」の表現に改められたものの、説明文で採用され伊藤の『憲法義解』で公定解釈となった。

所謂《いわゆる》「しらす」とは即ち統治の義に外ならず、蓋し祖宗の天職を重んじ、君主の徳は八洲臣民を統治するに在て、一人一家に享奉するの私事に非ざることを示されたり。此れ乃ち憲法の拠て以て其の基礎と為す所なり。

（憲法初案説明草稿）

古代史家遠山美都男《とおやまみつお》は、「大王」が「天皇」へと飛躍したのは、壬申《じんしん》の乱で大海人皇子《おおあまのみこ》（天武天皇）が軍事大権を長子高市皇子《たけちのみこ》に託した瞬間だったとしている。

近江朝の死命を制する戦略拠点・不破《ふわ》で父大海人と合流した高市は「近江の群臣《まえつきみたち》、多《さわ》なりと雖《いうと》も、何ぞ敢へて天皇の霊に逆はむや。天皇独りのみましますと雖《いえど》も、臣高市、神祇の霊に頼り、天皇の命を請けて、諸将を引率て征討《いう》たむ」（『日本書紀』）と述べた。感動した大海人は馬を授けて全軍の指揮を高市に委ねると宣した。

出家し僧形となった大海人が、決戦を前にあえて超越的な立場に「上昇」することで、皇位をめぐる内戦を大友と高市の対決にしてしまったと遠山は言う。

豪族の中で最大最高の豪族であり伴造《とものみやつこ》・部民《べみん》制による貢納・奉仕によって成り立っていた「大王」が、豪族たちの結集核でありながら利害を超越し調停しうる「天皇」に飛躍したと。

その政治的呼吸の妙には舌を巻かざるをえない。大海人という人はそれまでの前半生において、われわれが想像する以上に権力闘争の修羅場を経験し、そこから実に多くの教訓と政治的洞察力とを身につけていたに違いない。

（遠山美都男『壬申の乱』）

井上毅は記す。

うしはくといふ詞は本居《もとおり》氏の解釈に従へば即ち領すといふことにして、欧羅巴人の「オキュパイド」と称へ、支那人の富有奄有《えんゆう》と称へたる意義と全く同じ、こは一つの土豪の所作にして、土地人民を我が私産として取入れたる大国主神のしわざを画いたるなるべし。

（「言霊」『梧陰存稿』収録）

「シラス」は私の心によってではなく皇祖の心に従い、君徳に基づき天下を治めることであり、兵力による征服や土地人民を私産とすることとは「雲泥水火の意味の違」いがあるとした。

そして皇室典範の制定もまた、この理念の結晶であった。

井上は欧州諸国やモンゴル帝国の例を挙げ、「国を支配することを民法上の思想により、一の財産のあしらひもて処分し、其の人世を去るときには民法上の相続を行ひ」云々と述べ、「御国にては公法私法なとの学理論の有無に拘らず、神随《かんながら》のおのづからの道に於て天日嗣《あまつひつぎ》の一筋なることは自然に定り居て、二千五百年前より此の大義をあやまりしことなし」という。

欧羅巴人が二百年前に辛うじて発明したる公法の差別は、御国には太古より明かに定りて皇道の本となり居れり。（略）御国をしらすといふ大御業は国土を占領することゝおのづから公私の差別ありしによるなり。（「言霊」）

そして、公権利は私権利に優り、国君といえども権利を随意にしてはならないとの考えに達し、天皇の意思によらない皇位継承法を制定するべきだと確信して皇室典範を起草した。

井上が拳拳服膺《けんけんふくよう》したドイツ国法学者ブルンチュリ著『国法汎論』（加藤弘之訳）は説く。

「国君の権利は、決して自己の権利にあらず、国家に対して必然行うべき、義務たることを、苟《いやしく》も忘るべからず」

「世直し神」としてのアマテラス

一八八七（明治二十）年、当代随一の法制官僚と言われた井上毅の頭脳に、『古事記』のオオクニヌシの国譲り神話の一節が降りてきたときの様子をすでに書いた。

井上は宮内省図書頭として帝国憲法起草のため先進欧州諸国の国法を渉猟《しょうりょう》しつつも天皇による独自の統治理念を探しあぐねていた。古事記の記述の「シラス」というキーワードに出会った井上は雀躍《じゃくやく》し、雪中を鎌倉から藤沢まで駆け抜けて帰京し、帝国憲法第一条案を起草した。

日本帝国ハ万世一系ノ天皇ノ治《しら》ス所ナリ　（憲法初案）

このエピソードを知ったときに筆者が想起したのは、フランスの人類学者レヴィ＝ストロースが神話的思考についてのみずからの研究について残した次のような言葉だ。

私がここで示したいと思うのは、人間が神話のなかでいかに思考するかではなく、神話が人間のなかで、人間に知られることなく、いかに思考するかである。

（『生のものと火にかけたもの』）

君主の私権を排し公権による統治を意味する「シラス」の理念に捉えられた井上は、さらに憲法第二条「皇位ハ皇室典範ノ定ムル所ニ依リ皇男子孫之ヲ継承ス」の起草へと進む。

井上は当初は、皇位継承法は「祖宗以来、不文ノ憲法」があるとして天皇の生前の意思により決定し、その決定がない場合にのみ成文法を適用するべきだと考えていた。しかし、「シラス」理念に思い到り、またドイツの国法学者の学説に接した結果、近代立憲君主制では皇位継承は厳格に法制化すべきだと考えるに至る。


世襲法は必ず憲法を以て確定すべし、決して君主の意を以て之を変改せしむ可からず。

（ブルンチュリ『国法汎論』）


継位の事は右の如く至重至大なるを以て、君主と雖も、私意を以て軽軽しく動す能はざる者なり。

（同）


そして、女帝を排した理由としては、過去の女帝の即位が変則的でやむをえずおこなわれたことを挙げた。

井上はさまざまな皇位継承の史的研究を参考にしたが、とりわけ小中村清矩（東京帝国大学教授、宮内省制度取調局委員）の『女帝考』による歴代の女帝の性格づけを高く評価した。それによる女帝の位置づけ・性格づけは、次のように分類された。

①政治的事情によるもの（推古《すいこ》、皇極《こうぎょく》）
②父天皇の個人的意思によるもの（孝謙《こうけん》、明正《めいしょう》）
③皇嗣が成人するまでの中継ぎ（持《じ》統《とう》、元明《げんめい》、元正《げんしょう》、後桜町《ごさくらまち》）

女帝はあくまで一時的な「権宜《けんぎ》」の「摂位」だったとし、その役割や機能は摂政の任務に近いものだったと井上は認定し「祖先の常憲に非ず」と退けた。

仮に女帝が実現すれば未婚の生涯を送らせることになり人情に反する。かといって結婚を認めれば「易姓《えきせい》」となり、皇統の男系世襲の伝統が破れるからだった。

そして男系男子主義を採用する理由づけとして、記紀のほかに女王や女系継承を禁じたプロイセン、ベルギー、スウェーデンなどのサリカ法典の流れをくむ欧州諸王国の継承法も援用した。

こうした理由で歴史上の女帝を摂位と位置づけた以上、むしろ摂政には女性皇族（皇后、皇太后など）の就任を積極的に認め、これは現典範でも踏襲されることになったのである。

井上と柳原前光とによる皇室典範の『説明草案』は、次のように断言している。

皇緒は男系に限り女系の所出に及ばざるは皇家の成法なり、故に推古以来、時世の変に当り、権宜位を摂するの皇女なきに非ず、其皇夫を納れ皇胤を乱るが如きは断じてこれあるを容さず、歴世の史策明かなること日月の如く誣《し》ふべからざるなり。

白村江《はくすきのえ》の敗戦を受け、律令制導入による中央集権国家づくりを急ぐため近江《おうみ》遷都を強行した天《てん》智《じ》が崩じたあと、民衆や地方豪族の不満が噴き出す形で起きた壬申の乱。天武は、畿内の有力豪族に支えられる大友皇子《おおとものみこ》に対抗して東国の地方土着豪族を糾合して勝ち抜いた。その修羅場をくぐった体験を経て、皇祖神を庶民の間で広く信仰されていた土着神アマテラスに転換して『古事記』を編成した。

文字のなかった古代の共同体内の成員、そして共同体間の関係や国家と人民の関係は神話・儀礼・親族構造が律した。

一方で統治システムを系譜と神話によるものから法と制度によるものへと転換していくという天智以来の国家形成の課題。他方でそれにともなって古い土着の統治構造との間で生まれる軋《あつ》轢《れき》・摩擦に対処するという課題。相反する課題を、圧倒的カリスマで推進するなかで新たな神話体系が生み出された。

現御神《あきつみかみ》天皇、その儀礼的表現である即位儀式、「天皇」号、国号「日本」……いずれも天武とその妻持統の朝に成立したとされる。

そして開国・王政復古の流れのなかで、こうした統治神話が歴史の筐底から取り出され、復古（ルネッサンス）がおこなわれた。

しかし、それに先立ち、なぜかアマテラスは幕末に徳川政権が行き詰まるにつれて民衆の間に「世直し神」として姿をあらわしはじめていた。飢饉や災害で疲弊した民衆の伊勢参り（抜け参り）が流行。大坂で蜂起した大塩平八郎《おおしおへいはちろう》は「天照皇太神宮」の幟《のぼり》を掲げた。安政大地震（一八五五年）の際にあらわれた鯰絵《なまずえ》や震災被災図には救済神アマテラスの姿が描きこまれた。

相前後して傍系の閑院宮家《かんいんのみやけ》から皇位に就いた光格《こうかく》天皇は、強い皇統継承の使命感から新嘗祭などの宮廷祭儀を古代の貞観式《じょうがんしき》や延喜式《えんぎしき》にのっとって復活させた。生活に困窮し「御所参り」に押し寄せた民衆に施しを与え、幕府に窮民救済を迫った。

なぜアマテラスが「世直し」のシンボルとなったのか、「神話が人間のなかでいかに思考」したのかは、いまだ十分には解明されていない。

壬申の乱と天武朝の研究も、皇位継承争いと皇位簒奪《さんだつ》の側面をはばかって、戦前の研究の蓄積は必ずしも十分ではないようだ。

敗戦でほとんど息の根が止まったとみられた戦前の天皇観はけっして終わっておらず、「伝統」の名で復活する兆しも絶えない。天武の呪縛はまだ続いているようにみえる。

記紀を政治のダイナミズムが生んだテキストとして相対化し、その容易ならぬ政治思想を解明することがさらに必要だろう。戦後の「象徴天皇」の性格づけや、それにふさわしい儀礼体系、皇位継承法は、その上に立たねば見えてこないだろう。

国譲り神話と美濃部達吉

美濃部達吉《みのべたつきち》・東京帝国大学教授は天皇機関説を攻撃されたとき、古事記の国譲り神話を盾にした。

古事記には、天照大神が出雲の大国主命に問はせられました言葉と致しまして、「汝カウシハケル葦原ノ中ツ国ハ我カ御子ノシラサム国」、云ゝとありまして、「ウシハク」と云ふ言葉と、「シラス」と云ふ言葉とを書き別けてあります、（略）天皇の御一身上の権利として統治権を保有し給ふものと解しまするのは、即ち天皇は国を「シラシ」給ふのではなくして、国を「ウシハク」ものとするに帰するのであります、（後略）

（一九三五［昭和十］年二月二十五日、貴族院での「一身上の弁明」）。

井上毅、伊藤博文の立憲作業が念頭にあったのだろう。

天皇機関説排撃や国体明徴《こくたいめいちょう》運動を思い出したのは、最近の天皇、「女性宮家」論議がとげとげしい大時代なものになりそうな危惧からだ。

国会で「神武天皇以来百二十五代、二千六百七十二年間も続く万世一系の天皇」などと、一知半解で皇紀を持ち出す議員が出現したり、自民党や大阪維新の会から唐突に「天皇元首化」の憲法改正論が出てきたりすると、戦前に逆戻りするかの錯覚を覚えるのである。

二〇〇五（平成十七）年、小泉純一郎内閣で女系天皇容認の答申を出した「皇室典範に関する有識者会議」のときも委員への個人攻撃や脅迫めいた動きがあった。同会議座長代理を務め、「女性宮家」創設を試みた野田佳彦内閣でも官房参与に委嘱された園部《そのべ》逸夫《いつお》元最高裁判所判事に対して浴びせられた個人攻撃的な動きは見過ごせない。

園部は『選択』二〇一二年一月号の巻頭インタビューで「悠仁親王殿下がお生まれになって状況は変わった」「今は女性天皇、女系天皇の是非論は横に置いて」と述べた。

これに対し八木《やぎ》秀次《ひでつぐ》・高崎経済大学教授は論文「憲法で皇室典範解体を謀る『法匪《ほうひ》』園部逸夫」（『正論』二〇一二年四月号）で、『週刊朝日』（二〇一一年十二月三十日号）で紹介された園部のコメントの中に「女性宮家は将来の女系天皇につながる可能性があるのは明らか」とのくだりがあることを捉えて「二枚舌」と批判している。

問題の週刊朝日の「内親王家創設を提案する」と題する記事は筆者が書いたものだが、やや誤解を生んでいるようなので文責者として真意を説明したい。

筆者は「女性宮家」問題について「女性皇族方の運命にかかわるデリケートな問題だけに、慎重な扱いが必要だ。面白がって盛り上がったり、とげとげしい非難合戦にしたりすることは慎むべきだろう」と書いた。その上で園部が「次のように憂慮する」と談話を紹介した。

夫、子が民間にとどまるというわけにはいかないから、歴史上初めて皇統に属さない男子が皇族になる。問題はどういう男性が入ってくるか。また、その子が天皇になるとしたら男系皇統は終わる。女性宮家は将来の女系天皇につながる可能性があるのは明らか。たくさんの地雷原を避けながら条文化し着地できるかどうか。（略）時限立法で妥協を図るのも一案でしょう。

このコメントは「女性宮家」問題の争点として、

①皇統に属さない男子が皇族になる
②夫がどういう人かも問題
③その子（内親王との間の子だから女系）が天皇になれば男系皇統は終わる
④女性宮家は将来の女系天皇につながる可能性がある

――と列挙し、こうした紛糾を呼びかねない危険（地雷原）を「避けながら」、着地できるかどうかと「憂慮」しているのである。

内閣官房参与に指名される前の時点で電話でとったコメントで、舌足らずだったかもしれないが、園部はけっして「『女性宮家』の夫を皇族とし、その子を天皇にして女系天皇を目指す」と言っているわけではない。問題の難しさ、皇室の将来を憂慮しているとして紹介したのである。誤解を招いたとしたら筆者の力不足だろう。

八木論文の本文自体はさほど激しいものではない。⑴園部が過去に著書『皇室法概論』の中で、憲法第二条は「皇位は世襲」とのみ定めているので皇室典範第一条「男系男子」を改正するだけで女性・女系天皇は可能との見解を示していること、また⑵一九九六年に参考人として呼ばれた参議院憲法調査会で「象徴という地位の在り方、世襲制の内容という観点からの法制度を考えました場合に、何が本当に守るべき価値なのかということを考えますと、私は女性天皇を認めることが最もふさわしく、また必要なことと考えます」と述べていたことを紹介している。

これ自体は大いに読者の参考になるし、筆者も小泉内閣の有識者会議で座長代理を務めた経緯のある園部を参与に委嘱した野田内閣の人事にやや首をかしげていたのも事実だ。

しかし、最高裁判事まで務めた人に「法匪」の見出しは、編集部がつけたのだろうが、いかにも穏やかではない。

一九三五（昭和十）年二月十八日、貴族院本会議で天皇機関説攻撃に立ち国体明徴運動の口火を切ったのは菊池《きくち》武夫《たけお》（男爵、陸軍中将）だった。

皆んな「ドイツ」へ行って学んで来た者が、説が無いから種を御売りになる。何もえらい独創なんぞと言う頭は微塵もない。学者の学問倒れで、学匪となったものでございます。私は名づけて学匪と申す。支那にも土匪は沢山ございますが、日本の学匪でございます。

美濃部は「弁明」で抗議した。

日本臣民に取りまして反逆者であり謀反人であると言はれますのは侮辱此上もない事と存ずるのであります。又学問を専攻して居ります者に取つて学匪と云はれます事は、等しく堪へ難い侮辱であると存ずるのであります。

議場には拍手もわいたという。

翌日の『東京日日新聞』社説はこう書いた。

最近の風潮については、渡辺千冬子《わたなべちふゆこ》が、予算総会において強調しているように、会議精神の涵養が最も必要な時期である。その際における議会言論は、最も細心の注意が必要であり、他人の言論と人格に対する敬意を忘れてならぬことはいうまでもない。

しかし、燃え広がる国家主義団体や立憲政友会、陸軍皇道派などの機関説排撃運動へのブレーキにはならなかった。追いこまれた岡田啓介《おかだけいすけ》内閣は同年八月三日、「我が国体は天孫降臨の際下し賜へる御神勅に依り昭示せらるる所にして、万世一系の天皇国を統治し給ひ、宝祚の隆は天地《あめつち》と倶《とも》に窮《きわまり》なし」で始まる「国体明徴に関する政府声明」を出し、美濃部は議員辞職せざるをえなくなった。翌年の二・二六事件の伏線にもなった。

本庄繁《ほんじょうしげる》侍従武官長の日記などによると、昭和天皇自身は機関説に理解を示しており、鈴木貫太郎侍従長には「美濃部は決して不忠な者ではないと自分は思う。今日、美濃部ほどの人がいったい何人日本におるか」と惜しんだという(原田熊雄『西園寺公と政局』)。

今の時代、旧皇族復籍派にしろ女系天皇容認派にしろ、戦前をほうふつさせるような過激な相手攻撃に対しては、むしろ一般の人たちは「そんな勢力なのか」と引いてしまうだろう。

皇室をめぐる論議に誹謗合戦は似合わない。

石原都知事の皇室観

一九九四（平成六）年、天皇、皇后の米国訪問を前にワシントンやニューヨークなどで事前取材していたときだ。日本企業の現地法人幹部から、こんな裏話を打ち明けられた。

長年、米議会でロビー活動した経験を持つ彼は、貿易摩擦でぎくしゃくする日米関係を心配し、かねて懇意のトマス・フォーリー下院議長に会って「連邦議会に両陛下を招いてもらい、上下両院議員を前に友好のスピーチをしていただくのはどうか」と個人的に打診したのだという。「フォーリーも『それはいい。大歓迎だ』と言ってくれた。例えば両陛下が対日強硬派の代表格リチャード・ゲッパート下院議員とにこやかに握手する場面があれば最高だと思った」

しかし、外務省も宮内庁も「ありえない話だ」と、にべもなかった。「天皇は相手国の議会には行かないことになっている。昭和天皇の欧州訪問（一九七一［昭和四十六］年）、米国訪問（一九七五［昭和五十］年）の際も議会訪問は見送られた」と。

「議会は熾烈な政争と論争の場。天皇のスピーチといえども議員たちの『採点』の対象となる。象徴というお立場からスピーチは厳しい制約に縛られ儀礼的にならざるをえないから、物足りないと受け取られる恐れがある。また相手側に自国内向けの政治的アピールを狙ったスピーチをぶつけられるかもしれない。君子危うきに近寄らず、だ」（当時の宮内庁幹部）

「なるほど。そういうものか」と納得したものだ。

天皇が「象徴」となって七十年余。「象徴天皇制は定着した」と言われる。しかしそれが戦前の苦い反省からの再出発だったという「常識」が歳月とともに、政界、官界はもちろん、メディアでも風化しつつあるのではないかと感じることもある。

きわめつきは「皇太子を東京オリンピック誘致の顔に」との石原慎太郎・東京都知事（当時）の強引で執拗な要求ぶりだった。

招致委員会の名誉総裁就任を求め、宮内庁長官、東宮大夫の消極姿勢にもかかわらず、なお二〇〇九（平成二十一）年十月二日にコペンハーゲンで開かれたＩＯＣ（国際オリンピック委員会）総会で東京のプレゼンテーションに皇太子に立ってほしいと求めつづけた。ライバルはシカゴ、マドリード、リオデジャネイロ。オバマ大統領、スペイン国王、ブラジル大統領に対抗できるのは皇太子しかいない、という言い分だった。

「平和の祭典」と呼ばれる五輪とはいえ、政治や商業利権と無縁ではありえず、とりわけその誘致合戦の裏側が得てして生臭いことは過去の例が物語る。それでなくとも諸外国と競り合う役割を皇室に求めるのは良識を疑われるだろう。ましてや皇太子を身近で補佐する宮内庁長官や東宮大夫の消極姿勢を「木っ端役人が決めることではない」などと居丈高に罵倒するに至っては、暴言の域に属する。

この人の皇室観はどうなっているのだろうか――。

見つけたのは、一九五九（昭和三十四）年、月刊『文藝春秋』八月号に掲載された「あれをした青年」というエッセイだ。その年の四月十日、皇太子と美智子妃の成婚パレードで馬車に駆け寄り投石した青年本人が石原を訪ねてきて、天皇制への反発や奉祝ブームへの違和感から行動に走った心情を訴えたエピソードを紹介したものだ。少なからず共感しながら、石原は次のように書いている。

皇室や皇太子の問題は僕にとって考える必要のない関心の外にある。いや外と言うより、思考以前に無意味なものでしかないと思う。天皇が国家の象徴などと言う言い分は、もう半世紀すれば、彼が現人神だと言う言い分と同じ程笑止で理の通らぬたわごとだと言うことになる、と言うより問題にもされなくなる、と僕は信じる。（略）天皇制を、皇室を関心の対象から無意識にしめ出している我々の世代の実感を僕は健全と思う。

その石原がいま皇太子を誘致の切り札として要求しているのだから皮肉だ。いや、こうした皇室観だからこそためらいがなかったのかもしれない。

宮内庁は毎年の新年祝賀、天皇誕生日の宴会、春秋の園遊会、国賓歓迎の宮中晩餐会などの度に、三権の長や閣僚らとともに首都の知事に招待状を出す。筆者は、都庁を二年間担当したあと皇室担当に転じたが、鈴木俊一《すずきしゅんいち》都知事が宮中行事にほとんど皆勤だったのが印象的だった。自宅で転倒して大けがをした直後にも額に大きな絆創膏を貼ってでも出席する律儀さだった。次の青《あお》島幸男《しまゆきお》知事もほとんど出席していたはずだ。

それに対し、石原は知事就任の年に一回ずつ出席したものの、その後はすべて欠席。宮内庁はずっと招待状を出しつづけていたが、石原が招待に応じたことはないという。いちじるしく非礼であるとはいえ、文春エッセイを読めば、これはこれで一貫した姿勢と言えなくもない。

一方で石原は最近の新聞のコラムでは「天皇に関わる事柄として日本人が一貫して継承してきたものは、神道が表象する日本という風土に培われた日本人の感性に他なるまい。そして天皇がその最大最高の祭司であり保証者であったはずである」と、天皇の「祭祀王」の役割を強調している。そして「私がこの現代に改めて天皇、皇室に期待することは、日本人の感性の祭司としてどうか奥まっていただきたいということだ」と主張している。災害で被災地見舞いにおもむくよりも「宮城内の拝殿にこもられ国民のために祈られるほうが、はるかに国民の心に繋がる」というのである（「日本よ」、二〇〇六年二月六日付『産経新聞』）。

この一文は天皇の靖国神社参拝を求める文脈で書かれている。「国家の象徴などという笑止で理の通らぬたわごと」（文春エッセイ）とした皇室を「日本の代表として」五輪招致に引き出そうとする。「奥まるべきだ」という皇室にプレゼンテーションさせようとする。これを石原は矛盾と感じないのだろうか。そこに皇室の象徴性や西欧王室との違いに対する配慮はみられず、「利用することとしか頭にないのか」と受け取られてもしかたないであろう。

石原に対し都議会民主党は二〇〇八（平成二十）年夏、「『皇太子が日本のために一席弁じてもらうことに反対する人は誰もいない』等の知事の発言は、皇室を政治利用し、オリンピックに関する一切の議論を封殺するがごとき危険な側面を持つ」として、「自らの選挙公約でもあるオリンピック招致に皇室の関与を求めつづけ、宮内庁批判をくりかえす僭越な知事に、招致委員会会長としての立場を顧みて反省を促すとともに、品位を保った招致活動に勤しむよう、今、あらためる」と申し入れた。けだしまっとうな見解であろう。

石原は森喜朗《もりよしろう》元首相に皇太子本人への直接の打診を依頼したが不発に終わり、内閣に要望を持ちこんだ。

しかし都議選の最中、麻生太郎首相には「まず主催者が宮内庁に要望を」と逃げられたという。七月十四日には竹田恒和《たけだつねかず》・JOC会長らが宮内庁に正式に要請したが、宮内庁関係者は「官邸のハンドリングが悪い。以前の官邸なら、こうなる前にストップをかけてくれたはずだが……」と嘆息していた。

石原は、「国民代表」としてよりふさわしい内閣総理大臣にプレゼンを頼むべきだったろう。


【付記】

その後、第二次安倍政権下で、石原の後継の猪瀬直樹《いのせなおき》知事（当時）を筆頭に、皇室を東京五輪誘致に引き出そうとの動きはますます強まり、二〇一三（平成二十五）年九月にブエノスアイレスで開かれたIOC総会に高円宮《たかまどのみや》久子妃と三笠宮家の彬子女王が送り込まれた。「東日本大震災の復興支援への感謝の意を各国に伝える」との名目だった。

宮内庁はさんざん渋ったが、文部科学大臣下村博文《しもむらはくぶん》が宮内庁に乗り込んで直に長官風岡典之《かざおかのりゆき》に強く申し入れるなどしてねじ伏せた格好だった。

風岡は「苦渋の決断」「天皇、皇后両陛下も案じられていると拝察する」と発言したが、官房長官菅義偉《すがよしひで》は記者会見で「宮内庁長官の立場で、両陛下の思いを推測して言及したことについては、私は非常に違和感を感じる」「皇室の政治利用との認識はあたらない」などと不快感を示して切り捨てた。

　宮内庁長官が「両陛下の心配」について勝手に言及することはありえない。菅官房長官が、これに対し「違和感がある」と述べたことは、筆者からみれば上司が下僚に凄みをきかしたようにも聞こえ、それこそ違和感があった。皇室に手を出すことには自民党の政治家にはこれまでもう少し遠慮があったはずだし、昭和天皇の時代なら、こんなことは非常識として一蹴されていただろう。

　平成になってから、政治が皇室に遠慮しなくなった例が目立つが、これはその好例のひとつだった。

　最終的に皇族の出席を認めたことについて、ある宮内庁幹部は「時の政権からの独立性を保つべきはずのポストである日銀総裁、内閣法制局長官の人事を、慣例を破って意のままに動かす政権の下で、これ以上に異を唱えることは、政権の意のままに動く宮内庁長官人事を呼び込むのではないかとの危惧も背景にあった」と述懐していた。

「平成流」皇室と東日本大震災

「男だねえ」

その人は、その農家に客人として招じ入れられ、庭に面した畳敷きの茶の間の座卓を前に胡坐《あぐら》をかいて座った。農家の主人と語らう後ろ姿が縁側のガラス戸を通し間近に見えた。

奥の台所では農家の主婦ら家人がいそいそとリンゴの皮をむく姿も見える。主婦がリンゴ、漬物、湯飲み茶わんを盆で運んできて差し出すと、男は時折、手をのばして口に運びながら主人に問いかけ相槌を打った。

みんなふだん着。外で待つ関係者も作業着に長靴履き。まるで農協の指導員たちが来て作柄を尋ねているかのような自然体だった。

一九九〇（平成二）年八月二十二日。前年に即位した新天皇の那須御用邸滞在中の「農家ご視察」を初めて取材したとき、目の前の光景に「この人は紛れもなく天皇なのだ」と総毛立つような衝撃を受けた。「時代は変わったのだ」と。

昭和天皇の晩年を駆け出しの皇室担当記者として取材したが、なぜか「原風景」のように忘れられない光景がある。

一九八六（昭和六十一）年十月十一日、山梨国体で原宿駅宮廷ホームからお召し列車に同乗して国鉄中央本線を甲府駅まで随行したときのことだ。

最後尾に連結された供奉員《ぐぶいん》車両に乗りこむと、厚くニスを塗った木造の内装、木製の窓枠に、幼いころに乗った三等客車の記憶がよみがえり懐かしかった。

背もたれの板の固さに辟易《へきえき》しながら窓外を眺めていると、架線を支える電柱が次々に目前を横切ってゆく。その合間に電柱の本数に劣らないほど次々に背を向けて直立不動で立つ警察官の姿も現れては飛び去り、延々と続くのに仰天した。もちろん、今のように鉄路の脇や踏切に住民が駆け寄って手を振ったり、「撮り鉄」たちがカメラを並べてひしめく光景はなかった。

田園地帯にさしかかりぱっと視界が広がった。それでも、人影は見当たらない——と思ったそのとき。一〇〇メートル以上離れた畑の畔道に一人の年老いた農夫の姿が見えた。野良着で、脱いだ帽子を丸めて握りしめ、直立で身じろぎもせず列車に向けて頭《こうべ》を垂れている。戦時中は兵士として戦地におもむいたのに違いないと思わせる佇まいだった。

老人の姿は一瞬で遠ざかった。遥か彼方にぽつんと立ち尽くす小さな人影に天皇が気づいたかどうかはわからない。ただ、昭和を象徴するような心象風景として記憶に焼きついている。

栃木県の農家の茶の間でくつろぐ新天皇の姿は、それまでの「天皇」のイメージとはあまりにも対照的だった。そしてそれは明仁親王が即位前から思い定めていたありようだったのだと後年知った。

新天皇・皇后の初の地方行幸啓となったのは一九八九（平成元）年五月の徳島県での全国植樹祭だった。その二ヵ月前の同年三月十四日、宮内庁長官応接室で今後の地方行幸啓のやりかたを決める会議が開かれていた。担当の侍従二人と行幸啓主務官の総務課長だけでなく、長官、次長、侍従長、侍従次長と首脳陣も勢揃いした。昭和天皇に二十年間仕え事務主管として大喪を仕切り、その後も引き継ぎのため侍従に残留した卜部亮吾は日記にこう記している。

……御料車はプレジデントに　御昼食は御会食に　県勢御説明は［行幸啓］主務官　侍従も陪席に　大膳のお供はなしなど細部についてはかなりの変更が予想される　こちらの出番はますますなくなる

昭和天皇は地方訪問でも御料車は日産プリンスロイヤルを使った。車長六メートルを超える八人乗り大型リムジン。V型八気筒エンジンの排気量は六三七三CC。車重三・六トン。防弾窓ガラスの頑丈な造りは装甲車を思わせた。天皇旗をはためかせ、完全通行止めの道路を長い車列を組んで威風堂々と移動した。新天皇は、これを知事や一般企業幹部並みのプレジデントにせよと求めたのだ。

旅先の昼食は知事や県会議長、町村長ら地元関係者といっしょにとる。知事の県勢概要説明には総務課長と侍従も陪席し記者会見でメディアを通して地元県民や国民にも伝える。行く先々で食事を調理してきた大膳の同行はやめ、ホテルが調製する料理に切り替える――新天皇はスタート早々から自分の流儀への「大転換」を強く求め、実行させたのである。

敗戦直後の「戦後巡幸」の記録をみると、往時は昭和天皇も殺人的な日程で全国を回り、農家、孤児院、工場、炭鉱の坑道まで分け入り、一行は歓迎の人波にもみくちゃになり、徳川義寛侍従が肋骨を折ったほどだったという。「大元帥」から「人間天皇」へのよみがえりの証《あかし》だったのだろう。

しかし、しだいに警備・警衛の態勢が強化され、国民の側の熱気も落ち着いて、天皇も年老いるとともに皇居の外へ出る機会はめっきり減っていった。戦後昭和最大の自然災害・伊勢湾台風でも天皇は動かず皇太子（現天皇）を名代として被災地入りさせた。

関東大震災のときは昭和天皇は摂政だったが、連合艦隊を動かし、近衛師団はじめ全陸軍を動かし、民生復興のため御料林の大量の木材を下賜できる立場にあった。戦時中も「立憲主義」を意識しつつも、政局と戦争指導で枢機に関わった。戦後はみずからの戦争責任問題を抱えながら、歴史の過ちと再出発を体現する「生きた歴史」として終身在位した。

現天皇は初めて「平和国家の象徴」として即位し、ひたすら現場主義で国内外の戦争の傷跡に向きあい、犠牲者の追悼と和解の役割を追求。障害者や高齢者、子どもたち、ハンセン病患者など社会的弱者に寄り添う人間的・精神的役割を積極的に展開してきた。打ちつづく大災害では供奉員らと一台のバスに同乗して爪跡も生々しい現場に入り、直に被災者と救援関係者に接する流儀を貫いてきた。

筆者はこれを「平成流」と呼んでいる。ただ、その流儀が身命を賭すほどの固い信念であると感じたのは、東日本大震災で広大な被災地や避難所を病をおして「巡幸」する鬼気迫る姿を目の当たりにしたときだった。

すでに書いたが、石原慎太郎元東京都知事は若いころから皇室とりわけ現天皇、皇后には批判的だった。知事就任直後に宮中行事に出席して「まるで鹿鳴館《ろくめいかん》だね」とつぶやいて以来、宮中行事への招待をことごとく欠席。また、都関連施設への行幸啓でも姿を見せず、副知事らに案内役を代行させる徹底ぶりだった。

しかし、二〇一一（平成二十三）年三月三十日、東日本大震災で避難所となった東京武道館（足立区）への行幸啓だけはみずから出迎えて案内に立ち、膝をついて一人ひとりに声をかける「平成流」を目の当たりにした。

石原は感に堪えない面持ちで、終わったあと取材に応じて「被災地は悲惨で想像を絶する。被災地訪問は若い皇族方を名代に差し向けられては」と天皇に勧めたことを明らかにした。天皇は黙って聞いていたが、去り際に石原に歩み寄り、こう告げたという。

「東北はやはり私が自分で行きます」

石原はテレビカメラの前で一部始終を語ったあと、彼としては最大級の賛辞ではないかと思われる一言を付け加えた。

「男だねえ」

平成の「玉音放送」

二〇一一（平成二十三）年三月十一日に発生した東日本大震災は、大津波の惨害などで死者は一万名を超え、行方不明者も一万七千名を超えて、なお増えつづけていた（同年三月二十五日現在）。一八九六（明治二十九）年の明治三陸地震の二万一千九百五十九名を上回り、明治以降では関東大震災に次ぐ。加えて福島第一原子力発電所の事故も重なって、戦後最悪の災害となった。

天皇は三月十六日にビデオ・メッセージを発し、同日夕に一斉に全国放送された。通常の公的な儀式・行事の場での「おことば」や誕生日会見などと違って、天皇の思いを全国民に直接語りかける映像の放送は戦後初めてだった。一九四五（昭和二十）年八月十五日正午から昭和天皇が「大東亜戦争終結ノ詔書」を読み上げたラジオ放送以来の「玉音放送」と言ってもいいだろう。

昭和の「玉音」は、ほとんどの国民が初めて聞く「統治権の総攬者の肉声」だったのに対し、平成の「象徴天皇」の映像と肉声は国民には慣れ親しんだものだ。とはいえ、昭和の「玉音放送」の四分あまりを上回る五分五十六秒に及ぶビデオ・メッセージは、今回の事態を深刻な「国難」と捉えた、異例の発信である。

肉親、財産を失い茫然とする人たちで埋まる避難所、がれきの原と化した街に、救難、捜索、支援にあたる関係機関に一斉に天皇の声が流れた。

メッセージは五つの柱から成る。全文をあらためて読んでみよう。

①心情と状況悪化回避への願い

この度の東北地方太平洋沖地震は、マグニチュード9・0という例を見ない規模の巨大地震であり、被災地の悲惨な状況に深く心を痛めています。地震や津波による死者の数は日を追って増加し、犠牲者が何人になるのかも分かりません。一人でも多くの人の無事が確認されることを願っています。また、現在、原子力発電所の状況が予断を許さぬものであることを深く案じ、関係者の尽力により事態の更なる悪化が回避されることを切に願っています。

②被災者への思い

現在、国を挙げての救援活動が進められていますが、厳しい寒さの中で、多くの人々が、食糧、飲料水、燃料などの不足により、極めて苦しい避難生活を余儀なくされています。その速やかな救済のために全力を挙げることにより、被災者の状況が少しでも好転し、人々の復興への希望につながっていくことを心から願わずにはいられません。そして、何にも増して、この大災害を生き抜き、被災者としての自らを励ましつつ、これからの日々を生きようとしている人々の雄々しさに深く胸を打たれています。

③救援関係者への激励

自衛隊、警察、消防、海上保安庁を始めとする国や地方自治体の人々、諸外国から救援のために来日した人々、国内の様々な救援組織に属する人々が、余震の続く危険な状況の中で、日夜救援活動を進めている努力に感謝し、その労を深くねぎらいたく思います。

④世界の視線

今回、世界各国の元首から相次いでお見舞いの電報が届き、その多くに各国国民の気持ちが被災者と共にあるとの言葉が添えられていました。これを被災地の人々にお伝えします。海外においては、この深い悲しみの中で、日本人が、取り乱すことなく助け合い、秩序ある対応を示していることに触れた論調も多いと聞いています。これからも皆が相携え、いたわり合って、この不幸な時期を乗り越えることを衷心より願っています。

⑤復興へ苦難を分かち合う決意

被災者のこれからの苦難の日々を、私たち皆が、様々な形で少しでも多く分かち合っていくことが大切であろうと思います。被災した人々が決して希望を捨てることなく、身体《からだ》を大切に明日からの日々を生き抜いてくれるよう、また、国民一人びとりが、被災した各地域の上にこれからも長く心を寄せ、被災者と共にそれぞれの地域の復興の道のりを見守り続けていくことを心より願っています。

被災のわずか五日後の修羅場で長文を放送させるとすれば、余震警報や報道の障害となる恐れもあるなか、あえて踏みきったのはなぜだろうか――。

まず、④の世界の視線というファクターが注目される。海外メディアは連日トップで惨害と原発事故を報じ、天皇のもとには世界各国元首からお見舞いの電報が殺到していた。その各国国民の心情を代表して寄せられたメッセージを国民に伝えたいということ。また、日本人の「秩序ある対応」が海外で注目を集めていることを指摘して関係者を鼓舞したい思いがうかがえる。

記者、カメラマンを呼びつけて会見し、一定の放映時間を占領するのを避けるため、収録済みのビデオを事前配布。午後四時半にエンバーゴ（報道制限時刻）を解除するものの、放映は各報道機関の判断に任せ、また「緊急速報などが入った場合は遠慮なく中断するよう」にとの条件を付している。

それにしても、次々に原発の水素爆発が続くなか、現場関係者の修羅場、肉親を失った人たちの悲嘆、避難者の絶望のただなかにメッセージを発することには「早すぎないか」との批判も考えられた。あえて踏みきったのには、原発事故のさらなる深刻化が予想されたこともあったようだ。側近の中には「原発事故の状況は日々悪化しつつあり、実際その後はメッセージを出せる状態ではなくなった。あのタイミングしかなかった」との述懐も聞こえた。

宮内庁は直ちに天皇、皇后の被災地訪問の検討に入った。

それまで戦後最悪だった一九九五（平成七）年一月十七日の阪神・淡路大震災（死者六千四百三十五名、行方不明者二名）での訪問はわずか二週間後の一月三十一日だった。

二番目の伊勢湾台風（死者四千六百九十七名、行方不明者四百一名）の場合は一九五九（昭和三十四）年九月二十六日の発生から八日後の十月四日に皇太子（現天皇）が昭和天皇の名代としてヘリで被災地の惨状を視察し中部三県を巡った。

即位の礼の翌年の一九九一（平成三）年六月三日の長崎県の雲仙・普賢岳噴火の場合は三十七日後の七月十日だった。

一九九三（平成五）年七月十二日発生した北海道南西沖地震と津波災害では十五日後の七月二十七日に奥尻島と対岸の檜山支庁瀬棚町をヘリで巡った。

しかし東日本大震災は、阪神・淡路大震災などのように被災地域が比較的局限されていたケースと違い、被災者や避難者が十八都道県で二十七万人を超え、避難所も一千八百ヵ所を超える広域災害であり、遠隔地に自主避難した人たちも少なくない。また原発事故のゆくえも予断を許さない。タイミングや訪問先選定に苦慮することになりそうだ。

上記の先例では、広域性からは伊勢湾台風のケースがひとつの参考になるだろう。この場合は昭和天皇はただちには動かなかったが、同年四月に結婚したばかりの皇太子が単独で（美智子妃は懐妊中）見舞いに駆けまわった。天皇と皇太子以下の皇族が手分けして動くことも検討されてよいのではないだろうか。

【付記】

この原稿が掲載されたあと、天皇は皇后とともに二〇一一（平成二十三）年三月三十日の東京武道館を皮切りに、四月八日には埼玉県の旧騎西高校の避難所を訪問し、東北三県など被災地にも日帰りで足を運んだ。四月十四日に千葉県旭市、同二十二日に茨城県、同二十七日に宮城県、五月六日には岩手県、同十一日には福島県の被災地で黙禱し、避難所に被災者を見舞った。この「歴訪」日程を初めて聞いたとき、筆者は言葉を失った。天皇は前立腺がん再発の不安を抱えホルモン療法を続けていたうえ、同年二月には心虚血など心臓疾患の兆候も見つかっており、いわば心臓に〝爆弾〟を抱えての強行軍に踏みきると聞いて「これは『斃れて後已《のちや》む』というような命がけだな」と感じたのである。「両陛下、被災地歴訪へ」の記事を出稿すると、震災関連報道に連日あふれ返っていた紙面でも一面に掲載されるなど驚きをもって迎えられた。

表だって言われなくても、多くの人がそう感じたのだと思われる。

天皇の狭心症が発表され心臓冠動脈バイパス手術がおこなわれたのは翌二〇一二（平成二十四）年二月だった。

二つの大震災と皇室

東日本大震災で天皇が発したビデオ・メッセージについて書いたら、財団法人大倉精神文化研究所（髙井祿郎理事長）が定期刊行物『大倉山論集』（第五十七輯）を送ってくれた。発刊は二〇一一（平成二十三）年三月十四日。奇しくも大地震と津波に福島第一原発の水素爆発が加わって、未曾有の危機が始まった日付である。

巻頭論文は大正大学教授堀口修の「関東大震災と皇室及び宮内省」だ。宮内庁書陵部所蔵の「宮内省臨時災害事務紀要」や東宮職「震災録」などの公文書史料をもとに、関東大震災のときの皇室と宮内省の動きを総合的にまとめている。

堀口教授と同研究所の許しを得て、論文のデータなどを基に往時の動きを紹介しよう。もちろん誤りがあれば筆者の責任である。

〈被災〉

一九二三（大正十二）年九月一日午前十一時五十八分、マグニチュード七・九の大地震が発生したとき、摂政宮だった昭和天皇は皇居の宮殿で執務中で、ただちに正殿横の中庭に避難し、さらに吹上御苑の観瀑亭に移って、午後三時半に赤坂離宮に帰還した。東京が火炎に包まれるなか、翌二日に山本権兵衛《やまもとごんべえ》内閣が発足、内閣は「臨時震災救護事務局」や「帝都復興院」を設け、後藤新平《ごとうしんぺい》内務大臣らを中心に救援と復興に取り組むことになった。このときの新首相の親任式は、赤坂離宮広芝のあずま屋「萩の茶屋」でろうそくの灯りを頼りに暗闇のなかでおこなわれた。この光景を和田英作《わだえいさく》に描かせた二枚の油絵を昭和天皇は御所広間の壁に終生掲げていた。

〈下賜金〉

九月三日、大正天皇から内帑金《ないどきん》一千万円が摂政宮を通じて首相に下賜され、閣議で東京府、神奈川県、千葉県、静岡県、埼玉県、山梨県、茨城県の罹災者に分配されることが決まった。死亡者・行方不明者一人十六円、負傷者四円、住宅の全焼・全流出は一世帯八円、半焼・半壊・半流出は同四円。さらに社会事業関連五十五団体に三万九千円あまりが下賜された。十一月に予定されていた摂政宮と久邇宮良子《くにのみやながこ》女王との結婚式は延期され、その予算も下賜金に充当された。

〈視察・慰問〉

震災地視察と慰問や陸海軍の諸部隊慰問のため侍従、東宮侍従や侍従武官らが各地に派遣された。また貞明皇后の意を受けて、宮内省は罹災した女性や子どものため侍医らによる巡回診療班を組織して救護所などを回らせた。

摂政宮は九月十五日、戒厳司令官、侍従武官長らわずかな供奉員で市谷見附《いちがやみつけ》、三番町《さんばんちょう》、九段坂上《くだんざかうえ》、小石川《こいしかわ》、神田《かんだ》、日本橋《にほんばし》などを巡回。上野公園で近衛師団長、東京府知事、警視総監らから被害状況の報告を受けたあと、万世橋《まんせいばし》、日本橋通り、永楽町《えいらくちょう》大手門を経て桜田門外の関東戒厳司令部を視察した。また同月十八日には、自動車で麹町《こうじまち》、神田、下谷《したや》を回ったあと、上野から乗馬で御徒町《おかちまち》通り、神田佐久間《さくま》町、浅草七軒町《あさくさしちけんちょう》通り、厩橋《うまやばし》などを経て、横網町《よこあみちょう》の被服廠《ひふくしょう》跡へ。三万八千人が焼け死んだ現場で哀悼の意を表した。

十月十日には横浜の被災地を視察し、軍艦「夕霧」で横須賀市も訪れている。

他の皇族も皇族総代の秩父宮を先頭に、手分けして被災地を訪問し、下賜金や衣類、枕などの配給を行った。宮内省は、各宮家が連携し手分けするための調整機関として「宮附震災善後取調会」を設置。宮内大臣牧野伸顕や宗秩寮《そうちつりょう》総裁徳川頼倫《とくがわよりみち》が指導して皇族の活動の立案や実施の調整にあたった。

〈御料地・宮邸などの開放〉

罹災者のために、仮設小屋設置場所として芝離宮の一部（二千坪）、高輪東宮御所同（一万坪）、新宿御苑同（二万坪）、猿江御料地同（五千坪）、高田御料地同（五千坪）、永田町元女子学習院跡地同（千五百坪）、高松宮御用地同（一万坪）などが開放され、目白の学習院、女子学習院、学習院初等科の校舎も開放された。

宮城前広場には一時十万人が避難。東京市は近衛師団から配給されたテント数千張りを用意した。上野公園には九月一日には三十万人以上が押し寄せた。神田方面から一ツ橋に逃れてきた避難民は夜になって猛火に追われたため、皇居では平河門《ひらかわもん》を開けて主馬寮《しゅめりょう》構内に収容し、炊き出しをした。目白の学習院は裏門を開けて二、三百人を収容し、四谷の学習院初等科では講堂や雨天遊戯場、教室に二千人を収容した。女子学習院にも一時二百七十人を収容。新宿御苑では一時一万三千人を収容。浜離宮にも三万人が押し寄せた。新宿御苑や芝離宮内にはバラック建築の建設を許可した。今で言う仮設住宅である。

各宮家でも邸内に避難民を収容し各宮家職員が世話をした。山階宮邸《やましなのみや》（百七十人）、東久邇宮邸《ひがしくにのみや》（百数十人）、北白川宮邸《きたしらかわのみや》（三百人あまり）、東伏見宮邸《ひがしふしみのみや》（四百八十人あまり）、伏見宮邸《ふしみのみや》（約五百七十人）、賀陽宮邸《かやのみや》（二十人弱）、閑院宮邸《かんいんのみや》（二百四十人）などだ。


〈木材・牛乳の下賜〉


建築資材逼迫の対策として、各地の御料林などから木材が罹災府県に下賜された。天城《あまぎ》御料地の杉六万石、富士御料地の樅栂《もみつが》六万石、三方御料地の松七万石など総計三十万石にのぼった。

また貞明皇后の意向もあって、乳児救済のため九月二十五日、下総御料牧場から乳牛十頭を渋谷御料牛乳所へ移して十月二日まで五石三升五合を搾乳して避難所に届けた。その後も東京市が受け継いで、総量約六十万石を罹災者に配給したという。


戦後最大の災害となった東日本大震災で、皇室、宮内庁はさまざまな対応を次々に実施している。

御料牧場の生産物の避難所への提供、御用邸の職員宿舎の風呂の被災者への開放、東御苑の閉園日に避難者を招待。震災当日、「帰宅難民」となった皇居勤労奉仕団への炊き出しなどだ。

天皇、皇后は三月三十日に足立区の東京武道館、四月八日には福島原発の地元から埼玉県加須《かぞ》市の旧騎西高校に避難した福島県双葉町民、同月十四日には千葉県旭市の被災現場と避難所、同二十二日には茨城県北茨城市の被災漁港や避難所を見舞った。犠牲者の出た現場では哀悼の意を表し黙礼した。ゴールデンウイーク前後には宮城、岩手、福島の東北三県の被災地を順次見舞った。

こうした対応で、宮内庁が戦中・戦前の例を参考にした形跡はない。急遽各部局から案を出しあって実施した。戦前の関東大震災は「帝都」直撃の大災害であり、旧帝国憲法下で天皇は統治権の総攬者・大元帥として強い権限を持ち、宮家は多数で財力があり、宮内省も大規模で巨額の予算もあった。だから、今回の皇室の動きはそれらとは比べるべくもない。ただ、関東大震災のときの皇室・宮内省の対応をふりかえると、今回にも一貫する災害時の皇室の基本姿勢と、また微妙な変化も透けて見えるようで興味深い。

黄色い旗と停まった時計

新聞社をリタイアしたのを機に、二〇一二（平成二十四）年五月末、東北の震災被災地を見て回った。

前年、天皇・皇族の一連の被災地見舞いに同行取材してからほぼ一年。あのときは三陸海岸沿いの道路が寸断されていたため、天皇・皇族が飛行機とヘリで入る場所へ内陸から先行して待ち受け、主に避難所見舞いだけ取材して東京にとんぼ返りせざるをえなかった。それぞれの被災地を「点」として短時間訪れたにすぎなかった。

そのことの疚《やま》しさ、せめて「線」としてたどって広域災害の規模の大きさを体感しておかねばとの思い。そして東京で都会生活にかまけて知らず知らず忍び寄る震災体験風化への危機感……。そうした思いがない交ぜになって、一年後の現地を見ておきたかった。

東北自動車道仙台南インターで降り、仙台市若林区荒浜地区からスタートして、主に国道四十五号を海岸沿いに北上。塩竈《しおがま》市、石巻《いしのまき》市、女川町《おながわちょう》、南三陸町《みなみさんりくちょう》、気仙沼《けせんぬま》市、陸前高田《りくぜんたかた》市、大船渡《おおふなと》市、釜石《かまいし》市、大槌町《おおつちちょう》、山田町《やまだまち》、宮古《みやこ》市などを二泊三日の駆け足でめぐった。

みずからハンドルを握って「線」としてたどってみると、「消失」したものの大きさに圧倒される。行けども行けども海岸沿いのあらゆる集落が、瓦礫《がれき》の山と化したままだったり、片付けられてかつての街並みも人の営みも跡形もなくなったりしていた。

南三陸町の戸倉小学校の三階建て校舎の屋上までのみこんだ津波の爪跡、九十一人の児童や近隣住民が辛うじて逃れた裏山の小さな五十鈴神社、無残な鉄骨だけとなった防災対策庁舎。陸前高田市では、旧市街地が影も形もなくなって、気が遠くなるほど広大な更地と化していた。宮古市田老《たろう》地区では、一年前、沖合で積み木崩しのように無残に転がっていた巨大防潮堤もすでに処理されなくなっていた。

一周忌をすぎてなお、時折、土台だけとなった住宅跡で花を供え手を合わせる家族連れの人影が目についた。

胸をつかれたのは、仙台市荒浜地区で見た光景だ。

太平洋に面した広大な平野部の住民は、かつて海と大地の豊かな恵みで半農半漁の生計《たつき》を立てていた。春のイナサ（南東の風）が豊漁を呼び、秋のナライ（西風）が干し柿づくりなど冬支度の季節を知らせた。風を読んでは自然とともに生きる暮らしが代々続けられてきた地域という。

家も田畑も跡形もなく、まさに風だけが吹き抜ける広大な平地に点々と黄色い旗がなびいていた。映画『幸福《しあわせ》の黄色いハンカチ』を思わせる光景だ。「荒浜の再生を心から願う」「ふるさと荒浜が大好きです」との黄色い看板も掲げられている。

仙台市が荒浜地区を災害危険区域に指定し八百世帯の集団内陸移転を決めたのに抵抗し、先祖伝来の田畑や船もある元の自宅に戻りたいとの住民たちの意思表示だ。

多くの住民が屋上に避難して命をとりとめた荒浜小学校校舎そばにあった浄土寺も本堂や庫裏《くり》などすべて流され、檀家約百四十人が犠牲となった。墓地も墓石がなぎ倒され流失して犠牲者の納骨すらできる状態になく、集団移転となれば寺そのものも存廃の岐路に立つ。一周忌を前に何とかプレハブの仮本堂を建てて間に合わせたという。

この仮本堂にも黄色いのぼりがなびく。寺の五色ののぼりが流失し、その後、離れた場所で黄色ののぼりだけが見つかった。これを住職が避難先から仮本堂に来ている合図として掲げているという。

住民たちの黄色い旗には、津波で唯一残った黄色ののぼりの縁起をかつぎ、元の地に戻りたいとの願いがこめられているという。無人の広野を吹き抜ける風をはらんではためく様子は、いじらしく切なかった。

ここには海があり田があり、人びとは家族ぐるみ自然の営みの一部として生活し、先祖の墓も集落内にあって、盆や彼岸などには生者と死者が近しく交流していた。今はそれらの心象風景も根こそぎ奪われ、あたかも「隠れ里」のようにどこかに消え去っていた。

柳田國男《やなぎたくにお》の主著『遠野物語』の第九十九話は、今回の津波でさまざまに引用された。遠野の土淵村の助役北川清の弟福二は海辺の田の浜に婿に行ったが、明治三陸大津波で妻を失った。元の屋敷に小屋をかけて一年ほど。月夜に便所に行こうとして、霧に包まれた汀《みぎわ》に男女二人の姿を見た。

女は亡くした妻だった。思わず後をつけ、洞《ほこら》のそばまで来て名を呼ぶと、妻はふりかえってにっこり笑った。男のほうは同じ里の津波の犠牲者で、結婚前には妻と互いに深く心を通わせていたと聞いていた者だった。妻が「今はこの人と夫婦になっています」と言うので福二が「(残された）子どもは可愛くはないのか」と言うと、妻は顔色を変えて泣いたが、男と足早に立ち去った……。

かつては死者と生者とはときに幽明の境で行き来したという怪異譚である。

柳田は後年、太平洋戦争で連日空襲警報の鳴るなかで『先祖の話』を憑かれたかのように一気に書き上げた。外来宗教の影響を受けながらも一貫してきた日本人の祖霊信仰につき次のように述べている（ちくま文庫『柳田國男全集13』）。

日本人の志としては、たとえ肉体は朽ちて跡はなくなってしまおうとも、なおこの国土との縁は断たず、毎年日を定めて子孫の家と行き通い、幼い者のだんだんに世に出て働く様子を見たいと思っていたろう。

空と海とはただ一続きの広い通路であり、霊はその間を自由に去来したのでもあろうが、それでもなおこの国土を離れ去って、遠く渡って行こうという蓬萊《ほうらい》の島を、まだ我々はよそにもってはいなかった。一言葉でいうならば、それはどこまでもこの国を愛していたからであろうと思う。

人生は時あって四苦八苦の衢《ちまた》であるけれども、それを畏《おそ》れて我々が皆他の世界に往ってしまっては、次の明朗なる社会を期するの途はないのである。我々がこれを乗り越えていつまでも、生まれ直して来ようと念ずるのは正しいと思う。

荒浜の海岸に地元民が急ごしらえで建てた檜の標柱「東日本大震災慰霊の塔」には、おびただしい花束や飲料缶、線香が雨ざらしで置かれていた。

黙礼を捧げ、引き上げようとして、近くの泥の上に直径一〇センチくらいの目覚まし時計が転がっているのに気づいた。堤防ぎわだから、引き波で内陸から運ばれ、瓦礫処理後も放置されたのだろう。ガラスの泥をぬぐうと、針は午後三時二十五分を指して停まっていた。ここでは一年二ヵ月以上が経っても、時間は前年三月十一日で停まったままなのだった。

生き残った人びと、その子孫、そして祖霊たちはどこへ戻ってくることになるのだろうか。

伊勢神宮と鎮守さま

二〇一三（平成二十五）年、伊勢神宮の第六十二回式年遷宮が終わった。同年の参拝者は過去最高の一千四百万人を超えたという。

二十年前の一九九三（平成五）年十月二日、内宮の「遷御《せんぎょ》の儀」に参列したことを思い出す。三千人もの奉拝者は遷御の道筋を埋め尽くし、記者の現場取材は地元記者クラブ代表など数名に絞られていたが、特別に「宮内記者会代表」として神宮司庁が急遽認めてくれた。

奉拝者は午後四時には席に着き、ただひたすら待ちつづける。うっそうと繁る樹林から陽光が差して鳥の鳴き声が飛び交い、会場に迷いこんで跳び回る蛙を職員が慌てて追いかけて会場に笑いが起きるなど長閑《のどか》な空気である。

そして待たされること四時間近く。日はとっぷりと暮れ、やがて庭燎《ていりょう》も消されると、辺りは森閑の気と静寂に包まれ、しわぶきひとつない闇のなかでしだいに緊張感が高まって、ひたすら「神の移御」の始まるのに耳目を澄ますようになる。全神経が研ぎ澄まされ、永遠に始まらないのではないかとすら思うころ、おもむろに左上方から道楽《みちがく》の低声か、行列の浅沓《あさくつ》の玉砂利を踏む音か、微かな気配がして、少しずつ少しずつ近づいて来る。そしてついには見えない集団が前方をゆっくりと横切っていく。奉拝者らの柏手《かしわで》の音が波打つように広がる。

この世ならぬ何かが天から降り来て横切り、そしてまた昇って行ったような感覚にとらわれ、全身が総毛立つような不可思議な経験だった。

事前に解説書なども調べ、いろいろと見きわめてやろうと臨んだ。村の鎮守の神体をのぞき見て別の石ころに取り替えてしまった悪童・福沢諭吉（『福翁自伝』）の意気ごみだったのに、目に見えぬ容易ならぬものに圧倒されて終わった。

テレビなどの報道では、遷御の始まりを告げる「カケコー」の鶏鳴《けいめい》や、古装束の祭主・神職らの行列、神体を包む絹垣《きんがい》まで高感度カメラで記録されている。しかし、現場の「浄闇《じょうあん》」のなかで向きあったものにはほど遠く、むしろ録画のほうが影法師ではないだろうか。プラトンが「洞窟の影」に喩《たと》えたイデアの影のように。

太古には天才的な演出家がいたのに違いない。

今回の十月二日の遷御の儀の当日、筆者は宮城県南三陸町にいた。実は伊勢に行くかどうか迷った末に被災地行きを選んだ。

気仙沼の内陸に打ち上げられた「第十八共徳丸」は解体作業が始まり、南三陸町志津川《しづがわ》地区の防災対策庁舎も年内解体の公算と聞き、雪が降る前に、もう一度見ておきたい衝動に駆られたのである。

志津川地区は、二〇一一（平成二十三）年五月に訪れたときは無残な瓦礫の山に覆われつくしていた。一年後の五月には瓦礫が撤去されコンクリートの建物や家々の土台だけが点在する更地となっていた。そして今は盛り土工事を前に建物も土台もほとんど取り壊されて広大な原野と化していた。

鉄骨だけの無残な姿で残る防災対策庁舎に線香を手向け、気仙沼へと向かおうとしたとき背後の高台から明るいにぎやかな音が聞こえて来た。

「がんばれ、がんばれ」と若い女性が声援する拡声器の音が風に乗って、晴れた秋空と広大な被災地に広がった。坂道を登ってゆくと、そこは町立志津川保育所の園庭で、運動会の予行演習の最中だった。三十人ほどの幼児たちが元気に走りまわっていた。

愛らしい姿にしばらく心なごませ、車に戻ろうとして、ふと隣に神社があるのに気づいた。「村の鎮守さま」といった佇まい。質素な鳥居のすぐ脇に「波来の地」と刻まれた真新しい石碑がある。そこは、志津川の中心街が津波にのまれ防災対策庁舎も波に沈む一部始終を目の当たりにする位置にあった。社務所にも人影はなく静まり返っていた。

気になって帰京後に調べてみると、この上山《かみのやま》八幡宮では津波が鳥居まで押し寄せて宮司一家の自宅を破壊し本殿は辛うじて無傷で残ったこと、宮司一家も登米《とめ》市の仮設住宅から片道一時間近くかけて通いながら地域の年中行事復活に奔走したこと、全国からのボランティア延べ一千人が周りの瓦礫を片付け、草むしりもして、その年の秋祭り再開になんとかこぎつけたことを知った。

細々とではあるが、秋祭り、七五三、初詣でなどの年中行事が復活し、宮司の娘夫婦も手づくりの絵本や紙芝居で子どもたちに津波体験を読み聞かせたり、伝統の「キリコ」（神棚に飾る切り紙細工）作りに励んだりするなど、一族で地域の立て直しに取り組んでいるという。

あちこち問いあわせ、ようやく仮設住まいの工藤祐允《くどうすけよし》宮司（当時七十七歳）の携帯電話につながった。

神社は元は防災対策庁舎のある場所に建っていたが、チリ地震津波の被災後に現在地に移ったのだという。工藤宮司は志津川高校に国語教師として長年勤め、防災対策庁舎で犠牲となった町職員ら四十三人には教え子も多かった。女子職員と二人で避難を呼びかけつづけ流された男性職員も三年間教えた女性の夫だった。

津波当日は裏山を越えて志津川小学校に避難した。翌朝六時に神社に戻ってみると、街は壊滅。自宅や庭も瓦礫に覆われ、目の前に防災対策庁舎の無残な姿も見えた。保育所から庭のあすなろの木が一本だけ倒れずに高々と残っているのを見たとたん、とめどなく涙が流れた。

国学院大学の学生のころから和歌を詠んでいたのに先代宮司の死をきっかけに十三年間つくれないでいたのに、被災後に突然、歌が浮かび次々に詠んでいるという。最初に生まれた歌。

ことごとくがれきとなりし我が庭に凛然として立てるあすなろ

氏子一千百戸のうち八百戸が被災し散り散りとなったが、神社の祭礼に少しずつ参加者が増えているという。

筆者が訪ねた十月二日に留守だったのは、なんと伊勢の式年遷宮に参列していたからだという。遷宮奉賛会本吉郡南部支部長として被災地神社からの特別奉拝者に選ばれた。

「新聞には絹垣なども写っていますが、現場の私たちにはまったく見えず、ただ御列《ぎょれつ》の沓《くつ》の音が聞こえただけ。でも、ああ神さまが通っておられるな、神さまはどこにもおられるのだと強く感じました」

遷宮で七首詠んだうちの一首。


浄闇の中遷りゆく絹垣の大神を拝する身は有り難し

「有り難しとは、自分がここに座って拝していることがありえない、信じられないことだという意味でもあります。亡くなった方々や氏子さんら地域のみんなを代表して立ち会わせていただいたとの思いをこめました」

気持ちを新たに帰郷して、今の悩みは「仮設暮らしの氏子さんたちに神さまを拝んでもらうにも、どう指導していいのか」だという。被災前、多くの氏子は神棚の前での生活を代々続けてきた。仮設住宅では壁に釘をうって棚を造ることはできない。箪笥の上に置こうにも、失った人が大半だ。

「お正月には『天照皇大神宮』と書かれた神宮大麻《たいま》を神棚に飾るのですが、神棚を失った人たちをどう指導すればいいか悩んでいるのです」

これが被災地の現実であり、かなしい話だと思った。

工藤宮司は二〇一五（平成二十七）年十月十七日、復興の本格化を見届けないまま死去した。享年七十九。

ディアスポラ

「復興というものは本当に難しいものです」

平成になって大きな災害が打ちつづくなか、美智子皇后がこう嘆息していると耳にしたことがある。

災害が起きた直後は被災者も支援者も、みんな気持ちはひとつだが、復興の段階に移ると、立場の違いや利害得失が絡んで、ときには分裂したり対立したりしてくる。皇室がどう関われるか難しい――そんな趣旨だったようだ。

天皇・皇族の災害見舞いなどは、ほとんどが「一期一会」である。随行の宮内記者たちも場面場面を精一杯取材し報道するが、その場かぎりにならざるをえない。限界状況に陥った人びとをフォローアップできない疚《やま》しさと忸怩《じくじ》たる思いが、いつも胸の底に残るのである。多くの被災と復興の実相に接しつづけてきた天皇・皇后の胸底には、比べものにならない重いものが積み重なっているのだろう。冒頭の皇后のひと言に、そんな深い洞察の響きが感じられる。

大災害の被災地見舞いと復興視察には何度となく同行取材したが、やはり強い印象を受けたのが、福島第一原子力発電所事故で放射能汚染に追われ役場ごと逃れてきた立地元・双葉町の一千四百人の避難先、埼玉県加須市の旧騎西高校の訪問だ。

井戸川克隆《いどがわかつたか》町長（当時）が震災前の双葉町の海の風景、活気ある町の表情を説明すると、天皇・皇后は「素晴らしい所だったのですね」「原発事故でたいへんですね」といたわったという。皇后は、騎西小学校で入学式を迎えピンクのランドセルを背負った女の子に「入学おめでとう」と声をかけ、「アルプス一万尺」の手遊びの相手もして喜ばせた。「先が見えない長い長いトンネルです」と訴える町民に、天皇は「将来よい方向になるといいですね。体を大事に頑張ってください」と励ました。

井戸川は東電や国・福島県の責任を厳しく問いつづけている。子どもたちの健康への影響を巡って「年間二〇ミリシーベルト」という国の被曝許容線量基準に疑義を呈し、町民や役場を福島県内に戻すことにも消極的で、汚染土の中間貯蔵施設の町内受け入れにも抵抗。現実的対応を求める町議会との対立がエスカレートし、町議会解散や町長不信任・町長選にまで発展した。

福島県内避難者と県外避難者との感情的な対立や、全国三十九都道府県三百市区町村に散らばってしまった町民をまとめる難しさも絡んだという。

そして伊澤史朗《いざわしろう》・新町長は町役場を福島県いわき市に再移転。「最後の避難所」と呼ばれた旧騎西高校も閉鎖され、ピーク時は一千四百人いた町民も加須市周辺やいわき市などに分散していった。

分裂・分断は、とりわけ福島の原発事故では物理的・暴力的とも言えるような理不尽さで被災者を疲弊させ追い詰めつつあるようにすらみえる。

故郷は、

①帰還困難区域（年間五〇ミリシーベルト超）

②居住制限区域（同二〇ミリシーベルト超〜五〇ミリシーベルト以下）
③避難指示解除準備区域（同二〇ミリシーベルト以下）

の三地区に分断され、損害賠償額も各地区に応じてそれぞれ全額、半額、三分の一と格差づけされる。しかも比較的低線量の避難指示解除準備区域は海岸近くの両竹《もろたけ》・浜野地区など、全町域のわずか四パーセントにすぎない。そこも津波で壊滅的被害を受けているうえ、隣接して汚染土の中間貯蔵施設が設置される見こみで、帰還の見通しはまったくない。

「事故で分断、線引きで分断、賠償でも分断」「永久に帰れない」との声も町民の間からはあがったという。

伊澤町長は中間貯蔵施設受け入れという苦渋の決断について次のように説明している。

町民がノーと言った瞬間に、福島中で「県から出て行け」という合唱が起こると思います。実際に私どもの役場にも、匿名や署名で苦情や抗議のファクスや電話がくる。私の感覚では、県外にいる人よりも県内にいる人のほうが、双葉町民ということで大変な思いをするようになっているのです。これが「住民が苦しむ」ということですよ。

（船橋淳『フタバから遠く離れてⅡ』所収インタビュー）

町が策定した「復興まちづくり長期ビジョン」を読んでみた。

「帰還・復興の見通しが明確になっていない」現状を踏まえ、「何年かかっても実現すべき理想とする双葉町の将来の姿」を描く。「町の復興に懐疑的な意見もある」なかで「今の町民の思いを未来の双葉町を担う人たちに託す」としている。

町域のわずか四パーセントという避難指示解除準備区域のそばに常磐自動車道「復興インターチェンジ」を設けてもらい、同区域を「復興産業拠点」とする。広大な中間貯蔵施設予定地との間に緩衝緑地を設けて、福島第一原発の廃炉や除染の作業に携わる事業所の立地や宿泊施設・賃貸住宅などの進出を期待するとしている。

言い換えれば、そうした分野の事業従事者たちが当該地域で定住してくれ、少しでも町場が形成されるかどうかに望みをかけるしかないということでもある。

未来を託そうにも子どもたち六百人は全国に分散。二〇一四(平成二十六)年四月、いわき市に町立幼稚園、小中学校を開校したが、開校式は十一人という寂しいスタートだった。町民以外の子も受け入れて、今後どれだけ増やしていけるだろうか。「町内に共同墓地を整備する」ともしているが、はたして墓参に通えるのかと考えると、どれだけの町民が故郷に骨を埋められるのか、これも不透明だろう。

読めば読むほど、「復興」に着手することすら困難な苦渋がにじみ、第三者といえど胸が痛む。この人たちがどうして故郷を追われ、これほど追い詰められねばならないのか。チェルノブイリを上回る最悪の大事故はどこまで検証され誰が責任をとったのかと憤りを覚えるのである。

故郷の自然も土地も財産も人のつながりも、あまりにも多くを失った双葉町民だが、全国各地の町民でそれぞれに自治会を結成するなどコミュニティーを維持していこうとする動きもあるという。「ディアスポラ」という言葉がよぎる。

二〇一五(平成二十七)年五月二十二、二十三日にはいわき市で第七回太平洋・島サミットが開かれた。ビキニ環礁での核実験から六十年以上を経てなお低線量被曝や除染問題を抱えつづけるマーシャル諸島なども参加。首脳らによるフクシマの「復興」状況視察も組まれたが、「風評」を警戒してか、原発事故や放射線被曝が前面で語られることはなく、国連常任理事国入りを狙う外務省の思惑や地元自治体の歓迎イベントばかりが目立った。同じいわき市に多くの双葉町民ら核に追われた人びとが「仮住まい」を続けていることを思うと割りきれない気持ちになった。

天皇のパラオへの戦後七十年慰霊の旅の記憶も新しい。遺骨も還らぬ戦争の犠牲者、核実験で移住を強いられ今も低線量被曝に怯えるマーシャル諸島住民、「安全神話」を信じて原発を誘致した結果、故郷を失い汚染土の貯蔵施設まで受け入れざるをえなくなった双葉郡の被災者たち……。

忘れられてはならない、こうした人びとの「その後」にわれわれの社会はどのように向き合いサポートしていけるのか——皇室にとっても今後長く続く大きな課題だろう。

「カネの切れ目は縁の切れ目」

福島県双葉町のことを書いたら、二〇一五（平成二十七）年六月に入って同町はじめ原発事故の被災地・被災者に関し大きな動きが次々に報じられた。

まず同町当局は、町内二ヵ所に設置されていた看板ゲートを「老朽化して危険」として撤去することを決めたという。

「原子力明るい未来のエネルギー」。もはや人が住めなくなった町のシンボル的景観として、原子力発電の「安全神話」瓦解の痛烈な象徴として、今や世界的に有名となった。標語発案者で茨城県に避難中の町民男性らが、現地保存を求めて集めた六千五百人あまりの署名を六月八日に提出したばかりだった。

また、政府は六月十二日、福島県内の避難指示解除準備区域（年間二〇ミリシーベルト以下）と居住制限区域（同二〇ミリシーベルト超五〇ミリシーベルト以下）への避難指示を二〇一七（平成二十九）年三月までに解除すると閣議決定した。「住民の早期帰還を後押しするため」としているが、これにともない、帰還困難区域（同五〇ミリシーベルト超）以外からの避難住民への月十万円の精神的賠償の支払いも二〇一八（平成三十）年三月で打ち切るという。

軌を一にして福島県も、自主避難している県民への賃貸アパートなどの「みなし仮設住宅」の無償提供を二〇一七年三月までで打ち切ると発表した。強制避難指示対象地区ではなかったが、放射線の子どもの健康への影響に不安を抱いて避難した母子などが多く、福島県外への自主避難者は九千戸二万五千人にのぼるとされる。「命綱の月額十万円も仮の住まいの提供も打ち切られる」と途方に暮れる所帯も多いという。

県外にも多数の避難者が散らばり、地元の放射線量がなかなか下がらない原発事故に対して、一般の自然災害と同じように災害救助法を一律・機械的に適用する政府・福島県の強引・強圧的ともみえる「帰還促進策」決定と、双葉での看板撤去。一斉に出てきた動きは何を意味するのだろうか。

「理由は東京五輪ですよ。世界の視線が集まるなか、いつまでも避難者のいる国ではないと示したい。五輪で盛り上げて原発事故や放射能汚染を忘れさせたい。あまりに有名になった看板も原発事故を小さく見せたい側からは邪魔。目障りなものはどんどん外していって忘却と風化を狙っているのです」

前双葉町長井戸川克隆に意見を求めてみたら、こんな答えが返ってきた。

あの三月十二日、福島第一原発一号機建屋の水素爆発でみずからも頭から飛散物を浴びた。国も県もＳＰＥＥＤＩ（緊急時迅速放射能影響予測ネットワークシステム）を公開してくれなかったがために、風向きの方角である川俣町に町民と避難。三号機爆発で手元の線量計が急上昇したのを見て、さらに埼玉へ役場ごと避難することを決意した。

役場も町民も福島県内に戻すことに一貫して慎重で、福島県内で避難していた町民もともに茨城県つくば市に長期避難する方途を探ったが、福島県庁の消極姿勢で実現できなかったという。

「当時副知事だった内堀雅雄《うちぼりまさお》現知事に『福島県知事から茨城県知事に話をしてくれ』と頼んだが、そのときはもう県外には出さないという方針が決まっていて、ダメだと断られた。『県内に帰れ帰れ』となっていた。あれで町民の間に分断ができてしまった」

「佐藤雄平《さとうゆうへい》前知事に『なあ町長、わかっぺ、俺の気持ち。俺は県民を外に出したくないんだよ』と言われ、返す言葉がなかった。『ああ、こいつは狂ってる』と。あれだけの放射能のあるところに住まわせるって言う。それをやって、県内五十九市町村みんな説得に応じてしまった」

井戸川は国と東京電力を相手取って被曝訴訟を起こしているが、訴状には「私は事故を防げなかった」「町民を守れなかった」とみずからの責任を認め「それを思うと耐えられない」と記しているという。東電や国、福島県に対する不信と怒りの言葉は激烈だ。

災害救助法適用が間違い。原発事故は災害ではない。事故でもない。事件なんです。

自分たちの責任を一切放置しておいて、加害者がゼロのまま、勝手に避難指示は出すわ、避難基準はつくるわ、賠償基準はつくるわ、ということをしている。めちゃくちゃです。

福島県は中間貯蔵施設を唯々諾々と引き受けるのではなく、「ふざけるな」って怒らなくてはならない。「被ばくをこれほどさせて、どうしてくれるんだ」と言わなければならないのに……感覚的におかしいですよ、福島県は。逆に被ばく隠しをしているような有り様です。

涙出るように悔しいですよ。

今、再稼働すると言っている原発立地地域の人たちは（略）絶対おかしいんですよ。どうして同じ立地自治体で起きたことなのに、私たちが今どういう状況になっているかを調べようともしないんでしょうか。（略）我々双葉町の町民は、何千年何万年という、そういう単位で放射能と付き合っていかなければならなくなったわけです。そういうことを知っていて再稼働を議論しているのでしょうか。

（以上、井戸川証言集『なぜわたしは町民を埼玉に避難させたのか』）

みなし仮設に期限をつけることを福島県庁が決めたようですが、あれはとんでもないことです。決める権利があるのは住民なんです。中間貯蔵施設と同じことです。私は住民の意見を聞かないとダメだと施設設置に反対し続け、それでクビをとられたと思ってます。（略）政府と福島県は事故発生からずっと私たち地元首長を排除したまま現在に至っている。被害者を外して加害者で決めている。

いくら国や県が言ってきても、浪江、飯舘、南相馬の市町村長さんたちにはわかってほしい。いたずらに「帰還しろ」と言えないはずです。でもなぜかカネの話ばかり先行している。それが福島の状況です。

私は「やるべきことやった」と、町長辞めても悔やんでません。信念として「町民に放射能を浴びさせない」ということを優先して、それで辞めることになった。

今、福島県内こぞって『復興、復興』と言っていますが、日々体はむしばまれていくのに気づいていないと思う。復興予算も続きません。カネの切れ目は縁の切れ目。騙し金が続かなくなり、健康悪化が出てきた時に県民は気づいてくれると思ってます。

（以上、二〇一五［平成二十七］年六月二十日、東京都品川区での市民集会で）

『美味しんぼ』騒動の渦中の人として「風評をあおっている」と批判を浴びた。しかし「私に直接反撃してきた者は一人もいない。彼らは私ほど被曝していませんから」という。

「地獄を見つづけている」という井戸川の言葉は、限界状況の実体験者の叫びとして肺腑をえぐる迫力がある。

ひとしなみにかける言葉の力

二〇一二（平成二十四）年、美智子皇后は七十八歳になった。

皇太子妃時代から長年取材してきた目には、ここ数年の皇后の言動に微妙な変化が訪れているように感じられてならない。

昔の言動には、ときにどことなく糸を張り詰めたような緊張感が漂い、発する言葉にも精妙な内省の響きが感じられた。公的立場と近代的個我の裂け目から発光する文学的・哲学的な気配と言っていいかもしれない。

それが結婚五十年の節目を越え、老いの影に向き合うなか、生きとし生けるものの命の儚《はかな》さを見せつけられた東日本大震災の発生。加えて天皇の重病にも直面する過程で、皇后の言葉にも次第に個我を超越した率直・簡明な情緒と自然なやわらかさが加わってきた気がするのである。

大震災発災まもない前年三月十六日、天皇が発したビデオメッセージは、人びとにあらためて皇室の存在を強く意識させることになった。原発事故への言及も含むメッセージ作成や録画撮りなど、デリケートで難しい作業だったろう。

その陰に皇后の扶《たす》けがあったと天皇が深く感謝していると聞いた。しかし、メッセージの文面からは作成者の個我はほとんど滅却され、そのぶん重みを増した「天皇のおことば」となった。

「皇后の扶け」もみごとに痕跡を残していない。

天皇・皇后は大震災発災から二週間後の三月三十日の東京から始まって五月十一日の福島まで、七週連続で被災地・避難所を歴訪した。印象に残るのは、これまで以上に「脇役」に徹する皇后の控えめな様子だった。

同年十月の誕生日の文書回答で、皇后は大震災について「こうした不条理は決してたやすく受け止められるものではなく、当初は、ともすれば希望を失い、無力感にとらわれがちになる自分と戦うところから始めねばなりませんでした」と「深い絶望感」を味わったと告白。「このような自分に、果たして人々を見舞うことが出来るのか、不安でなりませんでした」と述べた。

天皇の震災・原発事故の被災者への思いには強烈なものがあり、心臓病を抱えつつ過酷な歴訪日程を組むなど強い決意がうかがえた。平成の象徴としての「正念場」と捉えたのだろう。

皇后は、そんな天皇に従う夫唱婦随ぶりをみせた。

「陛下があの場合、苦しむ人々の傍に行き、その人々と共にあることを御自身の役割とお考えでいらっしゃることが分かっておりましたので、お伴をすることに躊躇はありませんでした」

現天皇・皇后の災害地見舞いのスタイルは、できるかぎり避難所の全員にひとしなみに言葉をかける「平成流」。しかし、今回は多くが数百人収容の大規模避難所であり、向きあう「悲劇」「苦難」も強烈で気が遠くなるほどの数だった。

相手は老若男女。失った家族は父母かきょうだいか……。被災・避難状況も千差万別。限られた時間のなかで、避難所の隅々まで一瞬に把握し一人も漏らさず言葉を交わすには、さながら千手観音にでもならねば、といった条件だった。必然的に、交わす言葉も短く、メディアも細切れにしか報じなかった。しかし、その膨大な「一期一会」はどこかで記録されていいと思う。以下は、そのごく一部である。

【二〇一一年四月八日、旧騎西高校体育館】

双葉町から四ヵ月の乳児を抱いて転々と避難してきた若い母に「移っていらしたのでしょ? お疲れでしょう」。ぐずりだした乳児の背中を軽くぽんぽんとあやしながら「眠れますか? 大丈夫?」。足の悪い年輩の女性に「生きていらしたんですね。よかった。元気にね」。「お会いしたかったです」と呼びかけてきた若い女性に「やっとね。夜も大丈夫? よかった、みんな命が助かって。元気でいて、よかった」。この日、騎西小学校の入学式だったという六歳の男の子に「学校はどんなところでした?」。「おっきい学校だった」との答えに「よかったね。がんばってお勉強してくださいね」。ピンクのランドセルの女の子に「今日が入学式だったのですね、一年生おめでとうございます。かわいいランドセルね。お友達たくさん作ってね」。

【四月十四日、千葉県旭市海上公民館】

二歳の女の子を抱いた母に「ご無事でいてくださって。よくお子さまをお守りになりましたね」。六十七歳の女性に「まだ余震がねえ。揺れていまして、ご案じ申し上げています」。ダウン症の男性の母親が、つないだ手が離れ流されていった息子が家屋の屋根につかまって助かり再会できたと説明。言葉の不自由な息子が「今働いている会社でがんばっています」と書いた紙を掲げているのを見て「えらかったですね。お仕事のほうもがんばってくださいね」と手を握った。

【四月二十二日、北茨城市市民体育館】

倒れてきたタンスの下敷きになったという七十四歳の女性に「おつらかったでしょう。よくご無事でいらっしゃって。いかがですか？　少し体操されたりね。お元気だったのがうれしい。少しずつ元の生活に戻ってくださいね」。八十代と七十代の老夫婦に「どうか、お力を合わせて生きていってください」。

【四月二十七日、仙台市宮城野体育館】

布団の上に伏せっていた七十歳の女性に「お医者さまには？　お疲れがたまっているでしょう。よく耐えてくださいました」。近所の主婦仲間という三人の女性に「よくここまで生き抜いてくださいましたね」。三人が涙を流すと、手を握って「大丈夫、大丈夫よ。ここまでよく耐えてくれました。これからお元気でいて下さい。おつらくていらっしゃったのね」。八歳の男の子に「強かったね。怖かった？　えらいこと！　よく我慢してきたわね」。

【五月六日、宮古市民総合体育館】

八十七歳の母親と避難している女性に「お母さんですか？　よくお守りになったわね、お母様を」。案内役の山本正徳・宮古市長から田老地区の巨大防潮堤も津波を防げなかったと聞いて「漁業も大変ですが、農業も大変ですね。皆さんの先頭に立って皆さんを導いてください」。

【五月十一日、福島市あづま総合体育館】

六十歳代の男性が南相馬市からの避難者と聞き「野馬追をまたやれるといいですね。早く元の暮らしに戻れるといいですね」。年老いた女性に「同い年」と言われて「戦争がね、同じ世代を生きましたね」。四ヵ月の乳児を抱いた男性（三十四歳）に「元気で健やかに大きく育ててくださいね」。そばに寄り添う日赤医療チームの看護師に「お願いいたします。ありがとうございます」。

皇室に嫁いで半世紀あまり。「皇太子妃」「皇后」としての身体作法と「美智子」という一女性の魂とが身心一如の境地に達し、一瞬一瞬の「言葉」に強い力を与えはじめたように感じられた。

皇后・東宮・内親王

受け継がれる「伝統」の重さ

天皇、皇后は二〇〇九（平成二十一）年四月、金婚式を前にして記者会見した。重い責務を負い、手を携えて歩んできた夫婦の五十年の道のりをふりかえり、互いに「感謝状を贈りたい」と述べるなど、琴瑟《きんしつ》相和すといった風情だった。

私的な色あいの濃い会見とあって、天皇もいつになくやわらかく自然体で語った。支えてくれた妻と多くの人びとに感謝を述べる段では声を詰まらせた。自然科学者であり、厳しいところもあって、いつも端然としたたたずまいを崩さない天皇が、あふれる情を抑えかねる様子を見たのは初めてだった。立場と責務に耐えつづける「明仁」という一人の人間の思いが顔をのぞかせた。

この会見のなかで、ずっと気になっているのが、皇室の伝統をめぐるコメントだ。

慎重に言葉を選び、本意は明確には表白されなかったが、大枠を天皇が示唆し、皇后がやや踏みこんで答えるという役割分担で語られた言葉の裏に、深い見識が隠されているように感じた。

まず、日本のこの五十年をふりかえるなかで天皇は「都市化や、海、川の汚染により、古くから人々に親しまれてきた自然は人々の生活から離れた存在となりました」とさりげなく述べた。そして皇室の伝統とその継承について次のように答えた。

「私は昭和天皇から伝わってきたものはほとんど受け継ぎ、これを守ってきました。この中には新嘗祭のように古くから伝えられてきた伝統的祭祀もありますが、田植えのように昭和天皇から始められた行事もあります。新嘗祭のように古い伝統のあるものはそのままの形を残していくことが大切と考えますが、田植えのように新しく始められた行事は、形よりはそれを行う意義を重視していくことが望ましいと考えます。従って現在、私は田植え、稲刈りに加え、前年に収穫した種もみをまくことから始めています」

皇后は次のように引き継いだ。

「伝統と共に生きるということは、時に大変なことでもありますが、伝統があるために、国や社会や家がどれだけ力強く、豊かになれているかということに気づかされることがあります。一方で、型のみで残った伝統が社会の進展を阻んだり、伝統という名のもとで古い慣習が人々を苦しめていることもあり、この言葉が安易に使われることは好ましく思いません。また伝統には表に表れる型と、内に秘められた心の部分とがあり、その二つが共に継承されていることも、片方だけで伝わってきていることもあると思います」

伝統について「この言葉が安易に使われることは好ましく思いません」という言明は、決然とした強い響きを帯びている。

思い出したのは、皇后が二〇〇二（平成十四）年、アフガニスタンの女性たちを詠んだ歌だ。

カブールの数なき木々も芽吹きゐむをみなは青きブルカを上ぐる

宮内庁の説明に「学校の再開に備え、青いブルカを頭上まで上げて集まって来た女性教師たちのことを報道でご覧になり、木々の少ないカブールにも芽吹きの時が来たことであろうと遠い地に思いを馳せられながらお詠みになった」とある。

前年、九月十一日の同時多発テロへの報復攻撃として、米国はアフガニスタンの空襲に踏みきり、同十一月、タリバン政権が崩壊した。一九七一（昭和四十六）年に平和な時代のアフガニスタンを訪問したとき、歓迎してくれた、貧しいが明るかった人びとを襲った戦乱。そしてイスラム原理主義下、ブルカの強制など厳しい抑圧を受けた女性たちの身の上を思う心が詠まれている。

皇后は十年前、結婚四十年を迎えた感慨を次のように詠った。

遠白《とほしろ》き神代の時に入るごとく伊勢参道を君とゆきし日

結婚の奉告のため神宮を訪れたときの緊張と、皇室に入るという初々しい戦《おのの》きが、参道の清浄さとともに美しく詠まれている。一方で四十年の歳月を経て、そうしたみずからを懐かしむゆとりもにじんでいる。

天皇、皇后、皇太子夫妻にとって、神事は、潔斎《けっさい》して平安装束をまとって拝礼するなど、他の皇族とは桁違いに重い「務め」だ。歌に詠まれた数も少なくない。

現天皇は「祭り」の題で開かれた一九七五（昭和五十）年の歌会始で、

神あそびの歌流るるなか告文《つげぶみ》の御声聞え来新嘗の夜

と詠んだ。

皇位を継承して初めておこなう新嘗祭が大嘗祭だ。秘儀とされる祈りの作法や所作は、天皇から皇太子へと一子相伝である。毎年、天皇が神嘉殿で執りおこなう際に皇太子は隔殿《かくでん》に一人控えて、じかには見えないながら次第や所作を学ぶとされる。歌は昭和天皇が告文を読み上げて祈りを捧げる声に耳を傾けるみずからを詠んだ。

即位し、大嘗祭を終えた一九九〇（平成二）年には、

父君のにひなめまつりしのびつつ我がおほにへのまつり行なふ

と詠んでいる。

妻である皇后、皇太子妃も多くの祭で、何時間もかけて潔斎し髪をおすべらかしにし、十二単《じゅうにひとえ》をまとって拝礼する。新嘗祭や歳旦祭《さいたんさい》など一部の古い祭祀では、賢所には出向かないが、御所を出発する夫を見送り、夫が祭祀に臨んでいる時間帯は髪をおろして慎んで過ごすのが慣わしという。

元旦の午前四時から準備にかかり、五時半から天皇が執りおこなう四方拝《しほうはい》と歳旦祭では、夜明け前の闇のなか、夫を見送る。

皇后は二〇〇七（平成十九）年の歌会始（題は「月」）で、

年ごとに月の在《あ》りどを確かむる歳旦祭に君を送りて

と詠んでいる。

新嘗祭が冬至の祭と説明されるように、季節ごとにくりかえされる祭祀の多くは、「自然」のなかに生きた祖先たちの祈りの再現であり、天体の運行にもかかわりがあるとされる。厳寒の闇のなか、出発する夫を見送りながら月を確かめる皇后の歌には、こうした感懐も含まれているのかもしれない。

宮中祭儀も、長い歴史のなかで時代とともに中断やさまざまな変遷を重ねてきた。万古不易のものというわけではない。昭和の時代の祭祀は、「神社は国家の宗祀」（太政官布告）として出発した明治国家が一九〇八（明治四十一）年、帝国憲法にふさわしい政令（旧皇室令）として定め、日本国憲法施行とともに政令は廃止されたが、その後も膨大な祭祀体系はほぼ踏襲されて今日に至っている。明治、大正、昭和の三代に比べても現天皇、皇后の厳修ぶりは際だっている。しかしその負担は重い。

「皇室という環境に対する適応障害」に陥ったとされる皇太子妃は祭祀への欠席が続いている。天皇の高齢化にともない、宮内庁は公務や祭祀の簡略化や見なおしに着手しようとしている。今後、祭祀廃止論から厳守論まで紛議が起きそうな気配もある。

現憲法下、祭祀は天皇の私的行為と位置づけられている。天皇、皇后の会見には、長い年月、さまざまな務めを果たすなか、ほぼ完璧に祭祀を務めてきたという実践に裏打ちされた自負と見識がにじむ。そのうえで継承については「次世代の考えに譲りたい」と述べた。

皇室に伝統保持を期待するとしても、祭祀をどうしていくかは、最終的には皇室の代々の判断に委ねるべきなのかもしれない。

ハンセン病に寄り添って

二〇〇九（平成二十一）年は、ハンセン病患者の徹底隔離のための療養施設として全生病院《ぜんしょう》（多磨全生園の前身、東京都東村山市）など五公立施設が設置されてから百年にあたった。同年十一月十七日には「ハンセン病隔離の一〇〇年を問う東京集会」（全国ハンセン病療養所入所者協議会主催）が開かれ、国を代表して長妻昭《ながつまあきら》厚労相が、犠牲者や過酷な人権侵害を産みつづけてきた隔離政策の誤りを謝罪した。

多磨全生園の一角にあるハンセン病資料館でも九月二十七日、「隔離の百年」シンポジウムが開かれたので聴講した。

一九九六（平成八）年、らい予防法が廃止されて隔離の壁が取り払われ、かつて千二百人いた同園の入所者も今は三百人を切ったという。シンポジウムでは、重症で動けない人や行き場のない高齢の残留入園者の今後のケア、そして広大で緑豊かな同園の今後をどうするかの悩みが報告された。全国十三ヵ所の国立療養所や私立療養所に共通する悩みだ。

年老いた元患者の証言も相次いだ。

「入園者が死ねば、仲間で土に埋めて、そこに松の木を植えた。それが大きく育っている。昭和十年にみんなで納骨堂をつくった。入園者延べ千何百人の手作業で松の木の根本の遺骨を掘り出し、火葬して納骨堂わきに納めたんです」

「自給自足を強いられた入園者はイヌ、ネコ、ネズミ、ヘビもとって食べて生き延びて、ここを切りひらき開墾した。多くの仲間の血がしみこんだ土地なんです。だから地域に開かれた、地域に喜ばれる場所にしてほしい」

多磨全生園を訪れたのは、駆け出し皇室記者だった一九八七（昭和六十二）年七月十六日、浩宮（現皇太子）の慰問の取材のときが初めてだった。このときの経験は強烈だった。

弧を描くように並んだいすに座った入園者たちのなかには、かなり重症の人たちも交じっていた。鼻も目も消失して相貌《そうぼう》をとどめず、四肢も下がって身じろぎもできない様子だ。「この人は生きているのだろうか」と、思わずたじろいだ。

通常は取材でも重症の人はカメラの前に姿を現さないし、たとえ現したとしても背後から撮る条件がつくから、ほとんどの記者たちも重症の人を見るのは初めてだったのだ。

天皇、皇后は即位後まもなく一九九一（平成三）年三月四日、多磨全生園を訪れた。

他の施設でも同様だが、天皇、皇后は入園者らが並ぶ会場に着くと笑顔で歩み寄り、話しかけた。皇太子夫妻時代の一九七七（昭和五十二）年七月五日にも訪れてカエデを記念植樹しており、あたかも十四年ぶりに知己に再会して、言葉を交わすのを喜んでいるような笑顔と自然なふるまいだった。

何の反応も返ってこない人も少なくなかったが、慈しむように手を取ったり、頬を寄せるように耳元で言葉をかけたりして回った。

当時の筆者は、正直を言えば平成の天皇、皇后の福祉施設訪問のやりかたについて「美しく装われたパフォーマンスではないのか」とやや斜に構えて見ていた面があった。しかしその先入観は吹き飛び、眼前の光景に圧倒された。取材陣の女性記者のなかには涙ぐむ者もいた。

このとき、天皇、皇后は約三千五百人の遺骨が納められた納骨堂にも立ち寄り供花した。この年、この訪問の感慨を皇后は歌に詠んでいる。

めしひつつ住む人多きこの園に風運びこよ木の香《か》花の香

奈良時代の光明皇后伝説から始まり、貞明皇后（大正天皇の后）や高松宮・同妃ら皇族の支援など、皇室とハンセン病の縁は深い。また皇后も一九六三（昭和三十八）年の流産後の長期療養のころ、生涯をハンセン病患者の療養に捧げた精神科医・神谷《かみや》美恵子《みえこ》との語らいを支えに、哀しみを乗り越えた経験をもつとされる。

一方で「天皇制は差別の根源」とし、患者・元患者の強制隔離の固定化を皇室の「恩愛」が助長したとの告発も絶えない。国の「ハンセン病問題に関する検証会議」が二〇〇五（平成十七）年に出した報告書でも、国や国会、司法、マスメディアなどと並んで、皇室が隔離の固定化に果たした役割にもふれている。

金平輝子《かねひらてるこ》・検証会議座長は同年十月三日、御所に招かれて皇后に報告書について説明した。小応接室で余人を交えず向きあった卓上には千五百ページに及ぶ報告書が置かれてあり、労をねぎらわれたという。

「元患者の人たちについて『皆さん本当に大変な思いをされ、一人ひとりいろんな思いで生きてこられたのでしょうね』と気遣われ、『これから私にできることは何かしら』と何度か問いかけられたのが耳に残っています。政策課題としてとらえるのではなく、一人ひとりの元患者に寄り添って考え、心配なさっているご様子でした」

二〇〇四（平成十六）年十月二日、香川県を訪れた天皇、皇后は高松市内の社会福祉総合センターで大島青松園の入園者らと懇談した際、高見順賞を受賞した詩人塔和子（当時七十五歳）と顔を合わせている。十一歳で発病、十三歳で入所し、家族から離されてからずっと同園で生きてきた。

皇后は「ご本を送ってくださってありがとう。読ませていただきました。お元気で今も詩を書いておられますか」などと笑顔で語りかけた。塔の詩集のなかでも「胸の泉に」という詩が好きだとも明かしたという。

かかわらなければ
この愛しさを知るすべはなかった
この親しさは湧かなかった
この大らかな依存の安らいは得られなかった
この甘い思いや
さびしい思いも知らなかった
人はかかわることからさまざまな思いを知る
子は親とかかわり

親は子とかかわることによって
恋も友情も
かかわることから始まって
かかわったが故に起こる
幸や不幸を
積み重ねて大きくなり
くり返すことで磨かれ
そして人は
人の間で思いを削り思いをふくらませ
生を綴る
ああ
何億の人がいようとも
かかわらなければ路傍の人
私の胸の泉に
枯れ葉いちまいも
落としてはくれない

少女時代に肉親ら近しい人たちとの絆を絶たれ、故郷からも切り離された人の作品と知ると胸を衝かれる。半面、透徹した潔《いさぎよ》さと強さも感じる。

二〇〇七（平成十九）年四月、和子の生まれ故郷の愛媛県西予《せいよ》市では、全国の愛読者らからの請願もあって、「ハンセン病隔離の歴史と人権の大切さを学ぶ」として塔和子文学碑が建てられた。碑文に和子はこの詩を選び、全文が刻みこまれている。二〇一三（平成二十五）年八月二十八日死去。享年八十三。

富美子と美智子

明仁皇太子は三歳で両親から引き離されて育った。十二歳で疎開先の日光から帰京したが、その後も赤坂離宮、学習院中・高等科の小金井《こがねい》分校、そして渋谷区の常磐松《ときわまつ》（現常陸宮邸）、目白の学習院寄宿舎と「独り住まい」が続いた。

生涯の伴侶に選んだのは、館林《たてばやし》、軽井沢での疎開を経験した同世代の正田美智子だった。皇太子がなにげなく発した「家庭を持たずには死ねない」との一言が、美智子に生涯をともにする決心を後押ししたとも伝えられる。初めての「平民」からの皇太子妃だった。

国民の慶祝ムードの陰に、正田家にはさまざまの苦労もあったとされる。筆者も皇室担当となって美智子妃の母富美子《ふみこ》の話をいつか聞きたいと思っていたが、富美子はすでに病気がちで正田家のガードも固く、かなわなかった。病状が深刻になったと聞き、一九八八（昭和六十三）年五月十四日、富美子の実弟の元東京銀行監査役副島呉郎《そえじまごろう》の三鷹市の自宅を訪ねた。以下は副島の話である。

一昨年暮れか昨年初め、私の家内がアルツハイマー病で寝たきりとなり、見舞いに来てくれたのが姉と会った最後です。姉は昨年五月ごろまでは外出していましたが、腰から背中にかけて痛みはじめ、七月に入院し、一ヵ月ほどで退院してから自宅療養していましたが、九月に再入院しました。加齢で頸骨や脊椎が変形して神経が圧迫され自律神経に変調をきたして肺炎などにつながったそうで、治療が難しいようです。

皇太子ご夫妻のご成婚当時、私は小樽市の東銀北海道支店に勤務していたので、経緯をつぶさに知っているわけではありません。しかし、皇太子妃のお話を受けるかどうか迷っていたころの姉の苦しみは、とても見ていられないほどのものでした。美智子さんは英国に留学する話もあったようですが、東宮参与の小泉信三《こいずみしんぞう》さんからお話があって、それどころではなくなった。驚いて相談を重ねたが、とてもお返事ができず、冷却を、と美智子さんを外遊させた。バタバタとビザをとって。ところがロンドンに着くと日本大使館員が出迎え、王室並みの扱いにすっかり困惑したそうです。逃げ出したつもりが器のなかだったということですね。そこで予定を早めてニューヨークに渡り、私の義弟が東銀ニューヨーク支店に勤務していたので彼にエスコートしてもらったのです。帰国すると美智子と富美子は逃げ隠れるように二人だけで話しあいを重ね、とことん話しあった結果、たとえ親子の関係が切れたとしてもお受けするとの結論に達した。もちろん、最終的に美智子の決心を固めたのは皇太子殿下からの電話だったのでしょうが、富美子は美智子の気持ちが固まるのを我慢づよく待ったのです。富美子がげっそり痩せたのを思い出します。

娘を皇室に嫁がせた姉の苦労は想像を超えるものがあったはずです。しかし、姉は私たち肉親に対してすら、その苦労も喜びも、おくびにも見せませんでした。それほど自分に厳しい人でした。

姉は子どものころから私たち兄弟を実によくまとめてくれました。相手の置かれた状況、心理をよく見て、相手にとってもっともよいことは何かを考えて行動する。言葉で説教したりするのではなく、目立たずに。「そんな点にまで気を遣ってくれていたのか」というところがありました。私が東銀を退職する前に病気したら、忙しいなか、よく見舞ってくれました。「ついでに来ただけよ」と言いながら。私の家内を見舞いに来ると、私が家内の看護をしていることを「奥さんも幸せね」と、間接的に励ましてくれました。私たち姉弟がずっとなかよしでいられたのも、姉のおかげだったと思っています。

「穏やかに暮らせるのがいちばんよ」というのが、昔からの口癖でした。

皇太子妃となった娘を持った姉の苦労、心労は、東宮ご一家が幸せそうになり、国民の敬愛が深まれば、それだけ増したのではないでしょうか。ますます「自分たちが足手まといになってはいけない」と。娘がそういうお立場になられた以上、何につけても目立たないことがいちばんと、じっと静かに、秘かに見守り、多幸を祈るという気持ちで生活していたと思います。ただ、その苦労があってこそ、自分の娘が多くの人々に信頼され敬愛されていることに、それなりの生き甲斐と、限りない満足を覚えていたのではないでしょうか。

私はずっと、美智子さんは皇太子妃になるべき星の下に生まれたのだった、必然だったと思っています。小学校六年生のころに、私の家に来て、庭のバラを見て「叔父さま、陽に当たっているバラってすごくきれいね。でも、日陰になっているバラもあるからよけいにきれいに輝いて見えるのね」と言われて、衝撃を受けたのがずっと忘れられません。陰になっているものにまで目を向ける洞察力がすごいと思ったのです。

姉のよいところを美智子さんが受け継いだ……というより、姉の抱いていた理想像が結晶した姿が美智子さんだったのではないかと思っているのです。その意味では、美智子さまは日なたに輝くバラ、富美子は陰で支えるバラだったのだと思います。

こんな思いがあったので、私などはご成婚の際に知人らに祝福されると「瑞雲がたなびけば、その下は曇りですよ」などと答えていたものです。

東五反田の正田の家は、結婚の話が進んでいるときに一度、そして皇太子が来られるというのでもう一度、玄関や車寄せを手入れしたようです。その後、古くなったので、改築というより、ほぼ全面建て替えしたのですが、まったく同じ形、同じ色の建物を造ったといいます。皇太子妃の実家を当時のまま残すということと、様変わりした新築だと世間から何を言われるかわからないとの気遣いもあったのではないでしょうか。そんなところにまで気を遣っていたのです。

ただ、世間では富美子、美智子の気苦労ばかりが喧伝されていますし、たしかにその苦労はたいへんなものだったけれども、私の知るかぎり、皇太子殿下、東宮職、皇室の、あの母娘に対する心配りは想像よりなされていたし、親子関係は篤く扱われていたと思います。

美智子妃への国民の敬愛が膨らめば膨らむほど、姉の責任感、使命感、そして負担も増えていったと思います。そして姉はそれに耐え抜いたと思います。私の好きな言葉なのですが、英国のネルソン提督の最期の言葉で「I have done my duty.」というのがあります。晩年の姉の心境もきっとそうだ、心残りはないんじゃないかと、私は思っています。

筆者が副島から話を聞いた二週間後の一九八八年五月二十八日、正田富美子は亡くなった。享年七十八。このとき、美智子皇后が詠んだ歌――。

四照花《やまぼうし》の一木《ひとき》覆《おほ》いて白き花咲き満ちしとき　母逝き給ふ

品川区東五反田五丁目の正田邸は、父正田英三郎・日清製粉名誉会長が一九九九（平成十一）年に亡くなって国に物納され、建物は取り壊されたが、跡地は同区が無償で借り受け「ねむの木の庭」公園として整備して二〇〇四（平成十六）年から開放している。四照花も植えられ、その木の下のパネルにこの歌が刻まれている。

天皇が問う皇太子の覚悟

二〇〇八（平成二十）年十一月、現天皇に不整脈や胃腸炎の症状がみつかった。主治医は「長年の心痛による」との見立てを発表した。

これを受けて羽毛田信吾《はけたしんご》宮内庁長官は十二月十一日、天皇について「国内外の厳しい状況を案じ、これに加えて、将来にわたる皇統の問題をはじめとし、皇室に関わる諸々の問題を御憂慮の御様子」と述べ、所見を表明した。具体的な柱はすべて皇太子、皇太子妃に関するものだった。
①「天皇、皇后は皇太子妃が公務しないことが不満」などの記事を散見するが、皇太子妃が病気と診断されて以来、その類の言葉を伺ったことは一度もない
②皇太子夫妻の健康管理を天皇、皇后はずっと心配しており、誰かが責任を持ち、守ることを願っている
③皇太子妃の病気の性格から健康管理の責任が不明確になっており、今後は東宮医師団の責任とする
——との趣旨だ。

強烈だったのは、皇太子妃の適応障害について「皇室そのものが原因」とか「皇太子妃がやりがいのある公務をできるのが快復の鍵」との論が出ていることに対し「皇室の伝統を受け継がれ

て、今日の時代の要請に応えて一心に働き続けてこられた両陛下は、深く傷つかれた」と明言したことだ。公務、祭祀について天皇、皇后は担当者と考えつづけているが、公務見なおしを求めた皇太子からいまだに具体的提案がないとも述べた。異例の長官発言は、天皇、皇后の心労がそれほど切羽詰まっていたことを物語る。

二〇〇九（平成二十一）年一月七日の昭和天皇二十年式年祭。皇太子妃は発病後、宮中三殿の祭祀にはいっさい出席していなかったが、皇后の名代を求められて、五年三ヵ月ぶりに伝統装束で参拝した。

一連の経過を見て、思い浮かんだのは、評論家亀井《かめい》勝一郎《かついちろう》が終戦の「玉音放送」に接したとき、啓示のように聞いた「太古からの伝統の声」のことだ。

一九四五（昭和二十）年八月十五日の「玉音放送」は、国民が初めて聞いた昭和天皇の肉声だった。

治安維持法違反で投獄されたこともある亀井は、第二国民兵として竹槍の軍事教練を受けている最中に聞いた。

私は生まれてはじめて、祖国の至高にして最美なる言霊の調べを千古を貫く伝統の不可思議を味つたのであります。天皇と申し上げつつも、その御声さへうかがひ拝することの出来なかつた我々に、この日陛下は一挙に身近く迫られました。

（一九四七［昭和二十二］年刊『陛下に捧ぐる書翰』）

陛下が即位されてから二十年の間、天皇の尊厳はくりかへし叫ばれ、国民こぞつて崇拝申し上げてゐた筈なのに、陛下は益々遠い御存在のやうに感じられ、親しくおよびすることなど思ひも及ばなかつたのであります。陛下と我々国民を隔絶の状態に導いたものの実体についてはここで申し上げますまい。（同）

天皇とはかくのごとき存在であったのか。これこそ大和言葉というものなのか──。

しかも、そのために払った国民の犠牲は致命的なものでありました。日本は一切を失った、そして陛下を得た。（略）八月十五日は、不思議な敗北の日でした。（同）

一方で亀井は、一九四五年の新年に発表されていた天皇の歌を知り、その孤独に慄然とする。

風寒き霜夜の月に世を祈るひろまへ清く梅香るなり

戦乱の渦中、寒風の吹く霜夜の月に独り祈るしかない天皇の「悲哀の極み」を感じとった亀井は「天皇と国民の隔絶」をもたらしたものを思い、天皇に向かい叫ぶ。

一切の儀礼は去りました。一切の形式は破壊されました。陛下に対する感情において、今や強制的な何ものもありませぬ。愛はその帰るべきところに、はじめて帰つたと申せませう。

即ち我々の心の裡に。　（同）

亀井は、万葉の時代の、君と民との隔たりのない親愛の蘇生を見たのだった。

戦後、連合国軍総司令部による占領と民主化策によって、国家神道体制は解体された。天皇の「人間宣言」、戦後巡幸、憲法の政教分離原則も、歴史のもたらした必然だったのかもしれない。しかし、皇室が温存されるなかで、宮中の儀式や祭祀はほとんど手つかずで残された。明治末から大正初めに制定された皇室祭祀令などの旧皇室令は、帝国憲法とともに失効したが、他に拠るべきものがないとして、そのまま現在までもおおむね踏襲されているからだ。

そして今、皇統の継承、儀礼の継承などで皇太子妃が「適応障害」に苦しみ、皇太子が対処を問われる事態となっている。

筆者は「『米国の寛容』によって残った、天皇という『オリーブの木』。今後、どのような役割を担えるのか。『伝統』を批判的に踏まえ、また未曾有の敗戦と犠牲からの再出発の軌跡を問いなおしつづけることからしか答えは見出せないのではないだろうか」と書いた（一二一ページ）。象徴天皇制はそこから生まれたからだ。

亀井は「天皇とは、民族における人間悲劇の至高なる表現」と記している。たとえば法隆寺、薬師寺、東大寺の三大勅願寺は天皇の人生苦の一大記念物であると。

一軀の菩薩像、一本の柱、また礎石、それらの下に白骨と化した古人の悲痛が眠つてゐる、史書はこれを静かに喚び起し、亡霊の言葉を伝へるのであります。陛下の遠き御祖《みをや》の霊《みたま》は、

血族の相剋と、民の窮乏と、自然の暴威と、それらの諸々の不安を告げ給ひ、また渾身の御祈念を洩らさるのであります。（同）

皇室取材では、多くの年老いた人びとの逝くのに立ち会う。過去を語ってもらいたい人たちが、引き留める術《すべ》もなく次々に旅立ってゆく。夜の首都の光の底に横たわる森閑とした皇居を見ると、黄泉《よみ》の国に通じる「黄泉比良坂《よもつひらさか》」（古事記）の入り口のように感じる。死者たちは「歴史」だった。

一介の記者にしてこの思いならば、天皇、皇后の思いは想像を超えるものだろう。それだけに次代への継承は形式論ではすまない、容易ならぬものだろう。

時代の流れに敏感に寄り添って歩んできた現天皇の「将来にわたる皇統の問題などへの憂慮」は、血の継承としての世継ぎ問題を指すだけではあるまい。宮内庁長官発言は、公務見なおし問題などでの皇太子の言いっぱなしを暗に諫めた形だった。天皇は、重い責務と課題を負っていく皇太子夫妻の将来を案じ、その「心術」を問うているように思われる。

皇室は継承であり、祈りであるとすれば、天皇の祖先祭祀を丸ごと廃止すれば問題が解決するというものではないだろう。逆に、「伝統の継承」とは帝国憲法と国家神道の時代の宗教儀礼をそのまま踏襲することでもないだろう。

大きな転換期を迎えている時代とともに皇室が何を継承し何を廃するのか——。根深い問題に向きあう皇室の危機感が、天皇の「心痛」の底に横たわっているように思う。

よみがえる光厳天皇

皇位を担う覚悟について、天皇が直々に皇太子に訓戒した「帝王学」の書として有名なのが『誡太子書《かいたいしのしょ》』だ。鎌倉時代、歴代きっての文化人とされる花園《はなぞの》天皇が甥の皇太子量仁《かずひと》親王（のちの光厳《こうごん》天皇）の元服の際に贈った。南北朝の争乱前夜の危機感にあふれ、格調高くも峻烈だ。

苟《いやし》くも其の才無くんば、其の位に処《お》るべからず、人臣の一官も、之れを失はゞ猶ほ天事を乱ると謂ふ。（略）慎まざるべからず、懼《おそ》れざるべからざる者か。而るに太子は宮人の手に長じ、未だ民の急を知らず。常に綺羅《きら》の服飾を衣《き》、織紡の労役を思ふこと無し。鎮《とこしな》へに稲粱《とうりよう》の珍膳に飽き、未だ稼穡《かしよく》の艱難を辨《わきま》へず、国に於て曾て尺寸《せきすん》の功無く、民に於て豈《あ》に毫釐《ごうり》の恵み有らんや。（略）徳無くして謬《あやま》りて王侯の上に託し、功無くして苟しくも庶民の間に莅《のぞ》む、豈に自ら慙《は》ぢざらんや。

（岩橋小弥太『花園天皇』）

そして、わが国は「皇胤《こういん》一統」で「異姓簒奪《いせいさんだつ》」の恐れはないと愚人は言うが、大いなる誤りであるとして安易な姿勢を戒め、数年の内にも「国日に衰へ、政日に乱れ、勢必ず土崩瓦解《どほうがかい》に至らん」と予言。天皇たる者、学に励み、徳を磨き、祭祀を大切にして厚徳を百姓に加えよと説いている。

明治末、『南北朝正閏論争《せいじゅん》』の結果、南朝が正統とされたことで、光厳はじめ北朝の五代の天皇は偽朝とされ歴代からも抹消された。昭和の軍国主義の時代には南朝の忠臣の「楠公精神《なんこう》」「七生報国《しちしょうほうこく》」が戦意高揚のため鼓吹《こすい》され、北朝は現天皇家の祖であるにもかかわらず忘れ去られていた。

このところ、花園の訓戒を体して乱世を生きた光厳天皇の生涯を深い共感をもって描く著作が相次いだ。

その一は『地獄を二度も見た天皇　光厳院』（吉川弘文館、二〇〇二年十二月）。著者の飯倉晴武《いいくらはるたけ》は、満洲で関東軍立の全寮制の中学校に在学し、楠木正成《くすのきまさしげ》を尊敬する軍国少年だったが、敗戦の「土崩瓦解」を経験して史学研究を志した。宮内庁書陵部で首席研究官。伏見宮家から書陵部に寄贈された宸筆《しんぴつ》『誡太子書』のコロタイプ版の出版で解題を担当したのをきっかけに、研究を深めた。あとがきに、光厳天皇が経験した南北朝争乱の血なまぐさい状況は「満州における開拓団の悲劇や、祖国の保護を受けられなくなった多くの日本人を思い出す」とある。「理想を実現しようとして、半ばに足をすくわれ、それだけでなく人生において地獄ともいうべき情況に突き落とされながら、すべてを空と感得するようになった彼をいつか書いてみたいと念願していた」。

その二は、『光厳院御集全釈』（風間書房、二〇〇〇年十一月）。

著者の岩佐美代子《いわさみよこ》の名に出会ったのは、二〇〇四（平成十六）年から二〇〇五年にかけて紀宮《のりのみや》清子内親王《さやこないしんのう》の婚約、結婚を取材していて、『内親王ものがたり』（岩波書店、二〇〇三年八月）を手に取ったときだ。紀宮を筆者は学習院女子中等科生のころから取材し成長過程を見てきたが、長じてからの公務ぶりといい、和歌、文章の筆力といい、並々ならぬ力量に感服し、「内親王とは何者なのか」との問いが胸中に芽生えていた。

岩佐は同書で「千二百年近い『内親王』の歴史をたどって来て、改めてその中に脈々と流れる、一貫した明らかな個性を感じます。気品、大らかさ、やさしさと、その下にキラリと輝く聡明さ、大胆さ、いざという時に発揮される、何物にもたじろがず自己主張し得る勁《つよ》さ。（略）他の生れ、育ちの女性とは異なる、伝統に培われた特性だと存じます」と述べている。

まったくそのとおりだと感じた。それにしても、この著者は何者なのだろうか。鶴見大学名誉教授、国文学者。大学を通じて取材を申しこんだが、固辞の姿勢は堅く、会えなかった。

その岩佐が読売文学賞を受賞した著書が『光厳院御集全釈』だ。解説の過半を光厳の生涯の紹介にあてている。

鎌倉幕府の京都の拠点・六波羅《ろくはら》探題《たんだい》に擁されていた光厳天皇は後醍醐側の総攻撃で後伏見《ごふしみ》・花園上皇らとともに近江へと落ち延びるが、途中、悪党と呼ばれる地元の軍勢の攻撃などで当初は二千騎だった警護の武士は次々に討たれて七百騎に減り、光厳自身も逢坂《おうさか》の関近くで左肘に矢を受けた。伊吹山《いぶきやま》のふもとの番場宿《ばんばのしゆく》で矢もつきて進退きわまった六波羅側は、光厳らを敵手に渡さぬために害して自害することを議したが、総大将の探題北条仲時《ほうじようなかとき》が押しとどめ、武士たちだけで自害した。「都合四百三十二人、同時に腹をぞ切ったりける。血は其の身を浸して恰も黄河の流の如くなり、死骸は庭に充満して屠所の肉に異ならず」（太平記）との地獄絵だった。

後醍醐側に捕えられた光厳天皇は在位わずか一年十ヵ月で帝位を廃された。

その後、後醍醐の建武の新政が失敗すると、足利尊氏《あしかがたかうじ》が光厳院から追討の院宣を受けて楠木正成ら後醍醐勢を破り、光厳の院政を敷かせて南北朝時代となった。しかし足利氏の内紛で南朝方が京都を奪回し、光厳らは山城《やましろ》、大和《やまと》に拉致・幽閉され、光厳は失意の内に出家して禅宗に深く帰依。五十歳を迎えると旅に出て法隆寺に詣で、高野山に向かう途中、激戦で多くの血が流れた千早《ちはや》城・赤坂城近辺で戦死者を悼んだ。供は僧一人で、紀の川では院と知らぬ武士たちに川に落とされ膝に負傷する一幕もあったと太平記は伝える。

正平十九年（一三六四）、丹波《たんば》の常照《じょうしょう》寺で崩御、享年五十二。同寺（現常照皇寺）に安置される光厳の木像は胎内に花園院の遺骨を納めるという。流浪のなかでも、ずっと携えていたらしい。次の遺言を残した。

私の死後、世間なみの葬儀に人手を煩わしてはならぬ。そっと山の麓に埋めよ。その塚の上に松や柏が自然に生え、風や雲が折々に行き交うなら、それこそ私のよき友だ。もし山民村童らが手すさびに小塔でも建ててくれるなら、それもまたよい。このように言うのは、ただ皆の労力を省くためだ。（飯倉訳）

岩佐は記す。

光厳院は生れながらにして、この国の天皇たるべく教育され、不幸にも土崩瓦解の乱世の中に立って、誠実にその天命を果さんとし、類い稀な流離と幽囚を味わい、最後に民の不幸を我が責任として戦死者の慰霊贖罪を果した上、身分も愛憎もすべてを捨て去って、山寺の一老僧として生涯を閉じた。

そして付け加えている。

我が国歴代中、自らの地位に対して明白に責任を取る事を、身をもって実現した天皇は、光厳院一人であったと言っても過言ではない。

寸鉄人を刺すようなつぶやきである。飯倉には関東軍崩壊を見た原経験があった。岩佐とは何者なのか。さらに調べると、驚くべき背景があることを知った。

光厳帝に光を当てた岩佐美代子

北朝初代の光厳《こうごん》天皇は、叔父の花園天皇から帝王学を学び、有名な『誡太子書』を授けられた。しかし南北朝の争乱に翻弄され、数々の流血や虜囚を体験。深く禅宗に帰依して、晩年は戦乱の犠牲者たちの菩提を弔う旅を重ね一僧侶として生涯を閉じた。

歴代から抹消され忘れられかけていた光厳の生きざまや歌を、深い共感とともに掘り起こした『光厳院御集全釈』の著者・岩佐美代子は、ときに皇室に関し胸を衝くような寸言を記していた。紀宮清子内親王の婚約の取材の過程で『内親王ものがたり』を紐解いてみて、宮中という伝統世界への洞察力に驚き、著者の出自、背景を調べてみた。

一九二六（大正十五）年、民法学者・穂積重遠《ほづみしげとお》の次女として生まれた。父方の祖父は法学者・穂積陳重《のぶしげ》、同祖母は渋沢栄一《しぶさわえいいち》長女。母方の祖父は日露戦争の満洲軍総参謀長児玉源太郎《こだまげんたろう》。美代子は四歳のときから昭和天皇の長女照宮成子《てるのみやしげこ》内親王の「お相手」の一人として、学習院や皇居内の呉竹寮《くれたけりょう》（内親王御殿）、葉山御用邸などでともに過ごし、一九四三（昭和十八）年に成子内親王が東久邇宮盛厚王《ひがしくにのみやもりひろおう》に嫁すまで仕えた。戦前・戦中の宮中の空気に接して育ち、成子内親王が一九六一（昭和三十六）年に早世してからも愛慕は変わらないようだ。敗戦時、真っ先に疎開先の伊香保《いかほ》から昭和天皇、香淳皇后の元に駆けつけた成子の「東宮姉の気概」を内輪の講演で明かしている。

医師の岩佐潔に嫁いでから独学で北朝の和歌の流派「京極派《きようごくは》」を研究した。京極為兼《ためかね》、伏見院、永福門院《ようふくもんいん》、花園院らの歌や光厳院親撰の『風雅《ふうが》和歌集』などを注釈。それまで軽んじられがちだった北朝方の天皇や側近たち、また中世女房日記の味わいを世に紹介しつづけている。その底には帝国憲法にはめこまれた皇室の顔の裏で脈々と受け継がれていた宮中の香りの記憶があったようだ。

「宮廷の事は親にも語らぬもの、我が子にも強いて聞かぬもの。それが私共の育った社会のたしなみ」

「しかし、今日のように宮廷も一般社会も全く変容してしまった時代においては、私のように古風なお宮仕えを体験して、しかも国文学者になった人間、というのは、いわば佐渡のトキのようなもので、早晩絶滅し、再びあらわれる事はございますまい。それゆえにこそ、さまざまの意味での強い抵抗の思いを排して、あえて語り出そうとするのでございます」

（一九八七〔昭和六十二〕年、鶴見大学での講演会から）

中古の女房たちが日記や歌、物語などに残した宮廷の哀歓を、昨日のことのように実感をともなって読み解ける素地となったのだろう。そのような宮中の「空気」を歴史とともに語り記録できる人は、この上なく貴重な存在だろう。

もうひとつ岩佐の背景を知って驚いたのが父・穂積重遠の存在だ。

一九四五（昭和二十）年八月十日、ポツダム宣言受諾の御前会議が終わると、宮内省は奥日光に疎開中の皇太子（当時十一歳の現天皇）のために同日付で侍従職から独立した東宮職を新設した。反乱軍や進駐軍によって昭和天皇に万一のことがあれば独自判断で皇太子を擁して逃亡・潜伏し皇統を守るためで、近衛師団の部隊配置まで想定されていた。最高責任者の東宮大夫兼東宮侍従長に発令されたのが穂積重遠だった。男爵であり貴族院議員ではあったが、東大法学部の一教授。この人事は昭和天皇の決断だったのだろうが、なぜ穂積なのか――。

　昭和天皇は奥日光の皇太子にあてた手紙で「穂積大夫は常識の高い人であるから　わからない所あつたら　きいてくれ」（九月九日）と書き、香淳皇后は「穂積はご承知でせうが　東宮さんのお生まれになる前から　毎週一度ずつ　いろ〱のおはなしをして　きかせてもらつてゐました　いいおはなしをいろ〱　してもらつたらいいでせう」（八月三十日）と書いている（橋本明『平成の天皇』）。

　穂積は独・仏・英の欧州諸国や米国へ留学中に第一次大戦の戦乱を実見している。関東大震災では被災者救援のため、同僚の末弘《すえひろ》厳太郎《いずたろう》とともに学生救護団「東大セツルメント」の設立と指導にあたった。法律は法曹と学界の狭い世界のものではなく、社会教育によってこそ法治国家が守られるとの考えだったという。

　漢籍の造詣も深く、歌舞伎、落語や川柳にも通じた趣味人であり、座談の名手でもあったようだ。美代子は幼いころ、父の三代目小さんばりの落語や浄瑠璃本、膝栗毛などの読みきかせが楽しみだったという。

　奥日光・湯元の南間ホテルに疎開していた皇太子の元に着任した穂積の初仕事は、八月十五日、天皇の「玉音放送」を皇太子とともに聞き、解説することだった。

やがて穂積東宮大夫は、いたわるように殿下のおそばに近づいて、自分も隣にすわって（御座所は日本間であった）ものしずかに孫をさとすような調子で、ただいまのご放送の内容をご説明申し上げ、とくに戦争に負けて終戦となったが、日本国が滅びたのではない、日本はこの敗戦のあらゆる困難を克服して、再びその存立を確実にし、繁栄をとり戻さなければならないのである。この日本再建の時代に際会された殿下のご責任と、ご任務は、まことに重大である。どうかいたずらに悲嘆にくれることなく、専心ご勉学にはげまれて、きょうの悲壮なご決意を一生お持ち続けになり、明天子におなり遊ばしますようにお願い申し上げる、というような意味のことをお話しされた。

（高杉善治『平成の天皇　青春の日々』）

岩佐は光厳院に特別の関心を引かれた理由のひとつとして「遠くは光厳さん、近くは現天皇、このお二人が、少年期の春宮時代に、軍隊式でない、しかも非常に意識的な帝王教育を周囲から受けられた明白な例」と述べている。

敗戦の時の事を考えますと、全く先の見通しが無い。天皇制だってどうなるか分からない。その中で、少年東宮に父がお教え申し上げましたのは、『論語』の精神による全人的な人格教育ということでございました。（略）まさに花園さんと、同じなんですね。（略）いかに古く、観念的・抽象的であろうとも、その時、土崩瓦解の時勢の中で、それ以上の方法は、父には考えられなかった。父は『誡太子書』の事は知りませんでしたけれども、期せずして花園さんの春宮教育と一致するところがございました。

（一九九一年、駒澤大学国文学大会での講演）

土崩瓦解の中で成長なさいました東宮さんが、今こういう繁栄の中の天皇でいらっしゃるというのは、大変おめでたいことですけれども、でも日本はこの繁栄の中で、いつの間にか土崩瓦解に向っていないとは、誰にも断言できないと思います。天皇さまは、御先祖にこのような天皇がいらしたという事を、ご存じではいらっしゃいましょうけれども、どうぞ今後とも心して頂きたいものだと、私は秘かに思っております。（同）

歴史とは人間の縁《えにし》が織りなすものだということが、岩佐の行跡を追ってあらためて感じられる。

岩佐が紹介する光厳の歌に天皇としての心境を詠んだものもある。

さむからし民のわらやを思ふにはふすまのうちの我もはづかし

神にいのる我ねぎ事のいささかも我ためならば神とがめたまへ

今、皇室について岩佐がどう思っているか、聞いてみたいものだ。おそらく前回と同様に固く断られるのだろうが。

皇太子と『誡太子書』

鎌倉時代、花園天皇が光厳天皇に与えた『誡太子書《かいたいしのしょ》』と、南北朝争乱を誠実に生きた光厳の生涯を紹介したところ、皇太子が、二〇一〇（平成二十二）年二月二十三日の誕生日を前にした会見で『誡太子書』に言及した。

歴代天皇のご事蹟を学ぶ中で、第九十五代の花園天皇が、当時の皇太子――のちの光厳天皇にあてて書き残した書に、まず徳を積むことの重要性を説き、そのためには学問をしなければいけないと説いておられることに感銘を受けたことを思い出します。（略）『学問』とは、単に博学になるということだけではなくて、人間として学ぶべき道義や礼儀をも含めての意味で使われた言葉です。私も、五十歳になって改めて学ぶことの大切さを認識しています。

また、父天皇が五十歳の誕生日会見で語った「忠恕《ちゅうじょ》」の精神について『『忠恕』とは、自分自身の誠実さとそこから来る他人への思いやりのこと」「他人への思いやりの心を持ちながら、世の中のため、あるいは人のために私としてできることをやっていきたいと改めて思っております」と語った。

一方、愛子内親王について「学校生活にも、すっかり慣れて毎日楽しんで通学しています。学校の先生方やお友達にもとてもよくしていただいていることを有り難く思います」と述べていた。

その誕生日からわずか十日後、愛子内親王の不登校と、その原因が母校学習院初等科二年の同級生たちにあるとの東宮職の発表があると誰が予想できただろうか。

三月五日、野村一成東宮大夫が、内親王は「登校に強い不安感」を表明し欠席していると発表。「同じ学年の別の組に、乱暴なことをする児童たちがおり、宮さまを含め他の児童に乱暴しているることが原因であると判断しました」と述べたのだ。ニュースは国内のみならず、海外にも駆けめぐった。

学習院側も常務理事が急遽会見し、学校側の調査結果と見解を発表せざるをえなくなった。

①隣のクラスで昨年、一部の男児に乱暴な振る舞いがあったが、教員を加配し昨年十一月には収まっていた

②三月二日、四時限だけで早退しようとしていた愛子内親王が、廊下に勢いよく飛び出して来た男児に驚き、以前の怖かった体験を思い出したようだ

③愛子内親王を直接のターゲットにした乱暴や暴言などはなかった、と。

その後も、波多野敬雄院長や元初等科長らが積極的に取材に応じ、愛子内親王自身や家庭の養育にも課題があると示唆している。雑誌などでは、相手児童を事実上特定して「学級崩壊」や乱暴行為などと書きたて、愛子内親王にも粗暴なふるまいや敏感すぎる面がある、といった報道も乱れ飛んで、学習院初等科に右翼の街宣車が押しかけるという前代未聞の事態となった。

筆者が、ある同級生男児の家族の話を聞くと「うちの子も大声を出したり走りまわったりカバンを投げたりする。一瞬うちの子ではと青くなった」と語っていた。くだんの男児や家族、教育現場に深いダメージを与えたことは間違いない。修復にはかなりの時間がかかるのは必至だろう。

皇族が学習院で同級生らにいじめめいた目に遭った例は以前からいくつも聞いていた。たとえば紀宮清子内親王にも初等科高学年のときにそのようなことがあったようだ。当時を知る関係者は「いくら東宮職が『普通の扱いを』と申し入れていても、つい下校時に教職員が見送るなど、特別扱いの空気が漂い、それが遠因となったようだ」と言う。しかし両親の天皇、皇后（当時の皇太子夫妻）は黙って見守る姿勢を崩さず、学校側もさまざまに配慮をこらすなかで、同級生の一部が自発的に内親王と「いじめっ子」グループの間を取り持つなどして自然に子ども同士で仲直りしたという。

むしろ問題は、十重二十重《とえはたえ》に護られ特権を享受している皇室の側が誰かを告発するような発信をすると、相手を窮地に立たせ、ひいては皇室側も傷ついて国民の敬愛を蝕むことだ。まして、今回はわずか八歳の同級生らと、歴代天皇・皇族が世話になってきた母校が対象となった。

天皇・皇后は九日、報告に出た東宮大夫に「いずれかが犠牲となることのないよう配慮を」と伝えたという。「犠牲」という深刻な言葉を使ったことに憂慮の深さがうかがえる。

発表の翌日にアフリカ訪問に旅立った皇太子の留守中の三月十二日、野村大夫は一連の騒動について「批判があるのは承知している。心苦しく思っている」と表明。天皇、皇后から相手方に配慮した発信があったにもかかわらず、皇太子夫妻の沈黙が続くことを問われ、「殿下は考えておられると思う」とくりかえした。

皇太子が帰国して五日目の十九日、ようやく皇太子夫妻のコメントが発表された。

愛子が学習院初等科をお休みしたことにつきまして、国民の皆様にご心配をおかけしており、私たちも心を痛めております。（略）学校ですでに色々な対応策を考えて頂いているところであり、今後もよく相談しながら、よい解決を見いだしていかれればと思っております。また、天皇、皇后両陛下を始め、皆様から様々なご配慮を頂いていることを、心からありがたく思っております。


相手児童や母校関係者を慮《おもんぱか》る言葉はなかった。東宮の発表が混乱の引き金となったのを認めることになるからだろうか。それにしてもみごとなまでの紋切り型で、木で鼻をくったような印象は否めない。

今回の一連の東宮の動きには既視感がある。懐妊報道への激しい非難、雅子妃の外国訪問が難しかったことへの不満表明、「人格否定」発言……。

いずれも東宮側が「私たちはひどいことをされた」と告発し、メディアが「犯人探し」に走る構図だ。憶測が広がり、傷つく人が増えても、皇太子夫妻からフォローする発信がなく、歴代の東宮大夫らがきりきり舞いさせられるのも同じパターンだ。東宮大夫の責任は重いが、夫妻の意を体して動いたためであろうから、むしろ同情を禁じえない。

二〇〇四（平成十六）年二月、筆者が皇太子の誕生日会見で「天皇・皇族に私《わたくし》なし」という伝統的な考えかたをどう思うかと質問した際、皇太子はこう答えてくれた。

いずれにしても、国民の幸福を一番誰よりも先に、自分たちのことよりも先に願って、国民の幸福を祈りながら仕事をするという、これが皇族の一番大切なことではないかというふうに思っています。

この気持ちに嘘はないのだろう。しかし言葉が上滑りして実行をともなっていないのではないかと思わざるをえない。あるいは皇室という環境に適応できず精神疾患を抱える雅子妃に引きずられているのだろうか。

『誡太子書』を拳々服膺し、花園天皇の遺骨を生涯大切に抱いて波乱の生涯を送った光厳天皇は、こんな歌を残している。

ことの葉のかずかず神の見そなはばのちの世までのしるべともなれ

綸言汗《りんげんかん》のごとしという。天皇、皇太子の言葉は歴史に刻まれる。皇太子は父祖天皇の心地《しんじ》にあらためて思いを致してもらいたい。

山折哲雄の皇太子退位論

山折哲雄《やまおりてつお》（宗教学者）の論文「皇太子殿下、ご退位なさいませ」（『新潮45』二〇一三年三月号）が波紋を広げている。筆者との対談（『週刊朝日』二〇一二年十一月二十三日号）での提言を同誌編集部の求めで詳述した。「不敬」との反発が巻き起こる一方、「よくぞ言った」との賞賛の声もあがって、同誌同号は完売・増刷の売れゆきだったという。

昨秋の京都での対談は、歴史・伝統談義から天皇葬儀などの皇室儀礼など幅広く五時間以上に及び、『週刊朝日』に収録できたのは一部にすぎない。問題の山折発言も、文脈をはしょって盛りこまれた。対談の相方として言っておかねばならないと思うのは、山折の真意は、むしろ「皇太子夫妻を救いたい」との同情だったということである。ただ、そんな山折があえて「退位」を勧めたところに、事態の深刻さを思う。

対談の文脈をあらためて紹介し読者の理解を求めたい。

山折　私は、政治権力は天皇という宗教的権威に対して口を差し挟まない、宗教的権威の方は政治権力の批判をしない、そういう併存関係が、安定的に定まったのが一〇世紀ごろではないかと思う。戦後民主主義の時代における象徴天皇制のあり方も共通していると思うんですよ。戦後まもなくの段階では、戦前の苦い記憶もあって、民主主義と天皇制は矛盾・対立するものだと考えられていた。それが六十年経つうちにだんだんと調和の関係になって来ましたね。ところが、そうなると、戦後の象徴天皇制下において皇室の家族のあり方が難しくなってきた。宮中儀礼と一体化した「象徴家族」としてのあり方。それと民主主義の価値観に基づく「近代家族」というあり方とが矛盾し始めている。

岩井　東京のスカイツリーは大震災でもビクともしなかった。五重塔の免震構造を取り入れていて、中心の軸はあるけれども、他の部分も支え合って振動を消す。あの構造と似たところがある。やっかいなのは、明治の時代に中心軸は神道だといい、神道以外は排除したため、現在の皇室のお祭りはみんな神道なわけです。皇室の歴史を振り返ると、もっとおおらかで懐が深い。仏教に傾いた時代もあったが、神道的なものも捨てず、儒教なり道教なりの要素もある。心柱《しんばしら》としての天皇あるいは皇室は、宗教的なものを超えて国民と柔軟につながってゆく。古人《いにしえびと》の知恵というかソフトパワー。ただ、これから近代的な個我を持った方たちにどのように心柱の役割を果たしてもらうのか――。

山折　京都から東京に出て来て皇居をひと回り散歩すると、周りには何もない。楠木正成と和気清麻呂の銅像だけです。京都御所の周りには色んな神仏が祭られ、多神教的な世界を構成している。災害の世紀を迎え、東京直下型地震の怖れもあるし、天皇さん、京都にお移りになったら、という提案を私は前からしている。

岩井　ずっと京都に根ざしていたものが接ぎ木されて東京にいる。そこで生まれ育った皇族さんたちに伝統をどれほど受けついでもらえるのか。平安遷都千二百年、平城京遷都千三百年、源氏物語千年紀、古事記千三百年。そして千年ぶりの大震災が起きた。自然とともに生きつつ、都会に労働力を吸い取られ、原発という危険なものを引き受けていた人たちが悲惨な運命に直面した時に発揮したのは、我々が忘れかけていた日本人の姿だった。都会に住む人間も、家族、共同体、社会のあり方を考え直すべき時期かもしれない。

山折 何度か被災地に行って抱いたのは、これだけ悲劇的な状況に遭いながらも絶望には追い込まれていないという実感。ここに日本人の希望のようなものがあると。

岩井 将来の皇室のあるべき姿は今後どう変化していくのか。皇太子夫妻の時代には象徴家族、カリスマというものも薄れていくのではないですか。

山折 放っておくと、皇室もイギリス王室の世界に段々近づいていく。プライベートな世界、スキャンダルもどんどん暴露され、王室の存続を脅かしていくという。象徴家族というものは対外的にも対内的にも国の窓の役割なのだから、最小限の祭祀はやっていかなければいけない。近代家族の側面は余り表に出さない配慮も必要だと思う。

岩井 メディアは、皇室といえども人間として様々に伝えるのが役割です。天皇・皇后も長い道のりを経て一つの成熟の姿に辿り着いたように見える。人間だから、初めは象徴の役割と近代的な個我との間の葛藤や、色んな逸脱とか悩みとかもある。そんな模索の歩みも国民に伝わるべきではないか。例えば昭和三十四年に皇室入りした「正田美智子さん」が今、この時代へ辿り着き、皇后として被災者たちに声をかける。同じ時代をともに生きたというものが大切では。雅子妃の場合、象徴家族というエリアに対する適応困難が深刻ですね。じゃあ、象徴家族の役割は雅子妃のためにもうやめたらどうだという。欧州王室並みにカメラをシャットアウトしてニースで遊ぶなど自由に生きるべきだと言う人もいる。そんなことは絶対許せないと怒る人もいる。英国に比べれば日本のメディアは大人しいですよ。しかし無条件に敬愛せよというわけにはいかない。真実を覆い隠すことはできない。

山折　しかし今の雅子妃の状況、皇太子の状況は余りにも可哀想ですよ。私は二人をやはり救いたいな。皇室を救う以前の問題だな。

岩井　救うというのは、皇室の有りようを変えるのか、環境を変えるのか。雅子妃は明らかに祭祀・儀式を避けている。象徴家族の部分は皇太子だけなされればいいと言う人もいますが、奥さんが意義を感じていないとなると深刻です。

山折　確かに深刻ですが、みだりに離婚なんてしてほしくないと思う。責任を負うと宣言された訳ですから、結婚の時にね。

岩井　皇太子夫妻は孤独で、様々な人間と関わりを求めているように見えない。例えば被災地に心を寄せると言うけれど、足を運んだり色々な人を呼んで話を聞いたりする様子もない。象徴家族の役割を果たせないことでメディアが批判すると、「治らないのは心ないメディアのせい」と言わんばかりの主治医の文書が出る。家族のことで精いっぱいなのかなと。

山折　極端な言い方になるかもしれないが、皇太子さんは第二の人生を歩んでもいいのじゃないかな。

岩井　第二とは？

山折　退位ですよ。ウィンザー公という例もある。自分は文化・芸術の世界に行くなどと宣言して楽隠居しちゃえばいいんですよ。即位してないから退位じゃないな、辞退ですかね。

あとは弟にさっと譲る。秋篠宮いいじゃないですか。日本国のイメージも変わりますよ。皇太子と雅子妃の人気も高まりますね。

岩井　そこまでいかなくても、天皇・皇后が春秋に京都に滞在するとか、公務も皇太子、秋篠宮に振り分け、京都で皇太子、東京で秋篠宮がやるとか。柔軟に構えてもいいかもしれませんね。

かくすればかくなるものと

「かくすれば、かくなるものと解っていただきたいと足を運ぶのだが、世の視線が厳しくなっているということがなかなか解っていただけない……」

かつて皇太子と直に語らっていた宮内庁本庁幹部の嘆息を思い出す。

皇太子家に仕えたが雅子妃の信頼が得られないまま去った元側近は、「殿下は解っておられるのでは。ただ、妃殿下と激しいやりとりとなるのは避けたいのだと思う」と語り、みずからにも言い聞かせるようにくりかえした。「殿下は解っておられると思いますが……」。

皇太子夫妻の結婚二十年の節目（二〇一三〔平成二十五〕年六月九日）に、十年に及ぶ雅子妃の「体調の波」について、ぜひとも夫妻あるいは主治医らからていねいな説明や見通しを示すべきだと本連載などで書いてきたが、目立った反応はなかった。

結婚二十年に際し、メディアには元側近や友人らが登場し、さまざまにコメントや手記を寄せた。しかし、多くは具体性を欠く主観的擁護にとどまった。批判的報道を「バッシング」「ステレオタイプの批判」などと決めつけるだけで抑えこもうとするかのような主張には、皇室全体が傷つき危機的状況を抱えこんでいることについての真剣な顧慮や見識はうかがえず、腑に落ちる説得力はなかったように思う。肝心の主治医からもいっさい説明はなかった。本人とともに国民に向きあい誠実に説明を重ねて理解を求めることこそ皇族を預かる主治医や側近の心構えではないかと思うだけに遺憾なことだった。

皇太子夫妻のオランダ訪問（同年四月二十八日〜五月三日）の決定と発表の取り運びについて、筆者は「不明朗で拙劣だったと言われても致し方ない」と『ウェブ論座』（四月三十日付）で書いた。学習院の学校行事には出席するが、各界の功労者を招く最大規模の宮中行事である園遊会は欠席し、一方でオランダは訪問するという雅子妃の「体調」の矛盾の不可解さに、国民の積年の疑問と不満が表面化しつつあると指摘し主治医の説明をうながしたが、空しかった。

オランダでは国王即位式典とレセプションの一部への雅子妃の出席が実現した。関係者は「大きな一歩」と語り、雅子妃の快復への期待がふくらんだ。しかし、外務省関係者とは接見する一方で、多くの一般の在留邦人との接見は欠席。そのうち旧知の二人だけ呼び出して懇談するという「選り好み」がみられた。

帰国後も「体調の矛盾」は続いている。

皇后が名誉総裁を務め皇太子妃にとってももっとも大切な行事のひとつである全国赤十字大会（五月八日）は当然のように欠席。皇太子夫妻の重要行啓のひとつである「全国『みどりの愛護』のつどい」（同十八日、三重県）や、天皇・皇后が皇太子時代から長年熱心に取り組み皇太子夫妻に後を託した青年海外協力隊員との接見（五月三十、三十一日）も欠席。第五回アフリカ開発会議各国首脳夫妻との宮中茶会（六月三日）、オランド仏大統領の国賓歓迎行事・宮中晩餐会（六月七日）といった外国親善行事にも雅子妃の姿はなく、日西交流四百年を記念するスペイン公式訪問も皇太子単独となった。

一方で五月二十六日の学習院幼稚園再開園五十周年記念式典や外務省の進講には夫婦で出席。国立科学博物館での〈グレートジャーニー　人類の旅〉展には「私的鑑賞」として取材をシャットアウトして出かけている。

六月十六日には午前中の香淳《こうじゅん》皇后（先帝昭和天皇の良子《ながこ》皇后）を偲ぶ命日の例祭を欠席する一方で、スペインから帰国した皇太子の出迎えには車寄せに笑顔で姿をみせた。

六月十八日には東日本大震災の被災地宮城県を夫妻で訪問する予定があったが、直前でキャンセル。今春以来、被災地訪問は何度か計画されてはキャンセルを重ねているという。

夫妻の結婚二十年にあたる六月九日には、前東宮大夫野村一成《のむらいっせい》が一部新聞やテレビのインタビューに応じた。在任中の二年前の大震災被災地訪問での雅子妃の姿を「心を打つものがあった」とふりかえり「雅子妃は必ず快癒される」と語っている（同十一日付読売新聞）。

二〇一一（平成二十三）年六月から八月にかけての夫妻での東北三県の被災地訪問の際には、雅子妃が愛子内親王の学校に連日付き添う異常事態が続いていただけに、筆者も「これが快復へのきっかけになるかもしれない」と期待したものだ。しかし、昼ごろに出発し自衛隊機とヘリを乗り継いで見舞いを済ませて夕方には帰京という日程で、宮城県は土曜日、福島・岩手は夏休み期間中と、すべて愛子内親王の学校が休みの日だった。被災地は休日どころではない修羅場だったとはいえ、なかには訪問受け入れのため休養を返上した関係者も少なくなかっただろう。夫妻の励ましを受けた被災者は一様に「勇気づけられた」と語っていたのだが、その後は被災地訪問はしばらく途絶えてしまった。

二年前、東宮大夫の定例会見で筆者は野村に「皇太子妃は精神疾患を抱え、ほとんどの公務が皇太子単独となっている。被災地訪問は夫妻そろってということにこだわっているようにみえるが、どのようなお気持ちからか」と質問したことがある。野村大夫は不快そうに「殿下お一人でも行けと言いたいのですか。大災害お見舞いという重い務めは両殿下で、というのは自然なお気持ちではないか」と答えた。ほとんどの重要公務や祭祀が皇太子単独で常態化しているだけに違和感を覚えたし、今も違和感は解消されていない。今回の宮城県訪問も、野村のインタビュー記事が掲載されたのと時期を同じくしてキャンセルという皮肉な巡りあわせとなり、皇太子単独での訪問という対応もされなかった。

この二年間、天皇・皇后や秋篠宮夫妻ら他の皇族は何度も被災地に足を運んで避難所を訪れたり復興・除染作業を励ましていただけに、皇太子夫妻の現地入りの少なさが目立っている。雅子妃の被災地訪問は体調に負担なのか、なぜ皇太子は単独でも足を運ばないのか——東宮職や東宮医師団は納得のいくていねいな説明をするべきだろう。

天皇・皇族にもプライバシーはあるだろうが、公人中の公人として、体調が公務に影響を及ぼす場合はその都度、必ず発表し説明することが定着している。元側近が登場して抽象的に「雅子妃は必ず快癒する」と援護射撃するのは、気持ちはわかるが筋違いで、やはり主治医（形の上では私的主治医であったとしても）がきちんと会見して責任ある説明と見通しをていねいに語るべきだろう。

公にしづらい事情もあることは筆者も把握している。公にすれば異論のある人もいるだろう。まわりは敵がいっぱいという心境なのかもしれない。

だとしても、とにかく窓を開けることから始めねば外界の景色や空気はわからないし、みずかで言いわけを非公式なルートや特定の雑誌などでくりかえしていても、共感と信頼の輪は広がらをかえりみ、説明を重ねる足がかりも得られないだろう。病状・病態を覆い隠しつつ、後付けないだろう。

胡蝶蘭の思い出

「世界らん展」が二〇一五（平成二十七）年も二月十四日から二十二日まで東京ドームで開かれた。一九九一（平成三）年の第一回から毎年会場を訪れている高円宮久子妃《たかまどのみやひさこ》のインタビュー記事（二月十三日付読売新聞）を読んだ。

久子妃本人が以前から愛好し、夫の高円宮憲仁《のりひと》親王も頻りにカメラを向けていた思い出の花で、宮邸のサンルームには三百鉢もの蘭があふれていた。二〇〇二（平成十四）年の同親王の急逝後、ほとんど園芸家に引き取ってもらったという。

久子妃と蘭の花にまつわる遠い思い出がふっとよみがえってきた。

「おめでたと伺いました。この蘭はお祝いのつもりです」

一九八八（昭和六十三）年一月、宮邸応接室のソファで対面した久子妃に、こう切り出した。第二子懐妊の内密情報を得ていた。高円宮夫妻の結婚から三年余、赤坂御用地に宮邸が新築されて一年後のことだ。

宮邸完工時に夫妻は私室部分も含め内部を全面的に報道陣に公開してくれた。後にも先にも例はないはずだ。一九八七（昭和六十二）年暮れには同僚とともに誘った会食にも気軽に応じ、皇族としての考えを率直に語ってくれた。謝意と祝意を伝えたかったのと、どうしても直に尋ねておきたいことがあった。

一九八七年春ごろから浩宮（現皇太子）のお妃候補取材で「小和田雅子《おわだまさこ》」という名が聞こえてきていた。しかし、安易に取材すると、そのこと自体が波紋を広げ相手に迷惑をかけるため、思うように動けないで悩んでいた。

その小和田雅子が同年四月二十五日夜に高円宮邸を訪ね、浩宮と午前一時まで同席したとの情報をつかんだ。七月になって思いきって勤務先の外務省経済局国際機関第二課を訪ね、本人に宮邸での懇談の様子を質《ただ》した。

「どこで聞いたのですか」と驚き、「何も申し上げられません」の一点張りだった。ただ、別れ際にほっとしたように見せた輝くような笑顔が美しく、気がかりな存在となった。

その年の暮れになっていくつかの雑誌が「有力候補」と騒ぎ出し、彼女は渦中の人となってしまった。ただ、これは記者として取材に動いても不自然ではなくなったことでもある。久子妃の慶事の情報をつかんだことは、祝意を伝えるとともに、宮邸での一夜について尋ねても許される好機かもしれないと思ったのである。

「献上したいものがある」と宮務官に申し入れると、二時間後のアポイントをとってくれた。日比谷花壇に立ち寄り、たまたま小ぶりの胡蝶蘭の鉢植えが目にとまり持参したのだった。

内密のはずの懐妊について切り出された久子妃は見る見る困惑の表情となった。こちらとしてもこれは不本意だった。慌てて言葉を継いだ。

「これは取材ではありません。正式発表まで記事は書きません。先日の会食のお礼とお祝いの気持ちをお伝えしたかったのです」

ようやく表情を緩めた同妃との雑談のなかで、さりげなく浩宮と小和田雅子の招待について尋ねることができた。「ああ、その話ね」と、同妃は次のように語った。

「浩宮殿下と小和田さんと英国人の若い外交官と、それぞれに国際的な舞台で活躍されるであろうお三方が親しくなる機会になればと思って招待したのです。ただ、たまたま英国人の方は直前に都合が悪くなられ、小和田さんと浩宮殿下だけになりました。マナーとして、宮邸へ客として来られた浩宮殿下、小和田さん、招待側の私ども夫婦のどちらが『お開き』の口火を切るべきか難しい形だったので、つい遅くなったのです」

おそらく半分は事実、半分は事前に用意された返答だったのだろう。

後日、この席に浩宮が一九八七年三月の南西アジア三ヵ国訪問旅行のアルバムを持参したことを知り、この席が楽しいものとなり、二人が互いに好意を抱く大きなきっかけになっただろうと確信した。

同年三月十日から同二十五日までのネパール、ブータン、インド訪問には、筆者も同行取材した。

インドではタージ・マハルや仏跡ルンビニ、アジャンター遺跡などを訪問。ネパールではポカラでヒマラヤ山麓トレッキングを楽しみ、南部チトワン国立公園では王弟ギャネンドラ（のちネパール最後の国王）の案内で、山岳民族が操る象の背に乗って密林を分け入りサイを追い出すサファリも一緒に体験した。

とりわけ長年の鎖国を解いたばかりの「幻の王国」ブータンへの訪問は印象的なものだった。

十人乗り小型機二機しか運航していなかったドゥルック・エア（ブータン航空）を借り切って、峨々《がが》たる偉容を見せるヒマラヤの山稜《さんりょう》の間を縫うように飛んで王国入り。芽吹いたばかりの柳並木の新緑の影を映す清流のほとりで、艶《あで》やかな民族衣装キラに身を包んだ大勢の少女たちが歌う素朴な歌垣のような合唱に迎えられた。ラマ教寺院の少年僧侶たちが、あざやかに色染めした無数の米粒を数日がかりで並べて美しく細密な紋様を描き出した長大な赤絨毯を歩んで王宮に向かい、ジグミ・シンゲ・ワンチュク国王（当時）と姉妹の美しい王女らに迎えられた。

歓迎晩餐会のあと、月明かりに照らされた王宮テラスでは、王宮の若い女性らの歌と踊りの輪に、日本の着物そっくりの男性民族衣装ゴーを着た浩宮や随員、同行記者団も加わって楽しい一夜を過ごした。古代大和朝廷もかくやと思わせるような牧歌的な仏教王国には浩宮も強い印象を受けたようで、帰国後、昭和天皇への帰朝報告にゴーを着用して臨んだほどだった。

高円宮邸に浩宮がアルバムを携えたと聞き、写真を見せながら目を輝かせて体験を語る浩宮と、笑顔で耳を傾ける小和田雅子の様子が目に浮かぶようだった。結婚後まもなく、雅子妃にそう伝えると「どうしてわかったのですか？」と驚かれたものだ。

皇太子の身位になってからでは考えられないような「冒険」だったブータン旅行の実現には、のちに東宮侍従長として雅子妃との婚儀を仕切ることになる曾我剛《そがつよし》東宮侍従（当時）の熱意があった。高円宮夫妻も曾我も、はからずも「縁結び」の役割を果たしたと言えるだろう。

高円宮邸応接間でさまざまに語らっているうち、久子妃もすっかり緊張を解いてくれたようだった。去り際に、持参した胡蝶蘭を指して「受け取っていただけますか？」と尋ねると、婉然《えんぜん》とした笑顔で「はい」とうなずいてくれた。

半年後の一九八八年七月二十二日、久子妃は女児を出産。「典子《のりこ》」と命名され、お印《しるし》は「蘭」と発表された。

その後、高円宮は死去し、宮邸サンルームの三百鉢も姿を消したという。皇太子に幼少から仕え、ブータン訪問や婚儀につくした曾我も二〇〇一（平成十三）年に死去した。

雅子妃は皇室入りして「適応障害」を患い、療養生活が続いている。

典子女王も二〇一四（平成二十六）年十月、出雲国造家の千家《せんげ》国麿《くにまろ》と結婚し皇室を去った。振袖の絵柄は蘭の花、結婚披露宴の飾り花も蘭。引き出物の陶製のボンボニエールにも千家家の家紋と蘭の花が染め付けられていた。

胡蝶蘭にまつわる思い出も「泡沫《うたかた》の夢だったのではないか」との思いに襲われるのである。

「浄瑠璃寺だね」

和辻哲郎《わつじてつろう》は、妻照《てる》が長男夏彦《なつひこ》の嫁にどうかと見せた写真の娘を見て、満足そうに言った。「浄瑠璃寺の吉祥天《きつしょうてん》に似ているというのであった」と照は記す。

「つつましい芸術家の家庭に、父は彫刻家母は画家の両親と、京大出の一人の兄とに可愛がられて育った、愛らしい清らかなそして賢い娘だった」（『和辻哲郎とともに』）

こうしてその娘は半年後の一九四七（昭和二十二）年、お茶の水の東京女子高等師範学校附属高等女学校を卒業するとすぐ和辻家に嫁入りした。

和辻雅子。和辻家の嫁として哲郎・照夫妻を看取り、夫の夏彦の死後の一九七九（昭和五十四）年、求められて東宮女官となった。その後も御用掛として二〇一二（平成二十四）年まで現皇后に三十三年間仕えた。紀宮清子《のりのみやさやこ》内親王の世話役を幼時から任され、成年後は歴代内親王で初めて携わることになった公務にも随従し、東京都職員黒田慶樹《くろだよしき》との結婚の諸行事でも裏方の中心となった。

黒田夫妻が新婚時代に仮住まいしたマンションを天皇・皇后が訪ねたときは、あまりに狭くて土産をどこに置こうか戸惑ったという話や、近くの商店街の人たちが見て見ぬふりでさりげなく迎えてくれている話などを楽しげに周囲に語っていた。

　客の少ない朝を狙って清子がスーパーで買い物していると、後ろから突然、かごの野菜を引き抜かれた。驚いて振り向くと、若い男の店員が入荷したばかりの野菜を無言で突っこんだ——こんな話を皇后はとても喜んでくれたと嬉しそうに話した。

「本日はお日柄もよろしう、妃殿下におかせられましては誠にご機嫌うるわしく……」で始まる女官や侍女長らの挨拶ぶり。小正月や節句などの年中行事、皇孫誕生時の守り刀、犬張子や天児《あまがつ》人形の支度、和歌など、皇后を中心に受け継がれる「奥《おく》」の伝統行事についても詳しかった。おおらかだが独特の繊細な智恵に満ちた「女《おんな》さんたちの世界」である。

　勘のよさに天皇・皇后の信頼も厚く、女性職員らの人事の相談などにもあずかり、平成の大嘗祭では采女《うねめ》役の筆頭「陪膳《はいぜん》の采女」として大嘗祭の悠紀殿《ゆきでん》・主基殿《すきでん》の内側にただ独り入って、神への供え物「神饌《しんせん》」を捧げる天皇に奉仕した。

　数年前から体調を崩していたが、黒田夫妻の結婚生活も軌道に乗り、清子が伊勢神宮臨時祭主に就任したのを見届けるかのように、二〇一三（平成二十五）年八月二十日死去した。享年八十七。

　天皇・皇后・清子内親王への敬愛は別格として、雅子は舅の哲郎を終生慕っていた。

　戦後まもなく安倍能成《あべよししげ》が何度も来宅し、渋る哲郎を説得して志賀直哉《しがなおや》、田中耕太郎《たなかこうたろう》、谷川徹三《たにかわてつぞう》とともに昭和天皇を囲む「五人の文化人の会」に加えたことや、ベストセラー『鎖国　日本の悲劇』（一九五〇［昭和二十五］年刊）を読んで強く共感した昭和天皇が「ぜひ話を聞きたい」と鈴《すず》木一《きはじめ》侍従次長（貫太郎の長男）を使いに立てて来たことなども、雅子は昨日のことのように覚えていた。

戦時下に『尊皇思想とその伝統』（一九四三〔昭和十八〕年刊。一九五二〔昭和二十七〕年に『日本倫理思想史』に増補改稿）で伝統的・文化的存在としての天皇論を展開した哲郎は、敗戦後に著した『鎖国』のなかで、幕府の政策によって西欧の近代化の波を二百五十年間遮断したことで日本は急激な近代化を迫られ、その無理が惨憺《さんたん》たる破綻につながったと指摘している。戦後、象徴天皇として再出発した昭和天皇が和辻哲郎の思想や天皇観に共鳴していったことをうかがわせる雅子の話は貴重だと思った。

晩年は哲郎の郷里・姫路市《ひめじ》で毎年開かれる和辻哲郎文化賞授賞式に出かけるのを楽しみにしていた。

清子内親王については、ふだんはあまりに質素で服装にも無頓着なことに愉快そうに呆れ、一方で「皇室とは無縁の世界だった日本舞踊の習得も、山階《やましな》鳥類研究所に勤めることも、すべてお一人で決めてみずから先方と話をつけられた。いったん決めたら粘り強く継続され、舞踊は名取の域に入られた」と頼もしそうに目を細めていた。

皇后から折に触れ「やっぱり内親王は外から嫁いできた妃《きさき》とは違います」と聞かされたという雅子の内親王観は「天皇家に生まれた皇女ならではの特別の資質が受け継がれる」というものだった。別項で紹介した国文学者で、昭和天皇の長女成子《しげこ》内親王の「お相手」役だった経験もある岩佐美代子の内親王観と重なる（二九四ページ）。

天武の皇女・大伯皇女《おおくのひめみこ》や聖武の皇女・井上《いがみ》内親王から幕末の仁孝《にんこう》の皇女・和宮親子《かずのみやちかこ》内親王まで歴代内親王の特異な境遇と運命を紹介した著書を、岩佐は次のように締めくくっている。

千二百年近い「内親王」の歴史をたどって来て、改めてその中に脈々と流れる、一貫した明らかな個性を感じます。気品、大らかさ、やさしさと、その下にキラリと輝く聡明さ、大胆さ、いざという時に発揮される、何物にもたじろがず自己主張し得る勁《つよ》さ。（略）内親王が潜在的にはお持ちの資質、他の生れ、育ちの女性とは異なる、伝統に培われた特性だと存じます。

同時にこのように内親王を内親王たらしめた大きな要素は、父なる天皇の愛情と、奉仕者の誠意でした。

（『内親王ものがたり』）

和辻雅子は十数年前から天皇家と皇太子家との距離が広がっていきそうなのを心配していた。

「暮れの恒例のお餅つきのあと、皇后さまが『ね、みなで花いちもんめしましょうよ』と提案され、女性陣みなで遊んだことがあります。女官長がほしい、皇后さまがほしい、眞子《まこ》さまがほしい……。佳子《かこ》さまがほんとうに嬉しそうで。ああ、雅子さまと敬宮《としのみや》さまも来てくださっていればと思いましたね」

月刊誌『かまくら春秋』に戦後まもない和辻一家の写真が載ったことがある。いちばん脇に長男の新妻雅子の女学生のように愛らしい小柄な姿が写っていた。

和辻哲郎が雅子の写真を見て「浄瑠璃寺だね」とつぶやいたのを、照は同寺の吉祥天立像（重要文化財）に似ているという意味だと解し、そう書いている。しかし、哲郎の直感は実はもう少し深かったのではないだろうか。

若き哲郎の著『古寺巡礼』は浄瑠璃寺の項では吉祥天像には触れていない。寺へとたどる長い山道の草花や水車小屋など、奥まった里山の鄙《ひな》びた風情と寺のつつましい佇まいを、輝かしい故郷での童心を呼び覚ますと描写している。

この心持ちは一体何であろうか。浅い山ではあるが、とにかく山の上に、下界と切り離されたようになって、一つの長閑《のどか》な村がある。そこに自然と抱き合って、優しい小さな塔とお堂とがある。心を潤すような愛らしさが、すべての物の上に一面に漂っている。それは近代人の心にはあまりに淡きに過ぎ平凡に過ぎる光景ではあるが、しかしわれわれの心が和らぎと休息とを求めている時には、秘めやかな魅力をもってわれわれの心の底のある者を動かすのである。

清子内親王にも、仕えた雅子にも、どこかこんな佇まいに通じるものがあった。「女さんたちの世界」は、古くから人びとが皇室に何とはなしに寄せつづけてきた懐かしい親愛の情の水源なのかもしれない。

出雲の高野槇

屹立《きつりつ》する一本の樹木のようなタワーが東京の新たなシンボルとなった。

東京スカイツリー。真っ直ぐに天に向かって伸びる高野槇《こうやまき》の円錐形の姿を映したデザインだという。それにしても、エッフェル塔や東京タワーなどのようにすそ野や周囲に支えるものもなく孤独に立つ姿は美しいが、見る者を「倒れはしまいか」とやや不安にさせる。

高野槇といえば、天皇家の次々代唯一の男児悠仁《ひさひと》親王の「お印」だ。先ごろ天皇・皇后や皇太子も視察に訪れた様子を見ていると、つい皇位継承の将来に連想が及んでしまった。どうしても現在進行中の「女性宮家」論議を思い出してしまうのである。

筆者はこのところ「女性宮家」ではなく「内親王家」創設を、と提案してきたが、今回はそれについて書いてみたい。

野田佳彦《のだよしひこ》内閣が提起した皇室典範改正論議は、女性皇族が結婚で皇室を離れて皇族数が減れば皇室の活動量が先細りするため、緊急避難的に内親王らに結婚後も皇室に残ってもらうかどうかを「皇位継承の問題とは切り離して」(藤村修《ふじむらおさむ》官房長官)検討するというものである。

ポイントは三つ。

第一に、皇位継承問題とは切り離すというのだから、男系男子にのみ継承権を認める皇室典範

第一条には手をつけないことになる。

第二に、だとすれば残留する内親王に皇位継承権は与えないし、その子孫にも（女系となるから）与えないという「緊急避難的措置」（同）となり、論理必然的に一代かぎりとなるだろう。

第三に、歴史的にも内親王は天皇や皇族と結婚した場合を除けば、出家したり結婚したりして皇室を離れてきた。今の内親王方もその前提で育ってきているはずだから、残留か否か無理やり一方的に決めることは避けるべきで、本人の意思をできるかぎり尊重すべきだろう。

現天皇は幼時、米人英語教師エリザベス・ヴァイニング夫人に「将来なにになりたいか」と問われ「天皇になる」と答えた。後年、「それ以外の道は考えられなかったから」と語っている。天皇、皇族として生きるということは、その運命と重い責務を引き受けて生き抜くこととなる。現在は内親王や女王は結婚したら一市民として生きる「定め」の下にある。必ずしも制約の多い皇室に残ることを望むとは限らないし、夫となる一般男性とてみずからの志や社会人としての人生を断念して皇室入りすることを望むとは限らない。

いくつかの選択肢を用意してあげたほうが親切だろう。「内親王家」の形としては三つの選択肢が考えられる。

①結婚後、現行制度どおり皇室を離れて夫の戸籍に入るが、「内親王」の称号を与え公務などを担ってもらうケース

戦前の旧典範でも第四十四条で認められていた。

たとえば黒田家に嫁いだ清子元内親王に称号を与え、公務を分担して皇室を側面から支えてもらう。そのため国費を支給しスタッフや警護をつける。皇族として公務を立派に果たしたし、今も陰ながら天皇家をたすけている実態から、抵抗感は少ないだろう。本人が現状のままを希望すれば対象から外すし、皇族復帰を望めば②や③のケースにあてはめる。

②結婚後も皇室に残るが、夫や子は皇族としないケース

本人は皇族の身分を維持するが、皇統譜に配偶者氏名を付記し、夫のほうは戸籍に「配偶者は〇〇内親王」と付記する。現戸籍法でも外国人と結婚した場合はこの扱いとなっており、とっぴなことではない。

③夫も子も皇族とするが、子は男女にかかわらず結婚したら皇室を出るケース

歴史的に内親王や女王はずっと結婚したら皇籍を離れてきたのだから、そのつもりで育ててもらう。

ただ、夫や子まで皇族とすることは世襲宮家そして「女系天皇」へとなし崩しにつながりかねないのは明らかで、「万世一系が揺らぐ」との反発は避けられず、合意形成は難しいだろう。仮に「強行」するとしても一代かぎりとし、「宮家」の称号は与えないのがけじめだろう。

さらに、場合によっては範囲を広げて三笠宮系の女王方にも一代かぎり父宮家を継いで「女王家」として公務を分担してもらうことも検討されていいだろう。

もともと「宮家」とは、皇位継承の危機に備えて男系の血筋を代々温存する親王のファミリーの呼称であり、「天皇の血のリレーの伴走者」(大宅《おおや》壮一《そういち》)なのである。現天皇も、江戸時代に新《あら》井《い》白石《はくせき》の建言で創立された閑院宮《かんいんのみや》家から出た光格《こうかく》天皇に始まり、仁孝《にんこう》→孝明《こうめい》→明治→大正→昭和と続いた血筋である。

皇室典範にも「宮」号や「宮家」の規定は存在しない。あるのは皇室経済法に定める「独立した生計を営む」親王・王や内親王・女王の規定だけである。今後、仮に内親王・女王が結婚後も皇室にとどまり独立した生計を営みつづけることを認めるとしても、世襲は認めず、「宮家」の呼称は使わないのがけじめというものだろう。

女性皇族が適齢期にさしかかっている問題を除けば、皇位継承の問題はまだ時間がある。たとえば二十五年後の二〇三七年には、皇太子七十七歳、秋篠宮七十二歳、悠仁親王三十一歳。それぞれ健在で、悠仁親王に男子が誕生している可能性もある。

皇位継承の根幹にかかわる議論は、事態の推移を見きわめながら将来世代に譲ってもいいのではないか。


東京スカイツリーのデザインを監修した彫刻家澄川喜一《すみかわきいち》は出雲出身。生まれ育った島根県吉賀町《よしかちょう》の心象風景の中の高野槇の姿が電波塔のデザインに結晶したという。工事は古代出雲大社の巨大神殿の復元シミュレーションも手がけた大林組だ。

高野槇はマツ目コウヤマキ科の円錐形の高木で日本固有種。スカイツリーも三角形の底部から上方へと徐々に円筒になっていくラインに、日本刀や寺社建築物に見られる緩やかだが厳しい曲線「反《そ》り」の美が取り入れられた。いわば先端技術と「伝統」との融合なのだという。

世界一の高さ六三四メートルに達する寸前の二〇一一（平成二十三）年三月十一日、東日本大震災に見舞われたが、法隆寺五重塔の「心柱《しんばしら》」の原理を応用した免震構造が功を奏し、ほとんど無傷だったという。大津波で残った岩手県陸前高田市《りくぜんたかた》の「奇跡の一本松」の姿ともダブる。

　立地点の墨田区の下町は関東大震災や東京大空襲の被災地だったこともあって、二〇一二（平成二十四）年は東京大空襲のあった三月十日と東日本大震災一周年の同十一日にライトアップされた。

　天皇・皇后の成婚の前年に完成した東京タワーが、戦後復興と高度経済成長に向かう昭和を象徴した。東京スカイツリーは、歴史と伝統を内に秘めながら、戦争や大震災の犠牲者たちの鎮魂と復興への願いもこもったシンボルになるという物語を紡いでいくことになるかもしれない。

忘れえぬ人

日光儀仗隊長の述懐

国文学者岩佐美代子《いわさみよこ》の父で東京帝大法学部教授穂積重遠《ほづみしげとお》は一九四五（昭和二十）年八月、新設の東宮職のトップ・東宮大夫として、皇太子（現天皇）の疎開先である奥日光・湯元の南間《なんま》ホテルに着任した。敗戦の混乱の中で皇太子を守り抜くためだった。軍の側で警護にあたっていたのが近衛第一師団日光儀仗隊長田中義人少佐だ。

一九九六（平成八）年七月、天皇は皇后、紀宮と日光を訪れ、田母沢《たもざわ》御用邸など疎開先を五十一年ぶりに再訪した。筆者が田中に会って当時の話を聞いたのはその直前だ。元軍人と思えぬ温厚な老紳士で、往時を昨日のことのように語ってくれた。以下は田中の話である。

昭和二十年、急に赤柴八重蔵《あかしばやえぞう》師団長から「嫁をもらえ」と言われ、急遽三月に九段会館（当時は軍人会館）で式を挙げました。その晩には大空襲です。連隊衛兵所に妻を預けて宮内省に駆けつけ、その後も皇居や靖国神社の防火に駆け回る日々でした。五月、新任の森赳《もりたけし》師団長から呼ばれて軍服で参ったところ、いきなり「田中、おまえは絶対に死んではならない」と言われました。士官学校以来、死ぬ覚悟ばかり考えていたのですから、面食らいました。

森さんは日光の地図を取り出し、任務を説明しはじめました。

「いま軍は本土決戦に備えて松代《まつしろ》に大本営を造っている。しかし天皇陛下はなかなか御動座されない。皇太子殿下に日光から御動座いただくかもしれない。経路など探索して知らせてくれ。女房は連れてゆけ。本当に生き抜くためには必要となるだろう。私服は全部持ってゆけ。後はすべておまえに任せる。宮内省の方々と一体となって行動しなさい」

軍資金の札束が詰まった大きなトランクを渡されました。

私はただちに歩兵、工兵、機関銃、通信などの小中隊で総勢二百四十名を編成し、六月初めに日光に着任しました。その後、どんどん増員されました。

東宮傅育官《とうぐうふいくかん》の山田康彦《やまだやすひこ》さん、黒木従達《くろきじゆうたつ》さん（のち東宮侍従長）らとは、心の中をすべてうち明けて話しあっておりました。着任直後、東京からの情報で、墜落したB29から日光地方の地図が出てきて、御用邸に近い古河《ふるかわ》精銅所も爆撃目標だとわかり、殿下をお移しせねばと考えました。地元旅館の主人らに相談して奥日光の南間ホテルがよさそうだと判断し、東宮職から了解を得ました。七月に入って空襲が宇都宮にも及んだので「もう猶予できない」と、「夏季ご鍛錬」の名目で学習院の同級生と移っていただきました。南間ホテルでは工兵隊に命じて殿下や側近の宿舎である第二別館の壁に穴をあけ、庭の地下防空壕に直に避難できるよう横穴を掘らせました。

そしてさらにご移動いただく行き先とルートを検討し下見に出かけました。松代の大本営に向かうときは、森師団長が言われたとおり伊香保《いかほ》から軽井沢《かるいざわ》を抜けるルート。学習院の先生、黒木さん、山田さんと一緒に車で下見し、どこで休憩し、どこで食事をとるかまで計画を立てました。

松代以外に落ち延びていただくときは金精峠《こんせいとうげ》を越えることになるため、連日、馬で下見しました。クマと出くわしたこともあります。金精峠には今は有料道路がありますが、当時はまともな道はなく、工兵隊に突貫工事をさせることも考えました。ほかにも会津若松《あいづわかまつ》とか新潟、また花巻を通って青森に出て函館まで落ち延びていただくことも考えました。

八月十三日、穂積東宮大夫が着任されましたが、穂積さんには家内のことまで相談に乗っていただきました。森師団長の指示で私だけが妻を同行していたのですが、内心忸怩《じくじ》たる思いでいたのです。妻にも別れて自由になってもらったほうがいいのではと悩んでおりました。穂積さんは「森師団長が言われたとおりです。最後まで生き抜くためにも奥さんと行動をともにしたほうがいいよ。もしほんとうに別れるべきときには、私は民法の専門家だから相談に乗ります」と言ってくださいました。

すでに八月十日の御前会議でポツダム宣言受諾が決まっており、穂積さんはご存じだったようですが何もおっしゃいませんでした。ただ、私はおおよその戦況はつかんでいました。主計少尉が同盟通信出身だったので、金銭授受や連絡のために上京すると社に寄って情勢を聞いてくれていたのです。また通信隊は米国の短波放送が日本のポツダム宣言受諾を流していたのを受信していました。これは謀略の可能性もあると胸に納めておりました。八月十四日、師団から派遣された溝口昌弘《みぞぐちまさひろ》参謀が終戦への動きや徹底抗戦派の状況を知らせてくれました。溝口さんは師団本部の皇室担当で、森師団長が「軽挙妄動せず、あくまで殿下を守れ」と伝えるため派遣してくれたのです。森師団長はこの夜、玉音盤を奪おうと皇居に乱入した抗戦派将校の前に立ちふさがって命を落とされました。

宇都宮師団に殿下を奉じて徹底抗戦しようとの動きがあるという情報もあり、「友軍相撃」は避けたいと思いつつも、戦車や地雷による防御作戦を立てました。黒木ご夫妻が影武者の学友を連れて囮《おとり》となり、私ども夫婦が殿下を「息子」と偽って落ち延びる覚悟をそれぞれ固めておりました。

八月十九日には東京湾兵団の参謀らが来て「皇太子を擁して抗戦せよ」と迫られ、場合によっては刺し違えようと身構えたひと幕もありました。

しかし幸い事態は鎮まって、八月二十五日ごろ私から師団に逐次解除を申し出て、九月にはほとんどの隊員が除隊となりました。

着任から行動をともにした一個中隊二百四十人を中心に、湯ノ湖に面した南間ホテル前庭に整列し解散式をしました。制服姿の皇太子殿下が穂積さんらと木戸から出て来られ、中央にお立ちになりました。軍刀を抜いて「捧げ銃《つつ》」の号令をかけると、殿下は挙手の礼をされました。涙が出て止まりませんでした。「戦争に負けた」という気持ちよりは、ただ殿下をお守りできたこと、今まで一所懸命にお守りした方とお別れとなることを思うと、こみ上げたのです。

思えば、この数ヵ月間の私には、本土決戦へと皇太子を擁する任務から、逆にそれを阻止する任務への根本転換、そして命を捨てる覚悟から殿下とともに生き抜く覚悟への転換がありました。最後は「ご安泰がすべて」という自分が残りました。人生の目標がなくなったような寂しさだったのです。

振り返ると、昭和天皇は神に向かっておられるうしろ姿を拝していたような印象。今上陛下は神を背に顔をこちらに向けてわれわれに対しておられる感じがあります。ひざをついて雲仙普賢岳の被災者に声をかけられる陛下や阪神・淡路大震災で焼け跡に皇居で咲いたスイセンを手向けられる皇后陛下の姿に「あのとき、われわれおそばにいた者と同じように国民と対してくださっている」と胸がいっぱいになります。

奥日光天皇疎開秘話

敗戦という未曾有の危機に直面して、奥日光に疎開した皇太子明仁親王を守る大人たちの多くが「皇統護持」に命を懸ける覚悟をした。しかし、皇太子ら学習院初等科六年の子どもたちにとっては、東京大空襲も話に聞いて想像はするものの、むしろ募る空腹と親元を離れた寂しさがつらかったようだ。

たまの面会日、同級生たちは東京から訪ねて来た家族との再会を喜んでいたが、皇太子だけはそれもかなわなかった。

一九三三（昭和八）年生まれの皇太子は一九三七（昭和十二）年三月、三歳で両親の昭和天皇夫妻、姉の内親王たちと引き離され、皇居から赤坂の東宮仮御所に移された。

赤坂に別居したときから傅育官《ふいくかん》を務めた東園基文《ひがしそのもとふみ》は、旧仙台藩主伊達《だて》家の三男。北大で馬術部主将として活躍したあと拓務省に勤務していたが、北白川宮成久《きたしらかわのみやなるひさ》王の次女で明治天皇の孫にあたる佐和子《さわこ》女王と結婚した直後、東宮傅育官を命じられた。戦前・戦中を通じて幼い皇太子に仕え、皇太子もよくなついていたようだ。寝所で皇太子が寝入ったと思って立ち去ろうとすると「ヒガ、ヒガ」と何度も呼び戻された。心細そうな幼い声は生涯耳の底に残っていたという。

筆者は一九九六（平成八）年夏、明仁天皇が半世紀ぶりに日光の疎開地を訪れるのを前に東園から往事の思い出を聞いたが、温かくけれん味のない人柄が印象的だった。激動の時代のなかで、私心や理屈抜きで日夜を分かたず細やかにつくしていたようだ。

戦時色深まるなか、日光への疎開は学習院教師や傅育官らにとっては「女官ら女さんに囲まれ、おかっぱ髪でお人形さんのように大事にされ、幼稚園の同級生から『女の子みたい』と言われていた」（東園）皇太子を、男たちで囲んで鍛える絶好の機会とも考えられていたようだ。

日光では起床は午前六時。冬季は零下二〇度にもなる早朝に大声で「おはようございます」とお起こしし、上半身裸で体操です。高齢の石川岩吉《いしかわいわきち》傅育官も裸になって、みんなで。高齢の侍医さんなんか、たいへんだったでしょう。そして始業前にはこんどは担任の秋山幹《あきやまもと》先生が全員に体操させる。殿下は厳寒のなか、毎朝二度体操させられるわけです。毎週水曜日には必ずご乗馬です。馬が石をよけようと横っ飛びして落馬して泣かれたこともありました。殿下の腕前はこの時期にめきめき上達したのです。

食糧事情の逼迫で、同級生とともに皇太子の食卓も貧弱となり、昼食は湯飲み茶碗一杯ほどのご飯に、おかずは大豆煮、かんぴょうくらいといった状態に。東園が大膳に「せめて味噌汁に豚の脂身を」とかけあったり、内舎人《うどねり》も川で一生懸命に魚を釣ったりしていた。春には生徒たちが山に入ってエゾカンゾウなどの野草を摘んできて「味噌汁に入れてください」と懇願してきて、ほろりとなったことも一再ならずだったという。

「殿下を男として鍛えねば」との大人たちの使命感に囲まれた皇太子だったが、三歳のときから世話してきた東園としては「そうは言ってもご家族から離され寂しい思いをされているのだから、親代わり兄代わりにならねば」と思い定めていたという。

自転車で御用邸の廊下を走りまわっていただいたこともあります。殿下は自転車は幼稚園のときに乗りはじめ、わずか二日で補助輪を外すほどお上手だった。皇太后さま（貞明皇后）がお祝いで大阪に特注して贈ってくださった子ども用の自転車を運んできていたのです。それで御殿の回廊を全力で一周。ストップウォッチで計って競走です。二〇インチほどの小さな自転車なので、体力自慢の村井長正傅育官も勝てませんでした。

チョコレートなどの銀紙を溶かして型に流しこみ、真ん中に釘や蓄音機の針を刺してコマを作って遊んだり、相撲や卓球をしたり。宇都宮で木材を買ってきてゼロ戦の模型も作った。軍歌もさんざん歌った。

そして終戦。学習院の生徒らは十一月七日に奥日光から帰京したが、列車の窓から見える東京の焼け野原は衝撃的だった。車内は総立ちとなったという。現天皇は即位後もこのときのことを「原宿の駅でも建物は何も無くなっていて、やはり聞くと見るのとでは大違いだった」とふりかえっている。

東園が「いつまでも忘れられない」と言ったのは、帰京翌日の十一月八日、皇太子と義宮《よしのみや》（常陸宮《ひたちのみや》）の兄弟が皇居・吹上の御文庫を訪れ、両親の昭和天皇夫妻と一年四ヵ月ぶりに再会したときのことだ。兄弟が入浴しているあいだ、東園は浴室前に控えていたが、奥から良子皇后が歩いて来て、にこにこしながら「ぬるくない？」と湯を見ていった。

そのあと天皇陛下が来られて「入っとるか」と御文庫中に響き渡るような声で言葉をかけ、ご兄弟も元気に答えられた。浴室に明るい声がこだましていました。

その夜、皇太子は御文庫脇の休所・花蔭亭《かいんてい》に泊まることになった。東園が寝具など準備を整えた。

午後九時すぎにベッドに入られたのですが、私が「ごきげんよう」と下がろうとしたところ、殿下がしみじみと「お泊まりっていいね」とおっしゃったのです。三歳のときに別居されてからは、日曜日に御所をお訪ねになるだけで、それもいつも午後三時きっかりには「お時間でございます」と東宮仮御所に戻っていただいておりました。ご両親方と夜まですごし、そばで泊まられるのは物心がついてから初めてだったのです。

東園は一九四七（昭和二十二）年からは義宮の傅育掛となり、一九七七（昭和五十二）年から一九九一（平成三）年までは宮中祭祀に仕える掌典長《しょうてんちょう》を務めた。日々の祭祀や皇族の結婚式、葬儀、昭和天皇の大喪、明仁親王の即位儀式を縁の下から支えるなど半世紀以上を皇室に捧げた生涯だった。晩年は神社本庁統理も務めたが、二〇〇七（平成十九）年四月十二日死去。享年九十六。

現天皇にとって、家族との別居、疎開、焼け野原は少年時代の原体験である。

一九九六（平成八）年七月二十六日、日光の田母沢御用邸を再訪した天皇は、あの廊下、寝室、居間や庭の防空壕跡、立ち木に至るまで皇后と紀宮に熱心に説明してまわった。東園が亡くなった翌年の二〇〇八（平成二十）年には、葉山御用邸で昭和天皇の使った和船を引き出し、孫の悠仁親王ら家族を乗せてみずから櫓を漕いでみせた。慣れた櫓さばきは奥日光の湯ノ湖で身につけたものだ。真剣な表情で櫓を漕ぐ姿は、自分の歩んだ道のりをわかってもらいたい、伝えたいという熱い思いに駆られているようにみえた。

白洲正子が語った秩父宮妃

外務省の加瀬俊一《かせとしかず》は宮内省の松平康昌《まつだいらやすまさ》らと連携してGHQ(連合国軍総司令部)要人らを高松宮《たかまつのみや》邸などでのパーティーに招き接待攻勢をかけていた。「嫌な言葉だが懐柔策」(加瀬)。

外相吉田茂《よしだしげる》に起用されて終戦連絡中央事務局(終連)次長を務めた白洲次郎《しらすじろう》も、GHQの要人らとの連絡調整や折衝に当たった。二人とも若く、英語に堪能な秘書官的な役割で占領時代の日米せめぎ合いの現場で格闘し、一九五一(昭和二十六)年のサンフランシスコ講和条約の調印の際に全権団に加わっていた。

以前から二人に話を聞きたいと願っていたが、白洲は一九八五(昭和六十)年十一月に死去していた。

白洲の妻正子《まさこ》に会ったのは一九九五(平成七)年八月だった。加瀬には高松宮喜久子《きくこ》妃の足跡の取材で会ったが、正子の取材は秩父宮勢津子《ちちぶのみやせつこ》妃が重体に陥ったときだった。

勢津子妃は、旧会津藩主松平容保《かたもり》の六男で外交官の松平恒雄《つねお》の長女。一九五三(昭和二十八)年に夫の秩父宮を結核で失ってから一人ひっそりと宮家を守り、結核予防会総裁や日英協会の名誉総裁などとして皇室を支えつづけていた。闊達《かったつ》で派手な高松宮喜久子妃に対し、控えめで地味だが、いぶし銀のような存在感があった。万一のときに悼む文を書いてもらうのは、幼時から親しく、筆の立つ随筆家白洲正子以外にないと以前から思い定めていた。

幼なじみで女子学習院でも小学校五年のときに同級生。正子の父樺山愛輔《かばやまあいすけ》伯爵は薩摩出身で、勢津子妃の父・松平恒雄は会津藩主の裔《すえ》。会津の悲劇で知られる戊辰戦争で敵味方の家筋だが両家は互いに親しく、正子が十四歳で米国に留学すると半年後に松平恒雄が駐米大使に赴任し、米国でも正子と節子（勢津子妃の結婚前の名）は毎年の夏休みを大使公邸でいっしょに過ごした。のちに「韋駄天《いだてん》お正」とあだ名されるほど活発だった正子と物静かな節子は性格の対照的な双子のようになかよしだった。

貞明皇后が節子を見染めて次男の雍仁《やすひと》親王の妃にと望み、内意を受けた樺山は二回渡米して節子を説得した。正子の母方の祖父・川村純義《かわむらすみよし》伯爵が幼少の昭和天皇と秩父宮を里子として預かり養育した縁もあった。

小田急線鶴川《つるかわ》駅に近い町田《まちだ》市能ヶ谷《のうがや》の白洲邸を訪問したのは一九九五（平成七）年八月。戦後五十年目にあたる夏だった。

「勢津子妃が万一のときに新聞紙面に心のこもった追悼文を」と切々とつづった手紙を七月二十一日に出してあったが、なしのつぶてだった。八月十六日に自宅に電話して正子が入院中であることを知り、あらためて伝言を頼んだ。間に立った人からは「いくつも依頼が来ているが、全部お断りしている」との返答だった。しかし十八日の金曜日に本人から電話があった。

「万一のときは葬儀式場まで車を出していただける？」

その日午後、さっそく原稿用紙を持参して内幸町《うちさいわいちょう》の病院に出向くと、正子は思ったより元気そうだった。「明日退院する」という。笑顔だが眼光は鋭く、しばらく話をしたら「お葬式のときは、あなたが私の車いすを押してくれるわね」と新たな「条件」を出された。

週末をはさんで月曜朝に連絡があり、原稿を受け取りに自宅に出向いた。土曜日に退院して、一気に書き上げてくれたことになる。

白洲次郎が戦時中に農家を購入して鶴川に移り住み、武蔵《むさし》と相模《さがみ》の境ちかくということで「武《ぶ》相荘《あいそう》」と名付けたということは本で読んでいた。

鎌倉街道を運転して、住宅地図で頭に入れていた場所で車を停め、だらだら坂を登って行った。うっそうとした孟宗竹《もうそうちく》の林のなかに茅葺きの古い民家があった。裏山も森で人の気配はまったくなく、尾長《おなが》の鋭い鳴き声が響くだけだ。垣根もなく、開けっ放しの門をくぐると大きな柿の木があり、母屋手前の右手に古い高床式の納屋《なや》もあって、まったくの田舎の農家のたたずまいである。表札もインターホンも呼び鈴も見つからず、どこが玄関かわからない。まさに「武相荘＝無愛想」である。

恐る恐る茅葺きの母屋の引き戸を開けると、土間がタイル敷きになっていて応接セットが置いてある。声をかけると、お手伝いの女性が出てきて招じ入れてくれた。奥から原稿を持って現れた正子はスカーフで髪を隠し、ようやくいま書き上げたといった疲れきった表情だった。

古朴な味わいの茶碗でお茶をごちそうになりながら、三十分間ほど語らった。白洲次郎の話は次回にまわすとして、その場で勢津子妃について正子が語った思い出は、勢津子妃が結婚する数日前の親しい人たちとのお別れの宴のことだった。祝福する大勢の人びとでさんざめく会場で正子は一人離れて渦の中心にいる彼女を眺めていた。

「宴も終わるころになって彼女がさっとそばに近づいてきてささやいたの。『正子さん、わたし諦めたわ』って。あの何とも言えないひと言が今も耳によみがえるのよ」

その場ではその意味はよくわからなかったが、原稿は首尾よく持ち帰ることができた。

勢津子妃が薨去《こうきょ》したのは、その四日後の八月二十五日だった。

翌日の朝刊社会面に掲載した正子の追悼文には、こう記されていた。

皇后様のご命令で父は二度までワシントンへうかがい、秩父宮の妃殿下におなりになることをお勧めしたが、（略）どうしてもお聞き入れにならない。二度目の訪米では、三日三晩寝ずにお願いしてついにお受けになったと聞いている。そのことを日本のマスコミは大げさに取りあげ、「世紀の恋愛」などと書き立てて煽《あお》ったので、謙虚な節子さまはいよいよ身のちぢむ思いをされたのであった。

秩父宮とは、実際にはひと言かふた言、それもごくふつうのごあいさつをされただけなので、妃殿下は「恋愛」と呼ばれることを一生苦にされていた。（略）『銀のボンボニエール』は、まったくそのために書かれたといっても過言ではあるまい。

勢津子妃の自伝『銀のボンボニエール』には、「家族らの立場も難しくなる」などと渋りつづけた節子に乳母が大粒の涙をぬぐうと「皆さま、会津魂をお持ちでございます」と言ったとある。

私の心の中から、何とも知れぬ強い力がすっくと立ち上がった（略）。

「会津」の二字が、垂れ込めていた黒い雲の間から射し込む光のように私の行くべき道を照らし出してくれた（略）。

勢津子妃の世代には、まだ戊辰戦争の記憶が消しがたく残っていたのだろう。勢津子妃の葬儀は豊島岡《としまがおか》の皇族墓地で八月三十一日、大勢の参会者の前で営まれたが、正子の姿はなかった。前日に車や車いすの手配のため電話すると正子は言った。

「友人など親しい者たちだけで偲ぶ会をすることになったのよ。葬儀に行くのはやめておくわ」

美智子皇后は、勢津子妃の死の翌年の一九九六（平成八）年元旦に妃を偲ぶ歌を発表した。

もろともに蓮華《れんげ》摘まむと宣《の》らししを君在《ま》さずして春のさびしさ

口さがないベテラン皇室記者のなかには「良子皇太后や高松宮妃らといっしょになっていじめられた相手なのに白々しいのでは」と陰口する者もいた。

皇宮警察の定年間近の護衛官と雑談していてそのことを言うと、彼は勢津子妃の側衛を数年間務めたことを明かし、思い出を語った。

「地方公務で宿舎に着くと、妃殿下が侍女長に『いいわね、このことは必ず東宮妃殿下にお伝えしてね。でないと妃殿下がお困りになるから。必ずよ』とささやいておられた。そんなことが何度かあった。皇后陛下はとても感謝しておられると私は思う」

勢津子妃とはそういう人だったようだ。ともに「平民」からの入内でもあった。
白洲正子も一九九八（平成十）年十二月二十六日、八十八歳で死去した。

「英雄」白洲次郎の実像

町田市能ヶ谷の古民家「武相荘」に随筆家白洲正子を訪ねたのは一九九五（平成七）年八月二十一日だった。秩父宮勢津子妃が重篤に陥り、幼なじみの正子に頼んでいた惜別の原稿を受け取るためだったが、できれば夫の故白洲次郎の思い出も聞きたいと思っていた。

英国ケンブリッジ大に学び、日本人離れした自由人で、吉田茂、近衛文麿の側近だったが、日米開戦前から東京への空襲と敗戦を予想してこの農家を買い取って移り住み、晴耕雨読の日々を過ごしていた。

敗戦後は終戦連絡中央事務局（終連）次長などに起用され、連合国軍総司令部（GHQ）と日本政府との連絡窓口役を務め、憲法のGHQ案提示など占領政策をめぐる日米のせめぎ合いの関頭に立たされた。外務省の加瀬俊一と同様、GHQ幹部に接待攻勢もかけるなど「裏技」も使ったようだ。

茅葺きの母屋《おもや》の土間を改造した応接間でお茶をいただきながら、正子に切り出した。

――ご主人はGHQとの折衝でとても苦労されたとうかがっています。何かメモとか日記とかいった記録は残っておりませんでしょうか。

正子　それが、何にも残していないのよね。

――民政局の新憲法策定のころは特にいろいろあったはずですが、何か思い出すことはありませんか？

正子　何にも話してくれなかったの。でも、民政局の人たちって、共産主義者だったんでしょ？

――いえ、ニューディーラーと呼ばれるべき人たちだと思いますよ。

正子　………。

正子は当惑した表情で黙りこみ、いつもの鋭い眼光がさっとくもって、哀しげな色に変わった。夫婦は互いに「別世界」に生きたのかもしれない。とりわけ占領期を次郎は「思い出したくもない」と言っていた。その「距離」と「秘密」に触れるようで、それ以上の質問ははばかられた。

戦後日本の「民主化」の使命感に燃えたGHQ民政局の関係者にとって、「ミルクマンです。ご用はありませんか」とおどけながら無遠慮に部屋に入りこんでは探りを入れてくる次郎は「油断ならない男」であり、「sneaking eel（ずるく忍びこむうなぎ）」とまであだ名された。同局次長のチャールズ・ケーディス大佐はハーバード卒の弁護士で、ルーズベルトのニューディール政策の一翼を担った経験があり、占領政策を実質的に牛耳っていた。憲法のGHQ案策定の作業をおこなった九日間は同局のドアの外に見張りを立てるなどの隠密作業で出し抜いた。次郎が「芸者ハウス」での大パーティーの計画を立て、百人近い同局員全員を招待した際にはケーディスが局内に禁足令を出し、次郎は面目をつぶされた。

一九四六（昭和二十一）年二月十三日、日本案を説明するつもりで外務大臣官邸でケーディスらGHQ側と向きあった吉田茂外相や次郎にとっては、突然のGHQ案提示は青天の霹靂だった。次郎が手記に「斯ノ如クシテコノ敗戦最露出ノ憲法案ハ生ル『今に見ていろ』ト云フ気持抑ヘキレスヒソカニ涙ス」と記したのは有名だ。

その後、次郎は吉田とともに、GHQ内でも治安・諜報を担当し民政局の民主化路線に対立していた参謀二部（G2）部長のチャールズ・ウィロビー少将に接近する。楢橋渡《ならはしわたる》内閣書記官長が開いたパーティーでケーディスが鳥尾子爵夫人と出会い恋愛関係にあることを次郎はウィロビーと連携して内務省調査局、警視庁に調査させてスキャンダル化し、ケーディス追い落としに成功する。

この身辺調査について、当時の内務次官で警視総監や警察庁長官も務めた斎藤昇は回想録で次のように明かしている。


GHQの民政局の某大佐は（略）非常に左翼的であるというので、あるいは共産主義者ではないかというような批評があり、GHQのG2に友人を多く持っている吉田内閣の某要人S氏が、G2と一緒になってこの某大佐を日本から去らしめようとする策謀が計画されたという。

（『随想十年』）


しかし「なかば監視をするようなつもり」でケーディスや鳥尾夫人と会って親しくなった斎藤

は次のような結論に達している。

私の判断によると、この人（ケーディス）は、きわめて進歩的な考え方の持主ということは出来たかもしれないが、むしろ日本のために、日本をよりよく民主化しようという考えの持主であったと考える。日本国民を愛し、日本のことを思う人であったのではないかと考える。（略）条理の通った判断をし、一方では情の細やかな人間であったと思う。（同）

いま白洲次郎ブームである。完璧な英語と英国貴族の流儀を身につけ、ベントレーからポルシェまで花形外車を乗りまわし、いち早く敗戦を見通して「鶴川の百姓」となった。占領に抵抗し、天皇からのクリスマスプレゼントを軽く扱おうとしたマッカーサーを叱りつけた……。憲法の「押しつけ」に抵抗し、悪役ケーディスを追放するなど「白洲三百人力」の凄腕ぶり──と、今や伝説のヒーローだ。先ごろはＮＨＫでもドラマ化された。

次郎のエッセイなどを読むと家族や親しい人、下働きの人たちや戦災孤児などに対する温かい心根が胸にしみる。一方、一筋縄ではいかない人物であり、明と暗、毀誉褒貶《きよほうへん》も相半ばすることも事実だ。

当初は日本側に求めていた新憲法案をＧＨＱが急遽みずから策定して日本側に迫ることになった事情は、今はさまざまな資料や証言で明らかになっている。天皇の戦争責任を厳しく追及するソ連やオーストラリアなども含む連合国極東委員会の設置が迫り、先手を打たねば天皇制廃止や天皇の戦犯訴追の動きが出て来かねなかったこと、初の衆院選が迫るなか、毎日新聞がスクープした「日本政府案」は帝国憲法の枠をほとんど出ない保守的なもので、お話にならなかったことなどだ。

それだけに憲法改正論者たちの白洲人気への便乗までが出はじめると、反発が出るのも避けられない。

最近はジャーナリスト徳本栄一郎《とくもとえいいちろう》によって、次郎がマッカーサーに会った記録はまったくないことが判明し、マッカーサー警護にあたった米国の儀仗兵連盟からＮＨＫに質問状が届くひと幕もあったという。

筆者が取材したとき、ひっそりと静まり返り、訪れる人影もなかった武相荘は今、町田市指定史跡となり、大勢の観光客で賑わっている。

その武相荘のメールマガジン「武相荘のひとりごと」にこんな一文が載ったことがある（二〇〇八年十二月二十五日　第86号）。

この頃とても気になることが有ります。武相荘もお蔭様で開館七年が過ぎ、相変わらず大勢の来館者をお迎えしております。ＮＨＫの次郎と正子のドラマなども制作中であり、それでまたお若い方々にまで関心を持っていただくのは良いのですが、（略）一部の雑誌などで、「日本一カッコいい男」とか、「日本で初めてジーンズを履いた男」くらいはご愛嬌としても、「マッカーサーを怒鳴りつけた男」と書かれるに至っては、白洲は筋を通してもそんな失礼な男ではなかったと言いたくなります。情報化時代とは言え、白洲は自分の身長を公文書に一七五㎝と申告し、正子も彼は六尺豊かな大男とは書いていますが、最近の雑誌では遂に一八五cmに成長し、ゴルフのハンディキャップも実際は「7」か「8」だったと思いますが、いつの間にかハンディキャップ「2」の名人に成ってしまいました。このまま後五年もすると、白洲の身長は二mを超え、ゴルフはタイガーウッズより上手くなってしまうのでは……と、とても心配です。

遺族の困惑がうかがえる。

「キャピー原田」の死

キャピー原田が亡くなった。一九二一（大正十）年、日本人移民の両親のもと、米カリフォルニア州で生まれた日系二世・原田恒男。日米開戦後、米陸軍に志願して第六軍特殊部隊で情報収集、捕虜尋問、通訳などに従事。マッカーサー元帥の対日反攻作戦に従って太平洋諸島を転戦した。日本進駐後は元帥の腹心で連合国軍総司令部（ＧＨＱ）経済科学局長ウィリアム・マーカット少将の副官だった。

若いころから野球好きで、甲子園球場の接収解除や米大リーグ招致、日米野球の実現に尽力し、日米球団のスカウトを務めるなど野球を通じた日米親善に尽くした。

筆者は一九九四（平成六）年九月二十六日、赤坂プリンスホテルで原田と約一時間会って話を聞いたことがある。一九四五（昭和二十）年九月二十七日の昭和天皇とマッカーサー元帥の第一回会見の場に原田がいたとの驚くべき情報を聞いたからだ。半信半疑だった。

米大使館での天皇と元帥の第一回会見では、開襟の夏軍服でリラックスして立つ長身の元帥の傍らにモーニング姿で直立不動で立つ小柄な天皇の写真が新聞に掲載され、「敗者日本」を実感させて多くの日本人に衝撃を与えた。

マッカーサーの回想によると、天皇は「私は、国民が戦争遂行にあたって政治、軍事両面で行ったすべての決定と行動に対する全責任を負う者として、私自身をあなたの代表する諸国の裁決にゆだねるためお訪ねした」と述べた。

「この勇気に満ちた態度は、私の骨のズイまでもゆり動かした」

しかしこの天皇の発言は、通訳の外務省情報部長奥村勝蔵《おくむらかつぞう》の記録にはなく、真偽は史家の間でも決着がついていない。

――原田さんはほんとうに会見の場に居合わせたのですか？

原田　外務省の奥村さんが通訳をしました。私は速記をやっておりました。私はマーカットの副官でしたが、マッカーサーの特別補佐もしていたのです。マッカーサーは冷たいエゴイストみたいに言われてますが、実は非常に温かい方でした。厚木に降り立ってから、ずっと陛下に会いに伺いたいと考えていたのですが、ワシントンからの命令で皇居からの申し入れを待ったのです。当時の連合軍の制服はネクタイなしだったんですね。彼は非常に気にしておったのですが、しかたなくその制服で会ったんです。でも、とても温かい会談でした。

（略）

いちばん印象に残るのは、陛下ご自身が、大戦が起こったことは自分の責任だ、私はおわびいたしますと。私は罪を背負いましょうと。その一言で、マッカーサーは、もともと心の温かい人ですから、涙を流して。私はじっと顔を見てたら、涙が出ておりまして。私は何年も元帥をそばで見ておりましたけれども、涙こぼしたのを見たのは最初で最後でしたね。そして会談が終わったときにですね、元帥は私に「やっぱり日本にはああいう立派な天皇は残すべきだ。日本に何かインスピレーション——日本語で〝勇気の源〟ですかね——を残さねばならない」と言っていました。ソ連やオーストラリアが陛下を国際裁判にかけろと言ってきていた。連合国極東委員会の代表をしたのが私の上司のマーカット少将でした。彼は親日家で、日本人はすばらしい人種だと、日本のため非常に戦ってくれました。

——天皇と元帥の会見の様子は元帥の副官フォービアン・バワーズ少佐も証言しています。バワーズさんは通訳だったのですか。他に同席者は？

原田　いや、それくらいですね。私はそのとき、速記しました。バワーズは日本で勉強していたことがあり日本語うまくて私の大の親友でしたが、オブザーバー。通訳は往復とも奥村さんがやりました。

——昭和天皇のご様子は？

原田　緊張されてましたね。でもね、だんだん柔らかくなりました。

——歴史的な会見がおこなわれたときの関係者も、もうご存命は原田さんくらいですね？

原田　先日、マッカーサー夫人と朝食した時も私の顔を見てふっと「残っている人間はあなたと私だけね」と。もう九十五歳ですから。（中略）

非常に穏やかな会見でした。お互いに尊敬してましたよ。元帥はお父さんのアーサー・マッカーサーが親日家で、元帥自身も日本の歴史を勉強していた。だから、たとえば日本進駐の数日前にはマニラで幹部を集めて「これから日本に上陸するが、武器を持つかどうか意見を聞かせてくれ」と。私は当時はまだ少尉。出しゃばりかもしれないけど「日本人は野蛮人ではない。武器を持って上陸することは反対します」と。元帥は、その一言で「じゃあ、将校連中は武器を持たないで上陸しましょう」と言いました。まあ、第一騎兵団はこれはしょうがないと。元帥は日本人をよく知ってました。だれかに切り出してもらいたかったんですね。私の一言で「それはそのとおりだ」と決断したんです。

——会見の内容や同席者とか何か記録は残ってませんか？

原田　ワシントンにすぐ送りましたので。今でも皇居の立場あるからね、それは出さないと思います。私もいろんな人たちが話を聞かせてくれと来ても、血は日本人ですから、やっぱり皇居のこと考えてあまり話さないんですよ。でも私、ワシントンに行く用事ありますので調べてみましょう。あなたに連絡しますよ。

原田からは連絡はなかった。

「原田には日米間のフィクサー的役割をした暗部もあるのでは」「発言は必ずしも信用できない」といった風聞もあった。会見同席は奥村だけというのが定説だ。少なくとも会見の場に原田がいた傍証がないかぎり、この証言も記事にはできないと断念せざるをえなかった。会見に米側速記者の同席を示す記録でも見つかったら「歴史的証言」ということになるのだが。

日本軍と戦って何度も負傷し、両親は強制収容所に入れられた経験をもつ原田だが、占領期の日米両国関係者の友好の思い出を語るときは心底うれしそうだった。

マッカーサーは戦後の混乱期、暗くすさんだ日本国内の空気に悩みました。「人と人とのふれ合いのために、何をすればいいか」と。私は「野球をやるべきだ。日本人も野球は大好きだ」と。どうすればいいかというから、戦前、レフティー・オドゥールがベーブ・ルースやルー・ゲーリッグらを連れて来日して大歓迎された。そのオドゥールがいまサンフランシスコ・シールズの監督をしているからと提案したんです。私が派遣されて会ったらオドゥールが「また日本に行きたい。会いたい人もいる」と言うので、元帥も「それは、もうどうぞ」と。銀座で大パレードして、オドゥールが「ただいま帰りました」。日本側は大喜び。歓迎パーティーで元帥も「お帰りなさい」と。（笑い）

二〇一〇（平成二十二）年六月五日、心不全のため死去。享年八十八。州の米軍墓地に葬られた。人なつっこい笑顔の記憶とともに、私の手元のメモも宙に浮いたままである。

ただ、これだけは言える。両親の祖国、そして同じ血の日本人と戦い、マッカーサーの身近にいた巡り合わせが、占領期に日米の狭間で一介の若い日系人・原田の存在感を高め、彼はその宿命の下で生きることになったのだろうということだ。戦後の日米の和解を心から喜んでいた気持ちには嘘はなかったのだろう。

『終戦のエンペラー』に思う

マッカーサー元帥の軍事秘書で、太平洋戦線から日本占領まで身近に仕えたボナー・フェラーズを主人公とするハリウッド映画『終戦のエンペラー』が米国で封切られ、日本でも二〇一三（平成二十五）年七月二十七日から公開された。

マッカーサーの対日占領政策、とりわけ天皇の扱いを決定づけた黒衣《くろこ》の役割を果たしたとみられながら、詳しい足跡は長年研究者にも知られていなかった。人物像がしだいに浮き彫りとなったのは、昭和天皇崩御後のさまざまな史料発掘による。

試写を見る機会があり、歴史の流れを思って感無量だった。

原作は、ノンフィクション作家の故岡本嗣郎《おかもとしろう》著『陛下をお救いなさいまし――河井道とボナー・フェラーズ』（二〇〇二年刊）。

岡本がその存在に着目したきっかけは、著書『歌舞伎を救ったアメリカ人』のため、マッカーサーの副官フォービアン・バワーズを取材したことだ。マッカーサーはじめ総司令部の面々をなで切りに酷評したバワーズが、フェラーズだけは「良心的で信頼に足る人」と評したことだったという。

昭和天皇崩御後、次々に未公開史料が公開されたが、もっとも衝撃的だったのは天皇本人の

『独白録』（月刊『文藝春秋』一九九〇年十二月号）だった。側近五人組が開戦の経緯を聞き取った記録で、宮内省とGHQの連絡役を務めた外交官寺崎英成《てらさきひでなり》の遺族が公開した。

ただ、その記録の目的は当時は謎で、同誌翌月号の昭和史家四人の座談でも論争になった。秦《はた》郁彦《いくひこ》（拓殖大教授＝当時）が、東京裁判対策に作成されたもので、英訳が存在するのではないかと主張。故児島襄《こじまのぼる》（作家）、伊藤隆《いとうたかし》（東大教授＝当時）は「可能性ゼロ。秦さんのいう英文が出てきたらカブトを脱ぎますがね」「せいぜい秦さんにお探しいただきましょう（笑）」と一笑に付していた。筆者も、秦の推測に「まさか」と思った覚えがある。

七年後、その英訳がフェラーズの遺族が保管していた文書の中から見つかった。発掘したのはNHKディレクター東野真《ひがしのまこと》である。一九九七（平成九）年六月、NHKスペシャル「昭和天皇二つの『独白録』」と題し放映された。同名の著書（一九九八年刊）で東野は、五人組の一人だった内記部長稲田周一《いなだしゅういち》の備忘録などと合わせフェラーズの足跡をほぼ解明した。

同書によると、イリノイ州の農家に生まれたフェラーズは一九一四年にインディアナ州リッチモンドのアーラム大学に入学し、日本人留学生渡辺ゆりと出会って友人となる。ゆりは、新渡戸《にとべ》稲造《いなぞう》の直弟子で後に恵泉女学園を創立する河井道《かわいみち》に勧められてクエーカー系の同大で学んでいた。

その後、フェラーズは陸軍士官学校に転じてフィリピン配属となり一九二二（大正十一）年に初来日し、ゆりと再会して恩師河井に紹介された。「戦争を望まないリベラルな日本人」「世界のすばらしい女性の一人」との強い印象を受けたという。このとき、「日本を知るため」としてゆりに勧められたラフカディオ・ハーンの文学、そして日本文化に魅せられ、のちに二百冊もの関連書籍を読破したという。

一九三〇（昭和五）年、二度目の来日の際には、結婚して一色と改姓していたゆりの家に妻とともに滞在。ハーンの遺族を訪ね墓参も果たした。

一九三五年、陸軍指揮幕僚大学に提出した卒業論文は「日本兵の心理」。神道、天皇、武士道などから説き起こし、日本軍兵士の心理を分析した論文は高く評価されて米軍内で必読書とされている。

一九三七（昭和十二）年にはマッカーサー、ケソン比大統領に随行して三度目の来日。ジョセフ・グルー駐日大使主催のレセプションで一色夫妻とも再会している。

一九三八（昭和十三）年、陸軍大学在学中に四度目の来日。このとき、東京駅で日の丸の小旗に送られ中国戦線に向かう兵士らを観察し、「天皇のために死ぬ覚悟」（フェラーズ文書）を読み取ったという。

日米開戦後、准将に昇進したフェラーズは一九四三年、オーストラリアのマッカーサー司令部に配属され、フィリピン奪回作戦での働きが評価されてマッカーサーから軍事秘書の特命を受け、情報収集と対日心理作戦に携わった。

謀略は避けて、戦況を知らされていない日本兵に正確な情報を伝えるなど、天皇への忠誠心に敬意をはらいつつ投降を呼びかける方針を貫いたという。

一九四五（昭和二十）年、原爆投下とソ連参戦という絶望的な事態に日本側が降伏か継戦かで混乱する八月十四日。米軍がポツダム宣言と日米交渉過程を暴露する大量のビラを東京にばらまき、これが天皇と木戸《きど》幸一《こういち》内大臣に終戦の御前会議召集を決断させるきっかけとなった。これもフェラーズの「作品」だったという。

同八月三十日、マッカーサーに随行し厚木飛行場に降り立ったフェラーズはただちに河井とゆりを探し出し、九月二十三日に米大使館内の宿舎で夕食をともにした。天皇の戦犯指名について意見を求めると、ゆりは「陛下にもしものことがあれば自分は生きていない」と答えたという。マッカーサーとの初会見に臨むため第一生命ビルの連合国軍総司令部を訪ねた天皇をフェラーズが出迎えたのは、その四日後である。

天皇不訴追を進言する覚書をフェラーズがマッカーサーに提出したのは十月二日だった。

彼らの天皇は、祖先の美徳を伝える民族の生ける象徴である。（略）天皇の命令により、七〇〇万の兵士が武器を放棄し、すみやかに動員解除されつつある。（略）もしも天皇が戦争犯罪のかどにより裁判に付されるならば、統治機構は崩壊し、全国的反乱が避けられないであろう。

（『資料日本占領1　天皇制』）

そして、ソ連、オーストラリアが天皇訴追を主張するなか、マッカーサーの意を受けて天皇免責を図るため、対米開戦に消極的だった天皇の心境や役割を立証するよう日本側要人らに働きかけた。側近五人組の天皇からの聞き取りも、これを受けたもので、寺崎の『独白録』は、フェラーズに届ける英語版のためのものだったのである。

映画では、マシュー・フォックスがフェラーズを、トミー・リー・ジョーンズがマッカーサーを演じる。プロデューサーの奈良橋陽子《ならはしようこ》は元宮内次官関屋貞三郎《せきやていざぶろう》（映画では夏八木勲《なつやぎいさお》が扮する）の孫である。クリスチャンだった関屋は、旧知だった河井道の要請でフェラーズと会い、フェラーズと宮中との仲介役を果たしたという因縁があった。

印象的なのは、フェラーズが歩きまわる東京の焼け野原の迫真の映像だ。東京湾を米艦船が埋め尽くす場面などはCGを使ったが、往時の東京の無残な姿はニュージーランドの工場火災跡地でのロケで再現し実写した。東日本大震災直後、スタッフは津波被災地の現場にも足を運んで瓦礫と化した街の写真を撮って参考資料としたという。

「悲惨な状況の中からも人と人とのつながりが人びとを立ち上がらせることに思いを馳せてほしい」と奈良橋は語った。

フェラーズは一九七三年十月七日、七十七歳で死去。米連邦議会にウィリアム・ブレイ上院議員の追悼の言葉が記録されている(『昭和天皇二つの「独白録」』)。

彼は日本の最もよい面を知っており、日本の文化と伝統のうちで最良のものに対して、生涯変わらぬ深い愛着を抱いていた。

(略)占領軍最高司令官としての元帥の明らかな成功に、大きな貢献をした(略)敗北し荒廃した敵国・日本は、かくして強く新しい国へと生まれ変わった。(略)

ロムロ将軍の思い出

マニラにたまたま私的な事情で滞在していたことから、二〇一六（平成二十八）年一月下旬の天皇・皇后のフィリピン訪問について数本の原稿を書く巡り合わせとなった。脳裏によみがえったのは三十年前にフィリピンを訪れたときの思い出だ。

一九八五（昭和六十）年十一月。「経済大国ニッポン」が諸外国からどう見られているかを探る新年一面企画の取材でアジアをまわった際、最初に入ったのがフィリピンだった。ベニグノ・アキノ（二世）元上院議員暗殺事件以来、同国内はフェルディナンド・マルコス大統領の独裁体制への反発が急速に強まり、追い詰められた同大統領が繰り上げ大統領選を発表し騒然となった当日だった。

まず訪れたのがマニラ・レベリサ地区のスラムだった。「フィリピンのマザー・テレサ」とも呼ばれたクリスティン・タン修道女に案内してもらった。

粗末な掘っ立て小屋がぎっしりとひしめく一角、木の檻《おり》に三人の幼児が入れられていた。数日前に捨てられ、周辺の住民たちが保護して食べ物を与えているという。四歳から一歳までの兄弟。小さな坊主頭が三つ並び、不安で悲しげなまなざしが格子越しにこちらを見上げていた。

その近くでは、二ヵ月前に捨てられていた女の子を母親が引き取りに来た。子が六人もいて、失業した夫が家族を捨てて逃げたため、四人を実家に預け、一人を一千ペソ（当時約一万円）で売り、一人をスラムに捨てた。夫は彼女の親族たちが探し出し、殺害した。「やっと洗濯婦の仕事がみつかった」と引き取って行ったという。朝から晩まで働いても日給は四十ペソ（同四百円）。タン修道女も「彼女が子どもたちを育てていくのは難しい」と顔を曇らせた。

市街地では、ひしめく車の間を大勢の幼い子どもが物乞いに歩きまわっていた。いずれ犬や猫のようにはねられてしまうのは必定だろう。

「この世の地獄だ」と思った。

スラムのタン修道女のオフィスの壁に小さな油絵が掲げられていた。暗夜の海の波のうねりと水平線上の微かな曙光が描かれ、下のほうに小さく、NO NIGHT WITHOUT DAWN（明けぬ夜はない）と記されていた。

ここでは自分も家族のため犯罪に走るかもしれない。マルコス独裁下で貧富の格差は限界に達し、革命が起きないほうがおかしいというのが実感だった。日本大使館幹部や地元駐在記者らには一笑に付された。「経済指標は改善の兆しをみせている」「強固なマルコス体制が揺らぐわけがない」と。

「ピープルパワー革命」が起き、政権が崩壊したのは三ヵ月後だった。「現場実感」の大切さを学んだと思った。

フィリピンでの取材のもうひとつの柱は、フィリピンからの農村花嫁が日本各地で話題となっていたので、その現地事情を探ることだった。茨城県のある市の農協組合長がルソン島中部のタルラックを花嫁探しに訪れるのに同行。地元の若い女性たちを集めて「日本の農家に嫁に来ないか」と勧めるのを取材した。元日本兵。リンガエン湾に上陸し戦車で殺到する米軍と戦い九死に一生を得た。「戦時中、フィリピンの地元の人たちに申しわけないことをした。せめてもの罪滅ぼし」という。集まったフィリピーナたちは、日本の女性たちの日給の額を聞かされ目を丸くして輝かせた。

タン修道女は「愛はどこにあるのですか」と眉をひそめた。しかし「今のこの国の状態では、私にも彼女たちに日本に行くなとはとても言えません」と語った。

メーンの総括コメントはロムロ将軍にもらうつもりだった。

カルロス・P・ロムロ。タルラック生まれで、米コロンビア大卒。戦前はジャーナリストとしてアジア報道でピューリッツァー賞を受賞。戦時中はマッカーサー将軍の副官（准将）として米軍の対日反攻に加わり、戦線の情報収集、広報戦略を担当し、戦時下短波放送「自由の声」で、連合国軍の正統性と日本軍の残虐性を訴えた。

一九五一（昭和二十六）年九月、サンフランシスコで開かれた対日講和会議にエルピディオ・キリノ政権の全権代表（外相）として参加。日本を「反共の防波堤」とする思惑から対日賠償請求の放棄を求める米国などに抗して舌鋒鋭く償いを求めた。

一千八百万の人口のうち、われわれは百万以上の生命を失いました。生命の損失の他に我が国民は未だに癒されないほど深い精神的傷手《いたで》を蒙《こうむ》りました。（略）我が国民経済は完全に破滅し去ったのであります。

あなた方が我々に与えた傷はどんな黄金やこの世のものをもってしても元に戻せるものではない。しかし、運命は我々を隣人にした。我々は共に平和に生きるほかはない。我々が赦しと友情の手を差し伸べる前に日本には心からの悔恨と生まれ変わる根拠を示してほしい。

その後も、国連大使などとして旧植民地・第三世界の独立と自立への国際社会の支援を求め、パレスチナ問題でも欧米を批判した名演説で知られ、アジア人で初めて国連総会議長も務めた。

ロムロは、当時、マニラ市内の病院に入院中で予断を許さぬ病状だったが、「十五分程度」との約束で、日本から来た若い記者に会ってくれた。

フィリピン反攻で上陸用舟艇から降りて波をかきわけ上陸するマッカーサー元帥に付き従った思い出を「マッカーサーは膝まで水につかって上陸したが、小さいロムロは胸までつかって上陸した」と、定番のユーモアで座をなごませ、人懐こい目で機知に富んだ語り口だった。

日本について「敗戦日本は戦後、経済で別の勝利を獲得した。敬意を表する」と述べたが、筆者がスラムの惨状や、フィリピン人女性が続々と日本に向かっている状況を述べると、悲しげに表情を曇らせた。

「残念なことだ。日本の人たちに彼女らを温かく迎えてくれることをお願いしたい」

「フィリピンは戦勝国のはずだったが、戦後復興と独立国としての国づくりは道なかばだ。心残りです」

「日本に対するアドバイス」を求めると、「戦後復興の実績を積んだ日本は、もっと国際社会で平和憲法を前面に押し出し、活発な平和外交を展開すべきだと思う」と述べた。

筆者は十日ほどでフィリピンを離れタイ、マレーシア、韓国とまわり、同年十二月十五日、慶州の旅館でロムロ死去のニュースをラジオで知った。元「将軍」のいかめしい肩書とはほど遠い、気さくな話しぶり、人懐こいまなざしがよみがえって、いつまでも脳裏を去らなかった。

それから三十年。今回の天皇訪問の取材で、マニラ市街戦の惨状と、そのなかで妻と幼い娘たち三人を日本軍に惨殺されたキリノ大統領が、憎しみと赦しの狭間で苦しみ悩んだ末に日本人戦犯の特赦に踏みきったことを初めて知った。

しかもロムロは、米軍とともに戦闘終了直後のマニラ旧市街にジープで入り、瓦礫の山と化して燻《くすぶ》る市街を見てまわっていた。日本軍の暴虐の情報や証拠を集めるのも彼の仕事だった。多くの友人の遺骸とともに、友人キリノの邸宅付近で日本軍に惨殺された妻子の骸《むくろ》が路上に転がっている光景も目撃していたことも初めて知った。対日講和会議で語り草となった舌鋒をくりひろげるロムロの脳裏には、この記憶もあったかもしれない。

「自分が謦咳《けいがい》に接した最後の記者だったに違いない」「もっといろいろ聞いておくべきだった」と、当時の自分の無知がいまさらながら悔やまれるのである。

二君に事えるということ

『史記』に「忠臣は二君に事《つか》えず」というのがある。宮中でも、明治初年以来の二十二代の侍従長のうち二君に仕えたのは、昭和最後の侍従長で一九九六（平成八）年まで務めた山本悟《やまもとさとる》ただ一人だ。明治最後の第六代徳大寺実則《とくだいじさねつね》も大正最後の第十代徳川達孝《とくがわさとたか》も天皇を看取るとすぐ退任している。

毎年四月を迎えると、駆け出し記者だった一九八八（昭和六十三）年の山本の侍従長就任前後のことを思い出し、二君に仕える難しさをあらためて思う。

昭和天皇の闘病中に、一九三六（昭和十一）年から半世紀あまり仕えた徳川義寛《とくがわよしひろ》侍従長を退任させ、オクの経験のまったくなかった宮内庁次長の山本を後任に充てた人事は、各方面から意外にすんなり受け止められた。

昭和天皇は前年秋に消化器のがんが見つかり手術を受けて療養に入っていた。

①戦後初の天皇代替わりの修羅場は、高齢の富田《とみた》朝彦《ともひこ》長官、徳川侍従長には荷が重い。

②官邸で密かに準備を重ねてきた藤森昭一《ふじもりしょういち》官房副長官を次期長官含みで次長に送りこむ。

③次長の山本は十年間にわたり宮内庁事務を仕切り国会答弁にも立った法制通なのでオクを統率させる。

こんな〝玉突き〟だったようだ。

難しい時期の侍従長に適任者が見当たらず、加えて宮家筋などに「侍従長に山本、いいじゃないか」との声があった。昭和天皇の戦前からの〝権威〟に慣れ親しんだ旧世代には、東宮（現天皇・皇后）のリベラルな持ち味や公務ぶりに危惧を覚え、歯に衣着せぬ剛直な性格の山本に次代の「お目付け役」や「オモテ」との連携を期待する向きもあったかもしれない。

決まる数ヵ月前、次長室で雑談中に「山本さんを侍従長にという声もあるようですよ」と言うと、山本は椅子から転げ落ちそうになって大声で叫んだ。

「えっ侍従長？　うわー冗談じゃない。オレに務まるわけないぞ。やめてくれ」

本音だったろう。

山本新侍従長の認証官任命式は昭和六十三年四月十三日午前十時、宮殿松の間で国事行為臨時代行の明仁皇太子によっておこなわれた。同十一時半には鳳凰の間で前任侍従長徳川、新任次長藤森とともに昭和天皇・良子皇后に拝謁した。この席で天皇は徳川に「終戦のときと地方巡幸の際には身命を賭して……」と謝意を述べ五十年来の側近との別れに涙ぐんだという。

新侍従長人事が、葬送に備え、次代天皇のお目付け役の含みを帯びていたとすれば——あるいは昭和天皇や次代天皇からそう見られるかもしれないとすれば、つらい役まわりと言うしかない。

同年九月十九日、天皇は大量吐血し最後の闘病に入った。同二十四日、容態が急激に悪化し朝日新聞は夕刊で「がん性腹膜炎の疑い」と「がん」を見出しに立てた。病状本記を担当していた筆者の知らないうちに本社取材班が「最終局面」と判断して打ったようだ。関係者は吹上御所にこもっていて情報がとれず、止められなかった。社内のそんな動きを知らないまま、深夜になって「深刻なヤマを越えてほっとする側近」の現場雑観記事を送ったが「そぐわない」とボツになった。

天皇本人や一般にはがんであることは告知しないとの方針だった宮内庁は強く抗議。廊下で出会った山本は目をむいて歩み寄り、ぶつかりそうに顔を近づけて吐き捨てた。

「おまえの顔は二度と見たくない」

この間、山本は連日のように病床の天皇に拝謁し、皇族・親族、竹下登首相ら見舞い客に病状を説明していたのである。翌年一月七日の崩御でも側近奉仕者の筆頭で死に水をとった。

同十四日の卜部《うらべ》亮吾《りょうご》侍従の日記にこんなくだりがある。

庁舎第1会議室にて大喪委員会第6回に始めて出席　侍従長は大行《たいこう》天皇の側近奉仕の立場に徹し喪儀関係については新帝の供奉《ぐぶ》はしないとの方針を示し波紋をよぶ　吹上に戻って侍従長らに報告、……

卜部の〝過激〟な方針の裏には山本の意向もあったようだ。

「二度と顔も見たくない」と叱った山本だったが、当方の事情を知ってか知らずか、その後も何もなかったかのように会ってくれた。

陸軍主計中将山本昇《やまもとのぼる》の長男として一九二五（大正十四）年に生まれ、東京帝国大学法学部入学直後に召集され入営直前に敗戦を迎えた。自治官僚の道を歩み、旧内務官僚の大ボス町村金五《まちむらきんご》の三女と結婚。度の強い眼鏡。頭は切れたが、ぶっきら棒で口下手。一本気でときに激烈な言葉を吐いた。

憲法談義をすると、「オレなんか現行憲法の下で一刻も呼吸したくないんだよ」などと挑発。「敗戦日本に他に誇れる何がありましたか」などとムキになる戦後世代の反応を楽しんでいた。

こちらも仕返しした。あまりに「占領軍の押し付け憲法」などとくりかえすので、「これでも読んだらどうですか」と鈴木昭典著『日本国憲法を生んだ密室の九日間』（一九九五年、創元社刊）を贈った。まもなく、恒例の那須御用邸見学で記者たちに供奉員宿舎の自室まで見せてくれたときのことだ。ベッドの枕元の小机に表紙をカバーで隠した本が一冊置いてあり、山本が「あ、こら、やめろ」と叫ぶのもかまわず「なんの本かなあ」ととぼけて手に取って扉を開けてみた。その本だった。

積極的に外国を訪問する新天皇に随行しても外国語が不得手で身の置きどころがない様子だった。ドイツ・ライン川下りの船の上でドイツ側の記者、カメラマンたちに「あの人が侍従長だ」と指差して逃げ回る山本を追いかけさせる悪戯をしかけた思い出もある。

代替わり後、旧東宮職スタッフが新侍従職として皇居に乗りこみ、昭和の侍従職スタッフは皇太后宮職へ去って長老皇族らも次々に鬼籍に入った。新天皇・皇后も着々と昭和の旧慣を改め、一般国民と膝詰めで語らい、海外親善も増えた。山本が腕をふるう機会は限られたようだ。

一九九三（平成五）年、こうした「平成流」に反発する保守派の一部が「バッシング」をしかけ、皇后が倒れて声を失う事態となると、山本はめっきり元気がなくなった。侍従長室で、「おい、いまオクはいったいどうなってるんだい？」と尋ねられ面食らったこともある。

もっとも面食らったのは、同年六月の皇太子結婚から半年も経たないころのことだ。「皇太子妃もだいぶ皇室に慣れてこられたのではないですか」と話しかけると、山本はしばし沈黙のあと「この結婚は失敗だった」と言ったのである。まだ新婚とも言える時期だっただけに仰天した。例によって山本は何も説明しなかったが、後年、雅子妃の「適応障害」や「千代田と赤坂との溝」などが取り沙汰されるたびに、あの絞り出すような悲痛なひと言が思い出された。

一九九六（平成八）年八月、故秩父宮妃の一周年祭のあと一過性脳虚血で倒れ入院。さらに脳梗塞を発症し体の自由を失った。一本気の旧いタイプの皇室尊崇派だっただけに、代替わりと時代の変化に苛《さいな》まれ悩んだストレスも大きかっただろう。狡く立ちまわる小役人だったら、こんなことにはならなかったかもしれない。

自宅に見舞うと、懐かしそうな顔で這うように出て来てくれ、「自分が情けなくてなあ」と嘆いた。同年十二月に辞職し、外務省出身の渡邉允《わたなべまこと》式部官長に後を託した。

一九九七（平成九）年十一月、勲一等瑞宝章の親授式。拝謁を終えると天皇は車椅子の山本にみずから歩み寄り「どうぞ体を大切に」とやさしく声をかけ労った。異例のことだった。

二〇〇〇（平成十二）年七月二十五日、豊島岡墓地で営まれた香淳皇后の葬儀に宮内庁職員の押す車椅子で参列。葬場殿に進むと、起立して柩《ひつぎ》に拝礼しようと何度も何度も懸命にもがいた。しかし果たせず倒れこみ、悲痛な表情で天を仰いだ。二〇〇六（平成十八）年十二月十七日死去、享年八十一。「カミナリ親父」みたいに懐かしい人である。

天皇のリゴリズム

鎌倉節《かまくらさだめ》・元宮内庁長官が二〇一四（平成二十六）年十月二十五日死去した。享年八十四。

警察官僚として警視総監まで務めた鎌倉は一九九四（平成六）年四月、当時の藤森昭一長官の後任含みで宮内庁に次長として乗りこみ、一九九六（平成八）年一月から二〇〇一（平成十三）年四月まで五年あまり長官を務めた。

内閣官房副長官から転じた藤森長官は、天皇代替わりを仕切り、一九九三（平成五）年には皇太子夫妻の結婚もプロデュースした。戦後五十年の節目となる一九九五（平成七）年の天皇・皇后の戦災地慰霊の旅を実現したのを潮に鎌倉にバトンを渡した。

折しも平成の皇室は保守系雑誌のバッシングにさらされ皇后が倒れるなど、危機的状況にあった。昭和天皇の残像が根強く、現天皇・皇后の新しい皇室の姿に対する違和感が中国訪問をきっかけに噴出し、「日本を守る国民会議」系保守派の一部などから真贋ないまぜの「皇室内部情報」をもとにした批判が浴びせられていた。皇后が倒れたことでバッシングこそやんだものの、宮内庁組織を引き締め、平成の皇室の態勢立て直しが必要だった。

後任に鎌倉を選んだ理由を問うと、藤森は「現場の下積みの部下への配慮、組織の士気高揚のできる人」と答えたものだ。

すでに三菱銀行顧問、日本自動車連盟会長と「第三の人生」にあった鎌倉は「官僚として望外の重責」に心中燃えるものを抱いて乗りこんできたようだ。

警察庁時代から「土佐のいごっそう」「鎌倉ぶし（武士）」などの人物評もあった。天皇・皇后の企業視察の際に茶髪姿で迎えた従業員を見つけると「けしからん」と顔を紅潮させた。ノーベル文学賞を受賞した大江《おおえ》健三郎《けんざぶろう》の本を皇太子妃が読んだと雑誌が報じたことにも激怒した。戦後五十年の「慰霊の旅」での広島・長崎・沖縄歴訪に「平和運動の政治色が出過ぎないか」として、東京大空襲を記念する東京都慰霊堂も加えることを主張した。

故高松宮が兄昭和天皇との軋轢《あつれき》や兄弟の情愛を記した日記の公刊を喜久子妃から打診されると、「宮自身も公開は考えていなかったはずだ」などと五項目も理由を列挙し、面を冒《おか》して反対した。

陸軍幼年学校で「終戦の玉音放送」を聞き、警察庁で刑事、公安畑の主流を歩んで内閣調査室長を経て警視総監にのぼりつめた。皇室尊崇派で人情家ではあったが、旧いタイプの内務官僚気質丸出しで「肩に力が入りすぎている」と感じ、就任してまもなく「助言」したことがある。

「平成の皇室に昭和の皇室の残像を重ねてもうまくいかないのではないですか。『戦後民主主義下の象徴』として心細やかな活動を目指す現天皇・皇后は、いわばアーティストのようなもの。鎌倉さんもアーティストのマネージャー役くらいに考えたらどうですか」

怪訝《けげん》な表情を今も覚えている。

柔軟な一面もあり、ときには「なぜ昭和天皇は敗戦の責任を負って退位されなかったのだろう？」と真剣に問いかけてきて、さまざまに語りあったこともある。

阪神・淡路大震災さなかの皇太子夫妻の中東訪問に批判が集中すると、訪問をセットした官邸・外務省に「防波堤となれ」と密かに働きかけ、激烈な批判を雑誌に寄稿した評論家江藤淳《えとうじゅん》にはみずから膝詰めで背景を説明し理解を求めた。

一九九七（平成九）年六月の天皇・皇后のブラジル・アルゼンチン訪問では、こんなことがあった。

出発前の日程レクチャーで筆者は「いかに広大な国とはいえ、あまりに過密な日程ではないか」と指摘したのだが、宮内庁幹部は「過密とは思わない」と突っぱね、予定どおりの日程で実施された。ところが案の定、皇后が現地で体調を崩し、帰国後に帯状疱疹で緊急入院する事態となってしまった。相棒の記者が解説記事のなかで件《くだん》の幹部発言を引用したことで鎌倉が窮地に立たされた。

天皇から幹部発言の有無を問われた鎌倉は「そんな発言はなかったと思う」と答えた。しかし、天皇からは「真実はひとつです」「もし報道が誤りと言うなら訂正を申し入れてはどうか」との趣旨の言葉があったようだ。

鎌倉から呼び出され「訂正してくれ」と打診された。もちろん「事実は訂正できない。若手の記者生命にもかかわる」と断った。しかし、天皇の厳しい問いかけと部下を守りたい思いとの狭間で懊悩する鎌倉の姿に、筆者なりの打開策を講じて、なんとか事なきを得た。

長年取材すると、めったにないことではあるが、周囲の側近らの蒼白な顔色から天皇の「逆鱗《げきりん》」を感じとったことは何度かあった。とりわけ皇后が深刻な体調不良に陥ったときが多い。皇太子時代の美智子妃の子宮筋腫に医師団が気づくのが遅れたとき、皇后バッシングで皇后が倒れたときなどだ。

「真実はひとつ」との発言には、現天皇のあまり知られていないリゴリズム（修道者的な厳格主義）の一面を垣間見た思いだった。「綸言《りんげん》汗の如し」と言われるように、食言や瑕疵《かし》の許されぬ天皇位に就いた歴代がおのずから身に帯びる峻厳さかもしれない。

女性・女系天皇を容認する皇室典範改正問題で鎌倉が前向きから慎重論へと揺れ、前言と違うとの趣旨の厳しい言葉をもらったとの話が聞こえてきたこともある。張作霖《ちょうさくりん》爆殺事件で昭和天皇が田中義一《たなかぎいち》首相の食言を叱責したエピソードを連想した。

皇太子妃の最初の懐妊（流産）を報道した際、鎌倉は皇太子妃の親族から情報管理責任を厳しく責められたとも聞いた。

鎌倉本人は多くを語らず、また生々しいやりとりの伝聞は書くのは控えねばならないが、仕える者にとって天皇はもちろん皇族・親族と軋轢・葛藤を抱えることは想像を超える苦労だったろう。

長官退任後も、皇太子の人格否定発言騒ぎで「外国訪問より世継ぎをと強要した張本人」と一知半解のメディアのバッシングを受けたこともあった。本人は「そう書いてもらってけっこうだ」と突っぱねていたようだ。

鎌倉在任中は、皇太子夫妻の不妊を心配する天皇・皇后・高松宮妃らに対しても夫妻は「わかっている」の一点張りで医師の関与を拒みつづけ、いたずらに年月が空費されつつあった。周囲の憂慮を背に鎌倉は皇室と夫妻のためにあえて泥をかぶった面もあったのではないか。必ずしも夫妻の気持ちを踏みにじる一方の意図から出た言動ではなかったことは、その後の皇位継承問題の深刻化、国論の分裂を見ればわかるように思う。皇太子夫妻も結果として一粒種の内親王を得た。

陸軍幼年学校、警察官僚の道を生きた鎌倉には、戦後世代の筆者も違和感を感じ、異論をぶつけたり一再ならず批判的な記事を書いたりした。鎌倉側からみればずいぶんと迷惑をかけられた形だったろう。ただ、互いに嘘をついたり本音を隠したりしたことはなかったように思う。

在任中は苦労の多かった鎌倉だが、屈託は残さず、退任後も園遊会や天皇・皇族の誕生日行事などには欠かさず出席し、筆者とも顔を合わせると必ず笑顔で歩み寄り握手を求めてくれた。

泉下の鎌倉は、重い責務を負った宮内庁長官職を引き受けたことを後悔しているのだろうか。あるいは自分なりに能うかぎり務めを果たし悔いはないと思っているだろうか。

クビをかけてるんだ

天皇・皇后の医療の積年の閉鎖的な旧弊に風穴を開けた二人の医者が相次ぎ亡くなった。

二〇一六(平成二十八)年一月二十日に前皇室医務主管・金澤一郎《かなざわいちろう》(すい臓がん、享年七十四)。

同二月十九日に元皇室医務主管兼侍医長・池永達雄《いけながたつお》(肺がん、享年八十五)。

始まりは、一九九三(平成五)年十月二十日朝、皇后が週刊誌などのバッシング報道のさなかに倒れ、声を失ったときだ。同日夕刻、池永の要請で御所に駆けつけたのが東京大学医学部附属病院神経内科長の金澤だった。東大産婦人科の重鎮で宮内庁御用掛として皇后の主治医を長年務めた坂元正一《さかもとしょういち》・元母子愛育会総合母子保健センター所長らが推薦したようだ。

後から考えても、この人選は関係者が期待した以上に適任だったと思う。倒れてわずか三日後の十月二十三日には徳島・香川国体の四泊五日の日程が迫っており、当然、宮内庁幹部・側近全員が皇后の同行に反対するなか、「孤立無援で」(金澤)皇后に味方して同行を勧めた。最後は天皇が「みながこれほど心配してくれているのだから」と皇后をなだめたという。

普通なら慎重論に傾きがちな医師の立場としては珍しいことだと意外に思った。金澤は「お年寄り、働き盛りの夫婦、子どもたち。そうした市井の一般の人たちの屈託のない歓迎や気づかいに接することこそ、あのときの皇后さまを元気づけると思った」と述懐していた。

「医師がカウンセリングしてどうこうなるというものではなく、いわば皇后として魂の深みに抱えこまれた苦悩だろう。あれほどの女性ならご自分で乗り越えられるだろうと。だから私は器質的異常がないことを確かめ、『必ず治ります』と申し上げて、ご本人の力をうながしただけだった」

一九九七（平成九）年七月三日、ハードだった南米公式訪問から帰国して間もなく帯状疱疹を発症した皇后は東京逓信病院に緊急入院した。それまで天皇・皇后の宮内庁病院以外への入院は前例がなく、一気に風穴を開けた形だった。頭痛と発熱が出て、髄膜炎や脳膜炎に結びつく恐れがあり、一刻を争う事態との判断だった。

「クビをかけてるんですよ、私も池永先生も」

この夜、金澤は電話口の東京逓信病院長石橋康正《いしばしやすまさ》に大声をあげたという。

「石橋先生は大先輩。それを怒鳴りつけたのは気持ちよかったな（笑）。あそこに特別室があるのは知っていたから、まず当直医に空いているのを確かめてから、石橋さんに『ＶＩＰを入れてくれますか』と打診したら『ああいいよ。神経内科長に言ってくれ』と。あんまり簡単にオーケーされちゃって、いくらなんでも悪いと思って『実は皇后さま』と言ったら愕然とされてね。郵政省本省の了承が必要だとかなんとか。そこで怒鳴り合いになり『クビをかけてるんだ』と。そしたら石橋先生も偉い。即座に『わかった』と言ってくださった」

池永も後で「あのときは実は私もクビをかけていた」と述懐した。

昭和天皇の時代から宮内庁は「玉体に医原性の不具合を生んではいけない」と一貫して守りの姿勢だった。金澤と池永は決然と旧弊を破ったが、リスクを考えればなかなかできないことだったのだ。

二〇〇二（平成十四）年、金澤は退任した池永の後任の皇室医務主管に任命された。当時、国立精神・神経センター神経研究所長を務めており、「無給なら」と引き受けた。二〇〇六（平成十八）年には日本学術会議会長にも選ばれたが、医務主管も二〇一二（平成二十四）年に名川弘《ながわひろ》一《かず》（当時東大病院副院長）に引き継ぐまで勤め上げた。

皇后の東京逓信病院入院と前後して東大病院長となった金澤は同病院の新築病棟にＶＩＰ病室を造らせ、のちに天皇、皇后や皇太子一家もたびたびここに入院したり検査や見舞いに訪れることになった。

二〇〇三（平成十五）年の天皇の前立腺がん手術では東大病院と国立がんセンター、二〇一二（平成二十四）年の心臓冠動脈バイパス手術では東大病院と順天堂医院との合同医師団を結成。東大以外の大学であっても、それぞれ当代随一で「神の手」と呼ばれていた若手執刀医を抜擢した。

「今は一般の人たちでも最高の医療を選択できる時代。両陛下がそうでないのはおかしい」

天皇の前立腺がんが再発すると、ホルモン治療にともなう骨粗鬆症警戒のための骨シンチレーション検査や皇后の定期検診でのマンモグラフィー検査など、宮内庁病院に設備のない検査も定期的に東大病院でおこなわれるようになった。

「棟梁」みたいに刈り上げた頭、だれにでも笑顔を絶やさぬざっくばらんな人柄は、都立日比谷高校から東大医学部教授、東大病院長、学術会議会長という経歴から連想されるエリート臭とは無縁だった。

一九九四（平成六）年、皇后が失語から恢復し金澤がいったん任を離れてからも、筆者は人柄に惹かれ、つい東大の研究室に足繁く通った。「おう、どうしました？」と嫌な顔ひとつせず、皇室談義や取材の苦労の愚痴や皇室の実情、あらまほしき姿についての私見に耳を傾けてくれたものだ。

二〇〇四（平成十六）年、天皇・皇后に独り寄り添って支えつづけていた長女の紀宮清子《のりのみやさやこ》内親王（現・黒田清子）の婚約が内定したことを伝えると、金澤は「御所に伺うようになって最大の発見のひとつは、皇居の奥に、あんな素晴らしいお嬢さんがおられたことだったよ」と喜んだ。

二〇〇六（平成十八）年九月、秋篠宮紀子妃の出産でも愛育病院の中林正雄《なかばやしまさお》院長らと連携。悠仁《ひさひと》親王誕生の発表会見で「親王殿下には、おぎゃあとおっしゃっておられました」と満面の笑みをみせた。

過去、皇室医務主管はポストはあっても侍医長が兼務するなど形骸化していた印象があった。金澤はフル回転し、同主管ポストの重みを飛躍的に高めたと言える。天皇・皇后の信頼の裏打ちもあったのだろう。

「少し医者の領分を越えたところはあったかもしれません。ただ、私は皇室医務主管はヘルス・プランナー、メディカル・コーディネーター、そして最後にメディカル・スポークスマンだと思っています」（月刊『文藝春秋』二〇一二年八月号の筆者との対談）と語っていた。

患者に分け隔てなく、「今どきまさか」と思うほど学術・教育にも純粋な情熱を抱いていた。東大医学部在籍のオウム真理教信者にも「医師としての将来が断たれないよう、なんとか救えないか」と心を砕いた。携帯電話に絶えず一般の患者から相談の電話がかかり、いつも「どうしました?」と念入りに相談相手になっていた。

二〇一三（平成二十五）年暮れ、すい臓がんを発症したと本人から聞き、すぐ病床を見舞った。新刊の『皇后美智子さま　傘寿記念写真集』（朝日新聞出版）を手渡して「先生は両陛下の危機を何度も救った。取りも直さず、心配した国民の恩人だと思う」と言った。金澤は後書きの拙稿にさっと目を通すと、突然、無言で上半身をベッドにつっ伏すと、懸命に嗚咽《おえつ》をこらえた。

「いや、お見苦しいところを見せてしまったな」と、すぐに笑顔に戻ったが、天皇・皇后の心身を十八年以上も親身に支えながら胸にたたんでいたさまざまな思いがこみ上げたのだと思う。

残された日々を金澤は、国際医療福祉大学大学院長として医療教育体制づくりに打ちこんだようだ。皇后はスープの差し入れだけでなく、秘かにみずからも病床を見舞ったと聞く。

後日、『文藝春秋』の対談を企画した編集者から、金澤は引き受ける際に「彼は戦友みたいなものだから」と言ってくれたと聞いた。

記者冥利《みょうり》につきると思う一方、痛惜《つうせき》の思いがいつまでも消えない。

ブリキのパンツ

藤森昭一《ふじもりしょういち》元宮内庁長官が二〇一六（平成二十八）年六月二十五日に死去した。享年八十九。昭和天皇崩御を世界に告げた男である。藤森の追悼記事は朝日新聞と週刊朝日に書いた。ここでは個人的な「取材余話」を書きたい。

一九八八（昭和六十三）年春。天皇の代替わりに備え、官房副長官が宮内庁に乗りこんで来るというので、どんな男かと政治部記者に尋ねた。返ってきた答えが「ブリキのパンツ」。口が堅く、ブリキのパンツをはいているみたいに難攻不落という意味だ。

定例会見では冗談などほとんど出ない。鉄仮面のように無表情で、何を訊いても「あ〜れじゃありませんか」と間をとって、無機質な官僚答弁に終始する。

猛烈なメモ魔。いつも膨大な資料を巨大なドクターバッグで公邸にまで持ち帰る。長官室の執務机の後ろの広い壁はたちまちスチール製ファイルキャビネットで埋め尽くされた。ときに部下には荷が重いとみると、敢然とみずから実行に出る。筆者がつけた綽名は「長官兼侍従長兼侍従兼事務官」だった。

一九二六（昭和元）年に松本市郊外の農家に生まれ空襲下の学徒動員経験者。戦後、厚生官僚の道を選んだのは「新憲法を読んだ感激」からだった。

新憲法下初の天皇代替わりを、帝国憲法時代の骨格を踏襲しつつも新憲法の政教分離に反する枝葉は切り落とし乗りきった。

戦前並みの大がかりな儀礼に新天皇が「はたしてそれでよいのか」と心配する一幕もあったが、参与の団藤重光《だんどうしげみつ》元最高裁判事が「官僚が知恵を絞ってもっとも摩擦の少ないやりかたを工夫しているので任せていいのではないか」と助言したと聞いた。「法学界の泰斗《たいと》にしては安直だな」と疑問も覚えたが、いま思うと団藤には、藤森はじめ当時の宮内庁、官邸官僚への信頼感があったのかもしれない。

大喪、礼宮《あやのみや》（現秋篠宮）の結婚、即位儀式など一連の大きな取材が終わると、筆者は「デスク経験を積んでこい」との社命でいったんは皇室取材から離れた。二年後の一九九三（平成五）年、宮内庁担当に戻り、挨拶に出向くと藤森は「今ごろ何しに来たの？」とからかった。天皇の中国訪問、皇太子妃決定の大事業を終えたばかりで本人なりに達成感が漲《みなぎ》っていたのだろう。

しかしまもなく、訪中に反発した「日本を守る国民会議」周辺の学者や雑誌編集者による皇后、皇太子妃バッシングや「平成流」皇室批判が吹き荒れ、皇后が倒れて声を失うという思わぬ危機的事態が出来《しゅったい》。「報道には反論せず」の旧態依然たる宮内庁の対応に天皇・皇后は孤立感を深め、藤森は厳しい立場に立たされた。「お召し」で御所に行き、蒼白の顔色で長官室に戻って来たこともあった。

そのうち定例の長官会見で急に回顧談や過去形の語り口が増えた。

「辞めどきを考え始めたな」と直感。すぐに長官秘書官を通じ「お願いごとがある」と面談を求めた。当時、超多忙の長官に会うのは難しかったからだ。

長官室に入るなり、こう切り出した。

「藤森さん、辞めるつもりではないですか？」

たちまち藤森の顔が真っ赤になり怒鳴りだした。

「話が違うぞ。それは取材じゃないか！」

長官室の壁には陽明学者安岡正篤《やすおかまさひろ》から贈られた『六然《りくぜん》』の色紙がかかっていた。

自處超然《じしょちょうぜん》　處人藹然《しょじんあいぜん》
有事斬然《ゆうじざんぜん》　無事澄然《ぶじちょうぜん》
得意澹然《とくいたんぜん》　失意泰然《しついたいぜん》
そんな藤森が激高したのを見たのは後にも先にもこのときだけだ。「図星だったな」と思った。

「取材ではない。答えはいりません。お願いです。辞めないでいただきたい。今の危機的状況には人間関係や感情の縺《もつ》れも絡む。後に如何に優秀な人間をもってきても難しい。辞めたら批判勢力に屈することにもなる。あなたが解きほぐし立て直すしかない」

こちらも思い詰めていた。

藤森はさっと温和な表情に戻り、別れ際に独り言のようにつぶやいた。

「なあに辞めやしませんよ」

その後の藤森は、一九九五（平成七）年の戦後五十年の節目に天皇、皇后の戦災地慰霊の旅を実現すべく邁進した。靖国神社への天皇参拝の要求は退けた。「天皇」へのわだかまりが残る沖縄では革新県政下で強い反発もあったが、みずから大田昌秀《おおたまさひで》知事と膝詰めで話しあい「歓迎」の表明に漕ぎつけた。厚生省入省四年目に自決戦没者援護のため沖縄の実地調査に入り、集団自決現場で線香を手向けてまわった体験が、鉄血勤皇隊《てっけつきんのうたい》生き残りの大田の気持ちを動かしたのではないだろうか。

後年、「最近は官邸高官でも、歴史の裏話を語り残してくれる人が増えた」と何とか回顧談を聞き出そうと試みた。「おらあ、あいつらとは違うよ」と信州弁で返すばかりだった。

官僚としての背骨は、日本国憲法と代々の官邸スタッフが重ねていた安岡勉強会で学んだ儒教精神だといい、「最近の若手官僚たちに倫理的背骨が失われつつあるのでは」と心配していた。

一九九六（平成八）年、長官を辞すとき、「メモ魔」は休日出勤して大量のメモや資料をきれいさっぱり整理・処分して去った。

餞別として大佛次《おさらぎじ》郎《ろう》『天皇の世紀』全巻を贈った。後日会うと「面白いねえ！」と目を輝かせた。黒船来航、戊辰戦争など幕末の動乱を詳細に綴った大河ノンフィクション。藤森が「面白かった」のは、開港を迫る外国列強と攘夷を迫る朝廷・列藩との板挟みで時間稼ぎや弥《び》縫《ほう》策に四苦八苦し、それでも職務を守り追い詰められる幕閣や下僚官吏たちの姿だったという。この人らしいと思った。

二〇〇四（平成十六）年の皇太子の「人格否定」発言で御所と東宮との間に深刻な亀裂が走ると、退官して八年も経っていたが、密かに収拾に動いた。「目張りしたワゴン車で隠密に鴨場でお逢いいただくなど命がけでまとめた結婚。責任を感じる」と。

人柄を垣間見た、忘れがたい場面がある。

一九五九（昭和三十四）年の伊勢湾台風のとき、藤森は三重県の厚生世話課長に出向中で、凄まじい大洪水の泥濘と瓦礫に埋もれた生存者の捜索・救出や遺体収容などで不眠不休の修羅場を経験した。そのときに現場と役所を飛びまわっていた同年輩の朝日新聞記者が「課長、現場は泥沼だ。人海戦術しかないぞ」「早くしないとダメだ！」と連日のように発破をかけに来たという。

記者の名は籔下《やぶした》彰治朗《しょうじろう》。のちに東京本社社会部編集委員として歴史、考古学や戦前の言論弾圧史の発掘などで知られた名物記者だ。糖尿病で両足切断に至り、それでも闘病記『両足をなくして——車椅子記者のたたかい』で医療制度、福祉行政を告発する硬骨ぶりをみせていた。

藤森も籔下も互いに懐かしがり会いたがっていた。そこで、ある日、皇居近くのレストランに籔下の車椅子を押して出向いた。待ち構えていた藤森は「ヤブちゃん」「ヤブちゃん」と何度も呼びかけ、籔下も満面の笑みで思い出話に花を咲かせた。上半身だけになったに均しい籔下のため藤森は明るいえんじ色のセーターを持参しプレゼントした。

籔下はまもなく亡くなり、二人の今生の別れとなった。

「ブリキのパンツ」は、志ある記者や骨のある記者を愛していたのだと知った。

上山春平の思い出

上山春平《うえやましゅんぺい》・京都大学名誉教授（哲学）が二〇一二（平成二十四）年八月三日、九十一歳で亡くなった。

主著『天皇制の深層』（朝日選書）や『照葉樹林文化』（中公新書）などを読み、何回か取材した思い出がある。なかなか正面から具体的に答えてもらえず、はぐらかされたようなもどかしさを感じたのを覚えている。

しかし、死去の報に接し、その肉声と笑顔の記憶がよみがえってみると、「天皇」という難しい対象に向き合わされて悩む団塊世代の記者に、実はさりげなく温かい励ましを送ってくれていたらしいとあらためて思い至った。

一九九五（平成七）年一月十日、宮殿松の間での新年恒例の講書始《こうしょはじめ》の儀。天皇を前に上山は「日本の国家について」と題して進講した。茫洋とした題目だったが、大半を費やしたのは専門の日本古代史でも照葉樹林文化論でもなく、戦後の象徴天皇制の評価だった。

上山は、アリストテレスが古代ギリシャの都市国家（ポリス）の体制を論じた『ポリティカ（政治学）』で、現国連加盟国数にも匹敵する百五十八もの都市国家を個別調査し比較した結果、「君主の大権が制限されるほど、君主の権威は無傷で存続される」との経験則に到達していると紹介。「天皇制の長期存続の秘密はここにある」と主張した。

そして「(現憲法下の天皇は)今日の君主制の一般的傾向である大権制限の方向を、最大限に徹底させた、君主制の極限的な形態の一種であり、その天皇は最新タイプの君主と言える」と述べ、次のように締めくくった。

「アリストテレスは、より多くの国家体制から合成された体制ほどすぐれていると書いている。今の日本の国家体制は、デモクラシーを主体としながら、これに、君主制と官僚制アリストクラシーの要素を適度に配合した、比較的に出来のよいブレンドではないか」

筆者は「もはや学術進講の域を超えている」と驚いた。天皇は厳しい表情で身じろぎもせず耳を傾けていた。

公開の場で天皇その人に象徴天皇の評価を説いてみせたのは、後にも先にもこの人くらいだろう。淡々と語っていたが、かなりの覚悟があったはずだ。

実は筆者はこのわずか十三時間前、京都から上京した上山と面談していた。何度か京都で会っていた甘えもあって、宿泊先の御茶ノ水・山の上ホテルの部屋を午後九時に訪ねたのだ。

進講を翌朝に控える上山に、進講とは無関係の質問を浴びせ、悩みもぶつけるという手前勝手な「取材」だったが、上山は嫌な顔ひとつせず小一時間応じてくれた。

鮮明に記憶に残るやりとりは二つ。ひとつは戦後憲法下でも戦前の帝国憲法の天皇を演出する儀式体系は残存し、代替わり儀式も戦前踏襲でおこなわれ、メディアも学界も政界も明確なスタンスをとれないままで終わってしまったことについてだった。新天皇の中国訪問が国論を二分する反発を呼び(一九九二[平成四]年)、皇太子結婚直後から始まった激しい皇室バッシングのさなか皇后が倒れ失語に陥る（一九九三［平成五］年）など、平成の新しい皇室が揺さぶられ行き悩んでいる時期だった。どう考えればいいのか？

上山は「まあまあ」となだめるように笑顔で答えた。

「古代の律令制導入のときも、外来制度をのみこんで次第に日本独自の姿に形成していくのに二百年かかったんだよ。問題意識は必要だが、焦ることはない」

もうひとつの質問は「戦後五十年経つのに、代替わり儀式など象徴天皇にふさわしい皇室制度と運用のありかたについて、いったい政界はもちろん憲法学界も史学界も明快に答えてくれない。新聞社の論説もそうで、現場の個別記者任せ。若い記者が一知半解のまま流されたり悩んだりしながら取材・報道している。荷が重く酷ではないか」といった愚痴めいたものだった。上山は笑い飛ばした。

「私は特攻の死に損ないだ。その世代としてやれることをやってきた。天皇制のいまとこれからを、君らの世代が取り組まなくてだれが取り組む？」

講書始が終わってしばらくすると、上山から、折しも発刊中だった著作集全十巻（法藏館）のうちの二冊が郵送されてきた。分厚い、一冊一万円近くする高価な著作集だった。そのときは「なにかの折に紹介でもということかな」とあまり深く考えなかった。しかし、いまあらためてその二冊を取り出してみると、第四巻と第五巻である。第四巻は、古代律令天皇制の原形をつくった藤原不比等《ふじわらのふひと》の深謀をあぶり出した『埋もれた巨像』や『日本の国家像』などを収める。第五巻は記紀神話と律令国家体制を論じた『神々の体系』『続・神々の体系』や伊勢神宮論、大嘗祭論を収める。

全十巻から二冊を選んで贈ってくれたことに思いをめぐらせると、そこに上山の無言のメッセージがこめられていたと感じるのである。「よく読んでおけよ」と。

敗色濃い一九四五（昭和二十）年六月、人間魚雷「回天《かいてん》」五基を搭載して沖縄方面へと出航した伊号第三六三潜水艦は同月十五日午後十時、前方に艦船灯火を発見した。「七生報国」と墨書した鉢巻を締めた五人の志願乗員が回天に搭乗し出撃態勢に入った。「自爆装置の安全装置解除を忘れるな」と注意を与え真っ先に搭乗したのが先任中尉の上山だった。

しかし、木原栄艦長はなかなか発進命令を出さず、まず無人魚雷二本の発射を命令。うち一本が敵輸送船に命中した。木原は操縦席の上山を本艦内に呼び戻し、潜望鏡で火焰を確認させて五人全員の特攻発進をとりやめさせた。月明が暗く、昼間用潜望鏡しか装備していない回天では目標体当たりは困難という「理由」だった（小灘利春・元全国回天会会長の回想）。

伊号第三六三はさらに索敵を続けたが遭遇せず、帰投命令を受けて同二十九日に呉《くれ》に帰港した。すでに沖縄は同二十三日に陥落していた。

私事だが、筆者の父も京都帝大工学部卒業後、呉の海軍基地に配属されていた。連日の訓練を経て沖縄に「特攻」出撃する戦艦大和に乗り組むはずだったが、出撃直前、有賀《あるが》幸作《こうさく》艦長から退艦命令を受けたと話していた。兵学校卒業直後の少尉候補生らは艦内に不慣れだからなどの理由だったと聞いたように思う。八月六日には広島に出向く予定があったが足止めを食らって呉にとどまったことで被爆を免れ、海軍現地調査隊員として原爆投下直後の広島市内に派遣され、調査結果を東京の理化学研究所に持参し仁科芳雄《にしなよしお》博士に届けたという。

戦後は食糧増産に必要な化学肥料などを製造する会社に勤務し、二〇〇四（平成十六）年一月に八十二歳で死んだ。広島の地獄図にも接したはずだったが、家族にも多くを語らなかった。

上山と父とはまったく同年の一九二一（大正十）年生まれ。京都帝大や呉の海軍基地で同時期を過ごし、ともに「特攻」で多くの戦友を失った生き残りだった。

「もっと話を聞いておけばよかった」と、いまさらながら悔やまれるのである。

神話は生きている

即位儀と天武天皇

即位の礼は、神武天皇橿原宮に於て之を挙行し給ひし以来、天智《てんじ》天皇・文武《もんむ》天皇の朝を経て、其の儀礼大に備はり、清和天皇の貞観《じょうがん》儀式を定め給ふに至りて善美を尽くせり。

（多田《ただ》好問《こうもん》『登極令義解』草稿）

大正、昭和の天皇の即位や葬儀などの儀式や祭儀は、明治末から大正初めにかけて制定された旧皇室令に基づいておこなわれた。即位関連儀式を詳細に定めたのが一九〇九（明治四十二）年に公布された「登極令《とうきょくれい》」だ。

「帝室制度調査局」（伊藤博文総裁）の御用掛として同令の策定作業にあたった多田好問による解説書『登極令義解《ぎげ》』（草稿）を読むと、即位礼と大嘗祭を柱とする一連の膨大な儀式体系は、記紀神話による神権天皇の称揚に隅々まで彩られている。そして、その下敷きとなったのが「貞観儀式」などの古代天皇制の儀式次第書だったことがわかる。

多田は「天智天皇・文武天皇の朝を経て、其の儀礼大に備はり」と述べ、天智の弟夫妻であり文武の祖父母である天武《てんむ》、持統《じとう》を飛ばしているのが面白い。しかし、天武、持統こそが、記紀の編纂や宮廷儀礼、律令制などの変革によって神権天皇の理念と古代天皇制の骨格をつくったとみられる。それを可能にした天武の圧倒的なカリスマ性を確立したのが「壬申の乱」の勝利だった。古代最大の内乱は、皇位継承をめぐる血なまぐさい争いだっただけに、一八八七（明治二十）年から敗戦まで歴史の教科書から抹殺されていた。天武、持統に触れることは、神権天皇の理念を歴史的背景によって相対化することにつながるだけに、多田は意識的に両天皇の名を避けたのかもしれない。

『日本書紀』によると、六七一年、死の床についた天智天皇から皇位継承の打診を受けた皇弟・大海人皇子《おおあまのみこ》（のちの天武天皇）は、その場で固辞し、ただちに武器を放棄し法衣をまとって出家して、妻子とわずかの従者だけで吉野に隠遁した。それを見送った蘇我赤兄《そがのあかえ》ら大友皇子《おおとものみこ》（天智の長子）側の人びとから「虎に翼を着けて放てり」との声があがったという。皇位継承原則が、それまでの兄弟継承から直系継承へと移行する過渡期に、両原則が衝突して爆発し全国的な内乱に発展した。「壬申の乱」の有名な序章である。

天智の崩御の直後、巷にはやった童謡《わざうた》を日本書紀は記す。

み吉野《えしの》の　吉野の鮎　鮎こそは　島傍《しまべ》も宜《え》き　え苦しゑ　水葱《なぎ》の下《もと》　芹《せり》の下　吾《あれ》は苦しゑ
臣《おみ》の子の　八重の紐解く　一重だに　いまだ解かねば　御子の紐解く
赤駒の　い行き憚《はばか》る　真《ま》葛原《くずはら》　何の伝言《つてこと》　ただにし宜《え》けむ

天智朝の外征の失敗と農民の苦しみが、吉野に雌伏する大海人の決起を暗にうながしたものとも解釈されている。

翌六七二年、大友側が兵力を徴集する動きを察知し、徒歩で吉野を脱出した大海人に付き従ったのは、妃の鸕野讃良《うののさらら》（のちの持統女帝）、草壁《くさかべ》・忍壁《おさかべ》両皇子、舎人《とねり》二十人あまりと女官十人あまりだけだった。それが伊賀《いが》、鈴鹿《すずか》、桑名《くわな》、不破《ふわ》へと行軍する間に続々と兵力を増す。途中天武は鈴鹿で伊勢神宮を遥拝して戦勝祈願したという。不破の関の閉鎖によって、大友が徴発しようとした東軍の軍勢の遮断に成功し、最後は大津宮《おおつのみや》に迫って大友を自害に追いこんだ。

地方豪族からの人望と卓越した軍略・政略で奇跡的な勝利を収めた天武のカリスマ性は、『万葉集』で「壬申の年の乱平定《しず》まりにし以後《のち》の歌」として、

大王《おおきみ》は神にしませば赤駒の腹這う田居《たい》を京師《みやこ》と成しつ　（大伴御行《おおとものみゆき》）

と詠われた。

六七三年に即位した天武は、新しい神格化された君主としての舞台装置を整えていく。

それまでの「大王」の即位式は、皇位のしるしの鏡や剣を群臣の代表が献上する形で、群臣の推戴《すいたい》が必要だったことをあらわした。また大王が昇壇してそこを宮に定めたことは、天つ神による統治権の委任をあらわすものだった。天武と妻の持統、孫の文武の三代で、鏡剣を祭祀氏族・忌部《いんべ》氏が献上する形に変えた。皇祖神による正統性の獲得をあらわす。即位の宣命《せんみよう》でも「現御神《あきつみかみ》と大八嶋国《おおやしまぐに》知ろしめす天皇《すめら》」と称させるなど神格化が進められた。

また、天武は伝統的な収穫祭「新嘗祭」に服属儀礼的要素を付加して大嘗祭を創設し、何度か執りおこなった（毎年大嘗祭）。妻の持統の代に、一世一度の即位にともなう儀礼としての大嘗祭

（毎世大嘗祭）が確立したとされる。さらに浄御原宮《きよみはらのみや》の正殿を「大極殿《だいごくでん》」と命名して聖域化し、その名称はみずからが建設に着手して持統が完成したわが国最初の都城・藤原京《ふじわらきょう》と、それ以降へと引き継がれる。「飛鳥浄御原令」の編纂も開始し、持統朝に完成。『古事記』『日本書紀』の編纂にも着手した。

〝神〟として臣下のまえに姿を現すことになった天皇は、天武朝から持統・文武朝にかけてそれにふさわしい舞台装置を急速にととのえていった。それが装いを新たにした即位式であり、大嘗祭・大極殿・宣命などの成立であった。「現神」「天つ日嗣」「日の御子」「高御座」「皇祖《すめろぎ》」「皇孫《すめみま》」など、天皇に直接かかわる語彙がととのえられるのもこの時期とみられる。こうして天武の隔絶した神的権威はみごとなまでに制度化され、現神「天皇」の支配する「日本」が誕生するのである。

（熊谷公男『日本の歴史03　大王から天皇へ』講談社）

平安前期の貞観年間に、こうした儀礼体系をまとめ後世に伝えた儀式書が「貞観儀式」である。

登極令は、大正・昭和の両天皇の即位儀式はもちろん、平成の現天皇の即位儀式でもほぼ踏襲された。帝国憲法下で策定された登極令は新憲法施行とともに廃止されていた。にもかかわらず、同令にのっとったことについて政府見解は「日本の伝統」と説明したが、「象徴天皇にそぐわない」「政教分離の観点から大嘗祭を国費で賄うべきではない」などの批判も呼んだ。

戦前の神権天皇観にもとづく「国体」思想は敗戦で破綻し、国民主権をうたう日本国憲法で天皇は「象徴」に生まれ変わった。さらに昭和天皇が「人間宣言」（新日本建設に関する詔書）を出したことで、神話に彩られた天皇観は過去のものとなった。

しかし、皇室の祭儀体系は「天皇家の私的な伝統行事」として生きつづけており、皇位継承儀式もほぼ旧例を踏襲して挙行されたのである。

五節舞と天武の呪縛

大嘗祭《だいじょうさい》の直会《なおらい》「豊明節会《とよあかりのせちえ》」では、華麗な舞楽が演じられる。
まず武人たちによる剣の舞い「久米舞《くめまい》」。その後には、大嘗祭で天皇が神に捧げた新米を献上した悠紀《ゆき》・主基《すき》両地方の風土風俗を映す「風俗舞《ふぞくまい》」が披露される。そして最後は、乙女たちの艶《あで》やかな「五節舞《ごせちのまい》」で締めくくられる。

「五節」の名の由来は、節会に農耕の繁栄を祝った「五節田舞」から来たとも、中国の晋王が五つの音律の楽で民衆を教化したとの「春秋左氏《しゅんじゅうさし》伝《でん》」の記述から来たともいわれているようだ。

古くから大嘗祭や新嘗祭で演じられた。「をとめども」で始まる「大歌」とともに、四、五人の舞姫が、緋色に白ともえぎ色の唐花や尾長鶏をあしらった唐衣《からぎぬ》の下に青と紫の袍、濃色《こきいろ》の長袴を着て、四方に日蔭糸を垂れ、大垂髪《おすべらかし》の髪に金銀色の梅花や金蒔絵の櫛を飾り、扇をかざして舞う。

もともと舞姫には貴族の令嬢が選ばれ、天皇の目にとまったら後宮に仕えさせるためのお披露目の意味もあったとされる。僧正遍昭《そうじょうへんじょう》がその美しさを「をとめの姿しばしとどめむ」と詠んだことで有名だ。

平成の大嘗祭後の宴会「大饗《だいきょう》」でも、宮殿の豊明殿で舞われた。五人の舞い手には宮内庁楽部や掌典の職員の家族らが選ばれ、楽部の楽師らが「少女《をとめ》ども　少女さびすも　唐玉《からたま》を　袂《たもと》に纏《ま》きて　少女さびすも」と大歌を朗詠するなか、しとやかに舞った。

五節舞は、豪華な装束などの経費がかさむため、室町の後土御門《ごつちみかど》天皇の大嘗祭の後はいったん中絶し、江戸時代の桃園《ももぞの》天皇の代に復興された。明治のときにはおこなわれず、大正、昭和の大嘗祭のときには華族の令嬢たちが演舞した。実態は新作であり、昔の舞いが伝わっているわけではないという。それでも平成で演じられたのは、新憲法下初の即位儀式が、実態は戦前の帝国憲法下で即位儀式を詳細に定めた旧皇室令「登極令」と付式（新憲法施行とともに失効）にのっとって執りおこなわれたからだ。なぜ登極令は即位儀式に五節舞を組みこんだのだろうか——。

明治末に「帝室制度調査局」（伊藤博文総裁）の御用掛として皇室令などの起草に携わった多田好問。公家出身の元勲・岩倉具視《いわくらともみ》に維新前から仕えて有職故実《ゆうそくこじつ》に詳しく、登極令の詳しい解説書を書いていたのを京都産業大教授（当時）だった所《ところ》功《いさお》が宮内庁書陵部で見つけ紹介した。五節舞の由来について多田は次のように記している。

天武天皇曾て吉野宮に御して琴を弾き給ひしに、前峰より天女多数降り来りて、天羽衣の袖を五度翻して「をとめどもをとめさびすもからたまをたもとにまきてをとめさびすも」と歌ひけるとぞ。天皇因て此の舞を製し給ひしと云ふ。此の事は公事根源・年中行事秘鈔等の書に見ゆ。

（所功「多田好問『登極令義解』草稿の紹介」）

また、『続日本紀《しょくにほんぎ》』によると、天平十五年（七四三）五月五日に聖武《しょうむ》天皇が群臣を内裏に招いて開いた宴席で、女性皇太子阿倍内親王《あべのひめみこ》（のちの孝謙《こうけん》天皇）がみずから五節舞を舞った。

天皇右大臣　橘　朝臣《たちばなのあそん》諸兄《もろえ》公をして太上天皇（女帝元正天皇）に奏さしめ給ひて曰く、往昔、飛鳥浄御原御宇天皇（天武天皇）曾て勅し給ふに、上下和睦し天下静平ならしむるものは、礼と楽とに在り、因て創めて此の舞を製し給へり。今皇太子之を奏するは、此の楽をして永世伝承して絶へざらしめむことを欲するなりと。太上天皇報答し給ひて曰く、今舞楽を奏するは、其の意、天下人々をして君臣父子の道を知らしむるに在りて、敢て逸楽を事とするにあらずと。（同）

皇太子に舞わせる理由について太上天皇（元正）に対して右大臣の　橘　諸兄《たちばなのもろえ》が天皇（聖武）からの言づてとして奏上した詔《みことのり》は、『続日本紀』によると、次のようなものだった（現代語訳は宇治谷孟・講談社学術文庫版）。

聖《ひじり》の天　皇《すめらみこと》（天武）が、天下をお治めになり平定なされてお思いになるには、上の者と下の者との間をととのえ和《やわ》らげて、動揺なく安静ならしめるには、礼と楽の二つを並べてこそ、平穏に永く続くであろうと、神としてお思いになり、この舞をおはじめになり、お造りになったとお聞きになって、天地《あめつち》と共に絶えることなく、次から次へと受けつがれていくところのものとして、皇太子であるこの王に習わせ、わが皇　天　皇《おおきみすめらみこと》（元正太上天皇）の御前で、舞をご覧に入れることを奏上いたします。

これに対して元正からは次のような返詔があった。

口に申すのも恐れ多いみかど（天武）がお始めになり、お造りになられた宝（五節の舞）を国の宝として、この王（内親王）に演じ奉らせていらっしゃるので、天下に立てられ行なわれている国法は、絶えることはないと、この舞を見聞きして喜んでおります（略）。

そして元正は次の歌を詠んだ（「そらみつ」は大和の枕詞。「神から」は神柄）。

そらみつ大和の国は神からし尊くあるらしこの舞見れば

五節舞は、たんなる遊興の舞楽ではなく、宇宙的秩序を映す儀礼と音楽が国民のなかにもおのずから秩序・調和を生み、政治を安定させるという儒教の礼楽思想だ。

地方豪族層を結集して壬申の乱を勝ち抜いて皇位に就いた天武天皇は、律令制や仏教などの外来文化を定着させる一方で、記紀などの修史事業、伊勢神宮の重視、祭祀権の確立など、「国風」文化の振起も図った。

民族の「時代精神」を絡め取って統合し、「大君は神にしませば」と歌われた古代天皇制の理念とシステムの基礎をつくったとされる。

地方諸国、国民の神話や芸能を吸収して国家的礼楽を整備した時代に始まった即位の重儀・大嘗祭の場で、神楽、久米舞、悠紀・主基風俗舞、五節舞など「国風」芸能が集中的に披露されるのにも、そうした統治思想が伏在しているとも考えられる。

皇室の儀式には歴史の記憶を伝えるシンボル体系との意味あいも強い。明治末から大正初期にかけて、皇室の祭儀・行事体系が政令（皇室令）として制度化されたが、そのベースには延喜式や貞観儀式といった古代の儀礼記録があり、その意味では天武の敷いた軌道の延長上に形成されたとも言えるのではないか。

戦後の「象徴天皇」制への転換で旧皇室令は廃止されたが、他に依拠するものがないとして宮中では依然として日常的に準拠され、祭祀・儀礼体系を縛りつづけている。

豊明節会の歌舞ひとつをとっても、そこには天武という政治的天才の影とその呪縛が見えてくるような気がする。

久米舞の謎

天皇の即位の祭儀「大嘗祭《だいじょうさい》」の宴会「豊明節会《とよあかりのせちえ》」で披露される国風の雅楽が久米舞《くめまい》だ。

古事記・日本書紀の神武東征の条で、天皇の勇猛な戦士集団・久米部《くめべ》の戦勝歌として採録され、のちに大伴《おおとも》氏が琴を弾き佐伯《さえき》氏が剣を執って舞う宮廷の式楽として様式化したとされる。歌詞「撃《う》ちてし止《や》まむ」は、戦時中に陸軍省が戦意高揚のスローガンに使い、久米歌と言えば「撃ちてし止まむ」と連想されたものだ。

平成の天皇の大嘗祭の際も、宮中饗宴「大饗の儀」が一九九〇（平成二）年十一月二十四、二十五両日、宮殿の大食堂「豊明殿」で三回開かれ、この席で宮内庁楽部によって久米舞が披露された。

「この舞の参音《まいりおんじょう》声及び揚拍子《あげびょうし》の歌詞は、神武《じんむ》天皇の御製《ぎょせい》と伝えられています。大和地方の久米氏により歌い舞われたという我が国で最も起源の古い歌舞であります」と宮内庁の説明書きにある。

竜笛《りゅうてき》、篳篥《ひちりき》、和琴の音とともに、巻纓《けんえい》の冠に赤色の武官装束を着用した四人の舞人が、鳳凰《ほうおう》の蒔絵飾りの太刀を抜いて敵を切り伏せるような動作で力強く舞った。

（一）宇陀《うだ》の　高城《たかき》に　鴫罠張《しぎわなは》る　我《わ》が待つや　鴫《しぎ》は障《さや》らず　いすくはし　くぢら障《さや》る
前妻《こなみ》が　肴乞《なこ》はさば　立柧棱《たちそば》の　身《み》の無《な》けくを　こきしひゑね　後妻《うはなり》が　肴乞《なこ》はさば
柃《いちさかき》　身《み》の多《おほ》けくを　こきだひゑね

古歌謡だから今や学者の解釈も一定していないようだ。

「宇陀の高地で鴫《しぎ》の罠をしかけたところ鯨（大きな獲物）が罠にかかった、本妻が酒の肴《さかな》をほしがったら錦木の実のないのをへいでやれ、後妻が肴をほしがったら実の多いのをたくさんへいでやれ」

といった風な意味で、敵を罠にかけた戦勝を祝う歌だとされる。平成の大饗で舞われたのは（一）の歌だけだった。しかし、記紀の久米歌では（一）の歌のあとに「撃ちてし止まむ」をくりかえす歌と、仲間の鵜飼いに戦闘後の空腹を訴える歌が続く。

（二）忍坂《おさか》の　大室屋《おほむろや》に　人多《ひとさは》に　来入《きい》り居《を》り　人多《ひとさは》に　入り居りとも　みつみつし　久米《くめ》
の子が　頭椎《くぶつつい》　石椎《いしつつい》もち　撃《う》ちてし止《や》まむ　みつみつし　久米の子等《こら》が　頭椎《くぶつつい》　石椎《いしつつい》もち
今撃たば良《よ》らし
（三）みつみつし　久米の子等《こら》が　粟生《あはふ》には　韮一茎《かみらひともと》　そねが茎《もと》　そね芽繋《めつな》ぎて　撃《う》ちてし
止《や》まむ
（四）みつみつし　久米の子等《こら》が　垣下《かきもと》に　植ゑし椒《はじかみ》　口《くち》ひひく　吾《われ》は忘れじ　撃《う》ちてし
止《や》まむ

（五）神風《かむかぜ》の　伊勢の海の　大石《おひし》に　這《は》ひ廻《もとほ》ろふ　細螺《しただみ》の　い這ひ　廻《もとほ》り　撃《う》ちてし止《や》まむ

（六）楯並《たたな》めて　伊那佐《いなさ》の山の　樹《こ》の間《ま》よも　い行きまもらひ　戦へば　吾はや飢《ゑ》ぬ　島つ鳥《とり》　鵜養《うかひ》が伴《とも》　今助《す》けに来《こ》ね

久米歌には、先史時代から響いて来るような野性的な力強さで人を惹きつけるものがある。文学史家高木《たかぎ》市之《いちの》助《すけ》や歴史家石母《いしも》田正《だしよう》は、大和国家の王や貴族たちが古代国家を作り出す過程で力と行動で敵たちをうち倒す叙事詩的英雄時代があり、その記憶の片鱗がこれらの古代歌謡にとどめられている、と考えた。

ドイツの日本学者ネリー・ナウマンは、頭椎や石椎といった古代の武器に弥生の戦いの記憶がとどめられていると推測している（『久米歌と久米』）。

「粟生にはか韮《みら》一本」とか「垣もとにうゑし薑《はじかみ》」とかの表現に見られるように、現実の狩猟や耕作ときりはなせない生活的なもののある

（石母田正『古代貴族の英雄時代』）

「宇陀の高城に鴫わな張る　わが待つや　鴫はさやらず」の戦勝の饗宴の歌を見ても、そこには狩猟生活の歓喜が民衆共感の高らかな調べとして耳にきこえるようである。

（同）

これらの歌には、高木市之助『吉野の鮎』にいうように、麾下の衆をひきいてたたかっている「われ」なる強い個人の叱咤する声がひびいている。とくに(四)の歌では、「垣もとに、植

ゑしはじかみ」が、すばやく比喩的に「口ひびく、吾は忘れじ」と、「われ」なる人物の焼けつくような復讐の怒りへと飛躍していっている。（略）(一)は狩猟の歌らしい感じだが、意外にも大きな獲物がひっかかって来、その肉のわけ前のことを面白がってうたっており、いくさの場面として見ても不自然ではない。（略）いくさの勝利を予祝する呪歌であったのではないかと思われる。久米歌が大嘗祭の演出の一部にくみこまれて残ったのも、このことと考えあわせねばなるまい。

（西郷信綱《さいごうのぶつな》『日本古代文学史』）

それにしても、平成の大嘗祭を実見した筆者としては、久米舞がなぜ（一）だけしか演舞されなかったのかがずっと気になっていた。肝心の「撃ちてし止まむ」は戦時色を思い起こさせるとして意識的に回避されたのではないか——と。

平成の即位儀式では、戦前称揚された神武東征神話のシンボルは注意深く削除された。たとえば即位の礼の旛《ばん》の模様からは、大正、昭和の大礼にあった紋様——神武軍を助けたとされる八咫《やた》烏《がらす》や金色の鵄《とび》などが削られ菊の紋に替えられた。いずれも明治になって考案された軍国調の演出で、古い伝統とは言い難かったからだ。

そこで最近、大正、昭和の大嘗祭のときの久米舞の選曲を宮内庁楽部に問い合わせると、意外な答えが返ってきた。

「同じです。いずれも宇陀の高城に……の歌だけです」

そもそも楽部に伝わっている久米舞は（一）の歌舞だけなのだという。

歴史的には久米舞は『続日本紀《しょくにほんぎ》』の称徳《しょうとく》天皇条の東大寺の大仏開眼供養で演じられたとの記録

が初出で、『日本三代実録《にほんさんだいじつろく》』清和《せいわ》天皇条以来、大嘗祭で奏されたとされる。しかし後土御門《ごつちみかど》天皇の文正《ぶんしょう》元年（一四六六）の大嘗祭を最後に応仁の乱などで途絶えた。江戸時代の文政《ぶんせい》年間になって多《おお》氏と辻氏の両楽家で復興されて、幕末の孝明《こうめい》天皇、明治天皇の大嘗祭で奏演されたという。

一方、明治の東京遷都にともない、京都、奈良、大阪の三方《さんぽう》の楽人は東京に集められて宮内省楽部に吸収一本化され、一八七六（明治九）年には各流派の秘伝だったり楽家ごとにまちまちだったりしていた伝承曲も取捨選択・整理されて「明治撰定譜」が定められた。それ以降、楽部は撰定譜のみを伝承・演奏するようになっており（のち一八八八［明治二十一］年に一部追加）、久米舞も（一）のみに絞られたのだという。

また一八七八（明治十一）年二月に宮中三大節会の奏演種目が治定され、大嘗祭のみで演じられていた久米舞は新定された「紀元節」の宴会で毎年演じられるようになった。しかし盧溝橋《ろこうきょう》事件を受けて一九三八（昭和十三）年から宮中宴会は自粛され、敗戦後は紀元節も廃止されて、久米舞はふたたび大嘗祭のときにしか演舞されなくなった。

宮内庁楽部の安齋省吾《あんざいしょうご》首席楽長（当時）は「私どもにも、明治の撰定でどうして（一）の久米歌のみが選ばれたのかなど詳しいことはわかりません。ただ、皇室では『撃ちてし止まむ』の歌舞は伝承されていないのは確かで、戦前も戦後も演奏されたことはないはずなのです」と話している。

天孫神話を映す即位儀式

卓抜した政略・軍略で壬申《じんしん》の乱を勝ち抜いて皇位に就いたカリスマ・天武《てんむ》天皇がその正統性の根拠を確立すべく、壮大な構想力と驚くべき緻密さで着手したのが、記紀神話の編成であり、それと照応する祭儀体系だった。

明治の帝国憲法時代に制定された旧皇室令「登極令」も、これら古代即位儀式を再現して神権天皇を称揚するもので、大正、昭和の即位儀式の根拠となった。

「登極令」策定にあたった多田《ただ》好問《こうもん》の『登極令義解』草稿が詳細に記す儀式の解説を読んでみよう。

◎即位礼当日賢所大前の儀

賢所内陣に剣璽《けんじ》案（剣と勾玉を載せる台）を置く。

御座の側に剣璽の案を安かるるは（略）他の大祭の時の如く、侍従之を捧持して外陣に候するの儀に非らざるなり。（略）皇祖天照大御神の皇孫瓊《に》瓊杵尊《にぎのみこと》に三種の神器（略）を親授し給へる時の如く、天皇直に皇祖より之を受け給へるの状に准擬せられ、且つ神武天皇位に橿原宮に即き給へるの時に於て、天富命《あめのとみのみこと》が天璽鏡剣を正殿に奉安せし遺意を斟酌《しんしゃく》せられたるなり。

真榊に鏡玉及び帛《はく》を懸けて之を樹つるは、皇祖、天石屋戸隠れ給へる時に於て、天児屋《あめのこやねの》命《みこと》・太玉命《ふとだまのみこと》が之を作られし式にして、実に神代に昉《はじ》まれり。

◎威儀の者

即位礼のおこなわれる宮殿の庭上には、平安装束の文武百官の儀仗が並ぶ。

儀衛の制は既に太古に興る。皇孫瓊瓊杵尊の日向高千穂峯に降臨し給ふや、皇祖天照大御神は手置帆負神《たをきほをひのかみ》・彦狭知神《ひこさしりのかみ》・天目一箇神《あめのまひとつのかみ》に勅して、御笠楯矛刀斧等の物を作り、以て儀仗に具へさしめ給ひ、且天児屋命・太玉命に勅して殿内に侍衛せしめ、天押日命《あめのおしひのみこと》・天津久米命《あめのつくめのみこと》に勅し、弓箭及び鳴鏑を執り帯剣して、並に前列に立てしめ給へり。又神武天皇の橿原宮に即位し給ふや、可美真手命《うましまでのみこと》は内物部を率ゐ矛楯を執りて威儀を厳にし、道臣命・大久米命は大伴来目の二部を率ゐて宮門を衛護せり。

◎帽額の日像

即位礼のおこなわれる御殿の南庇に繡帽額《ぬいのもこう》を掲げ、それには日像《につしょう》に五綵瑞雲《ごさいずいうん》を添えて描かれる。

往古以来、即位大礼の時には、紫宸殿の南栄に獣形帽額なるものを懸けられたるも、先朝、明治元年の即位大礼には、之を用ゐらるることを停められたり。今は帽額に日像を繡し五綵瑞雲を副へたるは、実に新制に係る。日像を帽額の中央に絵くは、古事記天石屋戸の段に

「天照大御神出生之時《いでませる》、高天原及葦原中国自得照明」と有るを以て、大御神の天石屋戸を出て給ひて光華明彩六合に照徹し給ひしに象《かたど》るなり。

◎高御座

新天皇が八角形の壇上に昇って即位を宣言する。即位礼のハイライトである。

天皇御する所の御座を高御座《たかみくら》と曰ふ。初め皇祖天照大御神、高天原に在まし天津高御座に御し、以て天下を照臨し給ふ。皇孫瓊瓊杵尊を立て大八洲の君主と為し給ふに及びて、先づ天津高御座を授け給ひ、之に勅して曰く、宜く永く此の座に御して、以て天位を正くすべしと。高御座は此に始まるなり。

天皇は皇祖天照大御神の御代官《みしろつかさ》として高御座に御し天下を照臨綏撫し給へるを称して、天津《あまつ》日《ひ》嗣高御座之業《つぎのたかみくらのみわざ》と曰ふ。（略）凡て天皇践祚《せんそ》し給ふ時は、必ず天津《あまつ》高御座に昇御し、天津日《ひ》嗣所知事《つぎしろしめすこと》を百司臣僚及び天下万民に詔げ給ふなり。本項は本儀の中に於て至重至大の式とす。

◎即位礼後一日、賢所御神楽の儀

太古、皇祖天照大御神の天石屋戸に隠れ給ふや、天鈿女命《あめのうずめのみこと》巧に歌舞を作し、以て大御神の慍《いかり》を解き奉る。神楽の曲、始て此に起れり。

そして即位の重儀である天皇親祭の「大嘗祭」。

◎大嘗祭前一日鎮魂の儀

鎮魂とは「タマシヅメ」と云ふの儀にして、天皇及皇后の御魂を鎮安して以て寿祚長久を祈り奉つるの式なり。

神武、崇神《すじん》の代におこなわれ、その後、天武十四年におこなわれたが、後花園《ごはなぞの》を最後に三百五十年中絶し、光格天皇が復興した。

神座の前に十種瑞宝《とくさのかんだから》を供し、御《み》巫《かんなぎ》宇気槽《うけふね》を覆《かへ》して其の上に立ち、桙を以て槽を撞《つ》く。十度其の槽を撞く毎に、神祇伯御玉緒《たまのお》を結び、女蔵人は御衣筐《きぬばこ》を捧げて之を振動すと云ふ。

◎大嘗祭

大嘗祭はおおむね『貞観儀式』践祚大嘗祭儀の次第によると多田は記す。

皇祖天照大御神、高天原に御し、天狭田《あまのさだ》長田《おさだ》の新稲を取り給ひて、大嘗を新宮に行はせられしに権輿し、皇孫瓊瓊杵尊、日向高千穂に降臨し、皇祖の授け給ひし斎庭《ゆには》の穂を殖へしめ、其の新稲を以て大嘗を行ひ給ひて、その礼典始て成る。而して上代は大嘗と新嘗とを区別して二と為すことなし。天武天皇の朝に及びて、始めて之を区別して二と為す。

戦後の象徴天皇として初めてとなった平成の即位儀式も政府は登極令をほぼ踏襲した。しかし、儀礼体系の釈義を徹底して回避し、ひたすら「皇室の伝統行事」とのみくりかえして実施に踏みきったのが実態だった。
その結果、即位関連儀式・行事は昭和天皇の喪明け後に限っても三十九に及び、巨額の経費を使い、省庁、自治体職員はじめ多数の関係者を巻きこみ、テレビなどのメディアを占領した。しかし釈義を棚上げして実施された大がかりな儀式は、美しいが意味不明の大イベントと化した感もあった。

テレビでは儀礼に用いられる古装束、幡《ばん》、桙、楽器、高御座に御帳台《みちょうだい》といったいかにも古風で「伝統的」な物具が紹介され、それぞれにコメントが添えられた。（略）しかし、ここでこのように紹介された「伝統」は、驚くほど意味が浅薄で、歴史的時間のなかに位置づけられる性格のものではなかった。儀礼上の物具や身振りについては、戦前・戦中の、日本の陰惨な時代から切り離す目的以外には支配的な歴史叙述のなかに位置づけられることもなく、説明も加えられず審美化されたままであった。（T・フジタニ『天皇のページェント』）

多田の『義解』は、一介の学者の儀礼解釈ではない。明治政府の帝室制度調査局で立法に携わった中心人物の「法令解説」なのである。神権天皇を称揚する煩冗な儀式は、主人公の天皇・皇族にも心身ともに過重な負担を強いた。日本国憲法下で国民の間に溶けこみ、世俗化が進む現代の皇室にふさわしいとは言い難いだろう。

隼人の楯

隼人《はやと》の地として知られる鹿児島の国分《こくぶ》（現霧島市）をこのほど再訪した。十一年前、地元で医院を開業した友人を訪れた際、初めて周辺を案内してもらい、高台から臨む錦江湾《きんこうわん》と桜島の景観の雄大さに息をのみ、北東にそびえる高千穂峰《たかちほのみね》の秀麗さに強い印象を受けていた。

以前から、天皇の葬送や大嘗祭の儀式に「隼人」がたびたび登場したことや日向・高千穂峰が記紀神話の天孫降臨の地とされたことが気になっていた。隼人に対する大和朝廷の統治拠点・国分に身を置くと、鬼界カルデラの大噴火が形成したダイナミックな自然と太古の歴史にさまざまな感慨が湧き起こる。

一九六三（昭和三十八）年、平城宮跡の発掘調査で隼人の楯十六枚が見つかった。宮域南西角の井戸の側板に利用されていた楯は長さ一五〇センチ、幅五四センチの木製で、上下端に鋸歯文があり、中央に大きな渦巻二つを合わせたようなS字紋様が鮮やかな赤と黒、白で描かれていた。『延喜式』などによると、隼人は衛門府に属して宮廷の警護に奉仕し、儀式などで「吠声《はいせい》」（犬のような吠え声）をあげて辺りをはらい、隼人舞を舞った。海幸彦（隼人の祖）が海で溺れるような動作で弟の山幸彦（神武天皇の祖）に服従を誓い、楯を伏せて服属を示す所作があったとされる。

記紀では雄略《ゆうりゃく》天皇の葬送に際して昼夜陵の前で哀号し、敏達《びだつ》天皇の殯宮《ひんきゅう》では警護にあたったとある。天武十一年（六八二）、朝貢に来た大隅《おおすみ》隼人と阿多《あた》隼人が相撲をとり大隅隼人が勝った。そして天武の葬送では殯宮で誄《しのびごと》を述べている。

楯の紋様や赤い布飾りを肩にかける特異な軍装、蛇行剣、吠声、相撲、歌舞、そして大嘗祭で使う籠などの竹細工作製に携わるなど、隼人には南方縄文人の面影がある。「まつろわぬ異族」を近習に侍らせ儀式に組みこんだのは、やはり葬儀・大嘗祭など儀式体系の原型を整備し、記紀の編纂を命じた天武天皇だったようだ。

東南アジア、オセアニア、米大陸など環太平洋の海洋民族にみられる釣り針説話を海幸山幸神話として天孫降臨の日向神話とつなげ、隼人の祖と天皇の祖を兄弟とするなど、天武が隼人を愛し重視したのがうかがえる。半面、隼人の一部豪族を都近くに移住させ冠位を与えて部族連合を分断・解体していく深謀も垣間見える。

それほど隼人の中央に対する勇猛な反抗が根強かったわけで、天武の死後も隼人の征討に携わった軍士一千数百人に勲位を授けたり、大宰府《だざいふ》管下の神社に征討祈願の奉幣をしたりした記述がみられる。養老《ようろう》四年（七二〇）には隼人が大隅国守を殺害する大反乱が起きて大伴旅人《おおとものたびと》を征討に向かわせ一千四百余人を斬首・捕虜としたと記録されている。

南方諸島を伝わった稲作習俗である新嘗が大嘗祭という天皇即位儀礼に編成されたことはつとに知られるが、近年は大嘗宮での秘儀が山幸彦を迎えた海神オオワタツミと娘トヨタマヒメの饗応と聖婚の神話と照応するとの説も出ている（水林《みずばやし》 彪《たけし》『記紀神話と王権の祭り』）。

古代では、神話と祭儀は王権の正統性確立と統治の重要な手段だった。記紀神話と祭儀での隼人の登場の裏には反抗と服属との激しい葛藤が隠されていることは、隼人研究の先鞭をつけた中《なか》村明蔵《むらあきぞう》（元鹿児島国際大学教授）らが浮き彫りにした。

隼人の楯の渦巻紋様には縄文文化のエネルギーと朝廷も恐れた呪能が感じられる。往時の隼人舞は滅びたが、大隅《おおすみ》隼人が移住したとされる京都府京田辺《きょうたなべ》市大住地域の月読《つきよみ》神社では氏子らが一九七一年に「復活」させた。中学生らが隼人の楯を掲げて踊る舞いの勇壮な動きは往古を偲ばせる。

国分を訪れたのは、縄文遺跡「上野原《うえのはら》遺跡」の現状を見たかったからだ。

一九八六（昭和六十一）年に工業団地造成地で発見され、その後の竪穴住居集落跡の発掘調査で多数の石器とともに、従来は縄文後期とされてきた土偶、壺型土器や耳飾りなどが縄文早期の地層から出土し、獣肉の燻製作りのための連穴土坑なども見つかった。

鬼界カルデラの大爆発や桜島噴火による降灰で地層による年代推定が容易で、北日本から西へと発展南下してきたとされていた縄文文化が、実は南九州では遥か古くから成熟していたことがわかった。なかでも竪穴住居跡のうちの十軒の集落は、九千五百年前の桜島大噴火以前の日本最古・最大級の縄文集落遺跡であり、従来の縄文時代観をくつがえすものとして大きな反響を呼んだ。青森県の三内丸山《さんないまるやま》遺跡より四千五百年以上古いという。

以前に訪れたときは、広大な原野に小ぶりの竪穴式住居の復元が並ぶだけだったが、今は県営「鹿児島県上野原縄文の森」公園として大がかりに整備され展示施設や県埋蔵文化財センターなども設置されていた。

大量の出土物のうち筆者にとってもっとも衝撃的だったのは耳栓《じせん》（耳に穴を開けて下げる耳飾り）だった。直径八センチほどの土製の耳輪の切れ端だが、そこにS字形の渦巻紋が線刻され、しかも赤く塗装されていた。隼人の楯の紋様とそっくりだったのである。中村も「身近な所で、はるか以前の気の遠くなるような時期の遺物が出土した」と興奮気味に著書で記している（『神になった隼人』）。上野原の縄文集落は大噴火で壊滅したとされ、数千年後に歴史に登場した隼人の祖とは言い難い。しかし隼人の楯の渦巻紋様は地元で受け継がれた縄文文化の痕跡かもしれない。

もうひとつ空想をかきたてられたのが、用途不明の「異形土器」だ。丸みを帯びた三角形の皿のような土器の底辺側面に七つの穴がハモニカのように並ぶ。ふと思い出したのが谷川健一著『大嘗祭の成立』で読んだマレー地方のイネの初穂儀礼の記述だ。

マレーでは種まきのときに七粒前後の種もみを聖別し、そこから育った稲から七本の穂を摘み取って、田畑全体の稲魂を集中代表させ産児のように奉安。新嘗に炊く米に混ぜるという。スマトラでも七本を抜穂して七姉妹とか王稲とか稲魂と呼ぶ。シアクでは、男が七本の穂を摘んで家に持ち帰り蓆《むしろ》に包んで主婦が三日間添い寝してから稲刈りを始める。

初穂儀礼はジャワ、バリなど南島に広くみられ、琉球、奄美でも盛んだった。奄美では祭の神歌は「根子穂《ねごほ》の種、真子穂《まごほ》の種」と、初穂を根子、真子と子稲として歌うという。

上野原遺跡では植物珪酸体分析でイネ科も検出されている。縄文早期に稲作はないだろうと思いつつも、なお「異形土器の七つの穴は初穂をさして立てるための祭祀道具ではないか」などと空想が広がってしまうのである。

天皇の葬送・即位儀礼は、智謀にすぐれた天武・持統が編成した古代文化の記録の体系でもある。現天皇は葬儀の火葬化・簡略化を希望し、政府・宮内庁が新儀式の策定作業中だ。民俗学者には殯《もがり》と即位儀礼とは一体で切り離せないとみる説もある。

今後、天皇の代替わり儀式はどのように変容していくのだろうか。

皇祖神の謎

皇居の吹上御苑《ふきあげぎょえん》にある宮中三殿は一八八八（明治二十一）年に建造された。銅瓦葺き、高床式、総檜の入り母屋造り。真ん中のひときわ大きな社殿が皇祖神をまつる賢所《かしこどころ》、向かって右に八百万《やおよろず》の神をまつる神殿、左に歴代天皇・皇族の霊をまつる皇霊殿《こうれいでん》が並ぶ。この三殿に隣接して天皇が潔斎し祭服に着替える綾綺殿《りょうきでん》、新嘗祭を執りおこなう神嘉殿《しんかでん》や、神楽舎、奏楽舎、参列者幄舎《あくしゃ》などの建物群が並ぶ。天皇の祭祀の場であり、内掌典（巫女）たちが住みこみで常時奉仕し、神聖な「忌火《いみび》」を絶やさぬよう守っており、多くの宮内庁職員も入ったことのない聖域だ。

ただ、皇族の結婚式などの機会に報道陣も見学を許される。敷地内に身を置くと大規模で荘厳な神社の趣だ。最近では二〇〇八（平成二十）年三月、三殿の耐震工事のため一時仮殿に移っていた神体を戻す「奉遷《ほうせん》の儀」で取材が許された。「御羽車《おはぐるま》」と呼ばれる大きな神輿二台、小ぶりの「御辛櫃《おんからびつ》」と呼ばれる駕籠三台を大勢の職員がかつぎ行列をつくって奉遷した。驚いたのは、伊勢神宮の神体の「八咫鏡《やたのかがみ》」のレプリカで皇祖神の霊代とされる神体鏡が二つあるらしいことだった。「荒魂《あらみたま》と和魂《にぎみたま》だ」との説や「南北朝時代に二つになった」「万一のための予備」など諸説あるらしい。

三殿見学では、思い出がある。駆け出しのころ、案内役の鎌田純一《かまたじゅんいち》掌典（皇學館大学名誉教授、侍従職御用掛＝当時）に「ご神体の容れ物はどれくらいの大きさ、目方なのですか」と質問して「な、なんということを」と激怒させてしまったのである。

見学の直前、皇宮警察本部で幹部護衛官が「非常時御動座」のマニュアルを見なおしているのを垣間見て、地震・火災などの非常時に「御動座」（避難）願うのは天皇だけではなく、三殿の神体も対象となることを知り、そのため動員される人数の多さに驚いたばかりだったからだ。鏡は「八咫」という寸法から計算すると直径五〇センチ弱と推測されているので、本体はそんなに重いとも思われないから、それを納めている唐櫃《からびつ》は相当な重量なのだろうと考え質問したのだが、「容れ物」と呼んだのが鎌田掌典の逆鱗にふれたようだ。

別の三殿見学のときにも思いきった質問をしたことがある。

説明役の掌典が賢所の神体のことを「神さま」「神さま」と説明したので、「その神さまはなんという神さまですか」と尋ねたのである。歴史学界では「皇祖神はもともとはタカミムスヒノカミだった」との説も有力だと本で読んだばかりだった。

その掌典は温厚な人で、怒りもせず、「私どもはいちおうアマテラスオオミカミと考えております」と答え、にやりと笑った。

戦後、タカミムスヒ皇祖神説を初めて唱えたのは、人類学者岡正雄《おかまさお》だとされる。

惨憺たる敗戦、天皇の「人間宣言」、新憲法の政教分離、占領軍の神道指令などによって皇国史観は息の根がとまり、皇室タブーが解けた史学、考古学、民俗学など学界の天皇研究は一斉に活発化した。その嚆矢《こうし》とされるのが岡や石田英一郎《いしだえいいちろう》、江上波夫《えがみなみお》、八幡一郎《やわたいちろう》による座談本『日本民族の起源』である。焼け跡の残る一九四八（昭和二十三）年五月、神田の喫茶店で三日間にわたっておこなわれた座談会の記録は民族学会誌に掲載されたが、江上が「騎馬民族征服王朝説」を初めて打ち出して大きな反響を呼び、書籍化された。岡のタカミムスヒ皇祖神説もこの対談で初めて国内で公表された。

その岡は、一九五四（昭和二十九）年十月、昭和天皇と会っている。五人の考古学者、人類学者らを招き「日本民族および文化の源流」について五日間にわたった進講のしんがりをつとめた。空襲で宮殿が焼失して防空壕がそのまま天皇の住まいとなった「御文庫《おぶんこ》」のすぐわきにある休所「花蔭亭《かいんてい》」で、お茶やタバコを喫しながらのくつろいだ席だった。

話の骨子は、座談会の内容と変らないもので、皇室の種族的系統につき、また皇室の本来の神話的主神はタカミムスビノカミで、アマテラスオオミカミではないと思うことなど、いろいろ私の自説をそのままに申しあげた。天皇はまったく科学者の客観的な態度でお聴きくださって、また二、三の御質問もあった。終戦前において、こうした内容の研究や座談会の記事を、いったい発表したり、講演することができたであろうか。ましてや天皇に直接お話しすることなど、夢想することさえもできなかった。（略）世の中は、ほんとうに変ったものと思うのである。

（『日本民族の起源』後書き）

座談会からわずか六年後のことである。

即位儀式を規定した旧皇室令「登極令」の策定者・多田好問は、皇祖神を当然の如く「皇祖天照大御神」と見立てていた。

しかし、『日本書紀』本文は、天孫ニニギノミコトの降臨の司令神を明確にタカミムスヒとしている。

高皇産霊尊《たかみむすひのみこと》、真床追衾《まとこおふすま》を以て、皇孫天津彦彦火瓊瓊杵尊《あまつひこひこほのににぎのみこと》に覆ひて、降りまさしむ。

『書記』が記す異伝の第四の一書、第六の一書もタカミムスヒとしている。ただ第二の一書はタカミムスヒ、アマテラスの両方を併記。第一の一書はアマテラスとしている。そして『古事記』はアマテラス、タカミムスヒの両方を併記している。

皇祖神は史料によってばらばらであり、アマテラス以前の皇祖神はタカミムスヒだったとする説は、岡のほか松前健《まつまえたけし》（民俗学）、上田正昭《うえだまさあき》（古代史）、岡田精司《おかだせいし》（同）ら有力な学者が続いた。丸山二郎《まるやまじろう》、直木孝次郎《なおきこうじろう》らは、地方神だった伊勢神宮の巫女が皇祖神に昇格したとの説を唱えた。ただ、皇祖神が変わるという重大なことがなぜ起きたかの説明は、その後なかなか十分に展開されていなかった。岡田精司は巫女昇格説に絡めて次のように述べている。

両氏（丸山二郎、直木孝次郎）の論文が発表されて以来、約三十年を経過し、地方神昇格説を認めた論文は十指に余り、概説書や新書類への引用も少なくない。（略）なぜ大王はそれまでの王権守護神を捨てて、地方小土豪の守護神に切りかえなければならなかったのか、最も重要なその点について、地方神昇格説の無批判な引用者たちは、どうしても納得のゆくように説明する必要がある。しかしそれは今のところ皆無である。(『古代祭祀の史的研究』)

近年、これに応えるかのように、皇祖神交代の陰に天武天皇の深謀遠慮があったことを証明しようとする仕事がようやく現れた。

アマテラスの「誕生」

天孫降臨神話は朝鮮半島や北方騎馬民族の王権神話に由来するものであり、皇室の祖先神はもともとはタカミムスヒだった。しかし、律令国家の成立と時を同じくして、弥生にさかのぼる土着の太陽神アマテラスオオミカミへと移行した。それは天武天皇の深謀遠慮だった——。

天皇家の祖先神や王権神話について根底から学問的に問いなおし、大胆な仮説と周到な証明を試みたのが、元十文字学園女子大学教授の溝口睦子《みぞぐちむつこ》である。

長年にわたり古代氏族の研究を積み重ね、『王権神話の二元構造——タカミムスヒとアマテラス』(二〇〇〇年、吉川弘文館)で詳細に展開した。そして、これらの研究成果をもとに、皇祖神が転換した理由と歴史的背景について一般向けにまとめたのが『アマテラスの誕生』(二〇〇九年、岩波新書)だ。

前著はつとに専門家の間で高く評価されており、筆者も驚きとともに何度か読み返していたが、一般にはあまり知られていなかった。しかし、新書のほうは初刷を完売し増刷したといい、今後も深く静かに反響を広げそうだ。天皇制研究史のひとつの「事件」となるかもしれない。

溝口は、主要な古文献である『古事記』『日本書紀』『続日本後紀』『日本三代実録』『風土記』『古語拾遺《こごしゅうい》』『新撰姓氏録《しんせんしょうじろく》』『先代旧事本紀《せんだいくじほんぎ》』『延喜式』などに記された皇祖神の記載例を通覧し詳しく解析した結果、記紀の創世神話と天孫降臨神話はそれぞれ二元構造を呈していて、これは七世紀後半の天武天皇の時代に、アマテラスを皇祖神とする方針が打ち出された痕跡であるとの結論を導いた。たとえば——

①かつて宮廷の最重要の国家的祭祀だった「月次祭《つきなみさい》」「祈年祭《きねんさい》」の祝詞《のりと》ではタカミムスヒが王権守護の役割をもつ国家神として幣帛《へいはく》を捧げられる対象であり、祝詞の形式・内容からみてアマテラスは後から挿入されたものと考えられる。「国家神、王権守護神としてのアマテラスを示す史料は、古い祝詞関係にはひとつも見当たらない」(溝口)。

②『書記』本文と異伝の第四、第六の一書は天孫降臨の司令神をタカミムスヒ単独としており、第二の一書は両神を並記。第一の一書はアマテラス単独としている。そして『古事記』では両神を並記している。順次、随伴神や三種の神器が加わるなど賑々しく降臨しており、後世の修飾が加わったと考えられる。

③『古語拾遺』でも地上の国の統治を命じた皇祖神として二神を並記している。

④『日本書紀』の「神代上」はおおむねイザナキ・イザナミ〜アマテラス・スサノヲ〜オオクニヌシ系の神話体系(略してイザナキ・イザナミ系)であり、「神代下」はタカミムスヒを主神とする天孫降臨を中心とするタカミムスヒ系の神話体系(ムスヒ系)であり、両体系は「オオクニヌシの国譲り神話」によってひとつにつながるストーリーとなる構造だ。イザナキ・イザナミ系神話=海洋的世界観(オノコロ嶋、大八嶋国)の多神教的な神話。この主神オオクニヌシがムスヒ系建国神話の主神タカミムスヒに国譲りすることで二つの神話が接着

され、ひと続きの神話になる。
⑤『先代旧事本紀』は冒頭の「神代系紀」で、開闢《かいびゃく》後に最初に始原神として登場する「天祖」として「天譲日天狭霧国禅日国狭霧尊《アメユズルヒアメノサギリクニユズルヒクニサギリノミコト》」という聞き慣れない神を登場させ、続く神代七代にわたる神々の名を、ムスヒ系とイザナキ・イザナミ系を並べて列挙する構造となっている。二系の創世神話を合体・統合して一元的な神話世界をつくるため新たな天祖を創出した形だ。これに対して『古事記』はムスヒ系を先に記して時間的前後関係をつけて統合している。

四、五世紀以来、ヤマト王権の支配層が取り入れていた北方ユーラシア・朝鮮半島系の王権神話による皇祖神タカミムスヒを、日本土着のアマテラスへと転換するために、神話群を巧みに整序・統合した精緻な神話体系が『古事記』であり、おそらくこれは天武の構想力に基づくものだというのである。

実際、天武《てんむ》の詔《みことのり》を受けて『帝紀《ていき》・旧辞《きゅうじ》』を誦習《しょうしゅう》していた舎人・稗田阿礼《ひえだのあれ》から太安万侶《おおのやすまろ》が元《げん》明《めい》女帝の勅命で聞き取りに着手したのだが、和語の漢字による表記に苦闘しながら、わずか四ヵ月あまりで文章化し完成している。安万侶が聞き取りに着手した時点ですでに「原古事記」ともいうべきものがあったとみるべきだろう。作家の長部日出雄《おさべひでお》も言う。

僅か——と敢えていうが——四箇月余りで、あれほど壮大で複雑な神話や伝説や歌謡の種種《くさぐさ》を、天地の開闢を告げる有史以前の遥かな昔から、推古天皇の時代（六世紀末〜七世紀初）

に至るまで、大河のように貫き通して流れる基本の筋に引き絞り、首尾の整った物語に仕立て上げることが、果して可能であろうか。

（『「古事記」の真実』）

『帝紀・旧辞』など厖大《ぼうだい》な史料から「邦家の経緯、王化の鴻基《こうき》（皇統の正統性）」を証明する史書を紡ぎだした「原古事記」の「王者の風格に満ちた堂堂として簡潔な文体」に、長部は無文字時代の古代大和の複雑な陰翳を持つ音声言語の詩的宇宙の中で響き渡る「音吐朗朗として荘重な詠唱」を思い、そこに、初めて「現御神《あきつみかみ》」と呼ばれた天武の肉声の響きを感じとっている。

しかし、壬申の乱に勝利して官僚制・氏族制を根本から改革する律令国家の確立に着手した天武は、その総仕上げとして記紀編纂を命じたものの、まもなく死去した。そのため、こうした神話の一元化は『書紀』では踏襲されず、九世紀の史書『古語拾遺』『先代旧事本紀』の段階でも受け継がれず、『古事記』は長く歴史の筐底《きょうてい》に眠ることになって、訓《よ》みも内容も解らなくなっていた。

見なおされたのは本居宣長《もとおりのりなが》による解読以降であり、広く定着したのは近代になってからだった。

アマテラスが国家神として引き出され、『書紀』の第一の一書にしかなかった「天壌無窮《てんじょうむきゅう》の神勅」や「三種の神器」が称揚され、国家神道体制の基軸に仕立てられていった。

一方、かつての皇祖神タカミムスヒは、今は宮中三殿の中央でアマテラスをまつる「賢所」の右脇の「神殿」の中で、天皇守護の八神のひとつとして、「天神地祇《てんしんちぎ》」と呼ばれる八百万《やおよろず》の神々とともに、埋もれるように目立たず、ひっそりと祀られているにすぎない。

ここでもまた「天武の呪縛」は、一千三百年以上を経て近現代によみがえりつづけているとも言えそうだ。

では、天武天皇は、いったいなぜ皇祖神をタカミムスヒからアマテラスへと転換する決意をしたのだろうか。

ウケヒ神話の隠れた意図

元十文字学園女子大学教授溝口睦子は言う。

……五世紀にはじまるヤマト王権時代は、タカミムスヒに象徴される北方系の外来文化が、弥生以来の土着文化の上にかぶさって、「二元構造」をなしていた時代である。

（『アマテラスの誕生』）

その国家神・皇祖神がアマテラスへと〝逆転〟した。

こうした見かたは、これまでも古代史学者、民族学者らの一部では断片的には指摘されていた。溝口の独自性は、古代氏族系譜の研究によって両神を担う氏グループの構造を析出し、皇祖神転換の裏には、卓越した戦略家・天武天皇の国家統一のための氏族政策という深謀遠慮があったと、総合的に浮き彫りにしたことにある。

白村江《はくすきのえ》の敗戦で対外危機感が高まるなか、天智天皇が大化の改新で着手した律令国家形成への途次、外征失敗と内政改革に対する豪族らと草の根の民の不満と怨嗟《えんさ》の爆発が「壬申の乱」の背景にあったと推測される。大津京政権に対する天武の勝利は、東国などの地方土着豪族の決起に支えられた。
皇位を奪い強力なカリスマ性を獲得した天武は、都を飛鳥《あすか》に定めて律令国家の仕上げに着手するが、最大の政治改革が天武十三年（六八四）のカバネ制度の改革だった。「臣《おみ》・連《むらじ》・君《きみ》」などの古いカバネを廃し、新姓の「真人《まひと》・朝臣《あそみ》・宿禰《すくね》・忌寸《いみき》」へと再編成。国政の基本原理を、ヤマト王権時代の「系譜と神話」から律令国家の「法と制度」へと転換するものだった。

タカミムスヒ系神話とイザナキ・イザナミ系神話とを巧みに一元化したのが『古事記』だったが、ここに登場する各氏の先祖たちを分類すると、ヤマト王権を側近として支えた「連」や「伴造《とものみやつこ》」の祖はわずかしか記載されていない。逆に「臣・君・国造」の祖の記載が多い。『日本書紀』のほうは四対六で「連」が多くなっており、これは「臣」と「連」の全体数の比率にほぼ近い。『古事記』では七対三の割合で圧倒的に「臣」が多く、その「優遇」ぶりは際だっているという。

たとえば、大王家の祖先神タカミムスヒをみずからも祖先神とする大伴《おおとも》氏は、古くから大王家の同伴者として忠誠を自負した側近の氏だった。「海行かば水漬《みづ》く屍《かばね》……大君の辺《へ》にこそ死なめ」の家持《やかもち》の歌が示す。にもかかわらず、格下の「宿禰」に叙されているのである。

これに対し、イザナキ・イザナミ系神話の主人公オオクニヌシを先祖とし、『古事記』でも重視されている三輪山伝説の主人公の子孫として、古い土着の伝承を保持する大三輪《おおみわ》氏は格上の「朝臣」に叙されている。

溝口は、大三輪氏の系譜を伝える但馬国朝来郡《たじまのくにあさご》の神部直《みわべのあたい》という地方豪族の系譜を点検して、

『古事記』にしか記載のないスサノヲ〜オオクニヌシの間をつなぐ五代の神々の名が、『古事記』よりさらに古い時期の仮名で表記されているのに着目した。イザナキ・イザナミ系神話が『古事記』以前から大三輪氏の間で共有されていたというわけだ。

天武以前には「臣・連・君」というカバネが諸氏族をグループ分けしていた。たとえば「臣」は阿倍《あべ》、蘇我《そが》、平群《へぐり》など。「連」は大伴、物部《もののべ》、中臣《なかとみ》など。「君」は上毛野《かみつけの》、大三輪、賀茂《かも》、宗像《むなかた》などだ。大づかみに言うと、ずっと大王家の身近に仕えてきた豪族「連」のグループが外来のタカミムスヒ系の神々や神話を担うのに対し、半独立的な豪族で大王家と連合して政権を担った「君」のグループが、アマテラスに象徴される土着の神々や神話を担っていた。

……天武は、連や伴造といった特定の氏グループの神とみられがちなタカミムスヒをそのまま国家神として掲げることによって、新しい統一国家が、それら伴造中心の官僚国家になるような印象を与えるのは得策ではないと考えたのではないか（略）。派閥の匂いの強いムスヒの神ではなく、すべての人々に古くから馴染みの深いアマテラスを神々の中心に据えることによって人心の一新をはかり、新しい国作りに挙国一致で向かう万全の態勢を整えようとしたのではないか。　（同）

壬申の乱で既成王権をくつがえしたカリスマにして可能だった力業である。

皇祖神転換の理由は他にも考えられる。

①律令制導入にともない、圧倒的に優勢な中国文明に対抗して、底辺に根づいた民族固有の

伝統を持ち出しバランスをとる
②朝鮮半島に出現した統一新羅《しらぎ》に対抗するため、新羅と共通性の強い神（タカミムスヒ）ではなく、伝統に根ざした日本固有の神（アマテラス）を国家神とする
③統一国家を支える思想基盤として新しい神話と歴史による統合が必要
――などだ。

近くは明治維新で、徳川幕藩体制を解体し近代国民国家を目指す過程で、その突破口を開いた旧士族の不満が爆発し西南の役が起きたこと、また西欧文明に対抗する精神的基軸として天皇やアマテラスが持ち出されたことを想起すれば、天武の戦略はいかにも理にかなうと思えてくる。しかし、タカミムスヒはもともとは天の神であり男性の日神だったのに、皇祖神の座に女神のアマテラスが就くことになった。男系でつながる天皇の祖が女性になる。その辻褄合わせが、アマテラスと弟神スサノヲとの「ウケヒ」神話だというのが溝口の見立てだ。

イザナキに根の国に追放されたスサノヲは、姉のアマテラスに会いに高天原へ昇ってゆくが、アマテラスは武装して警戒したので、スサノヲは邪心のないことを証明する宇気比《うけひ》（誓約＝占い）を申し出る。生まれる子が男か女かによってスサノヲの邪心の有無を占おうというものだ。それがまた、互いに相手所有の剣や勾玉を嚙み砕いて吹き出した霧から子を生むという、まわりくどい構成だ。

『古事記』では、スサノヲがアマテラスの勾玉を嚙み砕くと五柱の男神が生まれ、アマテラスがスサノヲの剣を嚙み砕くと宗像三女神が生まれる。スサノヲは「我が生める子は、手弱女を得つ」と勝利を宣言する。アマテラスが嚙み砕いたのはスサノヲの剣だったからというわけだ。

記紀のウケヒ神話には五つもの異伝があり、読む者の混乱に拍車がかかる。書紀の三つの異伝ではアマテラスの子は三女神で、スサノヲの子は五または六男神となっている。『古事記』と書紀本文だけが、アマテラスの子が五男神でスサノヲの子が三女神としている。おそらく本来の伝承ではアマテラスの子は女神だった。なぜ古事記と書紀本文は、かくもまわりくどい形で男神としたのか。溝口の説明はこうだ。

> 理由は明白で、要するにそれはアマテラスが皇祖神の地位に就くためである。アマテラスは男子をもたなければ皇祖神にはなれない。（同）

古事記の狙い

「豊かな人間性に裏づけられた、天才的な頭脳の産物」と、『古事記』の解読に格闘した多くの専門家・識者は驚嘆する。

高度に政治的な理念に基づき、高度に世界観的構想をもち、高度に文芸的な表象によった、一箇の〝神話〟と〝歴史物語〟との有機的な複合統一の作品　（川副武胤《かわぞえたけたね》『古事記の世界』）

日本の政治思想史を彩る諸作品の中で、これほどまでに論理的に構築され、言葉の美しい響き合いの秩序として彫琢《ちょうたく》された作品を、私は知らない。（水林彪『記紀神話と王権の祭り』）

青山学院大学教授矢嶋泉《やじまいずみ》は「徹底した〈理〉の書である。（略）仕かけは全巻にわたって縦横に張りめぐらされており、そのうちもっとも露骨な仕かけが皇祖神天照大御神といえようか。

このように透徹した論理性に貫かれた書物は、古典はもちろん、近現代に書かれた読み物を含めてもほとんど類例がなく、それが『古事記』の魅力となっている」（『古事記の歴史意識』）という。

溝口睦子（元十文字学園女子大学教授）は、『古事記』というテクストの文献学的な内包的研究に加えて、外延的にそれを当時の対外環境と内政事情の中に位置づけることで、皇祖神がタカミムスヒからアマテラスへ転換されたこと、背景には天武天皇の国家統一の思想的基盤と巧みな氏族政策という深謀があるとの実証を試みた。『古事記』のイデオロギー批判に新しい地平が開かれた。

しかし、それほどの古典が、なぜすぐに忘れ去られ、近世の本居宣長の出現まで歴史の筐底に長く眠りつづけることになったのか――溝口の仕事だけでは十分説明できない。

養老四年（七二〇）に完成した『日本書紀』のほうは「正史」として重視され、完成時には貴族・百官を集めて披露の講読会が開かれた。その後も宮廷では最高の学者を講師に講読会が何度も催され、古写本も平安中期以降大量に残されている。

これに対して『古事記』は、それを稗田阿礼に誦習させた天武が崩じてから、和銅四年（七一一）九月に元明天皇が太安万侶に命じて阿礼からの聞き取りに着手するまで二十五年間も放置されていた。完成後も『続日本紀』などの正史に『古事記』撰録の記録はなく、他文献での引用も江戸時代までほとんどないという。写本も十四世紀の南北朝期が最古という寥々《りょうりょう》たる状態で、「偽書」説まで出ている。

漢文の『日本書紀』三十巻が編纂中なのに、漢字万葉仮名交じり文の『古事記』三巻が別途撰進された謎について、『古事記』は幼い世継ぎへの帝王教育の書だとの説を唱えたのが元お茶の水女子大学教授青木《あおき》和夫《かずお》だ。

筆者は古事記を孫の首皇子《おびとのみこ》（聖武）の帝王教育のために祖母の元明がさしあたって撰進させた史書であろうと想定し、先例を元明の異母姉であり姑ともなった持統が孫の珂瑠皇子《かるのみこ》（文武）のために歴史童話集を撰進させようとして撰善言司を設置したことに求めた（略）。……古事記が祖母元明から与えられた年、十二歳になっていた首が、まだ漢字を十分には読めなくても、側近が読んでやれば、なにしろ古事記は日本語で語られている歴史だったのである。

（『白鳳・天平の時代』）

大化前代までは多数の皇子の皇位継承争いが豪族の権力闘争も絡んで激化した。天智天皇は、当時は兄弟継承が一般的だったにもかかわらず第一皇子の大友皇子への嫡系継承を企図して実弟の天武に壬申の乱で阻止された。その天武と后・持統も嫡系継承の正統化を狙った。自分の皇統に継承者の自覚を教える必要があったというのである。

青山学院大学教授矢嶋泉は、『古事記』の「天皇記」の記述スタイルと、そこに貫かれる皇位継承次第に注目した。

そのスタイルは

第Ⅰ項　当該治世の主体

第Ⅱ項１　皇子女の出自

　　２　皇位継承を含む特記事項の説明

第Ⅲ項　当該治世での歴史的事項など

となっており、ポイントは第Ⅱ項１だというのである。『記』は后妃皇子女に関する系譜的情報を通じて連鎖をくりかえしつつ、皇位継承史を実現している。

第Ⅱ項によって基本的骨格が形成され、第Ⅱ項によっては継承の経緯が示し得ない場合に、物語的要素による説明が施される。（『古事記の歴史意識』）

中心軸に皇位継承史を据えることで歴史の基本的な骨格を形成し、さらに第Ⅱ項〈説明部〉もしくは第Ⅲ項を通じてさまざまな角度から歴史の構築に直接的に参与する。（同）

複数の后妃をもつ天皇の皇子は、複数の正統な皇統に分裂する。皇統間にはらまれる緊張と対立を克服する論理として『記』が貫くのは、母系の出自による皇子女の格付けだというのだ。とりわけ仁徳から推古までを記述する下巻で、氏族出自の后妃に対して皇族后妃を優位に位置づけ、皇女・皇族后妃による皇統保証の原理が色濃い。

天武八年（六七九）、諸王に対して「王姓」すなわち皇親でない母に対する正月拝賀を禁じ、諸臣に対しても「卑母」に対する拝賀を禁じる詔《みことのり》が発せられた。母系の出自によって差別を強める制限である。ちなみに天武が皇位を争った大友皇子の生母は、地方豪族の娘で非王姓の伊《い》賀采女《がのうねめ》宅子娘《やかこのいらつめ》であった。

男系諸皇子の間で皇位をめぐる紛争が続き、その爆発ともいえる壬申の乱を戦った天武は、この苦い経験から、「吉野の盟約」で六人の皇子に互いに助けあうことを誓わせるが、六皇子のうち王姓母所生子は「正妃」（天智の娘の持統）所生の草壁皇子《くさかべのみこ》と「妃」（持統の姉・大田皇女《おおたのひめみこ》）所生の大津皇子《おおつのみこ》の二人だけだった。そして草壁はまもなく立太子し、天武が死ぬと后・持統は草壁のライバル大津を謀反の廉《かど》で死罪に処している。

しかし草壁は持統三年（六八九）に二十八歳の若さで病死してしまい、その子文武が即位。さらにその子の首皇子につなぐ中継ぎとして草壁の妃・元明が即位し『古事記』撰録の命令を発した。本来は『書紀』が「皇后所生子の即位の原則と立太子」を継承原理として天武皇統の正統性を保証するはずだったが、まだ完成の目処は立たない。そこで、かつて天武が草壁を保証するものとして稗田阿礼に誦習させていた「勅語の旧辞」に目が向けられたというのだ。

しかし首の母は非王姓の藤原宮子《ふじわらのみやこ》である。『続日本紀』によれば、首の立太子の直後にライバル皇子二人の母の「嬪《ひん》」号を剝奪し格下げする処置がとられている。こうして首（聖武《しょうむ》）の即位が実現した。

しかし、天武自身と草壁皇子の正統性を担保した母姓差別原則は、聖武にとっては諸刃の剣として系譜上の弱みにつながる。

聖武即位が実現し、さらに生母の出自にかかわらず皇后所生子と立太子を継承条件と記述する『日本書紀』が完成すれば、『古事記』は用済みとなり、むしろ忘れられるべき存在となった。もちろん藤原氏にとってもそうだったろう。

出雲国造の神賀詞

鳳凰《ほうおう》の間。皇居・宮殿の北側にある天皇の執務棟「表御座所」の一室であり、「節折《よおり》の儀」（天皇のお祓い）など非公式の儀式や行事をおこなう部屋だ。紀宮清子内親王の婚約、秋篠宮眞子内親王の成年の際の内輪の挨拶もここでおこなわれた。

二〇〇二（平成十四）年九月五日午前十時半、この鳳凰の間で天皇と出雲国造《いずもこくそう》（出雲大社宮司）千家尊祐《せんげたかまさ》とが対面した。

一九四七（昭和二十二）年から半世紀以上も宮司を務めた父の第八十三代尊祀《たかとし》がこの年四月十七日死去し、尊祐が第八十四代として後を継いだ。かたや百二十五代、かたや八十四代もの男系血統をつないできたとされる旧家の当主同士の対面だったが、尊祐の宮司就任挨拶という非公式なものとしていっさい発表されず、世にほとんど知られていない。

戦後、宗教色から距離を置くことを求められる「象徴天皇制」と「伝統」との狭間でのぎりぎりの対処だったのだろう。

しかし、出雲大社側にとっては、古代から世継ぎのたびに宮中に出向いて天皇にあいさつしてきた「出雲国造神賀詞《かむよごと》」の奏上という意味があった。出雲の国譲り神話にまつわり、大社と宮司家のルーツにも関わる重儀である。

……新任の出雲国造がヤマトに赴いて奏上した賀詞《よごと》である。すなわち、出雲国造が国内一八六社を忌《いわ》い静めて賀詞の奏上を述べ、高天原《たかまのはら》のタカミムスビ（高御魂）神の命によるアメノホヒ（天穂比）神・アメノヒナトリ（天夷鳥）神による出雲平定と出雲のオホナモチ（大穴持）神の服従の由来と祝いの神宝《かむたから》奏上を述べ、最後に献上の品々になぞらえながら出雲の神々の言寿《ことほ》ぎの詞章を奏上するのである。（門脇禎二《かどわきていじ》『古代出雲』）

奏上の申し入れは一九四七（昭和二十二）年以来。前例を知る者は宮内庁にもおらず、天皇の側近らも驚き、当惑し、扱いに苦慮したという。由来を調べ、さまざま検討した結果、簡素な非公式の「お会い」として受けたようだ。

関係者によると、面会時間は一、二分ときわめて短かったので、おそらく就任の挨拶を交わして献上品の御統《みすまる》の玉を渡しただけで、賀詞の読み上げはなかったのではないかとみられる。

神賀詞は『延喜式』祝詞の巻に収録されている。さわりはこんな調子だ（文中の「アメノホヒ」は出雲国造家の祖先神）。

高天《たかま》の神王高御魂《かむみおやたかみむすび》の命の、皇御孫《すめみま》の命に天の下大八島国を事避《ことよ》さしまつりし時に、出雲の臣《おみ》等《ら》が遠つ神天《あめ》のほひの命を、国体見《くにがたみ》に遣はしし時に、天の八重雲をおし別けて、天翔《あまがけ》り国翔《くにがけ》りて、天の下を見廻《みめぐ》りて返事《かへりごと》申したまはく、「豊葦原の水穂の国は、昼は五月蠅《さばへ》なす水沸《みなわ》き、夜は火瓮《ほべ》なす光《かがや》く神あり、石《いは》ね・木立《こだち》・青水沫《あをみなわ》も事問《ことと》ひて荒《あら》ぶる国なり。しかれども鎮《しづ》め平《む》けて、皇御孫の命に安国と平らけく知ろしまさしめむ」と申して、己命《おのれみこと》の児天《みこあめ》の夷鳥《ひなとり》の命にふつぬしの命を副《そ》へて、天降《あまくだ》し遣はして、荒ぶる神等《かみども》を撥《はら》ひ平《む》け、国作らしし大神をも媚《こ》び鎮《しづ》めて、大八島国の現《あき》つ事・顕《うつ》し事事避《ことよ》さしめき。

（日本古典文学大系『古事記　祝詞』）

出雲の国造の賀詞奏上の最古の記録は『続日本紀』元正天皇の霊亀《れいき》二年（七一六）二月、第二十六代国造の出雲臣果安《いずものおみはたやす》の奏上だとされる。そして仁明《にんみょう》天皇の天長《てんちょう》十年（八三三）四月の第三十五代豊持《とよもち》までは跡づけられているが、その後は絶えてしまった。豊持から一千余年後の一八六九（明治二）年に第七十九代千家《せんげ》尊澄《たかずみ》が復活させたが、その後も絶えていた。

復活は出雲国造家の悲願だったが実現せず、この埋め合わせのためか、明治政府は井上毅《いのうえこわし》文相が第八十代尊福《たかとみ》に「新年に御代の長久を寿ぐ歌」の制作を依頼し、尊福は神賀詞の精神をこめて作ったとされる。

年のはじめのためしとて
終りなき世のめでたさを
松竹たてて門ごとに
祝ふ今日こそたのしけれ

初日のひかりさし出でて
四方に輝く今朝のそら
君がみかげにたぐへつつ
仰ぎみるこそたうとけれ

そして敗戦。

国土は荒廃し、天皇制も存廃の危機にあった一九四七（昭和二十二）年六月二十一日、第八十三代尊祀が宮中に参内して昭和天皇に神賀詞を奉り、出雲産の玉造の瓊《たま》三種一連を献上した。「こんな時期だからこそ」との奏上復活だったのだろう。

平成の神賀詞奏上は戦後二度目、五十五年ぶりのものだった。

古代史家溝口睦子は「皇祖神はもともとタカミムスヒだったが、天武天皇がアマテラスに転換させた」との説の実証を試みた。もともとの王権神話だったタカミムスヒ系神話体系と弥生以来の土着のイザナキ・イザナミ系の海洋的・多神教的な神話体系とは、前者の主神タカミムスヒに後者の主神オオクニヌシが国譲りする神話で接合され、ひと続きの神話になった。

出雲国造神賀詞にはアマテラスはまったく登場せず、タカミムスヒは「高天《たかま》の神王高御魂《かむみおやたかみむすひ》の命」と称され、この神による天つ国平定がはっきりと記されている。

（『古事記』は）二系をきわめて複雑な方法で統合・合体して、一体的な神話を作り上げている。（略）タカミムスヒは創世神話の冒頭にイザナキ・イザナミ神話に接続する形で別天神として登場している。降臨神話部分では、アマテラス・タカミムスヒの二神が、ともに天上界の主神として並び立って、異口同音に天孫に命令を下す形になっている。(略)実にきめ細かな配慮を隅々にまで加え、工夫をこらして巧みに二系の融合・合体を図っている。

(溝口睦子『王権神話の二元構造』)

また、たとえば民俗学者松前健《まつまえたけし》は、三種の神器の草薙の剣について「出雲のスサノオの献上したものであると語ることにより、大和朝廷の出雲支配を、神話的に基礎づけた」とみている(『出雲神話』)。

出雲国造家の神宝を物部《もののべ》氏の一族が朝廷から派遣されて召し上げる『書紀』崇神記や『古事記』のヤマトタケルの出雲建《いずもたける》退治の話などから「朝廷では地方の土豪の神器をとりあげることによって、その神権の失墜を図ったわけであり、召しあげた神器を、物部氏に管理させた」(同)と推測している。

国譲り神話は、けっして二系の神話の蝶番《ちょうつがい》として中央朝廷によって机上で創作されたわけではなく、古代の複雑な史実の反映とも考えられ、多くの史家が解明に取り組んできた。天武天皇は『古事記』によって、きめ細かな配慮を隅々まで加えながら巧みに二系の神話の融合・合体を図ったのであろう。そして神賀詞奏上はその配慮がみごとに奏功し、後世にまで生命力を保ったことを示していると言えるかもしれない。

天武は一方で律令制を推進しつつ他方でこのように王権神話を紡ぎ、織りなしたのではないか。また面白いことに、天武三年(六七四)には物部氏の氏神石上神宮《いそのかみじんぐう》に息子の忍壁皇子《おさかべのみこ》を遣わし、各地から召し上げられ宝庫に保管されていた剣などを丁重に油で磨いて元の持ち主の家々に返還したと『日本書紀』に記録されている。硬軟を巧みに使い分けた天武の政略家ぶりが、ここにも顔をのぞかせているように思われる。

鎮まった祭神たち

眞子《まこ》内親王（秋篠宮家長女）が二〇一一（平成二十三）年十一月二十四日、伊勢神宮を参拝した。成年の奉告で、単独での参拝は初めてだった。白い参拝服姿、緊張した面持ちで人びとに会釈し参道を進む姿が初々しかった。

伊勢神宮では前日に天皇の「勅使」を迎え新嘗祭が執りおこなわれたばかり。東京では皇居・宮中三殿に隣接する神嘉殿《しんかでん》で新嘗祭がおこなわれたが、入院中の天皇は初めての欠席となった。島根の出雲大社でも同日、献穀祭で国造が天皇の病気平癒を祈る祝詞《のりと》を読み上げ、夜に「古伝新嘗祭」を執りおこなった。

古代史家溝口睦子は、さまざまな神話がみごとに織りなされた『古事記』の内側に王権神話の二元構造が隠れていると析出した。

イザナキ・イザナミ～アマテラス・スサノヲ～オオクニヌシ系の神話体系と、タカミムスヒを主神とし天孫降臨を中心とするムスヒ系の神話体系とだ。両者は、イザナキ系の主神オオクニヌシがムスヒ系の主神タカミムスヒに「国譲り」することでひと続きの物語に統合されたというのである。

弥生以来、列島各地に根づき身近な共同体の信仰対象だった土着的・多神教的なイザナキ系神話。これを王権神話に取りこむため皇祖神をタカミムスヒからアマテラスに転換したのが天武天皇だったとみられる。

約一千二百年後。「王政復古」の形をとった日本の近代は、ふたたびアマテラスを国家神に引き出した。しかし、王権神話の多重構造はたびたび神学論争を呼び、神々も生臭い権力争いに巻きこまれた。

出雲神話について神話学者松前健は言う。

スサノオにも、虚像と実像とがある。虚像は高天原に反抗する巨魔的な役割を持ち、実像は出雲や紀伊などの民間の豊饒神・文化神である。前者は七、八世紀の宮廷側の創作であり、後者が古い原像である。

スサノオの民間における広汎な人気を、朝廷では無視できず、皇祖神の弟としたてたが、他面この人気を恐れ、宮廷の祭祀神話の邪霊役にしたてた。

（『出雲神話』）

国学の二大高峰と言われる本居宣長《もとおりのりなが》と平田篤胤《ひらたあつたね》のスサノヲ評価も対照的だ。宣長がスサノヲをアマテラスに対立する悪神としたのに対し、篤胤はスサノヲと子孫神オオクニヌシの国造りの功績を評価。また天地のあらゆるものを産み出す「造化三神《ぞうかさんしん》」（タカミムスヒ、カミムスヒ、アメノミナカヌシ）も重視した。

「天」中心、〈伊勢〉中心の構造をもつ記紀神話と、それに基本的には規定された宣長の神学を篤胤は乗り越え、新たにスサノヲおよびその子神であるオオクニヌシを重視する「地」中心、〈出雲〉中心の神学を確立した（原武史《はらたけし》『〈出雲〉という思想』）。

明治新政府は欧米のキリスト教に対抗して「祭政一致」を唱え、律令時代の「神祇官」を復活させた。主導権を握ったのは、出雲系の国つ神を無視して天つ神を重視し、アマテラス一神教とも言える学説を唱えた国学者大国隆正《おおくにたかまさ》を中心とする津和野《つわの》派だった。藩主亀井《かめい》茲監《これみ》、福羽《ふくば》美静《びせい》らが、長州の木戸《きど》孝允《たかよし》や岩倉具視《いわくらともみ》らをバックに平田派を駆逐し主導権を握った。

しかし、西郷隆盛《さいごうたかもり》周辺の薩摩派はもともとタカミムスヒなど造化三神を「開元造化の主神」と考えていたため、津和野派の構想に反対だった。津和野派などによる神仏分離・廃仏毀釈《はいぶつきしゃく》運動が過激化するに至って、仏教勢力の巻き返しなどもあって一八七二（明治五）年、新たに仏教勢力も含む「教部省」が置かれると、薩摩派が進出して津和野派は政府から一掃された。一八七三（明治六）年、芝《しば》の増上寺《ぞうじょうじ》を神殿として教部省の教化機関「大教院《だいきょういん》」が設立されたときには、その祭神は「造化三神とアマテラス」とされ、アマテラスは下位に置かれたのである。

しかし、薩摩派の神道一辺倒の教部行政に、真宗など仏教勢力と結びついた木戸孝允、伊《い》藤《とう》博《ひろ》文《ぶみ》ら長州系の開明派は不快感を抱く。征韓論をめぐり太政官政府が分裂して西郷隆盛が参議を辞し下野した明治六年政変で薩摩派が後退すると、真宗四派の離脱などもあって大教院は解散を余儀なくされ、教部省は「信教自由」を認めざるをえなかった。

しかし、大教院に代わり国民教化のため一八七五（明治八）年設立された「神道事務局」は伊勢派が強く、「神官ヲ以テ神道ノ根本トナシ」祭神を造化三神とアマテラスと定めた。

そしてこんどは神道事務局の祭神をめぐり、オオクニヌシも合祀するよう求める出雲派と伊勢派との対立抗争「祭神論争」が発生する。

出雲国造千家尊福《せんげたかとみ》は以前からオオクニヌシを合祀するよう教部省に働きかけていたが、これに神祇官や神祇省から締め出されていた平田派の神官、神道家も合流。全国の神官を巻きこむ大論争に発展した。教義面でも出雲派が伊勢派を押し気味だったとされる。

追いつめられた伊勢派は一八八〇（明治十三）年、内務卿松方正義《まつかたまさよし》に祭神論争の決着を求める上申書を提出。山田顕義《やまだあきよし》、大隈重信《おおくましげのぶ》、副島種臣《そえじまたねおみ》の三参議が取調委員に任命されると祭神決定には勅裁を仰ぐよう働きかけた。

翌年、勅命で全国の神官らの「神道大会議」が開かれ、太政大臣三条実美《さんじようさねとみ》が勅裁を公表した。

裁定は、宮中に祀るのは、

①天神地祇
②賢所
③歴代皇霊

――と結論づけた。現在の宮中三殿である。賢所と祭神を同じくする伊勢神宮の事実上の勝利だった。

〈伊勢〉による〈出雲〉の抹殺であった。（『〈出雲〉という思想』）

その後、明治政府は祭祀と宗教を分離し、公の神社を前者に限定して非宗教化して国家神道体制へと向かう。出雲は民間の一宗教団体「教派神道」に凋落《ちようらく》。一八八四（明治十七）年には神道事務局も廃止された。

やがて昭和の時代、軍が主導権を握ると、アマテラスと神武東征をシンボルとする「国体」論が天皇を現人神《あらひとがみ》に仕立て、国家総力戦へと猛威を振るうことになった（千葉慶《ちばけい》『アマテラスと天皇』）。

そして敗戦。

タカミムスヒは宮中三殿の神殿のなかに眠り、賢所祭祀も天皇家の私的祭儀となった。アマテラスは一宗教法人「伊勢神宮」に鎮まった。大正・昭和の即位儀礼で前面に出された神武東征神話のシンボルは平成の即位儀礼で抹消された。

伊勢神宮の外宮《げくう》の森近くで幼時をすごしたという溝口睦子は新著『アマテラスの誕生』のあとがきでこう記している。

誕生した時の素朴で大らかな太陽神に戻って（略）あくまで平和の女神として、偏狭なナショナリズムなどに振りまわされずに（略）豊かな生命の輝きを見守る神としてあり続けてほしいということである。

眞子内親王は伊勢神宮に続いて翌二十五日には奈良県橿原《かしはら》市の神武天皇陵にも参拝した。若い女性皇族として何を感じ、何を思っただろうか。

必ずあること

皇室と仏教のつながり

天皇、皇后は二〇一〇（平成二十二）年十月七日から十日まで奈良県を訪れた。奈良市で「平城遷都千三百年記念祝典」に出席するためだったが、四日間で仏教寺院を六ヵ寺もまわったのが印象的だった。

初日、東大寺《とうだいじ》大仏殿で盧舎那大仏《るしゃなだいぶつ》に拝礼。光明皇后ゆかりの尼門跡寺院で総国分尼寺として創建された法華寺《ほっけじ》では国宝の十一面観音立像に拝礼し、光明皇后が衆生《しゅじょう》の病を癒やすため造らせた蒸し風呂「浴室《からふろ》」の復元も視察した。唐招提寺《とうしょうだいじ》では千手観音立像や鑑真和上《がんじんわじょう》坐像に、薬師寺《やくしじ》では薬師三尊像などに対面。最終日の十日も近鉄電車で宇陀《うだ》市の室生寺《むろうじ》、さらに桜井《さくらい》市の長谷寺《はせでら》にまで足を延ばした。

遷都記念祝典や元明《げんめい》、光仁《こうにん》天皇陵の参拝などを除くと、ほぼこれ寺院めぐりといって過言ではない日程だった。

昭和の時代から天皇の地方旅行ではこれまでも時折、寺社訪問が盛りこまれることはあった。しかし、仏教寺院訪問はどこか遠慮がちに織りこまれるといった印象だった。平成になってからは門跡《もんぜき》寺院や由緒寺などへの積極的訪問が目立ってきた。平城京は国際色豊かな天平《てんぴょう》文化が花開き、鎮護国家と国内統治のために皇室が仏教色に染まった土地柄ではある。それにしても今回の旅程はさしずめ「古寺巡礼」といった趣だった。

明治維新期の廃仏毀釈・神仏分離という神道原理主義ともいうべき時代を経て、国家神道の主軸として皇室は神道祭祀一色となり、戦後も宮中では、その影を引いているように思われた。明治以降、おそらく天皇がこれほどまとめて仏教寺院を訪ねるのは初めてではないか——当方の勝手な感懐かもしれないが「時代は変わった」との感に打たれたのである。迎える各寺院側も「歴史的な天皇行幸」と緊張しつつも自然体で迎えていた。

もともと皇室と仏教との関わりは歴史的に長く深い。たとえば幕末まで宮中の行事には多彩な仏事が織りこまれ、歴代天皇は仏式に葬られて位牌も御所の御黒戸《おくろど》（仏堂）にあった。宮中の正月行事も今のような賢所《かしこどころ》などでの神道祭儀だけでなく、大々的な仏教儀式「後七日の御修法《みしほ》」も執りおこなわれていた。

承和《じょうわ》元年（八三四）に空海《くうかい》（弘法大師《こうぼうだいし》）が宮中真言院で国家と天皇の安泰などを祈ったのが始まりで正月恒例行事となった。南北朝時代などには中断したが、元和《げんな》九年（一六二三）、後水尾《ごみずのお》天皇の代に百七十年ぶりに再開され、一八七一（明治四）年に廃止されるまで続いていた。

維新前後の宮中事情に詳しかった摂家一条家の旧臣・下橋敬長《しもはしゆきおさ》の思い出語りを聞き書きした『幕末の宮廷』には、その様子が生き生きと描写されている。

それから、八日になりますと、内々門跡《ないないもんぜき》が御参賀でございます。内々門跡と申すは、宮門跡（親王門跡）のことで、剣璽間《ケンジのま》において御対面、天盃《てんぱい》を賜わり御料理を賜わります。この日までは、坊さんは御所へ向けてはいることはできない。この日に始めて坊さんが御所へはいります。

……この日から御修法《ミシホ》と申して、御所は前日までは、白馬《あおうま》の節会《せちえ》、紫宸殿《ししんでん》の節会の御形になっておりますが、この日から節会の御場所を皆取り片づけてしまいまして、紫宸殿をさらに仏壇に直します。立派な仏壇になります。（略）仏さんの掛物を立派に掛けます。そうして、ここで御修法という御法事があらせられまして、この日から十四日まで一週間、午前と午後とに御法事がございます。

紫宸殿が立派な仏壇になりまして、たくさんな御燈明《とうみょう》も上げてございますし、仏さんでございますから、生《なま》の物はない、皆煮《た》いてお膳《ぜん》へ載せて立派に供えてございます。（略）天子様は初日、中日、末日とに、それへ行幸になり、御拝礼を遊ばします。

維新にともない廃された御修法は、今は東寺《とうじ》の灌頂院《かんじょういん》で復活され、天皇の衣装「御衣《ぎょい》」を預かって真言密教の秘儀として執りおこなわれている。毎年、宮内庁を通じて宮中から御衣が内々に届けられてはいるが、維新前までは紫宸殿で大々的におこなわれていたものだ。ちなみに天台宗の比叡山延暦寺《ひえいざんえんりゃくじ》でも四月に御修法が執りおこなわれている。皇室と仏教との関わりは地下水脈のように今もつながっているのである。

秩父宮《ちちぶのみや》勢津子《せつこ》妃は一九九一（平成三）年、生涯の回想記『銀のボンボニエール』を刊行したが、一読して驚いたのは、夫で昭和天皇の弟宮の秩父宮雍仁《やすひと》親王が無宗教の葬儀を希望する遺言を遺し、またそれを明かしていたことだった。

秩父宮は戦時中は結核を患って御殿場《ごてんば》の別邸で療養生活を続け、一九五三（昭和二十八）年に死去した。その遺書にはみずからの遺体を医学のため解剖に提供したいとの希望とともに、葬儀について「火葬にすること」とした上で「若し許されるならば如何なる宗教の形式にもならないものとしたい」と記していた。

筆者は一九八七（昭和六十二）年、秩父宮以来三十四年ぶりの皇族葬儀となった高松宮宣仁《たかまつのみやのぶひと》親王の葬儀と、一九八九（平成元）年の昭和天皇の大喪という大がかりな神道式葬儀を見聞したばかりだった。それだけに昭和天皇のすぐ下の弟で直宮《じきみや》の秩父宮がみずから無宗教の葬儀と火葬を希望していたことは大いなる驚きだった。

「僕は神――此の字で表現することの適否は別として宇宙に人間の説明し能はない力の存在を認めないわけにはいかぬ――を否定しない。然し現代の宗教に就いて一としてこれと云ふものはない。現在の宗教は何れも平和をもたらすものとは云へない。相互に排他的であり、勢力拡張の為には手段を選ばない傾向さへある」と秩父宮は遺書で述懐している。天皇を「現人神」と祭り上げ、「神州不滅」「神風」などと叫びながら世界大戦へとなだれこんだ時流への苦い思いがにじむようにも読み取れる。

秩父宮の葬儀は最終的には神式で営まれた。勢津子妃から相談を受け、諸事情を配慮した弟・高松宮らの判断だったようだ。しかし、遺体は本人の希望どおり皇族としては異例の火葬となった。そして一九八七年、その高松宮の葬儀も兄の前例をおおむね踏襲した。以後、天皇・皇后以外の皇族は落合火葬場で火葬に付されるようになった。

勢津子妃は「氷雨が降りしきる豊島岡の廟の庭で行われたご葬儀は、皇室伝統の神式にはよりましたが、お式はご遺言の趣旨に添い、ご縁故者によって行われました。（略）一般会葬者のために、お別れの時間を設けたこと、その間に、宮内庁楽部員によるベートーベンの『告別』や、チャイコフスキーの『アンダンテ・カンタービレ』などの演奏が流されたこと。これらは、いずれも従来の慣習からすれば破格のことだったと申せましょうが、宮さまのご意志に、いくらかでも添うことになったと思っております」と述べている。

高齢となった天皇、皇后の宮中祭祀の負担軽減や簡略化に一部の神道重視派から「伝統軽視」と反発の声が出ている。しかし一方では、次の皇后となる皇太子妃が祭祀をほぼ全面的に欠席するという事態が起き、それが常態化している。

宮中祭祀は、明治・大正期に整備され戦後も維持されてきた壮大な神道祭儀の体系だが、早晩、皇室のおおらかで懐の深い「伝統」のなかで相対化され見なおされてゆくのではないだろうか。

山階宮晃親王の遺言

みずからの葬儀を神式ではなく無宗教で営んでほしいとの秩父宮の遺言は、弟高松宮らの状況判断でかなえられなかった。ただ、当時は異例だった火葬の希望はかなえられ、以後、天皇、皇后以外の皇族は火葬されるようになった。

みずからの葬儀について遺言がかなえられなかった皇族には先例がある。

山階宮《やましなのみや》晃《あきら》親王。葬儀を仏式で営むよう遺言したが、明治政府は認めなかった。

文化《ぶんか》十三年（一八一六）に伏見宮家に生まれ、翌年には京都山科《やましな》の門跡寺院・勧修寺《かじゅうじ》を相続し出家していたが、徳川慶喜らの働きかけで還俗《げんぞく》。国事《こくじ》御用掛《ごようがかり》として激動の幕末政治に活躍し有名な小御所会議にも列席した。

佐久間象山《さくましょうざん》は「此節京都に於て第一等の豪傑」と評し、勝海舟《かつかいしゅう》も「実に卓識なお方で、世間が攘夷説で騒いでいたころから、既に開国説をもっておられた」（『氷川清話』）と語っている。

人情細やかなところもあったようで、『山階宮三代』（山階会編）によると、息子の菊麿《きくまろ》王と同妃範子《のりこ》に対して「菊宮は鮪のすしが好きだが、京には鮪がないから、取り寄せるように魚屋に申し付け、範君は鯛うどんが好きだし、御多福豆の煮たのも好きだから、皆忘れぬよう」などと気配りした。宮家の元使用人らが困窮すると救済し、道ばたで乞食を見ると施しを命じたという。

維新後も議定《ぎじょう》などに任ぜられたが、一八七一（明治四）年には隠居を願い出て、一八七七（明治十）年には京都に帰住した。皇族は全員軍籍に入ることになっており、大将を打診もされたが、頑なに断ったと伝えられる。

仏教修学は七歳からで、空海の三教指帰《さんごうしいき》、真言・陀羅尼などを学び、十七歳で伝法印可。京都に帰住後の晩年は和歌や茶道を楽しみ、毎月の寺社参詣を欠かさず、とりわけ観音信仰が深かったという。

一八九八（明治三十一）年二月十七日、八十三歳で死去。遺言でみずからの葬儀について、「死後速やかに内々に火化に致し」と述べ、入棺、荼毘、導師それぞれの作法や人選を詳細に記していた。焼骨を入れる瓶は「仏具屋又は古道具屋より買入れ」「山階晃親王骨―年―月―日薨年―才と深く彫り口は木にてつめ其上へ錫《すず》を流し其瓶を生木の松の板の筥《はこ》に納め」石塔の下に埋めるようにと書いてあった。

長男の菊麿王は宮内大臣田中光顕《たなかみつあき》に仏式葬儀を願い出た。弟で仁和寺《にんなじ》門跡から還俗した小松宮《こまつのみや》彰仁《あきひと》親王も口添えした。しかし田中は「先帝三周年祭以来、朝廷絶えて佛儀を用ゐることなく、葬送の礼亦神祇式に由り、其の儀制は英照皇太后《えいしょうこうたいごう》の大葬に依りて大成したり」として不可とするよう勅裁を仰いだ。苦慮した明治天皇は枢密顧問官に諮詢《しじゅん》。枢密院側は次のように奉答した。

中古以降仏式を以て　大葬を行はせられたる例乏しからずと雖も維新以後　皇室葬祭の典礼は一に古式に拠らしめられ且つ国家公式の祀典も一に之に法《のっ》とる今日に在て　皇族の仏葬を聴許せらるるあらば是れより特例を後世に開き或は延て典礼の紊乱《びんらん》を来すあらんことを恐る。

天皇は神式でおこなうべしと決した。その一方で侍従長徳大寺《とくだいじ》実則《さねつね》名で次の趣旨の書簡を菊麿王に送った。

故宮殿下の御遺言についての哀願は親子の情からもっともと陛下も思し召しだが、いかんせん維新以後は皇親の方々神祇式でおこなわれるようになったため御哀願は聞こし召されませんでした。もっとも葬式に関しない山階宮家の内々の儀は故宮殿下の思し召しにかなうよう取りはからうのは差し支えありません。

山階宮家では二月二十三日、入棺式とともに無常導師作法が修せられ、初七日法要がおこなわれた。二十六日、神式の斂葬《れんそう》の儀。棺前に玉串《たまぐし》が供えられ、泉山雲竜院の墓地で埋葬。内々で泉《せん》涌寺《にゅうじ》の僧侶によって仏式の埋棺作法がおこなわれた。そして、神式の十日祭、二十日祭等々をおこなう一方で、故人の育った勧修寺などで仏式の二七日忌法要、三七日忌の法要も執りおこなわれた。遺言の指定どおりの容器に入れた歯髪が新善光寺、勧修寺で石塔の下に納められた。天皇は埋葬に儀仗歩兵二大隊を差し遣わし、金一万五千円を賜った。

そもそも天皇・皇族の葬儀は、大化《たいか》の薄葬令を受けて、大宝《たいほう》二年（七〇二）の女帝・持統以来、仏式火葬が続いた。土葬に戻ったのは承応《じょうおう》三年（一六五四）、後光明《ごこうみょう》天皇からだ。御所の御台所に長年出入りしていた八兵衛という魚屋が、儒教を奉じていた後光明を火葬にすると聞いて憤慨。「陛下は仏を排し、儒を尚びたまふ。（略）玉体を以て火し奉らんとす、是れまさに叡慮《えいりよ》に背き奉るもの」と要人や泉涌寺などに訴えて回り、ついに朝議を動かしたとも伝えられている（上野竹次郎編纂『山陵』）。

ただ、その後も実際は土葬でも従来の仏式法会は仁孝《にんこう》天皇まで皇室の菩提寺・泉涌寺や、宮中の仏堂「御黒戸《おくろど》」などで営まれつづけ、泉涌寺境内（月輪陵《つきのわ》・後月輪陵《のちのつきのわ》）に簡素な九輪石塔が建てられた。本格的な土葬では大きな山陵、墳墓が必要で、用地や経費面で難しかったこともあったのかもしれない。

幕末・明治の尊王と神仏分離の高まりの中で山陵築造が恒例となり、名実ともに土葬となったのは慶応二（一八六六）年の孝明天皇からだ。山陵奉行を務めていた宇都宮藩家老・戸田忠至《とだただゆき》が山陵築造を上申して認められた。上申は次のような要旨だ。

中古、仏法渡来の後、御陵制造の形様も変革し、ついに上古の淳朴の風は刻薄残忍に相化し、持統天皇から御荼毘のことは代々の常例となり、恐れながら万乗《ばんじょう》の玉体を一旦灰燼にし九輪石の塔を御表とする儀が数百年来の定制となって今日に至りました。後光明天皇のときから火葬は廃されましたが、山頭で荼毘の作法があり御廟所まで寺門僧徒どもが「密行」と称して表面は火葬、内実は埋葬という形になっております。もったいなくも一天万乗の大君として表裏の合わない礼節ということは恐れながら瑕瑾《かきん》となると……。

そして、一八六八（明治元）年の孝明天皇年祭（三回忌）で仏教色の排除が一気に進んだ。従来だと清涼殿《せいりょうでん》で懺法講《せんぼうこう》が実施され泉涌寺などで公卿が参集して法会がおこなわれていたが、このときから紫宸殿《ししんでん》に神座をつくり、招神の儀のあと天皇が拝礼し、孝明陵に参詣して玉串を捧げる神式が採用された。泉涌寺には女官が代参し焼香するなど仏教祭祀はあくまで非公式のものとされ、表面から姿を消した。

そして一八七一（明治四）年には、歴代天皇の位牌は宮中の御黒戸から泉涌寺に移され、宮中の仏式行事であった御修法《みしほ》や大元帥法《だいげんすいほう》なども廃されて皇室から仏教色は徹底的に排除されていった。

幕末に僧侶から還俗した山階宮晃親王は仏式の葬儀を、また戦後の政教分離の時代に秩父宮は無宗教式を遺言したが、かなわなかった。

現天皇、皇后は国民負担への配慮などから「薄葬」を望んでいるとも聞こえてくる。宮内庁書陵部にさまざまに検討させた形跡もある。伝統と憲法、国民負担の狭間でどのように考えているのだろうか。

【付記】

この稿が掲載された二〇一〇（平成二十二）年十二月から一年余り後の二〇一二（平成二十四）年四月二十六日、宮内庁は現天皇、皇后の葬儀を四百年ぶりに火葬とする方針を明らかにし、二〇一三（平成二十五）年十一月十四日に正式発表した。

変貌する天皇喪儀

新宿御苑《しんじゅくぎょえん》で営まれた昭和天皇の大喪のときは、会場を囲う幔幕《まんまく》の外周にいて幕の隙間から儀式の様子を時折のぞいていた。氷雨が降り、とにかく寒かった。

一万人にのぼった参列者席の最前列に居並ぶベルギーのボードワン国王、ブッシュ米大統領、ミッテラン仏大統領ら各国元首らは鼻を真っ赤にし、南国トンガのトゥポー四世国王は今にも倒れそうに寒さに震えていた。割り当てられた報道ブースに座ると、フィリピン人女性記者が「わたし妊娠中なの」と真っ青な顔で哀願し逃げこんできた。

天皇の棺を運ぶ巨大なみこし「葱華輦《そうかれん》」は見えなかった。ざくざくと担ぎ手たちが砂利を踏む異様な足音だけが蒸気機関車のように聞こえた。静かに歩を進めてくると思っていたので驚いた。

担ぎ手をつとめた五十人の屈強な皇宮護衛官らも事前の練習であまりの重さに何度もバランスを崩して倒れ、小刻みに足取りを合わせる訓練をしてようやく担いだと後で聞いた。腐敗する遺体を閉じこめるため、厚さ九センチの木製ひつぎを順次寸法の大きなひつぎに納め三重の入れ子状態にしたためひつぎだけで重さ五〇〇キロ。葱華輦本体と合わせて一・五トンもあるという。「天皇の遺骸はどうなっているのだろうか」「これが殯《もがり》と土葬ということか」と思った。

天皇に長らく仕えた宮内庁、皇宮警察関係者は巨大な儀式の進行に忙殺され、大行《たいこう》天皇の面影を思い出す余裕もないようにみえた。

二〇一三（平成二十五）年十一月十四日、宮内庁は現天皇、皇后の喪儀を、土葬から火葬へと転換するとして、その新しい骨格をまとめ発表した。

①江戸時代初めから三百五十年余り続いてきた土葬をやめ火葬とする。

②それに従い、通夜にあたる殯宮《ひんきゅう》での行事を短縮していったん火葬に付し、新たに「奉安宮」を設けて焼骨を葬儀の日まで安置する。

③八王子の武蔵陵墓地に造る天皇、皇后の陵は同一敷地内に互いに寄り添って並ぶ形とする。

大喪や新天皇の即位などの代替わり儀式、祭祀などの宮中儀式の体系は、明治末から大正初めにかけて数多くの旧皇室令で定められ、それらは国家神道体制と照応して帝国憲法の神権天皇を演出する色彩が濃かった。敗戦で天皇は象徴へと変わったが、宮中儀式は再検討されることなく、そのまま基本的に踏襲されてきた。昭和から平成の代替わり儀式も、新憲法の政教分離原則に明白に抵触する部分を除いて基本的に踏襲された。

今回発表された骨格をみると、右の①と②は旧皇室喪儀令、また③は旧皇室陵墓令の中核部分を変える歴史的な決断である。

初めから象徴として即位した現天皇の在位も三十年。伝統保持に努める一方で戦前の旧儀式体系の制度疲労にも向き合いつづけた末に、現天皇・皇后が時代と国民生活にも配慮して下した決断の思慮深さと皇室の懐の深さに敬意を表したい。その上で、いくつか疑問点と今後の課題について整理してみたい。

天皇は合葬を望んだが、皇后は遠慮したいとの希望で、二陵は独立性を保ちつつ寄り添う形とするという。先に皇后が逝去した場合、天皇在世中に陵を造らねばならないこと、陵前での各種祭祀は「上御一人《かみごいちにん》」に対してなされるべきだということだそうだ。

結果として上円下方墳（宮内庁の完成予想図では大正、昭和の天皇、皇后よりかなり小ぶりになるらしい）が二つ隣接して並ぶことによる兆域《ちょういき》の合計は約三五〇〇平方メートル。昭和天皇・香淳皇后の合計四三〇〇平方メートルの八割ほどの広さを占めることになる。もし合葬にしていたら、理論的には半分の兆域ですんだであろう。あるいは同一兆域で二つの墳墓がつながる「双墓」型は考えられなかったのだろうか。

また、存命中に陵建造を始める「寿陵《じゅりょう》」には仁徳《にんとく》天皇の例や、蘇我蝦夷《そがのえみし》・入鹿《いるか》が生前に父子の双墓を造ろうとしたなどの例がある。往古には少なくなかったとの説もある。古代前方後円墳は首長の土葬と後継首長の即位儀の場として生前から建造されたはずだとの主張だ。今回、在世中に葬儀について公に議論し準備も進める先例が開かれたのだから、将来は夫婦の合葬のための寿陵を造ることもあるかもしれない。

天皇の葬儀は、大まかに言えば土葬から第四十一代持統《じとう》で初めて火葬になり、土葬・火葬のどちらもおこなわれた時代を経て室町時代中期から火葬が定着。第百十代後光明《ごこうみょう》から土葬となったが仏式の葬送儀礼も残され、幕末の第百二十一代孝明《こうめい》から仏教色が排された。

必ずしも土葬＝神道式、火葬＝仏式という単純な図式ではなく、歴史的に縄文時代からの日本古来の殯《もがり》に加えて道教、仏教、儒教など中国・朝鮮の影響を重層的に吸収しつつ、さまざまに変遷してきた。たとえば、第二十七代安閑《あんかん》までは古来の殯《もがり》の色合いが強かったが、以後は儒教の殯《ひん》の思想の影響が強まったとされる。旧皇室令の喪儀での殯宮《ひんきゅう》、誄《るい》(弔辞)や、棺を運ぶ轜車《じしゃ》といった呼称も儒教の『礼記《らいき》』などによる。

また、殯《ひん》儀礼が重視され第四十代天武《てんむ》のときには二年二ヵ月に及んだ一方で仏教色も導入され、その皇后持統や孫の第四十二代文武《もんむ》は火葬を選んだ。これは朝鮮統一を成し遂げた新羅《しらぎ》の文武《ぶん》王の火葬の例に倣ったとの説もある(網干善教《あぼしよしのり》「古代の火葬と飛鳥」)。また第四十五代聖武《しょうむ》は大仏造立《ぞうりゅう》など仏教帰依で知られるけれども、亡くなると土葬に付されている。江戸時代前期の第百十代後光明の土葬復活も儒教思想からだとされている。

ただ、旧皇室令は厳しく仏教色を排除して一貫して殯の神道思想に貫かれ、それは大嘗祭などの即位儀礼にもつながっている。

昭和天皇の場合は昼夜を分かたぬ殯宮祗候《ひんきゅうしこう》は一九八九(平成元)年一月十九日から二月二十四日の斂葬《れんそう》当日まで三十七日間にわたり、祗候者は延べ九千四百人余にのぼった。毎回立ち会う天皇・皇族・親族、祭官、深夜未明に祗候する宮内庁職員らの負担は並大抵ではなかった。

今回は火葬となるため、こうした殯宮行事の期間は大幅に短縮される。ただ、遺骨を宮殿に設けた「奉安宮」に安置したあと殯宮と同じ神道儀式をおこなうのだろうか。それとも無宗教の新しい儀式をおこなうのだろうか。大喪で焼骨を運ぶのに同じ巨大な葱華輦を使うのだろうか。

昭和天皇の葬場殿《そうじょうでん》の儀は、一時は武道館でおこなうことも検討されたが、結局は屋外の新宿御苑で挙行された。今回の宮内庁発表では天皇の意向として屋内でおこなう選択肢も示唆されている。たとえば武道館の中で昭和のときと同様の大きな葬場殿を造り、鳥居を立てて取り外すなどして政教分離を確保することになるのだろうか。

新しい大喪の形が工夫されてよいのではないだろうか。

火葬にして遺骨を骨壺か櫃《ひつ》に納めるなら、たとえば皇室の菩提寺・泉涌寺《せんにゅうじ》の境内に葬られた天皇たちの九重の石塔のようにささやかな形も理論的には可能になる。幕末、天皇がきわめて控えめに葬られているのを見て勤皇の志を強めた志士もいたという。

今回の喪儀改変は、さまざまに皇室の伝統を問いなおし、象徴天皇にふさわしい儀礼体系を模索するきっかけとなるかもしれない。

火葬と殯

一九八八（昭和六十三）年秋、昭和天皇が吹上御所で吐血し死の床についてまもなく、御所に詰めきりのはずの高木顕《たかぎあきら》侍医長が、なぜか宮内庁本庁の侍医長室で誰かに電話をかけているのに気づき、思わず廊下で耳をそばだてたことがある。

乾燥剤の発注を指示していたのだ。相手はその量の膨大さに驚いているらしく、何度も念押ししていた。天皇が逝去すれば、土葬するまでの約五十日間、銅板を内側に張り詰めた柩《ひつぎ》に尊骸を納め、ずっと「殯《もがり》」が続く。乾燥剤はそのためのものだった。

二〇一二（平成二十四）年四月二十六日、羽毛田信吾《はけたしんご》・宮内庁長官は退任を一ヵ月後に控えた定例記者会見で、現天皇・皇后の葬送方式について、江戸時代から昭和天皇まで続いてきた土葬の習わしをやめて火葬とし、大喪儀の簡素化を宮内庁と政府で検討することを明らかにした。

神道色の強い土葬から仏教色を連想する火葬への変更は天皇葬送の歴史的転換となる。「象徴」の死をどう弔い、どのような天皇の代替わりの姿につなげるかの思想も問いなおされるだろう。

筆者は、以前から現天皇・皇后が火葬と「薄葬」を希望していると聞き、天皇・皇族の葬送方式の歴史的変遷を紹介してきた。

往古、古墳への土葬だった天皇の葬儀は、大化の改新での「薄葬令」を経て、飛鳥時代の持統天皇から火葬に転換し、それ以降は仏教式葬儀が続いていた。しかし江戸前期、儒教を信奉していた後光明天皇のときから土葬になった。以後、表面上は仏式法会や九重石塔の墓標や位牌の形式を残しながらも土葬が定着。幕末の孝明天皇から古代古墳型の山陵築造が始まって名実ともに土葬となり、明治の廃仏の機運や国家神道体制の形成によって、明治、大正、昭和の三代にわたって大がかりな神道式土葬が続いてきた。

この間、幕末に僧侶から還俗《げんぞく》した山階宮《やましなのみや》晃親王《あきら》は仏式の葬儀を希望し、また第二次大戦後の現憲法下で秩父宮《ちちぶのみや》は無宗教式葬儀を遺言したが、許されなかった。ただ秩父宮以降は宮家皇族に関しては火葬が定着。一方で貞明《ていめい》皇后、昭和天皇、香淳《こうじゅん》皇后は山陵に土葬されるという二重構造が続いていた。

今回の羽毛田発言を受けて、政府・宮内庁は平成の天皇・皇后の葬儀を火葬とし簡素化する具体案づくりに着手した。しかし、戦後もおおむね旧皇室喪儀令が踏襲され、昭和天皇の大喪儀も三十四に及ぶ膨大な儀式・行事がほぼ一貫して神道儀礼として営まれた。それだけに、火葬にともなう「伝統儀礼」の再編となると、先例の葬送思想との整合性に苦しむことも予想される。

とりわけ、神道や儒教の「殯《もがり》」の思想に基づき、天皇や皇后の尊骸を納めた柩《ひつぎ》をずっと見守る「槻殿祗候《しんでんしこう》」、宮殿松の間にしつらえる「殯宮《ひんきゅう》」での三十日あまりに及ぶ「殯宮祗候《ひんきゅうしこう》」をどう考えるかだ。殯とは、死者の再生を願いつつ柩の中の遺体が腐敗・白骨化するまで長期間見守って別れを惜しむ葬送思想であり、これまでの例では槻殿で十数日間、殯宮で三十数日間、昼夜を分かたず親族や関係者が交代で柩に対座し故人をしのぶことになっている。そして、逝去から五十日ほど経って営まれる本葬の当日朝に御霊代《みたましろ》に霊を移し、尊骸は葬儀ののち新造の山陵に土葬する。だから、「霊代奉遷《れいだいほうせん》の儀」まで、毎日欠かさず柩に供え物を捧げる「日供《にっく》の儀」では生者向けの調理した食べ物や飲み物などを供え、箸なども添える。そして山陵に埋葬されてからは、一年間毎日欠かさずおこなわれる日供の供え物は「丸物」あるいは「生饌《せいせん》」と呼ばれる未調理の食べ物に変わるという。こうして大行天皇は崩《かむあが》る（神上がる）のである。

こうした長い殯《もがり》の期間は、多摩陵墓地での山陵の基礎工事が完工するためにも必要で、昭和天皇の場合は逝去翌日から間髪を入れず埋蔵文化財調査に着手し、東京都に都市計画法上の開発行為として許可申請。初動の山林伐採で一千九百四十本の自然林を人力で伐採して新たに百五十七本を移植。土壌調査、地盤固め、基礎工事等々、埋葬施設完成までわずか四十八日間で仕上げた。これでもきわめて工期は厳しく、明治、大正、貞明皇后の陵を建造した経験のある大林組と随意契約して、かろうじて乗り切ったという。

この間、皇居・宮殿松の間に敷設された殯宮では一月十九日から三十七日間にわたり昼夜を分かたず祗候が続き、皇族、旧皇族、親族、宮内庁・皇宮警察職員、その他関係者延べ三千九百人が参列した。また一月二十一日には三権の長ら国民代表の殯宮拝礼、同二十二日から三日間は一般の拝礼が受け付けられ、計三十四万人が拝礼した。

天皇・皇后が火葬を希望するのには、柩のなかとはいえ尊骸が腐敗し白骨化するまで安置されることへの抵抗感もあるのかもしれない。また、今や民間の神道式葬儀もほとんどが火葬となっているという。しかし、ことが天皇・皇后の葬儀となると、殯《もがり》の期間を大幅に短縮して葬儀を終え焼骨とした場合、埋葬施設の築造が間に合わないことになる。逆に葬儀までの日数が長いままでは、火葬とする意味がなくなってしまう。

火葬と、殯《もがり》という葬送思想との間にどう折り合いをつけ、どう説明するのか。また五十人がかりで柩を運ぶ巨大な「葱華輦《そうかれん》」を次回も使うのかどうか。儀礼体系の再編はなかなか一筋縄ではいかないと思われる。

また、政府内には、昭和天皇のときは新宿御苑で営まれた葬場殿の儀や大喪の礼を簡素化のために皇居内の東御苑《ひがしぎょえん》で営む案も浮上している。前例では、元首クラスを含む百六十ヵ国の外国代表を始めとする総計一万人に及ぶ参列規模だった。東御苑となると参列者は大幅に絞らねばならず、外国からの参列を断ることも検討課題となりそうだ。

そして何よりも、昭和の前例では、東御苑は即位の神事「大嘗祭《だいじょうさい》」の祭場に使われた。次の大嘗祭も同じ東御苑で執りおこなうとすれば、死穢《しえ》を忌む神道界から抵抗感が表明される可能性もある。大嘗祭も規模縮小して、毎年新嘗祭がおこなわれている宮中三殿西隣の神嘉殿で執りおこなうことにするのかどうか。事は皇位継承儀礼体系全体の見なおしに発展する可能性もはらんでいる。

日本人の祖霊崇拝の習俗の大海のなかから一人の人を祖霊たちを祀る者として選び、その出自の「万世一系」観念を膨大な神話・儀礼体系や陵墓群で裏打ちし支えるシステムが「天皇制」だとすれば、その人の肉体の死をどう受け止め、どう葬送するか。いかに儀礼上のものだとしても、天皇にとって、また国民にとって、そして歴史にとっても、さまざまに深い内省を呼び起こすことになるかもしれない。

殯と大嘗祭

一九九〇（平成二）年十一月二十二日の大嘗祭《だいじょうさい》では、筆者は東御苑に建設された巨大な大嘗宮の前の仮設テント「幄舎《あくしゃ》」の参列者席最後尾の報道席にいた。空に月は出ていたもののしだいに闇は深まり、御苑は皇居外周を走る車の音だけが遠く響く静寂に包まれた。

そこへ次々にバスが到着。「おう、寒いのう」と遠慮ない声をあげながら国会議員団がどやどやと席に着いた。三権の長や中曽根《なかそね》康弘《やすひろ》ら歴代総理・閣僚や都道府県知事、財界など各界からの招待客も着席。参列者は総計七百人余。ざわめきとともに、なんとなく空気が生臭くなったような気がした。

午後五時すぎから午後九時すぎまで約四時間にわたって悠紀殿《ゆきでん》の儀がおこなわれたが、殿内での天皇の「秘儀」はもちろん、廻廊を歩む天皇、皇后の姿も諸役の動きもまったく見えない。奏されたという神楽歌《かぐらうた》など楽部の奏楽もほとんど聞こえず、ただひたすらじっと座って寒さを我慢しただけで終わった。

午後十一時すぎから翌二十三日午前三時すぎまで続く主基殿《すきでん》の儀では希望者は欠席できたので、幄舎内の人数は五百人ほどに激減。元総理も鈴木《すずき》善幸《ぜんこう》、竹下登《たけしたのぼる》の二人が義理堅く残っていただけだった。

滞りなく儀式が終わると、大規模な神社を思わせる威容を見せた大嘗宮は、一般参観者に外側から見物することが十八日間許されたあと取り壊され跡形もなくなった。

即位十年の節目に公益財団法人菊葉文化協会が大嘗宮の模型を展示し、天皇・皇后が視察に訪れたことがある。天皇は興味深げに見ていたが、説明役の同協会常務理事で大嘗祭では三種の神器の勾玉《まがたま》を捧げ持って天皇に随従した元侍従卜部《うらべ》亮吾《りょうご》に「歩いたのはこの道筋だったかしら」などと尋ね、「いいえ、こちらのほうでございます」などとやりとりしていた。記憶力のよい天皇自身にもよく思い出せないほど、大嘗宮は広壮で数々の殿舎を結ぶ廻廊も入り組んでいたのである。

昭和、平成のモデルになった大正天皇の大嘗祭（一九一五［大正四］年）に貴族院書記官長として奉仕した柳田國男《やなぎたくにお》は「一言を以て言えば此の祭に与る者の数著しく多きに過ぎたり」と書いた（原文はカタカナ、以下同）。「前代の大嘗祭の記録を見るに小忌《おみ》の役に任ずる者は勿論、大忌《おおみ》の員に列する者と雖《いえど》も極めて其の数を限定し、一般民衆も各《おのおの》其の家に在りて身を浄《きよ》うし大祭の滞《とどこお》りなく終了せんことを心禱する」べきだと。

忌憚《きたん》なく言えば日本の如き国柄に於ては旧式を完全に保存するは此の上もなく重要なることには相違なきも、此の祭の如く古き信仰と終始する複雑にして且つ困難なる儀式を継続することは、小官は或いは其の不可能ならざるかを疑う。

（「大嘗祭ニ関スル所感」）

短時日で黒木で組んで稲わらで屋根を葺《ふ》き、祭のあとはすぐに撤去するなど原始的で古朴簡素こそ大嘗宮の本来の姿であり、冬至のころである旧暦十一月におこなうべき祭祀を新暦十一月と一ヵ月早めたことも農の伝統の根本を無視したものであると柳田はいう。

また折口信夫《おりくちしのぶ》は、収穫を祝って酒食をするのをアキ、魂をしずめる鎮魂祭をフユ、籠りの状態から抜け出て威力を再生するのをハルと呼び、大嘗祭の儀式は三つの季節を通過すると解した。宮殿で高御座《たかみくら》に上って即位を宣言する即位の礼は孝明天皇までは中国服で中国風におこなわれた。日本民俗学の両巨人はいずれも大嘗祭こそ日本独自の王位就任儀礼であると同時に日本の民俗行事の集大成でもあるとみて、さまざまに考察の跡を残している。

二〇一三（平成十五）年八月に死去した谷川健一《たにがわけんいち》は、マレーシアや石垣島などの八重山《やえやま》諸島、宮古島《みやこじま》など宮古諸島、沖縄本島、奄美《あまみ》などに分布する稲や粟の農耕儀礼や死者を弔う殯《もがり》の習俗を現地踏査した経験や『万葉集』『常陸国風土記《ひたちのくにふどき》』などの新嘗《にいなめ》の記述などを踏まえて、大嘗宮の悠紀殿・主基殿の内陣にしつらえられる八重畳の寝座と寝具「真床覆衾《まどこおふすま》」には四重の意味があると主張している。

（一）初穂儀礼のとき新しく生まれた稲魂のすこやかな生育をうながすために添い寝をすること。

（二）冬至の日の魂の衰えを克服して活力をよみがえらせるために、その前段として喪をかぶること。

（三）密閉した室《や》に籠って誕生すること。

（四）殯の死者と同衾してその威霊をひきつぐこと。

そして、天皇が新穀や新酒などの供え物を神とともに飲食することは、支配下の諸地域から新穀の献上を求めて食し土地の呪力を身につける「食国《おすくに》」の思想が加わっており、これらが複合した儀礼が大嘗祭なのだという。

このうち注目されるのが（四）の殯との関連である。

論文「殯の基礎的考察」で殯研究の先鞭をつけた古代史学者和田萃《わだあつむ》は「殯宮儀礼が確立する以前、大王陵の墳丘上で喪葬儀礼や祭祀が行われていた段階では、そこで新王の即位儀礼も引き続いて行われたことが当然予想されよう。四世紀初頭に、大型の前方後円墳が突如として奈良盆地東南部に出現し、引き続いて、大和や河内に大型の大王陵が築造された背景を考えるに際して、現在は、墳丘上における首長権継承儀礼を視野の中に入れなければならない段階に立ち至っている」と述べている（論文「日本古代の儀礼と祭祀・信仰」のうち「今来の双墓をめぐる臆説」）。谷川は和田の見解を踏まえて次のように敷衍《ふえん》する。

持続二年（六八八）一一月、天武帝の殯宮のまえで、廷臣の一人が帝王の日継の次第を申し述べた。それが終わると、天武帝は大内陵《おおうちのみささぎ》に葬られた。殯宮はすぐ取り毀されたのであったろう。それから二カ月たったあくる年の持統三年の正月一日、持統帝は喪が明けたので、朝賀の式をおこなった。その場所は天武帝の殯宮のあった南庭ではなかったか、と和田は推測している。しかもそこは持統四年正月、持統女帝の即位式のおこなわれた場所ともなっていることから、殯宮儀礼は新帝の即位儀礼と切り離して考えるべきではなく、むしろ新帝の即位儀式の一環として把握すべき性格を有していることを強調している。このことは大嘗祭を考察する上での重要な参考になる。和田の言うように、殯宮儀礼と即位儀礼とがひとつづきのものであるならば、殯宮儀礼と大嘗祭の儀礼も、ひとつづきのものとしてとらえることができると私は考えるのである。

（『大嘗祭の成立』）

現天皇・皇后はみずからの葬儀を火葬で営むことを望み、宮内庁が構想を固めた上で発表した。

当然、殯宮での殯は短時日で終わり、火葬された遺骨は陵への埋葬までの間、新たな「奉安宮」に安置され新たな拝礼行事が続くという。これがどのような思想でどのような形式となるのかは、葬場殿の儀や大喪の礼の姿とともに、まだ不透明だ。旧皇室喪儀令、旧登極令の呪縛から離れて天皇の葬儀と即位儀式をどう執りおこなうのか。日本の伝統とは何か、天皇のルーツは何か。そして象徴天皇にふさわしい皇位継承儀礼はどうあるべきか。根本的に問いなおす好機と捉えるべきだろう。

問いなおされる天皇葬送儀礼

殯《もがり》は、死者のよみがえりを願って、すぐには埋葬せず腐敗が進むまで魂振《たまふ》りの儀礼を重ねる日本古来の葬礼であり、古くは『魏志倭人伝《ぎしわじんでん》』にも記されている。

其死有棺無槨。封土作冢。始死停喪十余日。当時不食肉。喪主哭泣。他人就歌舞飲酒。

また『隋書倭国伝』にも「貴人三年殯於外」とある。

記紀神話でイザナギが亡き妻イザナミを黄泉国《よもつくに》に訪ね、蛆《うじ》にたかられた姿に驚いて逃げ帰る説話などに反映しているとされる。

安閑《あんかん》・宣化《せんか》朝から王権の威信を示すものとして盛大となり、誄《るい》を奉り、日嗣《ひつぎ》（皇統譜）を読み上げ、諡号《しごう》を献呈するようになった。柿本人麻呂《かきのもとのひとまろ》らによる殯宮挽歌《ひんきゅうばんか》も万葉集に多く収録されている。

殯《もがり》はわが国固有の葬法が、帰化人の大規模な渡来によって、礼の一つたる殯《ヒン》の影響を受け、儀礼化し、一般に行なわれたものである。それに比し、誄は（略）わが国固有の葬法には存在しなかった儀礼であり、殯《ヒン》の儀礼とともに導入され、天皇・皇后などの殯《もがり》に行なわれたものである。誄儀礼は敏達天皇の殯宮においてなされたのが記録上では初見であるが、実際は安閑朝末年ごろから行なわれていたらしい。

(和田萃「殯の基礎的考察」『論集　終末期古墳』所収)

殯が盛大となり、その期間も長くなるにつれ、王権の空白期の皇位継承争いや権力闘争の舞台にもなっている。

①敏達《びだつ》天皇の殯宮で、穴穂部皇子《あなほべのみこ》が皇位への野心を表す言動を示し、遺骸に寄り添う皇后(のちの推古《すいこ》女帝)を犯そうとして警護の三輪君逆《みわのきみのさかう》に阻まれた。

②同じ敏達の殯宮で誄を奏上した物部守屋《もののべのもりや》と蘇我馬子《そがのうまこ》がお互いの姿を「矢の刺さった雀のごとし」「鈴をかけるべし」とあざけり合い、蘇我氏が物部氏を滅ぼした「丁未《ていび》の乱」に至った。

③天武《てんむ》天皇の殯宮を大津皇子《おおつのみこ》が抜け出して伊勢神宮に向かい、皇位をうかがう謀反の意思を疑われて皇后(持統《じとう》女帝)から死罪に処された。

――などだ。

古代天皇の殯の期間は、

欽明　四ヵ月

敏達　五年八ヵ月
推古　六ヵ月
舒明《じよめい》　一年二ヵ月
孝徳《こうとく》　二ヵ月
斉明《さいめい》　五年三ヵ月
天智《てんじ》　不明
天武　二年二ヵ月
持統　一年
文武《もんむ》　五ヵ月

皇位継承が波乱含みのときほど殯の期間も長かったようにもみえる。

そして孝徳朝の大化《たいか》二年（六四六）の薄葬令は、王以下の身分の者が殯を営むことを禁じた。ただ、天皇・親王らの殯宮儀礼はしばらく続いた。

天皇葬送儀礼が転機を迎えるのは、やはり天武・持統朝だ。

カリスマ天武の殯は盛大で新儀も加わったとされ、隼人、蝦夷、新羅人らも誄を奏上し、土師《はじ》氏と文氏《あや》による楯節舞《たたふしのまい》なども演じられた。僧尼の哭泣「発哀《みね》」がおこなわれるなど初めて仏教色が加わった。


皇太子《ひつぎのみこ》（草壁）、公卿《まへつきみ》・百寮人《つかさつかさのひとども》等を率《ゐ》て、殯宮《もがりのみや》に適《まう》でて慟哭《みねたてまつ》る。納言布勢《ものまうしつかさふせの》朝臣御主人《あそみみぬし》誄《しのびごとたてまつ》る。礼《ゐや》なり。誄畢《を》へて衆庶発哀《もろもろみねたてまつ》る。次に梵衆発哀《ほふしどもみねたてまつ》る。

(『日本書紀』持統元年一月一日条、岩波・日本古典文学大系)

そして持統女帝は初めて火葬された。

日本での火葬は、唐の玄奘三蔵《げんじようさんぞう》に師事して帰国した僧・道昭《どうしよう》が文武四年(七〇〇)に栗原で火葬されたのが嚆矢とされる。持統は三年後の大宝《たいほう》二年(七〇二)十二月二十二日に崩御。翌日に「作殯宮司」らが任命され殯宮が設営されたが、翌年十月十七日に飛鳥岡で火葬され、大内山陵に天武と合葬された。

……火葬は従来の死生観を根底からくつがえすものだった(略)。伝統的葬法である土葬――それは殯をへてなされた――を見なれた人々にとっては、火葬の烟や短時間で肉体が白骨に化すという事実はまさに驚天動地のことであって、(略)仏教教理に明るい人々、道昭や持統太上天皇の遺命によってはじめて行ないえたのである。

(和田前掲論文)

持統の孫・文武天皇も、慶雲《けいうん》四年(七〇七)六月十六日に崩御し、翌日には「殯宮のこと」という記事はあるものの、十一月十二日に飛鳥岡で火葬に付され檜隈安古岡上陵《ひのくまのあこのおかのえ》に葬られた。

このように、火葬と仏式葬儀が導入されて殯の期間は短くなり、文武を最後に殯が営まれた記録はなくなる。

『続日本紀』などによると、文武の後を継いだ母・元明女帝は火葬と簡素化を遺詔し、崩御からわずか六日後に喪儀をおこなわず埋葬された。これ以降の歴代は崩御の日から埋葬までが一段と短縮され、七日目ごとに追善供養がおこなわれるなど仏教式が定着したとみられる（和田前掲論文）。

天皇の土葬が復活したのは、江戸時代前期の後光明《ごこうみよう》天皇からで、仏式法会や位牌の形式を残しながらも定着し、幕末の孝明《こうめい》天皇から墳形の山陵を築造するようになった。さらに明治の廃仏・復古の機運の中で仏教色は徹底して排除され、殯宮や山陵築造が復活され、大正末制定の旧皇室喪儀令や皇室陵墓令で制度化された。明治・大正・昭和の天皇、皇后の大喪はこの形式にのっとった。

しかし、旧陵墓令では陵の兆域ひとつとっても、天皇は二五〇〇平方メートル、皇后は一八〇〇平方メートルと定めており、八王子市の武蔵陵墓地に造られた大正天皇、昭和天皇と皇后の陵の兆域は広大なものとなった。昭和天皇の「武蔵野陵」の兆域確保だけでも、自然林一千九百四十本が伐採された。

このほど、平成の現天皇の意向で政府・宮内庁は火葬の導入と葬儀簡素化に着手した。巨大な陵と広大な兆域、膨大な儀礼の負担は国民感情からも難しいとの判断だろう。そして陵の規模と埋葬施設の築造に要する日数によって「殯」の期間を現在の五十日前後からどのくらい短縮できるかが決まる。

現在は民間の神道式葬儀もほとんど火葬となっており、仏教色の復活も当面考えにくいので、殯宮儀礼も葬儀も枝葉の儀礼の簡素化と期間短縮、参列者数の絞りこみ、陵の夫婦合葬などの手なおしの検討にとどまるのではないだろうか。

むしろ、難しいのは、殯の思想と火葬の思想の兼ね合いをどう説明し辻褄を合わせるかだろう。明治以降、記紀神話と歴代天皇の記録に基づいて定められ戦後も維持されてきた祭儀体系と天皇観の思想的根底もあらためて問いなおされるかもしれない。

【付記】

宮内庁が二〇一三（平成二十五）年十一月十四日に発表した天皇、皇后の葬儀・埋葬の変更案骨格によると、結局は大正、昭和両天皇夫妻と同様に上円下方墳を築造することになった。ただし、前二代の天皇、皇后が独立した敷地に築造されたのを、同一敷地に寄り添うように築き、大きさもやや小ぶりとするという。これにより、昭和天皇夫妻の二陵の敷地を合わせた面積の約八割程度の敷地となるという。

東京・八王子市の武蔵陵墓地の余地が少なくなっていることも見直しの理由だったが、思いきった縮小とまではならなかった。合葬や寿陵（生前築陵）も見送られた。

副葬品から浮かぶ「人間天皇」

横綱白鵬《はくほう》が昭和以後歴代二位の元横綱千代の富士《ちよのふじ》の連勝記録五十三を二十二年ぶりに抜いたというニュースで、思い出したのは、昭和天皇の最後の闘病の日々である。

昭和天皇の相撲好きはよく知られるが、闘病中も不思議と節目ごとに相撲の話題が絡んだ。

昭和の終わりの始まりとなったのは、一九八七（昭和六十二）年九月十八日、九月場所への行幸取りやめの発表だった。同二十二日午前十一時から宮内庁病院で腸の通過障害をバイパスする手術。同夕、手術室から病室に戻った天皇は真っ先に「相撲のテレビを見てよいか？」と側近に尋ねた。

一年後の一九八八（昭和六十三）年九月十九日深夜、天皇は吹上御所で就寝中に激しく吐血し、百十一日間に及ぶ最後の闘病が始まった。このときも同十八日に九月場所行幸の中止が発表された直後だった。千代の富士の連勝が続く同二十五日の千秋楽、病床の天皇は横綱土俵入り以後の全取組をテレビ観戦。結びで千代の富士が勝つと、側近に「全勝だね」と語りかけた。

昭和六十三年五月場所七日目から始まった千代の富士の連勝記録が途切れたのは十一月場所千秋楽の同月二十七日、横綱大乃国《おおのくに》戦。このときには天皇は重篤に陥り意識を失いつつあった。それでも側近たちはテレビの相撲中継をつけっ放しにしていた。この一戦が昭和最後の一番となった。

昭和天皇の闘病・崩御の際の内舎人の記録を紹介した（二九ページ）。一九八九（昭和六十四）年一月七日の崩御の後も、一九八九（平成元）年二月二十四日の大喪の礼に向けて侍従、内舎人たち側近の奮闘は続いた。「聖上《おかみ》」を送るための儀式の準備やそのための物品調達などだ。東京都八王子《はちおうじ》市の武蔵陵墓地に突貫工事で築造された上円下方墳の「武蔵野《むさしの》陵《みささぎ》」の石槨《せっかく》に柩《ひつぎ》とともに納められた副葬品は、黄泉の国へと旅立つ天皇のために親族や側近らが用意したものだ。

当時、一部の新聞が概要をスクープしたが、詳細とはほど遠いもので、その中身はいまだに公表されていない。その後、筆者が秘かに書き写した「お詰め物」と題した資料がある。

〈黄櫨染御袍《こうろぜんのごほう》〉
冠、袍、下襲《したかさね》、単《ひとえ》、表袴、大口、石帯《せきたい》、挿鞋《そうかい》、襪《しとうず》、入帷《いりかたびら》、笏《しゃく》

〈御服〉
夏用運動服上下、背広、燕尾服、合外套、ハーフコート

〈寝具類〉
モスリン掻巻《かいまき》、枕と枕覆、冬用と夏用メリヤス寝衣、座布団、冬用ガウン、夏用ガウン

〈御身廻〉
運動用パナマ帽、絹帽、毛スポーツシャツ、夏スポーツシャツ、カッターシャツ、ドレスシ

ャツ、ネクタイとカフス釦《ぼたん》（背広、モーニング、燕尾服用）、ハンカチ、手拭、傘（黒）、黒紐短靴、茶色運動短靴、スリッパ、靴箆《くつべら》、脱靴器、カシミヤカーディガン、毛糸ベスト、下着類、手袋（モーニング用と運動用）、白絹マフラー、茶色胴締とズボン吊り、靴下類

〈腕時計〉

サンヨー太陽電池、月時計、ディズニー（帰国後献上）

〈洗面、化粧品〉

金盥《かなだらい》、歯刷子《はブラシ》、歯刷子容器、歯磨、銀蓋付コップ、チック、櫛、髪刷子、石鹸と石鹸箱、電気剃刀

〈その他〉

双眼鏡（訪欧時のもの）、ビデオテープ（大相撲名勝負）、温度計（丸型）、小蓋、机覆、お床敷（お召し替えのための）、服覆、膝掛毛布、広蓋、ピラミッド型目覚時計、御紋入紫帛紗《ふくさ》、水鳥の置物（木彫、礼宮から贈呈）、ペンライト（懐中電灯）、御枕刀、挿鞋《そうかい》、大勲位《だいくんい》菊花章頸飾《きっかしょうけいしょく》（黒漆御紋散らし筥入り）

〈文具類〉

硯・筆・墨を納めた硯箱（黒漆金泥菊紋柄）、ノック式万年筆、ペーパーナイフ、黒革ノート、お歌懐紙

〈書籍〉

『那須の植物追補』『那須の植物誌』『伊豆須崎の植物』『日本産1新属1新種の記載をともなうカゴメウミヒドラ科 Clathrozonidae のヒドロ虫類の検討』『天草諸島のヒドロ虫類』『カ

ゴメウミヒドラ Clathrozoon wilsoni Spencer に関する追補』『小笠原諸島のヒドロゾア類』『紅海アカバ湾産ヒドロ虫類5種』『伊豆大島および新島のヒドロ虫類』『パナマ湾産の新ヒドロ虫 Hydractinia bayeri n.sp. ベイヤーウミヒドラ（ウミヒドラ科）』『相模湾産ヒドロ虫類』『相模湾産甲殻異尾類』ほか七冊、『牧野新日本植物図鑑』『皇居の植物』

〈御研究所関係〉

貝標本（ハヤマヒラコマ、ホシキヌタ、オキナエビス、ボウシュウボラ）、腔腸動物標本（ヒドロゾア・プレパラート六種）、植物三種、顕微鏡、ハレー彗星カラー写真（一九八六年三月十六日）

〈食器類〉

沢桔梗模様のスープ皿・食皿・菓子皿・パン皿・紅茶茶碗と受皿・コーヒー茶碗と受皿、那須の植物模様アヤメ図柄、須崎の海のヒドロゾア図柄、貝模様オートミール入深皿と受皿、ミルク入受皿、ナイフ・フォーク類、御紋付小葵模様の肩皿・漬物皿・小皿・御飯茶碗・汁茶碗・猪口・茶茶碗と受皿・同天目台（銀製）、ミルクカップ、ガラスコップ、御紋付アイスクリーム皿、雀図柄汁椀、落花生入、銀箸、楊枝入（銀）、ナプキン、ナプキンリング、御膳箸、箸置（銀）、朱塗小盆

古墳（古代前期）の副葬品について、国立歴史民俗博物館教授の広瀬《ひろせ》和雄《かずお》は大まかに三つに分類している。

①首長の権威をあらわす威信財（三角縁神獣鏡などの中国鏡、碧玉製品など宝器類）

②政治権力をあらわす権力財（鉄剣・鉄刀・鉄槍・鉄矛・鉄鏃・盾・矢筒・甲冑などの武器・武

具類）

③生産財（鉄鎌・鉄鍬・鉄斧・漁具など）

各地の前期古墳には、数量の多寡を問わず共同体の再生産に必須の道具類が副《そ》えられていました。それらは必ずしも亡き首長の愛蔵品ではなかったし、生前身につけていたものだけではなかったのです。むしろ個人の財というよりは、首長が統治していた共同体をいつまでも繁栄させるための道具類が中心だったのです。

そこからは、威信財・権力財・生産財を駆使して、〈死した首長にもうひと働きしてもらおうという共同の願望〉が読みとれます。

（広瀬和雄『前方後円墳の世界』岩波新書）

昭和天皇の副葬品をみると、これらのカテゴリーに属する物は皆無に近いことに気づく。大喪の儀式自体は明治・大正の大喪に準じた壮大なものとなり、陵も増丘の高さ一〇・五メートル、下方部一辺二七メートルと古代古墳をしのばせる規模だ。しかし副葬品は古代古墳のものとはほど遠かった。

祭祀のための装束、宮殿行事などのための大勲位菊花章頸飾や、官記・勲記などへの署名や和歌のための書道具、解散詔書などを包む紫の袱紗《ふくさ》などを除くと、日常生活用品、生物学研究に関する物、お気に入りのディズニー腕時計、大相撲名勝負のビデオなど、故人が愛した身のまわり品がほとんどだ。

閉ざされた賢所《かしこどころ》で一人祈る。那須高原でパナマ帽をかぶり運動服で植物を観察し、相模湾に舟を出して海生生物を採集し顕微鏡でのぞく。相撲観戦を楽しみにし、戦後三十年を経て訪問した米国から贈られたミッキーマウス時計をはめて登場してカメラマンをびっくりさせる――そんな面影がよみがえってくる。

戦後、新たに「象徴」として再出発した昭和天皇は、戦前の「大元帥」の影を極力消し去っていった。悔恨もあり、戦争をめぐる紛議を避けるためもあったのだろう。

副葬品から浮かぶのは、「人間天皇」に徹する晩年の姿への人びとの敬慕である。

皇室とメディア

英国王の刺青

真崎甚三郎《まさきじんざぶろう》陸軍大将の長男で昭和天皇の通訳を務めた真崎秀樹《ひでき》が、アレクサンドラ英王女を迎えた一九六一（昭和三十六）年十一月の宮中晩餐会のエピソードを晩年になって明かしている。

敗戦後初めての英国王室からの賓客で、天皇は英ガーター勲章を着用して臨んだ。日英同盟下、日露戦争直後に明治天皇に授与され、現在も外国人は欧州の国王・女王七人と天皇だけという最高位勲章。第二次大戦中いったん外されたが、この宴での〝復活〟を英国側が認めた。

当時二十四歳だった王女に天皇は、皇太子時代の欧州歴訪で英国王ジョージ五世に慈父のように親切にしてもらった思い出を語った。国王が、若き士官候補生時代に訪日したときに彫らせた刺青《いれずみ》を見せてくれたと懐しそうに語ったという（加瀬英明《かせひであき》編『宮中晩餐会』）。

ジョージ五世の人柄と立憲君主としての覚悟に感服し、戦後も皇太子（現天皇）に同国王の伝記を読ませた昭和天皇の思い、勲章佩用《はいよう》の重みを示すエピソードだ。

国賓歓迎晩餐会は、世界の元首と天皇との人間的ふれあいと両国の歴史的な関係とが交差する宮中行事の華だ。近年、その報道がめっきり減ってきたのが気がかりである。

会場の豊明殿《ほうめいでん》は宮殿最大規模の大宴会場。新嘗祭などで神に供えた神酒《みき》や神饌《みけ》を下ろして開いた直会《なおらい》「豊明節会《とよあかりのせちえ》」にちなむ。天井に輝く三十二基のシャンデリアに壁面の巨大な綴織「豊幡《とよはた》雲《ぐも》」の茜色が明るく浮き上がり、豊かな収穫と美酒に酔い痴れた古人《いにしえびと》の宴をしのばせる。

片側四十席が並ぶ長大な長方形のメーンテーブルに天皇・皇族らと相手国元首ら主賓格が座り、そこから短いテーブルが櫛形に延び、総数百五十人前後がぴかぴかの銀食器でフランス料理のフルコースを楽しむ。

報道陣の取材は、
①南車寄せの賓客出迎え
②晩餐会着席
③天皇と相手国元首のスピーチと乾杯、両国国歌演奏の交換
④後席の春秋の間での歓談
⑤南車寄せでの見送り
——が設定される。

筆者にとっても、世界の元首と天皇・皇族との歓談、艶やかな女性たちの装い、宴席のなごやかな空気に生でふれた思い出深いものが多い。

型破りのファッションが注目されたダイアナ妃。髪飾り着用か否かがぎりぎりまで伝わってこず、やっと「着用」とのことで女性皇族方がティアラ（宝冠）で臨んだら、同妃は宝石をあしらったチョーカーを額に巻いただけた姿で現れ、一同してやられた形だったこと。目尻を下げて同妃と語りあう昭和天皇……。

南車寄せで米大統領の随員の武官がアタッシェケースを頑丈な鎖と手錠で手首につないでいるのに気づき「これが核のボタンか」と目をこらしたこと。盧泰愚《ノテウ》韓国大統領のスピーチが、日朝

交流につくした対馬《つしま》藩の儒学者雨森芳洲《あめのもりほうしゅう》の名を盛りこむなど、その格調の高さが語り草になったこと。マルコス政権を倒したピープルズ革命直後に招いたコラソン・アキノ比大統領の温顔。ウオツカに酔って赤鬼のような顔で上機嫌に熱弁をふるっていたエリツィン露大統領……。

駆け出しで新鮮だったこともあり、社会面に長行の雑観記事を書いたものだ。「清羹《せいかん》」(コンソメスープ)、「鼈清羹《べつせいかん》」(すっぽんのスープ)、「舌鮃牛酪《ぎゅうらく》焼き」(舌ビラメのバター焼き)——など明治を思わせる古色蒼然としたメニュー書き。楽部が奏する国歌や音楽。豊明殿隅に飾られる巨大な活花やテーブルの盛花。それぞれに親善の空気を盛りあげる舞台装置も原稿に盛りこみ、紙面にも掲載されていた。

しかし、かつては社会面アタマを飾った晩餐会雑観記事も、近年はめっきり減ってきた。

理由はいくつか考えられる。

まず世界の独立国数が増え、グローバル化で人の往来も盛んとなり、天皇・皇族の海外訪問も日常化して宮中晩餐会の存在感も薄らいできた。

第二に大戦から七十年を経て、過去の「歴史の傷」に言及するかどうか注目を集めたスピーチ交換も一巡した。

第三に「どの客にも均しく最高のもてなしを」という皇室のモットーからか、料理もワインも定番化していることだ。

宮内庁大膳課は、輸入代理店から買い得ワインを予算の範囲内で毎年買いあげて宮殿地下のワインセラーに常時四千~五千本を貯蔵し、十年ほど寝かせたものを、毎回数十本選んで供する。ただ、銘柄はいずれも一本数万円以上のボルドー、ブルゴーニュの最高級銘柄ワインの定番。メドックのシャトー・ラトゥール、シャトー・ラフィット・ロートシルト、シャトー・マルゴーや、ボーヌのシャサーニュ・モンラッシェなどで、乾杯のシャンパンもドン・ペリニヨンとお定まりだ。

一九九七（平成九）年に宮殿地下にワインセラーが設置された直後に主厨長がソムリエ資格を取得したが、退職して今は一人もいないという。

定型化はメニューやワインだけでなく、晩餐会報道もしかりである。最大の転機は一九九八（平成十）年の晩餐会次第の変更だったように思う。

同年四月に式部副長が交代したのを機に次第が見なおされ、スピーチ交換はそれまでデザート（富士山型アイスクリーム）のタイミングだったが、これが冒頭のテーブル着席時に変更された。取材も冒頭スピーチ・乾杯だけとなり、記者もカメラマンも退席させられ、宴たけなわの豊明殿に入れなくなったのである。前年に天皇が訪問した英国のバッキンガム宮殿でも冒頭スピーチだったこと、天皇、国賓はじめ出席者はスピーチ交換やカメラ入場があると思うと存分に食事と歓談を楽しめないからとの説明だった。

式部に「それでは和やかな雰囲気を国民に伝えられない」「茶坊主改革ではないか」とまで言って抵抗した。巨額の公費で両国民の親善のために開く晩餐会は「顕官淑女《けんかんしゅくじょ》」が美酒を楽しむだけのためではないとの思いや、せっかくの親善のハイライトを伝えられなくなるとの危機感からだったが、結局はそれが定着してしまった。

爾来《じらい》、晩餐会では冒頭取材だけでメディアは追い出され、活字記者も「なごやかな歓談が進んだ」の紋切り型でしか書きようがなく、生きた雑観記事は成立しなくなったのである。

この年の秋には十月に金大中《キムデジュン》韓国大統領、十一月には江沢民《こうたくみん》中国国家主席と立てつづけに「歴史」問題を抱え、本人も日本との間に浅からぬ因縁ある国賓を迎えただけに痛恨事だった。江沢民国家主席の「日本軍国主義」糾弾スピーチと中山服《ちゅうざんふく》姿は「人民服とは非礼だ」などと反発を呼んだ。背景に訪日をめぐる日中外交当局の葛藤があり、中山服についても豊明殿で出会った中国人記者は「中国側は背広を望んだのに日本側が『正装は中山服だ』と押しつけてきたんだ」と怒っていたのだが。

晩餐会後、車寄せで見送りの天皇・皇后に礼を述べる江沢民夫妻の表情は穏やかなものだった。双方のやりとりも宴席の空気もうかがい知るすべはなく、この晩餐会は主席の中山服姿とスピーチの厳しいトーンだけが記録に残ったのである。

「お過ごしよう」をつかめ

「お過ごしようをつかめ」

現役時代、後輩の担当記者には口を酸っぱくして言った。そして新たに担当記者が配属されるたびに歴代のデスクや社会部長には「長い目で見てやってほしい」と言いつづけた。

「お過ごしよう」とは、天皇・皇族の側近らの口から時折出る言葉だ。天皇・皇族方のプライベートはわからないし話せないという文脈で使われる。が、ときに敬愛や親しみをこめ「話さずにいられない」場合に使われることもある、天皇・皇族の公的な活動の舞台裏や日常の暮らしぶり、研鑽《けんさん》ぶりを指す特別の響きを持つ言葉である。

「禁中」の奥で起きていることを知るのは個々の側近ですら難しい。ましてや記者たちにとってをや。ごく偶《たま》に塀の向こうから風に乗って漂ってくる花びらをつかまえ、大事に集め、長い時間をかけて点を線に、線を面にと描く作業にも似ている。

「ふだんから『お過ごしよう』もとれないようでは、大事な局面で奥で何が起きているかはとれない」というのが、自省もこめて後輩記者に伝えたい実感なのである。

ほかの分野なら取材したものの多くは右から左へと記事に書けるが、この世界の勘所をつかむ取材は九分九厘が無駄な努力で、ただちには字にならない。つかめても裏が取れず胸にしまっておくものも少なくない。だからデスクらには「長い目で見てくれ」となるのである。

たとえば、二〇〇二（平成十四）年九月二十九日、スイスのバーゼルで開かれた国際児童図書評議会（ＩＢＢＹ）創立五十周年記念大会で皇后がスピーチの締めくくりで引用した竹内てるよの詩『頬』。内外に強い印象を残したが、皇后がこめた「思い」は実は今に至るも解けないでいる。同大会では、もう一人のＶＩＰ賓客だったエジプトのスザンヌ・ムバラク大統領夫人が先に立った。同国内で「すべての人に読書を」運動を発案し、国家プロジェクトにまで育てた実績を力強く報告。声量豊かで堂々たる英語の雄弁はみごとというほかなく、政治家の演説のようでもあった。

続いて演壇に立った皇后は、対照的に控えめな声、やさしい言葉で淡々と読書体験と本への感謝を語った。「静謐《せいひつ》」とも言うべき語り口に会場は静まり返って耳を傾けた。

貧困をはじめとする経済的、社会的な要因により、本ばかりか文字からすら遠ざけられている子どもたちや、紛争の地で日々を不安の中に過ごす子どもたちが、あまりにも多いことに胸を塞《ふた》がれます。（略）私たちはこの子どもたちの上にただ涙をおとし、彼らを可哀想な子どもとしてのみ捉えてはならないでしょう。多くの悲しみや苦しみを知り、これを生き延びて来た子どもたちが、彼らの明日の社会を、新たな叡智をもって導くことに希望をかけたいと思います。

そして、締めくくった。

生まれて何も知らぬ　吾子《あこ》の頬に
母よ　絶望の涙をおとすな
その頬は赤く小さく
今はただ一つのはたんきょうにすぎなくとも
いつ　人類のための戦いに燃えないということがあろう……

魂にしみ入るように説き来たった末の「子どもを育てていた頃に読んだ、忘れられない詩」の力に、会場は大きな拍手に包まれた。昔、来日したサルトルが能舞台を見て「古代ギリシャ悲劇も能も仮面劇だが、能面が象徴する細やかで深い精神性に比べればギリシャの仮面はスピーカーに過ぎない」との趣旨を語っていたのを思い出した。

当時は前年の九月十一日同時多発テロへの報復空爆でアフガニスタンの女性や子どもを含む非戦闘員の犠牲が連日報じられていた。

山奥の僻地の恵まれない子らにロバの背に載せて本を届けるなど地を這うような運動を続ける参加者らからは「字を識らず、それ以前に生き延びねばならない膨大な子どもたちに私たちは無力ではないか」との悲痛な発言も相次いだ。開会式後の関係者の内輪の夕食会では、米国の国際アンデルセン賞作家キャサリン・パターソンが乾杯で「フォーギブ・ブッシュ」と叫ぶ一幕もあったと聞いた。この詩は深い含意を帯びたものとして受け取られたのかもしれない。

ただ、その後も折に触れて調べてきたが、皇后自身の「思い」はなお謎のままだ。

①冷戦後の世界はテロと復讐戦の憎しみの悪循環が続く。それが念頭にないはずはない。ただ、皇后は「人類のための戦い」を"battle for humanity"と訳した。原詩より精神的な響きがある。

②竹内の母は半玉《はんぎょく》で私生児として竹内を産んだが、一度だけ対面して取り上げられ、入水《じゅすい》して十八歳の命をみずから絶った。竹内自身も肺結核に苦しみ、二十二歳で出産した息子を里子に出されて、離婚直前に一度対面しただけで別離した。無理心中も考えたが、思いとどまったという。『頰』は子を奪われた母としての絶唱だった。

③皇后は幼いころから児童文学に親しみ、村岡花子《むらおかはなこ》ら児童文学者と親交があった。少女雑誌の読者投稿詩欄の選者だった竹内は、幼い頃の「正田美智子」の詩について「理智的な詩でありました」(『海のオルゴール』)と記している。

④竹内は、秩父宮勢津子《せつこ》妃と親しく、闘病中には見舞いの菓子や手製の襟巻きを贈られたりする仲だった。あまり知られていないが、宮中の「美智子妃いじめ」の一人と取り沙汰された勢津子妃は、実は皇后にとって互いに心通わせた人だったようだ。勢津子妃も流産を経験している。ひょっとしたら竹内や詩についても語らっていたのではないか。

⑤その竹内は皇后スピーチの前年、九十六歳で死去したばかりだった。

いずれも当方の見当違いかもしれない。しかし、こうした事情を知るにつけて、あの詩を選んだ「思い」と背景の謎は深まるばかりなのである。

昭和天皇に半世紀仕えた故徳川義寛元侍従長の新憲法観で面白い言葉が記憶に残っている。「新憲法の原案では第一条は『皇位は象徴である』となっていたのが、途中から『天皇は象徴』に変わった。これはおかしいと思う」

表象すべき形なきものを異質のもので具現するのが象徴であり、天皇という生身の人間を象徴とするのはおかしい、というわけだ。

天皇は国家機関として政権の運用で動かされる。「天皇本人の言動」として具現するが、ときにいわゆる「大御心《おおみごころ》」とのギャップが生まれる。しかも、そのギャップの深淵こそ「天皇制」の要諦《ようてい》というようなところもある。

「先の大戦は陛下にとって心ならずも起きた戦争」

――敗戦後、木戸幸一内大臣はじめ側近らはそれを連合軍側に立証しようと、非公式のつぶやきを含む「お過ごしよう」を記した私的記録まで提供し戦犯訴追から守った。「歴史の復讐」を回避したのである。

近年、主権回復の日記念式典への天皇・皇后の出席、五輪招致への皇族参加、二〇一五（平成二十七）年秋のラムズフェルド元米国防長官やアーミテージ元国務副長官への旭日大綬章授与など、政権による露骨で生臭い皇室利用ともみえる事例が続く。「ギャップ」がないか気になるところだが、検証する報道はまだほとんどみられない。

現役記者たちには、ぜひこうした「深淵」に光を当ててもらいたいものである。

狭まりゆく皇室の「窓」

東宮御所「檜《ひのき》の間」の扉がノックの音とともに開くと、美智子妃が足早に歩み寄ってきた。蒼白の顔色に記者団は息をのんだ。

一九八六（昭和六十一）年十月十七日、皇太子妃の誕生日前の記者会見。記者団は爆発寸前の険悪な状態だった。会見直前に控え室で東宮職が「妃殿下は多忙のため十分に準備がおできにならなかったので、ご回答はペーパー配布とし、これからのお会いはオフレコ懇談でお願いしたい」と一方的に通告し、「回答文」の紙を配ったのだ。

「そんなのは記者会見ではない。ボイコットすべきだ」

激怒したベテラン記者が大声をあげ、幹事社が抗議した。「全員引き揚げか？」と緊張して待つこと約十分。「妃殿下は会見をお受けになります」と連絡があり、ようやく檜の間に通された。挨拶や代表質問に立つ幹事社に他社からは「美智子妃にも抗議を」との声も飛んでいた。

一直線に歩み寄り記者団の前に立った美智子妃が口を開いた。

「あのう、わたくしみなさんにとても申しわけないことをしたようですね。実は夏の軽井沢での会見と同じと聞いていたものですから。今日はいろいろな行事があって。昨晩まとめたものをお渡ししてそれでいいのだと思ってしまったのです。私に責任があるかもしれません」

側近の手違いだったらしい。思わず幹事社が恐縮して「いえいえ、そんなことはありません」と応じると、美智子妃はようやく表情をゆるめると「あ、みなさんから花束をいただいて」と記者会からの退院祝いに礼を述べた。ほっと場がなごみ美智子妃も笑顔になった。

「うまくできないかもしれませんが、自分でまとめたものですからできるだけやってみましょう」

記者団は事前配布された回答文を手に目を落としながら、ペーパーなしに語る妃の言葉に耳を傾けた。事前に提出していた質問は、四月の子宮筋腫の手術の予後、家族のこと、一年間の印象に残ったできごとなど八項目もあった。記者たちは期せずして「原稿」を見ながら妃の記憶力を「採点」するような形になった。

結果は完璧だった。

手元に、そのときに肉声にしたがって手なおしを書き入れた、黄ばんだ「回答文書」がある。書きこみはかなりの数にのぼるが、主旨、構文の骨格はもちろん機微な細部もみごとに語り尽くされている。

ほんの一部、例を紹介すると、まず第一問、熊本、福井両県の旅の思い出のうち福井の部分。

〈文書〉

若狭では、太平洋とは又味わいの異なる日本海の景色を楽しみながら、この海にはぐくまれて来た文化や人々の心を思いました。丁度刈入れの終わった時期で、野を焼く煙が、沿線のそこかしこに見られ、電車の中にも時折羽のついた草の種がフワフワととんできました。こうした旅先での色々なことを東京に帰ってきてからもよく思い出しています。

〈口頭〉

福井のほうでは、太平洋とはまた味わいの異なった日本海の景色を楽しみながら、この海が育てて来た文化とか人々の心などを思いました。ちょうど刈入れが終わった時期でしたので、沿線のほうぼうで野火の煙があがっていて、電車の中にまで羽の生えた種などがふわふわとんできたこともあって、こうした旅先でのいろいろなことを東京に帰ってきてからも折々に思い出しています。

また第五問、実家の両親や兄弟と水入らずで会う機会について。

〈文書〉

両親も兄弟も、どちらかといえば距離をおいて見守っていてくれます。私の方から、皆に尽くすことが出来ず心苦しく思うこともありますが、節度を守っていきたいという家族皆の気持ちは、さびしくても大切にしなくてはなりません。

〈口頭〉

両親も兄弟もどちらかというと遠くから私を見守っていてくれます。私のほうからみんなに尽くすことができないことを心苦しく思うことでございますけれども、節度を保っていきたいという家族みんなの気持ちは、さびしくても大切にしなくてはなりません。

アドリブの関連質問も八往復に及んだ。檜の間の空気はすっかり和み、会見が終わると記者団はていねいに謝意を表した。心から出た言葉をみずから彫琢し織り上げたものだと実感した、忘れられない会見だ。

「綸言汗《りんげん》の如し」と言われ、ロイヤル・ファミリーは食言や事実誤認、不適切な言葉づかい、配慮に欠ける発言などは取り返しがつかない立場の人たちだ。

いま天皇、皇太子夫妻、直宮《じきみや》の秋篠宮は毎年の誕生日前に会見することになっている。天皇・皇后、皇太子夫妻は外国訪問前の会見にも応じる慣わしだ。これが昭和の時代からの慣例である。

外国王室ではどうか。平成になってまもなく、宮内庁式部職が非公式に各国王室の記者会見事情を調べたことがある。内緒で読み上げてもらったメモによると――

〈英国〉

王の記者会見はきわめて特別の場合、絶対ないとは言いきれないが、今のエリザベス二世の代には一度もない。インタビューは、王配殿下、皇太子殿下には事例がある。外国賓客とのご会見のとき、会話の中身は発表しない。

〈オランダ〉

女王とプレスは、インタビューなどの直接の接触はいっさいない。外国訪問の際に王配殿下がやることはある。

〈スペイン〉

国王、王妃、皇太子の記者会見はない。きわめてまれにインタビューに応じることはある。

たとえば王の即位十周年とか五十歳の誕生日など。

〈ベルギー〉

国王・王族の記者会見、インタビューはいっさいない。王室報道官が書面の質問に書面で答えることはある。

〈デンマーク〉

女王が個別に記者と会見に応じることもある。

〈スウェーデン〉

外国訪問に出かけるときや年末に懇談に応じている。

〈ノルウェー〉

原則はないが、長年取材し、親近感のある記者と懇談形式の会見をすることはある。

とかく外国メディアは「日本の皇室は旧弊で閉鎖的」と書く。しかし、定例的な記者会見に応じてきた皇室は、外国王室より広く窓を開いている面もあるのだ。

敗戦後、天皇制と昭和天皇に対する世界の視線は厳しく、宮内省は一九四五（昭和二十）年九月、昭和天皇と外国人記者との会見に踏みきった。宮内記者会も強く要求して同年暮れ、ようやく吹上御苑を歩きながらの「初会見」にこぎ着けた。宮内庁と記者会とのせめぎ合いを経て、一九六一（昭和三十六）年から定例的な会見となり、一九七五（昭和五十）年の訪米前後には天皇は数多くの内外メディアとの会見に応じた。一九七一（昭和四十六）年の訪欧の際に欧州の厳しい市民感情に接した苦い経験からとみられる。

皇室が祭り上げられ国民と隔絶された時代への深刻な反省を経て、皇室が国民に歩み寄った「戦後史」の一断面だ。

だが、「各国王室事情」に力を得てか、宮内庁は近年とかく会見や質問数を厳しく制限し始め、一九八六（昭和六十一）年のころのような自然な会見は影を潜めている。天皇会見の質問も三問に制限されるようになってきた。二〇〇九（平成二十一）年二月五日には皇太子のベトナム訪問前の会見で東宮職は質問を事前提出した三問だけで強引に打ち切り、記者会が抗議する一幕もあった。

また、皇太子妃は二〇〇三（平成十五）年を最後に長期療養を理由として会見に応じない状態が続いている。

皇室と国民との間に開いた「窓」はふたたび挟まりつつある。

狭まりゆく皇室の「窓」再論

皇室では、なぜか天皇・皇族の誕生日の多くが秋から年末に集中している。

十月二十日の美智子皇后から始まって、

十月二十三日……眞子内親王

十一月二十八日……常陸宮正仁親王

　三十日……秋篠宮文仁親王

十二月一日……愛子内親王

　九日……雅子妃

　二十三日……天皇

　二十九日……佳子内親王

——と続く。年の瀬は誕生日ラッシュである。

このうち、誕生日会見が恒例化しているのが、直宮《じきみや》の秋篠宮、雅子妃、天皇だ。秋篠宮の場合は紀子《きこ》妃も同席して毎年応じている。

皇后は、皇太子妃時代には誕生日会見に毎年応じていたが、即位後は「香淳皇后も応じていなかった」との理由から一貫して文書回答のみとなっている。なお、皇太子は二月の誕生日会見に毎年応じつづけている。

二〇〇九（平成二十一）年に「狭まり行く『報道』への窓」と題し、皇室の記者会見への消極的姿勢を危惧する思いを書いた（五〇四ページ、本書では「狭まりゆく皇室の『窓』」と改題）。その後も雅子妃の会見は長期療養中として途絶えたままだし、天皇についても宮内庁は一時は会見自体なくしたいと求めるなど消極的な姿勢が目立つ。

天皇は、一九九三（平成五）年までは事前提出質問八ないし十問を受け付け、複数のアドリブの関連質問にも応じていた。しかし、一九九四（平成六）年から、宮内庁と記者会側との綱引きで年によってばらつきはあるものの、事前提出質問は五問そして三問へと制限され、関連質問も一問で打ち切られることが常態化してしまった。

各年の事前提出質問の数の推移をみてみよう。

一九九〇（平成二）年……九問
一九九一（平成三）年……十問
一九九二（平成四）年……八問
一九九三（平成五）年……八問
一九九四（平成六）年……四問
一九九五（平成七）年……三問
一九九六（平成八）年……四問
一九九七（平成九）年……五問
一九九八（平成十）年……五問

一九九九（平成十一）年………文書回答三問（即位十年会見もあったため）
二〇〇〇（平成十二）年………五問
二〇〇一（平成十三）年………五問
二〇〇二（平成十四）年………五問
二〇〇三（平成十五）年………四問

雅子妃が長期療養入りし、皇太子の「人格否定」発言のあった二〇〇四（平成十六）年は文書回答（二問）。以後、二〇〇五（平成十七）年、二〇〇六（平成十八）年、二〇〇七（平成十九）年、二〇一〇（平成二十二）年と、いずれも三問だけとなった（二〇〇八［平成二十］年、二〇〇九［平成二十一］年は文書での「ご感想」）。なお二〇一一（平成二十三）年は天皇がマイコプラズマ肺炎で入院したため文書での感想だけだった。

その後はなんとか会見はおこなわれてきたが、〝風前の灯〟の感がある。側近は、会見に備える天皇の負担を強調する。事前に提出された質問に、正直にていねいに答えようとするあまり相当に苦悶するようだ。いきおい回答も網羅的で長くなる。二〇〇〇（平成十二）年からはペーパーを見ながら答える形になった。

天皇も高齢となった。読み誤りや飛ばし読み、アドリブ質問への回答などでミスが起きて、「陛下が傷つくのでは」と皇后が心配しているとの話がオクから聞こえてきたこともある。また、これは推測だが、皇太子家の問題などデリケートな家庭内のことや皇位継承問題に関わる質問が毎回くりかえされることに天皇も周囲も嫌気が差しつつあるのかもしれない。

一方、雅子妃の記者会見は、二〇〇二（平成十四）年を最後に途切れている。

一九九三（平成五）年の皇室会議終了後の婚約会見、翌一九九四（平成六）年の成婚一周年の会見には皇太子と臨み、一九九五（平成七）年は文書回答だったが、一九九六（平成八）年から単独での誕生日会見が慣例化した。二〇〇二（平成十四）年四月には愛子内親王誕生を受けて臨時の会見にも夫妻で臨んだ。しかし、二〇〇三（平成十五）年には誕生日直前に帯状疱疹で入院し長期療養に入って会見も見送られ、翌二〇〇四（平成十六）年からは文書での感想の発表だけの状態が続いている。

かつては夫妻で記者たちと和やかに懇談する場面もあったが、今や遠い昔のことになってしまった。宮内記者会でも雅子妃の肉声に接したことのある記者はほんのわずかになった。

雅子妃の精神疾患に関しては、二〇一二（平成二十四）年五月に退任した金澤一郎前皇室医務主管が筆者のインタビューに応じ、快復が果たされていないこと、その治療態勢や天皇・皇后や国民への説明が十分なされていないことについて忸怩《じくじ》たる思いを明かした（月刊『文藝春秋』同年八月号）。

この金澤発言に対し雅子妃の主治医の大野裕《おおのゆたか》医師や東宮職が反発していると一部で報じられた。報道の真偽はともかく、主治医が強く反発したとの情報は筆者の耳にも聞こえてくる。このこと自体が、皇族を預かる主治医としての責任意識はどうなっているのかと首をかしげざるをえない。

天皇・皇后の医療の最高責任者が、退任に際して現状を強く憂えたことは重いだろう。

いかにデリケートな精神疾患とはいえ、十数年も治癒の見通しが立たず、この間、皇太子妃としての活動の大半が停止し、皇太子が重要公務に単独で臨む状況がすっかり定着してしまった。東宮に対する批判も年々強まったことで、皇室全体に及ぼしたダメージも小さくないと思う。にもかかわらず、主治医はこれまで一度も会見に応じていない。公的に宮内庁から辞令を受けてはいないとか、天皇家の内々のことに絡むからなどということは説得力のある理由にはならないだろう。

もし天皇の誕生日会見がなくなり、雅子妃の会見も復活しなければ、皇室の誕生日会見は皇太子と秋篠宮夫妻だけになってしまう。

筆者は長年にわたり天皇、皇族方の謦咳《けいがい》に直に接してきただけに強い憂慮を抱くのである。少なくとも雅子妃の主治医は記者会見をして病状や見通しを明らかにし、国民の理解を求めるべきだろう。

かつて宮内庁長官として二十五年間にわたり昭和天皇を支え、新宮殿建設の大事業や皇太子明仁の結婚、昭和天皇の訪欧・訪米などを仕切った宇佐美毅《うさみたけし》は「菊のカーテンは上げ下げが難しい」と言ったことがあるという。皇室の政治利用めいた動きは頑としてはねつけた。それでも昭和天皇は会見に臨みつづけ、メモこそ机上に置いたものの、質問には単刀直入に答え、質疑は何往復も続いた。がんで闘病中の一九八八（昭和六十三）年四月の誕生日でも、やつれた姿で最後の会見に応じ、戦争や沖縄への思いを含む十数往復の質疑があった。

会見での生きたやりとりには、言葉での応酬を超えて本人と記者たちとの間に目に見えない人間的情感の行き来がある。それは国民にも伝わるのである。

若い記者たちは現天皇にとっては孫の世代にあたり、皇太子夫妻にとっては子の世代にあたる。記者たちの質問では、ときに未熟で下世話であったり、ときに無遠慮で意地悪いものも飛び出すかもしれない。しかし、だからといって、文書回答や「ご感想」のように一方的な発信だけになることは、皇室にとっても国民の「本音の関心」に向きあう「窓」を閉ざすことになると思う。

狭まりゆく皇室の「窓」再々論

天皇・皇族の誕生日会見の慣例が揺らいでいることについて書いた。その後、天皇の誕生日会見は、宮内記者会と宮内庁との綱引きの末に二〇一二（平成二十四）年十二月、どうにか実現した。これからも肉声が国民に伝わる場が続いてほしいと願う。

この際、宮内庁幹部の会見や天皇・皇族の誕生日会見はどのような経緯で現在の姿になったかあらためて紹介しておきたい。

昭和天皇を二十五年間支えた長官宇佐美毅の「菊のカーテンは上げ下げが難しい」との発言も紹介したが、実は宮内庁長官の定例記者会見はずっと完全オフレコという驚くべき状態が続いていた。オンレコに踏み切ったのは、天皇代替わりや皇太子結婚を仕切った長官藤森昭一《ふじもりしょういち》で、一九九三（平成五）年の「皇后バッシング」がきっかけだった。

雑誌などの激しい批判にさらされた皇后が同年十月二十日の誕生日に倒れ一時声を失った。皇后はその朝発表された文書回答で「どのような批判も自らを省みるよすがとして耳を傾けねば」としながらも「事実に反する報道」への戸惑いと関係者による説明を求めた。藤森が長官会見のオンレコ化に踏みきったのはまもなくだった。

のちになって当時の首相細川護熙《ほそかわもりひろ》の在任中の日記『内訟録《ないしょうろく》』が出版され、内幕の一端がわかった。

10月23日（土）晴

徳島国体にご出席の天皇陛下をお見送りのため羽田へ。皇后陛下は未だご気分すぐれず、ご出席を見合わせらる。実は、先般来、宮内庁にいくつかの注文をつけおきたることあり。……週刊誌等がいろいろ書きおる件につき、直々に「事実でない報道には大きな悲しみと戸惑いを覚えます」とのご発言あり。しかし、思うに、そのようなことは、宮内庁事務当局が楯となりて言うべきことにて、皇后陛下の御心襟《ママ》を患わすことにあらず。宮内庁は一体何をしているのか、とこれも石原副長官をして（藤森長官に）言わしむ。

一方、天皇のメディアとの会見は、昭和天皇が敗戦後の一九四五（昭和二十）年九月に外国人記者との会見に踏みきったのがきっかけ。外国の厳しい視線に配慮した。置き去りになった国内メディアの強い要求を受けて同年暮れ、常駐する記者たちと吹上御苑を歩きながらの「御機嫌奉《ごきげんほう》伺《し》」が実現。昭和三十年代なかばから定例化した。皇室が国民と隔絶していた反省から「人間天皇」が国民へ歩み寄った「戦後史」の一断面である。

宮内庁本庁舎二階に常勤する宮内記者会所属メディアは現在は日本新聞協会所属の十五社。二百人以上の記者が登録する国内最大級の記者クラブだが、常駐記者登録枠は一社四名以内で、平常時は各社一人ないし四人が日々の取材活動にあたっている。

宮内庁が天皇・皇族の誕生日会見に応じてきたのも、日常的に直接取材を控えるという制限に応じている常駐記者への配慮という面もある。各社が記者を常駐させつづけるのも、皇室を重視して会見参加資格を得るという面も強い。

常勤社は二ヵ月交代で二社が幹事業務をおこなう。警備上の理由などから天皇・皇族の日程は直前までエンバーゴがかかり、取材現場での混乱を避けるため当局とメディア間で細かい事前調整がおこなわれる。天皇・皇族会見でも、事前提出を求められる質問案の調整などで幹事社は忙殺されるのが実態だ。

同記者会にはブロック紙、地方紙、地方放送会社など十数社が非常勤加盟しているが、会見参加資格はない。記者を常駐させる余裕はないが、有事の際に皇居に入れる通行証が得られ、一部の会見やレクには参加が認められることもあるので、制約を承知で加盟している。

一九九七（平成九）年、外国通信社のAPとロイターが、皇太子妃の誕生日会見への同席を求めたことがある。当時、雅子妃について「カゴの鳥」「うつ病では」といった外国メディアの観測記事が続き、東宮職幹部が外国メディアの会見参加を記者会に求めるよう両社に勧めたようだ。記者会側は国内非常勤社との兼ねあいもあり、会見参加の条件として常勤加盟を求めたが、結局は両社とも現実的には難しいと辞退した。

長年の経緯などの事情に疎い東宮職幹部らの思いつきではあったが、このころは東宮職も皇太子妃会見はもちろん外国メディアの出席にも積極的だったのである。

宮内庁はあらためて調査・論点整理した結果、同年十一月、当時の次長が次の見解を明らかにしている。

誕生日会見は、もともと戦後間もなくからの歴史をみると、（外国訪問時や節目の行事にともなう）二つの会見とちょっと性格が違うのかなとの感じは持っている。これまで「拝謁」「お会い」「ご会釈」などいろんな呼び方がされ、最近では記者会見と呼んでいる。そういう経緯から生まれてきた。日ごろ宮内記者会常勤社がインタビューの機会に恵まれないことを前提に、お誕生日を契機として色々お話を聞くものとの感じだ。そういうことで常勤社との間で会見が行われている。そうした基本的制約、枠を前提として色んな問題を考えていくのが適当ではないか。

当然、加盟社以外の雑誌や外国メディアなどには不評で、宮内記者会は悪名高い「特権記者クラブ」の最右翼である。質問を事前調整する誕生日会見なども「八百長会見」などと非難される。筆者としては、誕生日会見はオープンな「プレス・カンファレンス」ではなく、長年の実績の上で実現する「共同インタビュー」ではないかと考えている。それでも、天皇・皇族の肉声は国民に伝わるべきだと思うからである。

今後、もし記者会側が門戸を開いて誕生日会見を「プレス・カンファレンス」型にすることに踏み切ったとしたら、おそらく誕生日会見はなくなるだろう。宮内記者会に常駐記者を置くメディアも減っていくことになるだろう。

皇太子妃の誕生日会見は今も見送られつづけ、「ご感想」文書が示されるにとどまっている。雅子妃の病状についての主治医の会見もおこなわれず、抽象的な「医師団見解」が文書で示されるだけだ。

前皇室医務主管金澤一郎は、筆者とのインタビューで「雅子妃殿下のご病状に関して、国民に真実がきちんと伝わっていないこと、また今後の見通しが明らかにされないことへの（天皇の）ご心労」を指摘したが、まったく無視された形だ。

主治医の大野裕・国立精神・神経医療研究センター認知行動療法センター長（当時）は、御用掛などの公式発令を受けておらず報告義務はないなどとして、逆に金澤発言に強く反発したと聞く。天皇、医務主管、メディア、ひいては現状を心配する国民を無視するかのような対応は残念なことである。

皇太子妃がほとんど公的活動に携わらない状態が十数年経っても治癒しないのに主治医が恬《てん》として説明に立たない異常事態が続くことは、けっして雅子妃を守ることにはならないと思う。医師の会見、そして雅子妃自身の会見が実現することを強く願う。

守られるべき一視同仁の心

二〇〇九（平成二十一）年九月二十四日午後五時四十五分ごろ。皇居で富士見櫓《ふじみやぐら》下を一人で歩いていた。陽は落ちて、まわりに林立する超高層ビルに灯りがともりはじめている。東京駅で用件があり、携帯電話で話をしながら先を急いでいた。

すると前方のカーブから突然、古ぼけた乗用車が現れ、目の前で速度をゆるめた。フロントガラスが光って車内が見えない。「皇宮護衛官の顔見知りかな」と軽く頭を下げただけで歩きつづけた。ふたたび発進し通り過ぎた車の窓をのぞいて驚いた。ハンドルを握っているのは天皇その人だった。あらためて挨拶せねばと思ったときには、すでに走り去っていた。

宮内庁などの勤務時間終了後に職員用テニスコートで短時間汗を流したあと、愛車「九一年式ホンダ・インテグラ」に侍従や側衛も同乗させて御所へ引きあげる途中、こちらに気づいて一時停止しようとしてくれたらしい。後で聞くと、助手席には皇后も乗っていたという。失礼をわびるよう伝言を側近に頼んだが、果たして伝わったかどうか。

長年、皇居内で仕事をしていると、時折、勤労奉仕団への会釈の現場に出くわしたりするなど天皇、皇后との〝ニアミス〟が起きることがある。職員用コート脇を通りかかったとき、天皇、皇后がテニスを楽しんでいるのに気づくこともある。そんなときは、目障りにならぬよう、道の反対側に渡って、なるべく見ないよう通りすぎるのである。

日ごろ、記者やカメラマンたちは、セッティングされ、身構えた場面だけでなく、こうした「ふだん着」の天皇、皇族の自然な「お過ごしよう」や素顔を読者・視聴者に届けたいと切望している。しかし撮影しようとすると、皇宮警察や宮内庁職員が飛んできて阻止され、仮に撮っても使わないよう釘をさされることになる。それよりも何よりも記者たちはプライベート・タイムを尊重し遠慮するのである。

近年の皇太子妃の外出の例などは、精神疾患に配慮して、取材・報道の自由の放棄に近い状態を耐え忍んでいる。御用邸や別荘などに天皇、皇族が滞在中も「ご静養の趣旨を尊重し」取材を遠慮するよう求められる。おかげで邸外で楽しむ自然な姿の「スクープ」を雑誌グラビアにさらわれっぱなしという仕儀となる。

そんな「素顔」「聖域」を初めて単独取材し二〇〇九（平成二十一）年春、独占放映して話題となったのが〈NHKスペシャル　象徴天皇　素顔の記録〉だ。「聖域」にカメラが入り、ふだんの天皇、皇后の「お過ごしよう」に肉薄した場面がふんだんにあって、迫力のある映像だった。

①宮中三殿での祭祀（春季皇霊祭）の模様
②御所の庭の散策の模様
③その散策での記者による声かけと問答の音声録音の放送
④職員用コートでのテニスの模様
⑤その往復のためインテグラを運転する天皇の様子
⑥御所から宮殿への徒歩出勤の姿

⑦生物学研究所での学者らとの懇談の様子
⑧勤労奉仕団との懇談
⑨御所でのご進講の様子
⑩外国訪問関係者を招いた茶会

——等々。これらは過去ずっと宮内記者会加盟各社や加盟外メディアがいくら取材要望しても宮内庁が一貫して拒否しつづけてきたものだ。

同庁は「ご結婚五十年の機会に、お務めぶり、ご日常を適切な形で国民の皆さんにお伝えしたいと考えていたところ、ある社から企画・協力依頼があり、これに協力する形で広報の目的を達することができると考えた」（羽毛田信吾長官）と説明する。

しかし取材している側としては、日ごろ「禁じ手」としてがんじがらめに縛っておきながら、「広報の一環」と称してメディア選別し、みずからそれを破った形ではないかと言いたくなる。

つねづね宮内庁は「両陛下はメディア間に不公平があってはならないとのお考え」と言いつづけている。筆者も長年の取材のなかでそれは実感してきたし、これまでの宮内庁は「機会均等」をできるだけ図る配慮を示してきていたように思う。今回の件については、ベテランの宮内庁職員やOBの中には「あの両陛下が、単独取材、版権独占の形となることを十分にご承知の上でお許しになったとは思えない」という人も少なくない。

「一視同仁」という言葉がある。昭和天皇は好きなテレビ番組を尋ねられ「好きなテレビ番組はありますが、放送会社の競争がはなはだ激しいので、どの番組を見ているかは言えません」と答えたエピソードがある。

一九七五（昭和五十）年の訪米を前に、報道担当大使に指名された藤山楢一《ふじやまならいち》は、昭和天皇が米国の『ニューズウィーク』と単独会見すると聞いて目をむいたという。

これはえらいことです。こんなことをしたら次は『タイム』『ライフ』『ニューヨーク・タイムズ』、全部来ますよ。とても収拾がつかなくなる。マスコミっていうのは、一つのところをやったら「あんたのところはだめ」というわけにはいかないんだ。

（岩見《いわみ》隆夫《たかお》『陛下の御質問』）

今回、宮内庁は「たまたま他から申し入れがなかった」「だから公平性に問題はない」「選ぶ権利はこちらにある」などという。大統領や閣僚などの政治家や芸術家、芸能人ならそれでいいだろう。しかし皇室はそのような〝メディア選別〟になじまないのではないか。

宮内記者会では、結婚五十年、即位二十年の節目の年を機に、テニス、インテグラの運転、勤労奉仕団への会釈、宮中祭祀など天皇、皇后の日常生活の取材を申し入れることで合意し、要望をとりまとめようとの話が前年暮れから出ていた。民放の一部では、独自に取材を要望していたが拒絶されており、ＮＨＫの放映後、宮内庁に抗議したという。

宮内庁幹部のなかには「番組にたびたびコマーシャルが入りこみ、芸能タレントがナレーションをするような民放に両陛下の映像を提供するのは気が進まない」と言う人もいた。これでは、受信料に頼らないで、地道に皇室番組を制作して毎週末に放映しつづけてきた民放のスタッフは立つ瀬がないだろう。

メディアは、皇室の翼賛機関でも宮内庁の広報機関でもない。ときに批判的な視点も持つ自由な報道という信用がなければ、読者・視聴者の信頼は得られないだろうと思う。

この件では、若い記者のなかには「もう、こんな持ち場は早く替わりたい」との声も聞かれた。取材努力の不足による「抜かれ」なら、反省はあっても、こんな冷えきった深い失望の声は出ないだろう。コトはがんじがらめの束縛のなかでの取材機会の「不公平」だからだ。

インパクトのある「広報」の実をあげたと宮内庁幹部が思っているとしたら、失ったものの大きさにも気づくべきだろう。

またメディアも、これを機会に宮内庁の報道規制を突き崩す努力を始めるべきだろう。

まったくの僥倖から

眞子内親王の婚約内定が二〇一七（平成二十九）年九月三日に発表された。七月八日にも発表される予定だったが、九州北部豪雨災害に配慮し延期されたという。

二〇〇四（平成十六）年秋、紀宮清子内親王《のりのみやさやこ》（現・黒田清子）の婚約内定を報じたときのさまざまな思い出がよみがえる。内親王の結婚とはこういうことか、そして皇室はこのように考え行動するのかと、身を以て体験した忘れ難い記憶なのだ。

秋は皇室と記者たちにとりもっとも多忙な季節である。園遊会、叙勲・文化勲章親授式、国民体育大会……。とりわけ平成十六年十月、十一月は慌ただしかった。

十月十八日、長老格の高松宮喜久子妃《たかまつのみやきくこ》の手術、同二十日は皇后の古希の誕生日、国体で埼玉県滞在中の同二十三日には新潟県中越地震の発生、十一月六日には天皇、皇后の被災者お見舞いと続き筆者も忙殺されていた。

そんななか、水面下で密かに清子内親王の婚約への動きが始まっていた。一九六〇（昭和三十五）年の清宮貴子内親王《すがのみやたかこ》（現・島津貴子）の結婚関連の記録資料を侍従職が探しはじめ、察知した一部メディアは色めきたっていた。天皇家と長年親しく欧州で活動している音楽家の男性が御所を訪れたとの情報に、急遽欧州に飛んだ社もあった。

宮内庁側も「不意打ちではメディアも混乱するだろう」と、発表が近い感触だけはそこはかとなく漂わせるとの作戦だったかもしれない。見当違いに右往左往する一部メディアの様子からも、お相手の名前は絶対につかめないだろうと踏んでいたようだった。

その名前をつかんだのはまったくの僥倖だった。

夜回りで、のらりくらりの禅問答をしていた取材相手がなにげなくつぶやいた一言である。

「お相手は若いころに苦労しておられ、皇室や内親王のお立場も理解できる人らしい」

その瞬間、十数年前に候補として一度だけ取り沙汰され、それきり消えていた秋篠宮《あきしののみや》の同級生の名が、古い回路に電流が流れるかのようにひらめいた。学生時代に父親を亡くしていたのである。

「一人親というのが難しかったのだろうか」と記憶に残っていたのである。

「そういえば黒田《くろだ》慶樹《よしき》さんという人がいましたね」

さっと顔から血の気が失せ、絶句した相手の様子に「図星だ」と確信。なだめるように「私はあなたからお相手の名前はいっさい聞いていません」と言い残し早々に辞去した。

社に向かう車のなかで古い住所録手帳を取り出した。綴じ紐が切れて何度も粘着テープで修復した手帳にこすれて消えかかっていたが、辛うじて住所が判読でき、そこに立ち寄って「黒田」の表札がかかっているのを確かめた。

編集局で社会部長と担当デスクを呼び出し報告すると、二人とも「ええっ、彼か！」と叫んだ。二人ともかつて皇室取材班員として秋篠宮夫妻の結婚取材に携わり、同級生座談会を担当。その直後に清子内親王のお相手候補の一人としてプロフィール情報を集めてくれた縁があったのである。ただちに若手の応援を手配してくれた。

筆者は翌日から国体に出席する天皇、皇后に同行して埼玉県へ。新潟県中越地震が発生したのは二日目の二十三日午後五時五十六分だった。宿舎も激しい揺れに襲われた。

帰京すると、すぐに地震取材で慌しい社内の隅で山積みの古い段ボール箱を片っ端から開き、過去の数十人の皇太子妃候補などのおびただしい数の取材ファイルと格闘。ようやく背表紙に「ＢＬＡＣＫ」（黒田の符牒）と書かれたファイルを探し出した。部長、デスクらとの若き日の「徒労の遺物」と化していたファイルだったが、データは完璧に近かった。これで周辺取材に動いて本人らに迷惑をかけたり、他社に勘づかれたりする心配はなくなった。

それでも念のため黒田宅に通じる道路の出入りを若手二人に張りこませた。たまたま目と鼻の先に朝日新聞の関連会社のビルがあり、社長室を借りて窓から見張ってもらったのである。黒田家や他社が動く気配があればただちに臨戦態勢に移らねばならないからだ。

ちなみに、今回の眞子内親王の婚約内定は二〇一七（平成二十九）年五月十六日、ＮＨＫがスクープしたが、他にも気配を察知していたメディアはあったようだ。たとえば『週刊文春』は六月一日号で、黄金週間中の小室家の動静の写真をグラビアに掲載した。すでに肉迫していたわけで、ＮＨＫが報道に踏みきったのには、こんな動向も関係したのかもしれない。

黒田家のファイルは見つかったものの、困ったのは十数年前には本人の職業は都市銀行勤務だったが、調べると在籍していなかったことだ。朝の出勤時に若手に尾行してもらったが、何回も新宿駅西口の雑踏で見失った。都庁付近だった。

そこで「詐欺事件の取材」と偽って、都庁記者クラブで職員名簿をチェックするよう頼んだ。しかしまもなく「十六万人を超える職員の膨大な名簿には索引がなく、お手上げです」と悲鳴をあげる電話があった。

筆者は以前に二年ほど都庁を担当したことがあったので「学習院法学部を卒業し都市銀行に入ったが、公共の仕事を志して途中入庁試験の難関に挑むとしたら……」と思いをめぐらせ、国よりもプライドが高いと言われた都市計画局がひらめいた。そこから始めてもらうと、三十分ほどで「ありました！」と弾んだ声で電話があった。

こうしてプロフィール情報はほぼ出揃った。婚約内定の発表は十一月十日前後らしいということもわかってきた。

ところが、にわかに「発表は大幅に延期されそうだ」という。

十一月六日に新潟の避難所を見舞った天皇、皇后や清子内親王は「被災者の苦境を思うと、とても慶事の発表はできない」との心境で、すべての被災者が仮設住宅に落ち着く年末まで延ばすと言い出したというのである。「他社の動きもあり、とてもそれまでもたないだろう」と頭を抱えてしまった。

宮内庁側との「交渉」に踏みきったのは、十一月八日だった。

本来は、内親王の結婚はオクの仕事であり、侍従職最高幹部と交渉すべきだったが、当時、彼は家族の病気が重篤に陥っており、さらなる心労をかけるに忍びず、オモテの某幹部を窓口役に選んだ。庁内でも知る人は数人に限られ、内親王の担当侍従や世話係の出仕、皇宮護衛官すら知らない様子だったが、その幹部は口が堅く、腹のすわった人物と見こんだのだ。

その夜に呼び出して「当方はすべてつかんでいる。記事にしたいので持ち帰り、検討してほしい」と通告した。彼は了承したが、こんな条件をつけてきた。

「私がこの場でお相手のヒントを与えたとの疑いを受けないよう、あなたがつかんでいることを示す証拠がほしい」

官僚らしい用心深さに困惑したが、尾行時に後輩が撮影したスナップ写真を定期入れに挟んで持っていたのを思い出した。

「これを持ち帰って『朝日はここまで押さえている』と報告してください」と手渡すと、彼は「私もご本人の顔を見るのは初めてだ」と、まじまじと見入ってポケットにしまった。

こうして当局を通じて皇室側との「交渉」を始めたものの、相手が相手である。それから記者根性と個人的心情との葛藤に身悶えする煉獄《れんごく》の日々が始まった。

交渉決裂

二〇一七（平成二十九）年七月八日に予定されていた眞子《まこ》内親王の婚約内定の発表は、七月五日に九州北部を襲った記録的豪雨災害のため延期された。死者が三十人を超え、行方不明者の捜索も続く状態に配慮した。

皇室が内親王の婚約内定発表を延期したのは、二〇〇四（平成十六）年、新潟県中越地震に配慮し紀宮清子内親王が延期したのに続く事態だ。

紀宮の相手の「黒田慶樹」の名を筆者がつかんだのは同年十月二十一日。新潟県の小千谷《おぢや》市、十日《とおか》町《まち》市、長岡《ながおか》市、川口《かわぐち》町《まち》、山古《やまこ》志《し》村《むら》などを震度七から六の烈震が襲ったのは二日後の同二十三日だった。

死者六十八人をはじめ死傷者は約四千九百人。家屋全半壊約一万七千棟。最大十万人に達した避難者は各地の学校体育館など避難所からあふれ、車内泊を余儀なくされてエコノミークラス症候群などで命を落とす人も相次いだ。

天皇、皇后は十一月六日、自衛隊機とヘリを乗り継いで被災地を訪問。二千人以上が避難した小千谷市総合体育館、全村避難となった山古志村の住民が避難した長岡大手高校などで「たいへんでしたね」「美しい村を取り戻してください」などと励ましてまわった。

十一月十日前後に予定されていた婚約内定発表の延期という情報をつかんだのはまもなくだった。

気配を感じ取って動きはじめていたメディアもあり、宮内庁幹部に「とてももたない」「すべてつかんでいるので報道したい」と申し入れたのは十一月八日だった。

紀宮に常時仕える担当侍従や世話係の出仕の女性、側衛らや兄の皇太子夫妻も知らされておらず、「庁内でも知っているのは五指に満たない」という厳秘事項だった。筆者の申し入れに「両陛下、紀宮殿下もたいへん驚かれ心配されている」として「待ってほしい」との返答があった。

すでに朝日新聞社の社会部長、編集局長ら幹部に「まもなく記事を書く」と報告していたため、「とりあえず十一月中旬まで待つが、他社が報道する気配があればそのかぎりではない」と伝えた。

じりじりする日々が続いた。

筆者が初めて紀宮と間近で接したのは一九八六（昭和六十一）年だった。東宮侍従と側衛二人だけをともない中央本線に乗って吊革につかまり、八王子で開催中の絵画展へお忍びで出かける様子を密かに取材。最後に四ツ谷駅に帰着し改札口を出るところでカメラを取り出してシャッターを切り、記事にしたことがある。

こちらにはっと気づき、困惑した表情でじっと目を合わされて、思わず深々と黙礼し非礼を詫びた。まだ高校生だったが、おのずからそんな気持ちにさせられる品位があった。

天皇、皇后は、紀宮は将来は皇室を出る身として幼少時から折に触れ一般の人びとに接する機会をつくっていた。軽井沢滞在中は外地からの引揚者の開拓地にある保育園に預けたり、長じてからも皇后が母娘だけの地方旅行を重ねたりして「世間」を識《し》るよう気配りしていた。

大学生時代には、岐阜県加茂《かも》郡白川町《しらかわちょう》のパイプオルガン建造家辻宏《つじひろし》の工房の廃校校舎に学友らと宿泊し、川遊びなどを楽しんだのを後から取材したこともある。通りかかる町民らも見て見ぬふりで温かく見守っていた。

眼鏡をかけ、地味でおとなしく、笑うときも目を細めて静かに微笑む控えめな女の子は年々成長した。日本舞踊を習っては名取の域まで上達し、発表会の舞台で堂々たる演技を見せたのに目を見張り、公務での立ち居ふるまい、感想文に表れた文才や記者会見での思慮深い受け答えに舌を巻いたものだ。

歴代の内親王は公務には携わらぬまま結婚して皇籍を離れていっただけに、当初は「甘やかしではないか」「公務先に与える印象はどうだろうか」などと危ぶんだが、その芯の強さ、みごとな務めぶりに、いつしか個人的にも敬意と親愛の情を抱くようになっていた。

家族も、ときにスピーチ原稿のアイディアや文章表現などで紀宮の意見を聞くことも増えていたようだ。たとえば二〇〇四（平成十六）年、皇太子が「人格否定」発言の後に出した説明文書の作成に際して、紀宮にも相談していたと聞いて「むべなるかな」と思ったものだ。

一九九三（平成五）年、雑誌のバッシング報道のさなかに皇后が倒れ一時声を失ったり、天皇が前立腺がんで手術入院したりした際に傍らで支えたのも紀宮であった。

皇后の主治医となり、のちに皇室医務主管も務めた金澤一郎東京大学教授は「初めて御所に伺って、最大の発見は紀宮というすばらしいお嬢さんがおられたことだ」と述懐していた。

幼少時の東宮女官で、長年仕えた和辻雅子《わつじまさこ》御用掛も、山階鳥類研究所の同僚たちと居酒屋で飲んだり、赤坂御用地でカワセミの巣立ちを早朝から我慢強く観察したりする「宮さま」の様子を楽しげに語った。孫のような年齢ながら、上辺を飾らず物静かで芯の強い人柄への敬愛の響きがあった。

あまり知られていないが、紀宮の結婚を機に出版された『ひと日を重ねて』(大東出版社)に、内親王としての足跡と発言、和歌などが収録されている。天皇、皇后の背中から学びつつ支えつづけた皇女の目から見た平成の皇室の記録として「隠れた名著」だと思う。

ただ、皇室担当でも内親王の取材まではなかなか手がまわらず、記事も軒並みベタ扱いとなってしまうことに内心忸怩《じくじ》たるものがあった。

それだけに、内親王本人にとっては最初で最後となる大切な大イベントでもある結婚は、不本意な形となったり混乱の渦に巻きこんだりする素っ破抜きにはしたくないと、個人的には強く思っていた。加えて、皇室の被災者に対する気づかいにも反することにならないか、と。

前述のとおり、当初は「他社の動きがないかぎりは十一月中旬までは待ちます」と当局を通し伝えていた。しかし同月九日、「やはり待ってほしい」との回答。「待てない」と伝えたものの「交渉」は暗礁に乗り上げてしまった。

幼時から天皇家と親しく、有力候補に擬せられた音楽家を追ってテレビ局が欧州に飛び、全国紙の現地特派員も彼に接触するなどしはじめた。「各社が方角違いに気づいて本命を突き止めるのは時間の問題」と当局に訴えつづけるしかなかった。

「まだ書けないのか」「いつまで何をしているんだ」との社内の有形無形の圧力も背中に強まった。しかし、秘密保持のため表立って動くわけにもいかず、皇室取材班の窓のない密室に一人こもり、電話機の前で腕組みして悶々と懊悩する日々だった。

そのうち、宮中のオクや黒田家周辺からは「どうして朝日は待ってくれないのか」との憤懣も出はじめたとも漏れ伝わってきた。

十一月十日、「もはやこれまで」と意を決して「紀宮殿下、両陛下のお気持ちを重く受け止め、当分見送ります」との通告に踏みきった。誰にも相談せず独断の「捨て身」だった。「クビをかけても」と付け加えた。二日後の同十二日昼前、メッセージが届いた。

「やはり被災者の気持ちを思えば、全員が仮設住宅などに落ち着く十二月下旬に、各社公平に横並びでお願いしたい」

「交渉」は決裂したのである。

「朝日のおかげでしたね」

交渉決裂と受け止めざるをえない最後通告があったのは二〇〇四（平成十六）年十一月十二日だった。

紀宮清子内親王と黒田慶樹の婚約内定をつかんだものの、発表が新潟県中越地震の被災者に配慮して延期となり、思いあまって「交渉」に踏みきった。「十一月中旬までは待ちます」と告げていたのは、実は大安の同月十九日発表を密かに期待したためだ。

しかし「避難所の全員が仮設住宅などに落ち着く十二月まで発表できない」との皇室側のスタンスは揺るがなかった。オクや黒田サイドから「なぜ朝日は待ってくれないのか」との不満も漏れてきた。

あたかも煉獄のような懊悩の末、一方的に通告したのが十一月十日。

「紀宮殿下、両陛下のお気持ちを重く受け止め、当分見送ります」

誰にも相談せず独断だった。相手側はしばらく沈黙した。

そして二日後に「やはり十二月下旬に各社横並びで」とダメ押しの〝ゼロ回答〟があったのである。十月二十一日、内定情報をつかんでから二十三日間が費やされていた。

ほぼ全貌をつかんでいるという最強のカードを手中にしながら、あのときになぜ白旗を掲げる挙に出たのか、自分でもいまだによくわからない。

高校生のころから十八年間にわたり成長を見守ってきた。気立てがよく控えめで、それでいて凛《りん》とした品格。公務への真摯な姿勢、舌を巻く筆力、感受性豊かな和歌の力量。天皇の闘病・手術、皇后の失語、皇太子の「人格否定」発言といった皇室の苦境で、いつも心をこめて両親を支える様子を何度も耳にしていた。

結婚という、内親王にとって最初で最後となる大切な門出をかき乱すのは忍びないという思い。新潟の被災者の苦境が連日伝えられるなか、皇室の気づかいを台なしにするかもしれないとの危惧。それらがないまぜになって、私情が記者根性に優ったのかもしれない。「因果な商売だ」と嫌気がさして捨て鉢になったのかもしれない。

それでも、さすがにゼロ回答の「最後通告」には心が折れた。この二十三日間は何だったのだろう。つい恨み言が口を突いて出た。

「他社が報じるのは時間の問題。それでも待てと言うのですか。もし書いたら私は磔《はりつけ》の刑ですか」

窓口役のオモテの幹部が言葉に詰まると、オクの幹部が代わって電話口に出た。

「ことわっておくけれど、宮さまも両陛下も、あなたが誠意を以てここまで待ってくれたことには感謝しておられます」

どっと力が抜けた。

報道されようがされまいが皇室のスタンスは変わらない、交渉は物別れだが、真実の報道を抑えたり非難したりはしない——そんなサインと受け取れた。

ふたたび電話を代わったオモテの幹部は「それで、お願いですが、もし報道するときは事前に通告していただきたい」と言った。

小泉純一郎《こいずみじゅんいちろう》首相と黒田の所属長の石原慎太郎《いしはらしんたろう》都知事には事前に知らせたい、日付が変わってから総理をたたき起こすのは何とか避けたい、という。

皇室の特報は一瀉千里だ。社内他部署の耳に入っても波紋は一気に広がり他社に伝わる恐れがある。だから、いつでも一面トップの特報記事は、日付が変わってから最終版締め切りぎりぎりに突っこむのが常だった。皇太子夫妻（現天皇、皇后）の韓国訪問延期、昭和天皇の入院・手術、礼宮（秋篠宮）の婚約内定、雅子妃の懐妊の兆候など、いずれもそうしてきた。早版地域に対しては号外や地方支局の貼り出しで補うのである。

しかも石原都知事周辺は特定メディアと極端に近いと聞いており、三十分もあれば追いかけられる恐れがある。そうした不安を説明しつつ「承った」と返答した。

翌十三日は大安だった。「まだ耳にも入っていない」と聞いていた皇太子が同月十日に御所に呼ばれ、両親や紀宮と夕食をともにしたとの情報もあった。「今晩組もう」と社内協議に諮《はか》った。

しかし、それまでいっさいの接触を避けていた黒田家には、報道によってもっとも迷惑をかけることになるのに、まだ通告すらしていなかった。

「一日延ばしても仁義を切るべきだ」との結論になった。

それまでの非礼を詫び、新潟県中越地震の被災者に配慮して発表を延期している事実も国民に知ってもらいたいと理解を求める趣旨を綿々と手紙に綴り、深夜に黒田宅の新聞受けに投げ入れた。

彼が上司や都知事に報告する可能性もあったが、それまで避けて通るわけにはいかない。当初は朝日の「交渉」に不快感を示していた黒田も、紀宮と話しあって「自分たちにとってもっとも大切なことだけを考えよう」と理解を示してくれたことを紀宮も天皇、皇后も喜んでいるとも聞いていた。

眠れぬ一夜が明けた十三日土曜日の早朝、黒田宅に電話すると本人が出た。まだ郵便受けは見ていないという。簡単に内容を話すと、黒田は「恐縮ですが、何も申し上げられません」とくりかえし、次のように付け加えて電話を切った。

「さまざまにご配慮いただいたことに感謝申し上げます」

「紀宮さま婚約内定　お相手は秋篠宮さまの親友の都庁職員」の記事は最終版のひとつ前の十三版から組んだ。都心以外の首都圏の膨大な読者にも届けたい、と。宮内庁側に「明日の朝刊に出ます」と通告したのは午後十一時五十五分だった。

日曜日の同十四日は全国が慶事にわいた。新潟は早版地帯だったが、十三版を積んだ特便トラックが出た。被災地では人びとが争って紙面を読み「よかったね」「おめでとうございます」と笑顔で語ったとの反響が打ち返されてきた。

週明けの十五日、記者会見で石原知事は上機嫌で語った。

「日曜日の午前一時半に宮内庁長官から電話だと叩き起こされた。酷いいたずら電話だと思いながら出ると、本物だった。結構なことだ。おめでたいね」

当初、婚約発表が急がれていたのは、同年二月に乳ガンを手術した大叔母の高松宮喜久子妃が聖路加国際病院に再入院し、体調が予断を許さないことも一因だった。

喜久子妃は「最後の将軍」徳川慶喜《とくがわよしのぶ》の孫娘らしい剛毅さと、まわりへの細やかな気配りを兼ね備えた性格で、紀宮を孫娘のようにかわいがり、長老皇族として行く末を気にかけていた。

十一月十四日、婚約内定を報じる新聞の一面を側近が目の前に広げるとベッドの上で笑顔を見せたという。

婚約内定の正式発表が予定された十二月十八日の大安の日、病室にテレビが用意されたが、午前四時二十四分、敗血症のため九十二歳で薨去。間に合わなかった。発表はふたたび同月三十日に延期された。

葬儀を控えた同月二十二日夕、記者たちも喜久子妃との拝訣《はいけつ》（最後のお別れ）を許された。親族として付き添っていた近衛甯子《このえやすこ》元内親王に「朝日の岩井です」と名乗ると「綺麗なお顔でしょ？」と語りかけてきた。

柩のなかの喜久子妃は、元気なころと変わらぬ穏やかな表情だった。

「なかよしだった良宮《ながみや》さま（良子皇太后）と勢津君《せつぎみ》さま（秩父宮勢津子妃）へ、よいお知らせを届けてくださるのではないでしょうか」

そう言うと、こんなひと言が返ってきた。

「朝日のおかげでしたね」

ようやく「煉獄」を脱したと思った。

紀宮のメッセージ

紀宮清子内親王と東京都職員黒田慶樹との婚約内定発表は、二度の延期を経て二〇〇四（平成十六）年十二月三十日におこなわれた。記者会見で紀宮は、筆者からの「事前に書きたい」との申し入れに驚き、悩んだことを明かした。

趣味ですとか興味を持つ事柄についても、お互いに異なっていて余り共通点というのはないのですけれども、何を大事に思うかということについて共感することが多くあるということも、ご一緒にいて安心できると思うことの一つかもしれません。最近のことで申しますと、この度の発表の時期のことについてでございました。まだ中越地震の被害に苦しんでいる人が多くある状態の中で行うべきことではないと思いながらも、一方で時期を遅らせますと、例えばスクープのような形で騒ぎが起こってしまい、そのような場合には、私よりもずっと黒田さんの方にご迷惑がかかるため、とても悩んでおりましたが、（黒田さんは）自分の迷惑のことについてであるならばそれは気にせずに、今何を大切にすべきかということを最優先に考えようとおっしゃってくださいました。そのことは本当にありがたく、そうした感覚を共にできることをとても嬉しく思いました。

当方が報道に踏みきった大きな要因のひとつが、この黒田の一言を伝え聞いたことだったが、半信半疑の不安も残っていた。それがそのとおり会見で裏づけられた。いささか驚いた半面、当方の「交渉」が二人の信頼関係をより強く固めたことを紀宮が披露してくれたことで、二十五日間に及んだ「煉獄」の日々あっての〝軟着陸〟だったのだと知り、感無量だった。会見が終わっても、しばらく席を立ち難く、一人かみしめた。

婚期が遅れたことで、同世代の独身女性作家に「負け犬の星」などと書かれた紀宮だったが、有力候補がなかったわけではない。家柄、財力など申し分ない相手が浮上しても、最後に「どうしても胸に飛びこんでゆく気持ちになれない」などと断ったようだ。

噂にのぼった別の相手の場合には同家を中傷する怪文書が出まわったことに胸を痛めた本人が「もう探さなくて結構です」と言い出して周囲をやきもきさせたこともあったと聞く。

「もっとも大切なもの」で琴線に触れる相手はなかなか現れなかった。

自分の幼少時からの親友・黒田を引き合わせ、キューピッド役となったのは次兄の秋篠宮《あきしののみや》（幼名礼宮《あやのみや》）だ。皇后も学習院初等科時代に東宮御所に遊びに来ていた黒田を覚えていた。「とても大きい子だったのよね」と言ったそうだ。

久しぶりの二人の再会は、秋篠宮が大学生時代に学友たちと結成し、卒業後も定期的に宮邸に集まっていた「さんまの会」に紀宮が顔を出したときだと推測されていた。

後日、そのときの様子を会員の学友に取材したが、彼は否定的だった。黒田と彼は食材の買い出しや料理を担当するのが常で、その日も肉や野菜などを分担して購入して車で運びこみ、懇親会の間もずっと二人とも厨房でエプロン姿で料理にかかりっきり。黒田が紀宮と落ち着いて語らう場面などなかったはずだという。黒田が裏方で料理に汗をかくのはいつものことで、長年にわたり、そうだったという。

「彼はそんな男ですよ」

婚約内定のスクープにもっとも驚愕《きょうがく》したのは、日夜仕えてきた専属スタッフたちだったという。この「チーム紀宮」は元女官の和辻雅子御用掛を筆頭に、担当侍従、同世代の女性の「出仕」たち、皇宮護衛官らだ。記事の出る直前まで長兄の皇太子の耳にすら入れていない「厳秘」事項だっただけに、知っていたのは和辻だけだったようだ。

「チーム紀宮」は、本人のおっとりした人柄もあり、和気藹々《あいあい》とした家族的なチームだった。たとえば、紀宮は連続テレビドラマ「北の国から」（倉本聰《くらもとそう》脚本）のファンで、舞台となった北海道富良野《ふらの》市を毎年のように訪れていたが、雪合戦やスキーなどでは護衛官も加わっていっしょに楽しく過ごしていた。ある冬には、流行りはじめたスノーボード遊びに護衛官も加わった。帰京後に「スキーもはかずに遊んでいて、何かあったらどうする」と、皇宮警察本部のキャリア幹部にこっぴどく叱られたという。

それだけに婚約内定を報道で初めて知ることになった「チーム紀宮」の面々は複雑な表情だったという。

「みなさんに言いたくても言えなくて、どんなに辛かったかわかってくださいね」と皇后がフォローしたと聞いた。

二〇〇五（平成十七）年十一月十五日、帝国ホテルでの結婚披露宴には天皇、皇族、恩師、研究仲間、学友らとともに護衛官も含む「チーム」の面々も招かれた。黒田家と合わせても総勢百二十人の控えめな宴で、異例の心づくしだった。

紀宮はさまざまな意味で初めてずくめの皇女だった。初めて親元で育てられ、初めて公務に携わり、外国公式訪問も重ね、初めて働いて給料をもらった。そして初めて皇族・元華族の家柄ではない一般市民に嫁いだ皇女だった。

新婚時代のエピソードがある。

新居近くの商店街やスーパーで買い物をしていたが、目立たぬよう客足の少ない午前中に姿を見せた。ある日、レジに並んでいると、突然、カゴに入れていた野菜を引き抜かれた。驚いて振り向くと、若い男性店員が「これ」とぶっきら棒に別の野菜をカゴに突っこんだ。当日朝に入荷した新鮮なものに取り替えてくれたのだった。地元の人びとは見て見ぬふりで温かく見守ってくれた。この話を聞いた天皇、皇后はとても喜んだという。

結婚後も歴代出仕が紀宮を囲む会を開いていた。集合写真を見たが、十数人の若い女性の中で元内親王がもっとも地味で控えめな服装だった。半面、結婚前の宮中行事や外国訪問などの公の場でのローブデコルテや着物の裾さばき、カーテシーなどの身ごなしは美しく、花柳流日舞の研鑽の片鱗をうかがわせた。二〇一三（平成二十五）年十月、伊勢神宮の式年遷宮で、行列の先頭で臨時祭主を務めた際の凛とした佇《たたず》まいは「さすが内親王」と言われた。

婚約内定から結婚までの二〇〇四（平成十六）年、二〇〇五年は、皇太子妃の長期療養入り、皇太子の「人格否定」発言で皇室の旧弊さや家族内の不和も取り沙汰され、皇室が国内外で傷ついた時期と重なった。

長年身近で支えた両親の姿について、紀宮は最後の誕生日の感想文などでいくつも異例の「ラスト・メッセージ」を残して去った。

両陛下がなさってきた事の多くは、その場では形にならない目立たぬ地味なものの積み重ねであったと思います。（略）累々と受け継がれてきた伝統を守ることと人々の日常に心を添わせることが、少しの矛盾もなくご生活の中に入っている、そのような日々を重ねておられることが、象徴としての存在である陛下、そして皇后様に人々がリアリティを感じている由縁ではないかと思われます。

三十六年という両陛下のお側で過ごさせていただいた月日をもってしても、どれだけ両陛下のお立場の厳しさやお務めの現実を理解できたかはわかりません。他に替わるもののないお立場の孤独を思うときもありますが、（略）陛下がたゆまれることなく歩まれるお姿、皇后様が喜びをもってお務めにも家庭にも向かわれていたお姿は、私がこの立場を離れた後も、ずっと私の心に残り、これからの日々を支える大きな力になってくれると思います。

礼宮の場合

秋篠宮家の長女眞子《まこ》内親王の婚約内定を聞いて、二〇〇四（平成十六）年秋の紀宮清子内親王（現黒田清子）の婚約取材で皇室との「交渉」に費やした二十五日間の煉獄の日々の記憶がよみがえった。

思えば、そんな「交渉」に踏みきった根底には、一九八九（平成元）年、父の礼宮《あやのみや》（現秋篠宮）の婚約取材で、ひとつ間違えば記者生命にかかわる薄氷を若気の至りで踏んだ反省が沈殿していた。

礼宮を主語にした独自記事を初めて書いたのは一九八七（昭和六十二）年、彼が口ヒゲを生やしはじめたときだ。「これがニュースかね」とデスクは苦笑したが、社会面に載せてくれた。

晩年の昭和天皇に仕えた卜部《うらべ》亮吾《りょうご》侍従の日記の昭和六十年十二月二十三日にこんな記述がある。

「礼宮さんのヒゲ願望につき長官に相談　否定的」

礼宮が葉山御用邸近くの海岸を散策中の両親に恋人の川嶋紀子《かわしまきこ》を引き合わせたのは、この三日後だった。そして、長官マターにまでなり、却下されていたヒゲを礼宮は二年後に生やしてしまった。婚約を「まだ若すぎる」と抑えこまれていた時期に重なる。「ヒゲ」はやはりニュースだったのだ。

平成元年は皇室記者にとってもっとも多忙な年だった。一月七日の昭和の終焉。大喪と即位の礼、大嘗祭など象徴天皇の初めての皇位継承儀式をめぐる争論。皇太子妃探し……。そこへ降ってわいたのが礼宮の婚約だった。

礼宮に恋人がいることは皇室記者らの間では知られていた。筆者も一九八六（昭和六十一）年二月に宮内庁へ配属された際に前任のN記者から引き継いでもらった。その後も頻繁に会っていることは耳に入っていたが、天皇代替わりの激動の最中に、まさか兄より先に学生の身で結婚に踏みきるとは思っていなかった。

実際、一九八九年五月に東宮大夫が安嶋彌《やすじまひさし》から菅野弘夫《かんのひろお》に交代すると皇太子のお妃探しが急速に本格化していた。四月十七日には藤森昭一《ふじもりしょういち》宮内庁長官が「クラブ関東」で安嶋と昼食をともにし、夕方には山本悟《やまもとさとる》侍従長と赤坂御所に入っている。お妃探しの引き継ぎとも推測された。皇太子が友人宅を訪れ密かに女性に引き合わされるなどの動きも活発で、記者たちの目はもっぱらそちらに向かっていた。

ただ、遊軍記者として川嶋家と接触を続けていたN記者が九州に転勤する際に気になる情報を残してくれていた。挨拶に行き、何か動きがあるか尋ねたら「五月までは何もないでしょう」との答えが返ってきたというのである。「五月以降は要注意だぞ」と。

しかし、動きは皇太子妃探しに関するものばかり。いつしか夏になっていた。そして八月なかばごろ、重大な情報があった。宮内庁が密かに三権の長ら皇室会議メンバーの日程を調べはじめたというのである。

皇太子か、礼宮か――懸命に探ると、関係幹部があらためて安嶋前大夫と密談して、がっくり肩を落として散会したとの証言を得た。皇太子のほうにほんとうに目がないか関係者は必死で詰めたのだろうと判断した。「やはり礼宮だ」と。

だが、礼宮が八月十八日に留学先の英国から一時帰国してもなんの動きも見えなかった。

天皇、皇后が翌日から那須御用邸へ静養に向かうという八月二十五日の金曜日、事態は一気に動いた。夕方、しばらくご無沙汰していたシンパに「変わったことはないか」とかけた電話が号砲だった。

「今日は明け休みで何も知らない。ただ、昨晩は赤坂の職員や護衛官らが『川嶋夫妻が明日御所に来られる』と騒いでいたなあ」

九州のN記者に伝えると「紀子さん本人は何度も御所に来ていたが、川嶋夫妻が御所に来るのは初めてのはずだ」と色めきたった。

「抜かれるなよ」

川嶋家担当を引き継いでいたS記者をただちに学習院職員住宅の川嶋宅に走らせた。「両親は御所に行き紀子さんだけのはずだ」と。すぐに報告の電話があった。

「ご両親も紀子さんも家にいます。『今日御所に行かれましたよね』と訊いても、『何も申し上げられません』の一点張りです」

愕然として、旧知の職員や護衛官らに片っ端から電話をかけた。「たしかに来たよ」と複数の証言が得られた。親しかったベテラン二人は「もう決まりだな」とわが事のように嬉しそうだった。

社に戻ったS記者は面談の様子をこう報告した。

「川嶋さん一家は何を訊いても何も答えてくれない。ただ三人ともずっとにこにこしていました。去り際に『岩井は決まりだと見ています』と伝えると『さすがですね』と言いました」

担当デスクはただちに記事を最終版一面トップに突っこむと決断した。社会部長は「根拠は両親が御所に行ったということだけだな」と念押ししたが、「そうです」と答えると何も言わずに承認した。

一夜明けて、川嶋宅のある学習院職員住宅は十重《とえ》二十重《はたえ》に報道陣に囲まれた。上空にヘリも飛び交った。宮内庁はしばらく沈黙していたが、午前十時前になって藤森長官が「陛下から公的手続きに入るようにとのご指示をいただきました」とのコメントを発表した。担当デスクは「天皇がコンファームしてくれた」と喜んだ。

礼宮はその朝、予定通り学友たちと奥多摩へのハイキングに出かけた。カメラの放列がひしめく駅の改札口で切符を入れずに通ろうとしかけて「いけね、無賃乗車するところだった」とおどけたという。ベテラン侍従に電話すると「今朝一番で礼宮さんに『おめでとうございます』と申し上げたら『いやあ抜かれましたねえ』とご機嫌でしたよ」と明かしてくれた。

夕方、水玉模様のワンピース姿で報道陣の前に姿を現した川嶋紀子は初々しい笑顔で「紀子さまフィーバー」を巻きおこした。

九月五日、高松宮の死去で欠員となっていた皇室会議の皇族議員の補充選挙がおこなわれ、同十二日に同会議で婚約内定が決まった。礼宮は意志を貫きとおしたのだ。すべて「結果オーライ」ではあった。

しかし、年月が経つにつれ、本人たちも筆者も若かったと思う。後日、N記者からは「詰めきれていなかった」と苦言を呈されたが、そのとおりだったかもしれない。

八月二十五日の夕方、川嶋夫妻が御所に招かれたのは、天皇、皇后が婚約の内諾を得るためだったということは後から確認できたことだ。もし「もう少し待ってほしい」と求めた場だったとしたら……皇室会議の日程調整が別の議題だったとしたら……川嶋家の「さすが」の一言が、御所行きを数時間後にキャッチしたのを褒めただけだったとしたら……などと考えると、状況証拠を積み重ね、筋読みに賭けたことは否めない。

本人たちの思いも置き去りだった。「長い春」の間にヒゲを蓄えた礼宮の心中、彼が英国に旅立ち二人の距離が広がっていってしまわないかとの紀子妃の苦しみなど、若い二人の心境は今も推し量るしかない。長女眞子内親王が大学の同級生と若くして婚約を決意したことに、秋篠宮夫妻も往時の自分たちを思い出しているのではないだろうか。

「煉獄」とは天国と地獄の狭間で苦しみ、浄化される場所だという。

本人たちへの直当たりが難しく、わずかの限られた手がかりだけで筋を読まざるをえない——経験を積むにしたがって募る皇室取材の怖さである。

メディア・スクラム

金澤一郎前皇室医務主管（神経内科医）の追憶を書いた（三八一ページ「クビをかけてるんだ」）。一九九三（平成五）年の雑誌などによる「皇后バッシング」のあと倒れ、声を失った皇后の主治医として取材するようになってから二十余年のつきあいとなった。詳しく書きとどめたいことも少なくないが、いずれ稿を改めたい。

ただ、皇后バッシングは皇室の前代未聞の危機で、皇室とメディアのありようについてもさまざまに考えこまされていたときに金澤から聞いたひと言は強く耳に残っている。

バッシング記事は数誌が主導し、多数の雑誌が尻馬に乗って、まるで暴風雨のように吹き荒れる様相だった。しかし、誕生日の祝賀行事を前にして皇后が倒れると、形勢は一気に逆転。複数の雑誌社の社屋や社長宅に銃弾が撃ちこまれた。

このころ、筆者が「声を失ったのは、皇室サイドからの〝反撃〟になった形ですね」と問うと、金澤はきっぱり否定した。

「誕生日の回答を見てもわかるように、このことで批判の自由が萎縮することは望んでいらっしゃらない。しっかりしておられる」

倒れる直前の十月二十日朝に発表された文書回答で、批判記事について皇后は次のように答えていた。

どのような批判も、自分を省みるよすがとして耳を傾けねばと思います。(略)しかし事実でない報道には、大きな悲しみと戸惑いを覚えます。批判の許されない社会であってはなりませんが、事実に基づかない批判が、繰り返し許される社会であって欲しくはありません。

しかし、こんどは多くのメディアや宮内庁がバッシングの「犯人」探しを始め、批判記事が系列週刊誌に載った新聞社のベテラン担当記者が疑われた。バッシング記事は内情に通じる者の情報をもとにしたとみられ、他の雑誌記事の裏でも彼が暗躍したのではないかと、イニシャルではあったが容易に特定できる表現で活字になったのである。そして同新聞社にも火炎瓶が投げつけられる事態となった。その記事には「宮内記者会でもほぼ一致した見方だ」とのくだりがあった。

宮内庁幹部も「彼だろう」と信じこんでおり、意見を求められた。蛇《じゃ》の道は蛇《へび》で、仕掛人たちの見当はついていたので「濡れ衣だ」と全面否定すると愕然とし、顔色が変わった。天皇・皇后にもそう伝えていたのかもしれない。

「これは放っておけない」

ベテラン記者本人の了承を得て、記者会の仲間に集まってもらい、「記者会の記者たちの一致した見方というのは事実に反する。記者会としても記事に抗議するなどなんらかのアクションをとるべきではないか」と提案した。しかし、「記者会はあくまで親睦団体であり、対外的にそのような発信をするのはなじまない」などの異論が出て、合意を得られなかった。

幸い、騒ぎはそれ以上は広がらなかったものの、もしエスカレートしていたらと思うと、背筋が寒くなる。

記者というのは因果な稼業だと思う。抜くか抜かれるか、ゼロサムのサバイバルゲームだから相対的な手柄争いに陥りがちとなる。スクープを飛ばせば傷つく仲間がいる。露骨に更迭されるケースもある。皇室相手となると、深奥で何が起きているかアプローチするのは至難の業で、挽回するチャンスはなかなかない。

外から見れば「コップのなかの嵐」だが、煉獄にいるような戦々恐々の日々だ。低次元の足の引っ張り合いもある。当局と対峙しているとき、背後の記者仲間から矢玉が飛んできた経験は、もっともがっかりした思い出だ。

唯一の拠りどころは「ジャーナリストとしての志操」だろう。そしてともに仕事している仲間たちと連帯すべきときは連帯することだろうと思う。それだけに仲間を守る行動すら実現できなかったことは今も残念に思う。

在任中、主に東宮職から、皇太子妃の精神疾患を理由とした理不尽で納得できない取材拒否や取材制限、二重基準を押しつけられ、さまざまに抵抗しながらもまかり通してしまった。このときも一致して対決しようと何度か提案したが、必ず反対が出て一度も「メディア・スクラム」を組めなかった。その異常事態は今やすっかり定着し、後輩記者たちも打開できないでいるようだ。

今や記者クラブ制度は世界的に悪名高く、雑誌記者などからすら「宮内記者会は何をやっているのか」との声も聞こえる。力不足と人徳のなさかと忸怩《じくじ》たる思いだ。

皇室の人びとの人生の節目や内面の思いは国民的関心事であり、時代を映す鏡でもある。伝統を背負い、象徴としての役割を果たしている皇室の動きは、日々単調にみえて、実は深層で「歴史」を紡いでいるようなところがある。粘り強いウオッチングを続ける息の長い長期戦だ。それだけに、つかんだ「真実」はみずからのメディアでみずからの責任で報道すべきだろう。どんな個人や団体についても言えるが、外からの視線を受け止める「窓」は必要だ。皇室も批判に耐える存在であってほしい。隠さねばならないものを抱えた対象をだれが心底から敬愛するだろうか。

常に賛美する翼賛であってはならない。常に甘い綿菓子のような報道しかしないメディアを誰が信用するだろうか。そのような形で形成された人気は淡く、うつろいやすい。耳に痛い意見も言う者こそ真の友ということもあるはずだ。もちろん、批判は事実にもとづきフェアでなければならないのは当然だ。

皇后バッシングについては、さまざまのメディアに多くの論者がコメントを寄せた。もっとも印象深かったのが、ある女性作家が「天皇制を声高に賛美する人たちが、いかに皇室の人間に残酷になれるかが見えた」との趣旨のコメントを述べていたことだ。

現役時代、ある宮内庁長官が「私どもの役割は皇室にお仕えすること」とくりかえしていたことが今も心に引っかかる。宮内庁の幹部や職員も、国民の負託を受け国民のために働く公務員であることを忘れないでもらいたいし、メディアもその観点を忘れないで対峙してもらいたいと思う。政治の皇室利用に対するブレーキはそこにしかないと思うからだ。

前ニューヨーク・タイムズ東京支局長マーティン・ファクラーの新刊『安倍政権にひれ伏す日本のメディア』がメディア関連書籍のベストセラーになった。メディア状況への不満と不安が広がりつつあるのだろう。

同書は、朝日新聞が慰安婦報道の一部を取り消したときの現象をとりあげ、次のように述べている。

少なくともアメリカでは、朝日新聞が政権から攻撃を受けたときに他のメディアが政権と一緒になってバッシングするような状況は、私の知る限り見たことがない。ジャーナリスト同士が潰し合いをするなど、言論の自由の自殺行為であり、愚かな同士討ちでしかないと皆がわかっているからだと思う。

皇室に関しては、油断するとメディアが批判記事を書きにくいタブーとなる状況が生まれやすい。異議申し立てとか批判的言説が「不敬」「非国民」などと有無を言わせぬ扇情的なレッテル貼りで攻撃されるという、かつての悪夢のような状況は二度と生んではならないと思う。

きたるべき新時代に向けて

秋篠宮の発信

二〇〇九（平成二十一）年秋、天皇と秋篠宮が皇室の将来についてやや踏みこんだ発言をした。

前年暮れに天皇の不調の原因に関し、羽毛田信吾《はけたしんご》宮内庁長官が「皇族の数が減っていくという皇統の問題など皇室の将来への心配」を挙げたことを問われ、天皇は「皇室の現状については質問の通り」と言明。皇位継承の制度については国会の論議に委ねるが、「将来の皇室の在り方については、皇太子とそれを支える秋篠宮の考えが尊重されることが重要」（二〇〇九年十一月の即位二十年の会見）と述べた。

半月後、それを受けて秋篠宮が誕生日会見でみずからの考えを述べた。独特のオブラートに包んだ言いまわしで真意はわかりにくい。読み解きを試みてみよう。

秋篠宮はまず、危機感を募らせる羽毛田長官発言を「あくまで長官の私見」とくりかえし、天皇よりもやや距離をとった。そして皇位継承の制度については国会論議に委ねるとしつつも、「その過程において、今後の皇室の在り方ということも当然議論されることになるわけですけれども、（略）将来その当事者になる皇太子ほかの意見を聞くという過程も私は必要なのではないかと思っております」と答えた。記者の関連質問に「皇太子ほか」とは皇太子と自分のことと補足説明しており、天皇発言と同じく他の皇族は除外している。将来世代の継承者は自分たち兄弟ということかもしれないが、どうしても小泉純一郎《こいずみじゅんいちろう》内閣の皇室典範改正の動きに対して三笠宮家の寛仁《ともひと》親王が女系・女性天皇に反対し旧皇族復籍を主張したことが思い出される。天皇と秋篠宮は傍系宮家と一線を画したようだ。

その上で、秋篠宮は次のように続けた（一部略）。

皇室の在り方に関連して、皇族の数が今後減少していくことにより、皇室の活動もしくは役割が先細りするという意見を聞くこともあります。しかしその一方で、皇族の役割を明確に規定したものはありません。「公務」という言い方がされますけれども、いわゆる規定のある公務というものは、ないと考えていいのだと思います。従いまして、そういう規定がはっきりしないということから、なかなかそのあたりのことを言うことは難しいように感じます。それで、これはまたまったく別の視点になりますけれども、皇族の数が今後減ることについてですけれども、これはたしかに今まで皇族が行ってきた色々な仕事、それから役割が、だんだんそれを担う人が少なくなるということはありますけれども、国費負担という点からみますと、皇族の数が少ないというのは私は決して悪いことではないというふうに思います。

これで、まず旧皇族復籍の必要性は否定したと解釈できる。

ただ旧皇族復籍は現実味を帯びているわけではない。むしろ差し迫る問題は、適齢期に差しかかっている三笠宮家系の四人の女王方、秋篠宮家の眞子、佳子両内親王、皇太子家の愛子内親王が遠からず結婚して皇室を出て行くことである。とすれば、秋篠宮の回答は、それをある程度容認する姿勢を示唆したと受けとれる。

このまま順次女子がいなくなれば、先々、男系男子が続かなくなったときに女性・女系に切り替えようにも対象者がいなくなってしまう。その危機感から側近のなかには「男系か女系容認かの論議は棚上げして、早く一代かぎりの女性宮家を認めるべきだ」との主張も出ている。これは、悠仁《ひさひと》親王を二人の姉や従姉の愛子内親王ら男系女子が宮家として支えながら悠仁親王に男児を期待するというつなぎ案だ。

しかし事はそれほど簡単ではない。その男系女子に皇位継承権を認めるか否か、認めた場合の順位づけをどうするか、その子（女系）の継承権をどうするか。結局は前回と同じ男系女系論争が再燃しかねない。

小泉政権が女性・女系を容認する直系長子主義の典範改正を試みたときには、皇太子、秋篠宮の次の世代に男子は一人もおらず、「皇統断絶」は必至だった。それでも男系論者の反発は激しく国論分裂の様相となった。悠仁親王が誕生したとき、当時の麻生太郎《あそうたろう》外相は「これで三、四十年は大丈夫」と語ったという。三十年後には、皇太子も秋篠宮も高齢だが健在で、悠仁親王が男児を得ている可能性も低くない。

小泉内閣時代の典範をめぐる紛議は、次々代の男子がゼロというなかでの、女系容認か否かという二者択一の論争だった。今後は、多くの選択肢をめぐり意見は四分五裂し複雑化するのは必至だ。

たとえば、

①男系男子主義の現典範維持。悠仁親王の男児が生まれれば皇統はつながっていく。
②女性・女系容認の有識者会議の結論（直系長子主義）通りの改正。この場合、継承順位三位の悠仁親王は六位に下がり、愛子内親王が秋篠宮より上位の二位となる。悠仁親王の即位の可能性は事実上消える。
③前項と同じだが、現在の男統継承権を尊重して適用するのは悠仁親王の子からとする。
④前項の場合、長子優先とする。
⑤同じ場合で兄弟姉妹間で男子優先とする。
⑥一代かぎりの女性宮家を認める。しかし、その場合でも同様に既述の論議は不可避だ。
⑦旧皇族の復籍。

……例を挙げただけでもこんなにオプションがある。改正の時期によって個々の皇族の運命は大きく変わるため、適用のタイミングも難しい。扱いはデリケートで、論争もこれまでのような白か黒かの二者択一的なものではなく、具体的な皇族名も俎上にのって四分五裂となるのは必定だ。

政権交代で統治方式が激変し、多党化で政争も激化・複雑化しており、国会、政府、政党の側に、こうした複雑な連立方程式に取り組む余裕は望めそうにない。

女王方は成人の際の会見などでは、皇室に残ることにこだわっている様子はみられない。内親王方も、本人が進路を明確に決められる状況にあるとは言い難い。

秋篠宮発言は「急がなくてもいい」「無理のないよう行きましょう」との発信だったのではないだろうか。

秋篠宮は言葉づかいはソフトだが、現実的で自然体の実行力がともなっている。二〇〇三（平成十五）年に第三子にやや前向きとも取れる発言をし、湯浅利夫《ゆあさとしお》前長官の「第三子を希望」発言を受けてから二〇〇六（平成十八）年の歌会始でコウノトリの歌を夫婦で披露。直後にコウノトリを舞い降りさせ典範論争による国論分裂を辛うじて回避させた。配偶者選びが難航した妹・紀宮と親友・黒田慶樹とのキューピッド役も果たしている。眞子内親王のＩＣＵ進学、悠仁親王のお茶の水女子大学附属幼稚園入園を決めて「皇族は学習院」という旧慣を自然体で越えてみせたのも記憶に新しい。

時間の経過とともに皇室の世代交代が進み、女王、内親王も順次嫁いでいく。そのなかで皇室のコンパクト化もある程度覚悟し、皇室の伝統と現代化をどう考えるか。そして何よりも父親として娘の成長と意思形成を見守り、行く末をどう考えていくか――現実的で幅広な構えで向きあい、兄皇太子と話しあっていこうとの柔軟な姿勢を打ち出したのが今回の発言だったのではないか。

今後も秋篠宮の言動からは目が離せない。

「平成のコメ騒動」

九重《ここのえ》の「オク」から、ごくまれに風に乗って漂ってくる情報やメッセージの「花びら」のなかには、何年も経ってから届くものもある。

一九九三（平成五）年、全国的な冷夏による深刻なコメ不足で、タイ米の緊急輸入でしのぎ「平成のコメ騒動」とも呼ばれたときのことだ。

巷《ちまた》はタイ米を食べるかどうかでもちきりで、皇室記者たちの関心も天皇・皇后は食べているのかどうかに集まった。宮内庁の「オモテ」は「両陛下はふだんから政府米を召し上がっている。だからタイ米も召し上がっておられる」（総務課）と明らかにし、多くのメディアが報道した。「タイ米はピラフにするとおいしいのよね」と皇后が語ったという「花びら」が舞いこんできたので、筆者も長行の記事にした。「いい話だ」と思ったのだ。

ところが七、八年後に思わぬ「二枚目」の花びらが舞いこんだ。「オク」の元側近から「実は当時、皇后さまは『あのような発表はしてほしくなかった』と悩んでおられた」と聞かされたのである。

全国の作況指数は「著しい不良」とされる九〇を大きく下回る七四。とりわけ東北全体は五六にまで下がり、翌年の種もみすら穫《と》れないという歴史的な不作だった。

細川護熙《ほそかわもりひろ》内閣は米国、中国などにコメの緊急輸出を要請したが、難航した。そんななか、タイ王国政府はただちに大量の備蓄米を提供してくれた。しかし、インディカ米の食味は日本人の味覚に合わず、調理法の啓蒙運動などにもかかわらず不人気で、国産米は米穀店やスーパーの店頭から姿を消し、価格高騰を招いた。政府は苦肉の策としてブレンドを指導したが、これも不評で、タイ米の多くが投棄されたり家畜用にまわったという。一方のタイ国内でも米価高騰を招き、貧困層に餓死者が出るなどの犠牲を強いる結果となった。

「タイ米を食べていると聞いたら、コメ作りに汗を流し不作に苦しむ農家の人たちはどう思うでしょうか。食べていないと聞いたら、外国米の確保のため奔走してくれた人たちはどう思うでしょうか」

「皇室は、そういう視野で、そういう発想をするのか」と驚き、強い印象を受けた。「あだやおろそかには書けない世界だ」と。

皇居では毎年十月中下旬、天皇の新嘗祭《にいなめさい》で使われるコメと粟の新穀が全国各地から運びこまれ、献穀者たちに天皇・皇后の「ご会釈」がある。代表が地元の作柄を報告し、天皇から「おことば」がある。

「献穀」は一八九二（明治二十五）年から続く。しかし、戦後は政教分離を定める新憲法の施行などで、各生産者の自発的な献上に任される建前となった。祭祀の一環である「内々の私的行事」として、ずっと天皇・皇后の公表日程にも記載されなかった。

『昭和天皇実録』によると、一九四七（昭和二十二）年十月十六日、福井県の献納者十余名に花蔭亭通用門外において会釈。これ以降、十一月十五日までの間に団体・個人合わせて十四件に及ぶ、とある。そして一九四八（昭和二十三）年は団体・個人三十二件。一九四九（昭和二十四）年は三十件。昭和二十年代後半から四十件を超える。一九五五（昭和三十）年から天皇が作柄を聞き「おことば」を述べるようになり、一九五七（昭和三十二）年から皇后も加わるなど、しだいに大がかりになった。

平成に入っても、二〇〇六（平成十八）年までは献穀者への会釈は天皇・皇后の日程に掲載されなかった。

そもそも二〇〇四（平成十六）年までは宮中祭祀や関連行事は、新嘗祭も含め、天皇・皇后の公表日程には掲載されていなかった。憲法の「政教分離」が意識されていたのは間違いない。しかし、宮内庁は二〇〇五（平成十七）年から元旦の四方拝《しほうはい》や元始祭《げんしさい》、春秋の皇霊祭や新嘗祭などすべての祭祀を公表日程に記載することに踏みきった。そして「献穀者ご会釈」も二〇〇七（平成十九）年から公務などと同列に記載されるようになった。

コメと粟の献穀は今や多くの都道府県で市町村持ちまわりで、農協を中心とする実行委員会や奉賛会をつくり実施している。

たとえば、愛媛県の場合は旧十二郡単位の持ちまわりで、二〇一五（平成二十七）年は精米も粟も松山市内の篤農家が選ばれた。コメの「お田植え式」は六月十三日、粟の「播種式」は六月九日。それぞれ圃場《ほじょう》に神籬《ひもろぎ》を立てて注連縄《しめなわ》をめぐらせ、神主におごそかに神事を執りおこなってもらった。紺の絣《かすり》に赤い襷《たすき》を締め、菅笠《すげがさ》をかぶった早乙女《さおとめ》役の女性たちがていねいに田植えをした。

献穀者には、生産の気苦労だけでなく、「農作祈願祭」や収穫の際の「抜穂式《ぬいぼ》」の神事、献納のための高級な桐箱の発注、皇居に出向く際のモーニングや留袖《とめそで》の支度など、相当な負担となる。

だから、たとえば栃木県佐野《さの》市の場合、平成二十六（二〇一四）年度の単年度の「新嘗祭献穀献納実行委員会支援事業」として市から三百九万円が支出された。一般財源からの補助が二百五十万円、二人で延べ百五十時間の人件費が五十九万円。市も実行委員の一員として参画。「農業の意欲と能力のある農業担い手の育成につながる」「行事に参画することで耕作意欲が向上し耕作放棄地の解消につながる」と。

農作祈願祭や抜穂式に県副知事が出席したり、皇居での献納式に知事、市町村長らが同行する例も少なくない。県知事が音頭をとって「天皇陛下万歳」を叫ぶこともあるようだ。

一方、ちゃっかりネットで「宮中への献穀者にも選ばれたコメ作りの匠」「プレミアム皇室新嘗祭献穀米」などとブランド宣言したり「皇室献上献穀米」として高価格で売り出している例もある。「ふるさと納税」の返礼品に「献穀米」を掲げる自治体もある。

天皇が傘寿を迎えた二〇一三（平成二十五）年、宮内庁は天皇・皇后のプライベートや宮中祭祀とともに「献穀者ご会釈」の写真も発表した。

戦後ずっと、政教分離に配慮し控えめに密やかに続いてきた行事が、年々大手を振って表に出てきて、まるで公式行事であるかのようになってきた。「平成の国家神道」と危惧する憲法学者もいる。

一九九八（平成十）年、大阪高裁は献穀に滋賀県が六十万円、近江八幡《おうみはちまん》市が四百八十八万円の公金を支出したことについて政教分離違反と判断した（ただし市長らに過失はなかったとして原告の請求は棄却)。原告が上告せず、確定している。大嘗祭への知事参列を合憲とする最高裁判例などもあり、政教分離のタガはかなりゆるんできたが、下級審での判断は割れている。

国は一九九〇(平成二)年の大嘗祭について、新嘗祭は私的行事だが大嘗祭は一世一度の伝統的皇位継承儀式なので「公的色彩がある」として国費支出した。今やあらためて「新嘗祭に公的色彩はない」と再確認したくなる状況だ。

天皇が新嘗祭を執りおこなっている夜、皇后は農家の労苦をしのび献穀米の名称を短冊に毛筆で書写しつつ慎んでいるという。福島第一原発事故の被災地広野町《ひろのまち》が三年ぶりに出荷したコメが宮内庁に届けられた際には天皇が「せっかく苦労して作ったお米だろうから、自分たちも少しいただこうか」と希望したと最近伝えられた。一九九三年のコメ騒動の際のエピソードを思い出す。

ただ、天皇・皇后の善意、献穀者たちの善意に政教分離のけじめが押し流されていくのではないかと心配になるのである。

天皇と自衛隊

明治維新を描いた大佛次郎《おさらぎじろう》の大河歴史小説『天皇の世紀』は、大佛が京都御所の紫宸殿《ししんでんだんてい》南庭に佇んで悠久の歴史を思い、源平の内裏攻防戦を想起する場面から始まる。六波羅《ろくはら》を発して攻め入った敵将平重盛《たいらのしげもり》の馬を源氏の悪源太義平《あくげんたよしひら》が追って、左近《さこん》の桜と右近《うこん》の橘《たちばな》の間を七度も八度も往復したという『平治物語《へいじものがたり》』のクライマックスである。

「禁裏」にまで兵馬が入った例として他に思い浮かぶのは一九四五（昭和二十）年八月十五日未明の近衛兵乱入と玉音盤争奪騒ぎぐらいだろう。宮内省庁舎で兵士になぐられながらも玉音盤を守った徳川義寛《とくがわよしひろ》侍従（のち侍従長）の日記を読むと、直前の同十三日にこう記されている。「近衛の兵を花蔭亭付近まで入れさせてくれと伝えてきたので、われわれはお文庫に近いから反対し（略）大金（益次郎）次官が森（赳）師団長へ行き過ぎの行為を取り締まるよう話された」。

不穏な予感が漂っていたとはいえ、近衛師団に対してすら禁中・府中の峻別は厳しいものがあった。

昭和天皇の在位六十年祝典に反対する過激派の金属弾が飛び交うなか、皇居外周を警備する警視庁が機動隊の警備車両を坂下門内に入れたいと要請したとき、皇宮警察は頑として断ったと聞いたことがある。「禁中」とはそういうところなのだと思ったものだ。

諸外国では、国賓歓迎式典での儀仗兵の栄誉礼と閲兵は元首または代表が賓客とともに受けるが、戦後の「象徴天皇」は賓客の宿舎の迎賓館《げいひんかん》前庭でおこなわれる歓迎式典に出向き、受礼台に立たず、捧《ささ》げ銃《つつ》する自衛隊の儀仗隊の巡閲にも加わらないできた。

しかし、二〇〇六（平成十八）年十一月、インドネシアのユドヨノ大統領来日のとき、初めて歓迎式典が皇居宮殿の長和殿《ちょうわでん》前の東庭《とうてい》上でおこなわれた。晩年の昭和天皇に仕えた元宮内庁幹部は、銃を担いだ儀仗隊が皇居内を威風堂々と行進したと聞いて「ええっ」と驚いた。「一般に栄誉礼は国軍が賓客に忠誠を誓う意味があり、儀仗隊は国軍の象徴。宮殿でおこなうのは違和感がある」と。昭和天皇の侍従も経験した別の元幹部は「戦後長く務めた宇佐美毅《うさみたけし》長官、入江相政《いりえすけまさ》侍従長だったら認めなかったでしょうな」と語った。

このときは迎賓館が改修工事で使えないというのが理由だった。しかし工事終了後も「皇居から往復する天皇のご負担軽減」を理由に元には戻らなかった。

一九八九（平成元）年九月、初めて天皇・皇后の北海道訪問（国民体育大会臨席）に同行して仰天したことがある。千歳《ちとせ》空港から札幌に向かう車列に駐屯地の自衛官が沿道で敬礼する堵列《とれつ》が延々数キロに及んだからだ。自衛隊側は「五千人以上」としていたが、一説には八千人とも聞いた。一般奉迎の市民は反対車線側に押しやられていた。

一九五四（昭和二十九）年制定の自衛隊法施行規則は天皇を最高の栄誉礼受礼資格者とし、首相らは皇族方より下に序列づけ、一九六三（昭和三十八）年五月には「礼式に関する訓令」を改正して天皇・皇族の来訪の際には現地部隊員が堵列して迎えると定めた。その直後、植樹祭のため青森県を訪れた昭和天皇に陸上自衛隊第九師団が一千余人の堵列で迎え、物議をかもしたことがあった。平成元年の千歳での堵列はこの数倍の動員規模だ。「隊員の士気高揚のため」という。

二〇〇三（平成十五）年七月一日、有珠山噴火《うすざん》災害地視察などのため天皇・皇后が千歳に到着した際には、宮内庁や北海道警察本部が「控えめに」と強く要請して規模は八百六十人、列の長さも約八〇〇メートルに抑えられたが、北部方面総監部側は最後まで不満そうだったという。

ちなみに、その三日後には富良野《ふらの》市内で反対車線の軽自動車がUターンして車列に接近し、割って入った白バイとの衝突で御料車が傷つけられる「事件」が起きた。天皇・皇后は予備車に乗り換え、車列は数時間後には富良野から次の訪問地旭川へと向かった。ふたたび驚いたことに、国道の対向車線に続々と自衛隊の装甲車両が現れ、上半身を車外に出した乗員が一斉に天皇に敬礼しながらすれ違っていった。数十台に及んだ装甲車部隊の威圧感は相当なものだった。天皇の車列が通ることは自衛隊側も事前に把握しているはずで、たまたま部隊の移動と重なったとは考えにくく、陸自側の警察への当てつけの「示威行動」だったのではないかとの疑いが今もぬぐえない。

天皇と自衛隊との「接近」は宮殿行事でも目立たないが進む気配だ。

一九七三（昭和四十八）年から始まった自衛隊高級幹部会同出席の統合幕僚長らの拝謁は平成でも毎年おこなわれている。

これに加え二〇〇六（平成十八）年十二月には、テロ対策特別措置法とイラク人道復興支援特別措置法に基づいてインド洋やイラクに派遣された自衛隊員らと宮殿の小食堂「連翠《れんすい》」で皇后とともに接見した。イラクの在サマーワ外務省連絡事務所職員ら約二十人と総勢百六十人の陸海空の自衛隊員で、司令や艦長ら幹部から二等陸曹までの広い階級が対象になった。

二〇〇九（平成二十一）年十月には国連平和維持活動（ＰＫＯ）や選挙監視などのためゴラン高原やネパール、東ティモールなどに派遣された自衛隊員、警察官、非政府組織（ＮＧＯ）スタッフら百七十五人。二〇一一（平成二十三）年十月にはゴラン高原、ハイチ、スーダンなどでＰＫＯ活動にあたった自衛隊員ら百二十四人。二〇一三（平成二十五）年二月にも同活動を終えた自衛隊員ら百六十八人を接見した。

昭和の時代には、他の国家機関も含めて特定任務に関して宮殿で会えば公平性の面からきりがなくなるとしておこなわれなかったことだ。現天皇は皇太子時代の青年海外協力隊員などとの接見の延長上で国際緊急援助隊やＰＫＯ参加隊員にかぎりおこなっている形だが、関係機関幹部の拝謁に加えて特定任務に携わった隊員らをねぎらうのはやはり異例である。自衛隊側の士気は大いにあがっただろう。

二〇一一（平成二十三）年三月の東日本大震災では、天皇がビデオメッセージで救援関係機関の真っ先に自衛隊を挙げて労をねぎらい防衛省関係者を感激させた。

安倍晋三《あべしんぞう》政権は「積極的平和主義」の名の下に特定秘密保護法制定、集団的自衛権の憲法解釈変更などを矢継ぎ早に打ち出し、二〇一三（平成二十五）年暮れには靖国神社参拝に踏みきった。日本国首相がＡ級戦犯も祀る宗教法人への参拝を「不戦の誓い」と説明しても説得力はなく、国際的にも米国を含め四面楚歌となった。

筆者は靖国神社に関する昭和天皇の未発表の御製とみられる「靖国の名にそむきまつれる神々を思へばうれひのふかくもあるか」を紹介した（一三九ページ、「靖国の名にそむきまつれる」）。徳川が歌人の岡野《おかの》弘彦《ひろひこ》に語ったところでは、昭和天皇はＡ級戦犯合祀で同神社の性格が変わってしまい、先の大戦の関係諸国との間に深い禍根を残すと憂慮していたという。

以前、昭和天皇に仕えた元式部官長は「フランスに王より王党派の者が王を亡ぼすとの格言があり拳拳服膺《けんけんふくよう》していた」と筆者に語ったことがある。

天皇―靖国神社―皇軍のトライアングルが再現されることはあってはならないだろう。

王より王党派

「王より王党派」という言葉を教えてくれたのは、宮内庁式部官長だった故安倍勲《あべいさお》だった。ベルギー大使、国連大使を歴任したあと、昭和天皇の晩年から大喪までの十年間にわたり宮中儀式や外国交際を仕切った。

一九九三（平成五）年四月一日に式部職参与も退任することになり、前日に参与室を訪ねると、荷造りした大量の段ボール箱に囲まれ、独りぽつんと目をつむってソファに座っていた。長年仕えた宮中を去る感慨を尋ねると、フランス語が飛び出した。

「プリュ・ロワイヤリスト・ク・ル・ロア（plus royaliste que le roi）という格言がフランスにあります。王より王党派の人たちが王制を危うくするという風に使うんですよ。これから平成の皇室は大丈夫かな。心配だなあ」

世は皇太子婚約で沸く一方、保守系雑誌による平成皇室へのバッシングが起きていた。「古今東西を問わず、王党派は王制と自分が思い描く国王像を崇拝し、実は王を敬っていない」というわけだ。

二〇一六（平成二十八）年、現天皇の生前退位を審議した「天皇の公務の負担軽減等に関する有識者会議」の保守系のヒアリング対象者たちの発言を読んで安倍の言葉を思い出した。

「譲位は認めない」「天皇は存在するだけでもいい」――とにかく制度が大切なのだ。「特別措置法で現天皇一代かぎり認める」といった政府の方針にも、皇室典範本体は手つかずでおきたいという保守派への配慮が伏在しているのではないだろうか。

別項で同有識者会議での筆者の陳述を紹介するが（五八三ページ、「『王道』を行くべきだ」）、このときには「典範本法改正で譲位の制度化」を主張したのは筆者一人だけで「孤立」の悲哀を味わったが、その後の憲法学者からのヒアリングで京都大学大学院教授大石眞《おおいしまこと》だけが同趣旨を陳述したことを知った。明治の旧憲法と典範を起草した井上毅《いのうえこわし》（梧陰《ごいん》と号した）が遺した文書・蔵書などの資料を「梧陰文庫」という。大石は國學院大学法学部在籍中に「梧陰文庫研究会」の一員として制定過程を詳細に検証した経験を持つだけに、その言は重いと思う。

とりわけ印象深かったのは二点。第一点は天皇の退位の意向をにじませた「お言葉」が天皇の政治関与として憲法に反しないかとの問いに関する見解だ。

大石は「男子の平均寿命が八十歳を超える高齢社会では、天皇の終身在位制というのはかなり広い範囲の公務の遂行ということとは両立しがたいのではないか」とした上で、次のように述べた。

天皇による実質的な退位意思の表明を憲法との間で問題視し得る余地はないわけではない。ただ、退位の意思表明というのが憲法で言う国政に関する権能そのものの行使に当たるかというと、必ずしもそうは言えない。むしろ国政の中枢から退くという判断なので、国政を左右するという問題とは相当違う。かつ、皇位継承の問題というのは、やはりロイヤル・ファミリーとして考えなければならないところがあり、その点への配慮というのも必要なので、天皇のそういう御発言が直ちに憲法違反になるとは考えておりません。

第二点は特例法方式についての指摘だ。

構造的に高齢を理由とする執務不能というような事態は繰り返し起こり得る。それが分かっているのに、その都度、特例を設けるというのは妥当でない。その時々にまた発言によってまた特例ということ自体が非常に不安定で、かつ外見からは、その発言によっていろいろな制度が左右されるという印象を与えかねないので得策ではない。

特例法という場合には、いわば規範の複合化を招く事態になるし、さらに言うと、憲法が特に国会が議決した皇室典範と言っており、これは議会制定法という単一の法的な形式を指定するというだけではなくて、特定の名称、単一の名称まで特定しているわけですから、それに合致しないきらいがある。

そして有識者からの「典範の中に別の法的措置を講じるといった項目を立てればクリアされるか」との質問に「あまりにもそれは姑息で、制度としては美しくない」と答えている。

二〇一六（平成二十八）年十一月三十日の五十一歳の誕生日の会見で秋篠宮は天皇の「お言葉」について次のように語った。

憲法にも関係することですし、非常に慎重な対応をしないといけないわけです。そういうことからお立場の責任もありますので、宮内庁長官を始めごく限られた人たちで、随分そのことについて相談をされ、そして内閣の了解も得てお気持ちを表されるということに至ったと私は理解しております。私自身としては、長い間考えてこられたことをきちんとした形で示すことができた、これは大変良かったことだと思いますし、話されるにしても様々な制限がある中で、最大限にご自身の考えを伝えられたのではないかと考えております。

また「天皇は存在するだけでいい」との意見が出ていることについて問われ、こう答えた。

現在の天皇陛下が活動していく、活動はいろいろなことがあります。例えば大きい災害があったときにそこにお見舞いに行かれることもそうでしょうし、その他もろもろのことがあります。私はやはり、いろいろな意見はありますけれども、今現在陛下が、先ほどお話ししましたように、象徴というのはどういうふうにあるべきかということをずっと模索し、考えてこられたその結果であるだろうと考えています。（略）私もそのお考えに非常に同じような気持ちを持っております。

恒久的な譲位の制度化を提起したとみられる天皇の「お言葉」が内閣の了解を得て発せられたと明かし、みずからも父天皇と同じ気持ちであると明言した。

天皇の学友の明石元紹《あかしもとつぐ》や元宮内庁参与三谷太一郎《みたにたいちろう》も譲位の制度化が天皇の本意だとする発言を公表している。有識者会議のヒアリングで譲位に反対した論者からも特例法方式に「悪しき前例になる」「インチキ」などの批判が出た。当初報じられた「筋書」は必ずしも十全に描きされたわけではない。

にもかかわらず、有識者会議は十二月十四日の会議で、特例法で譲位を一代かぎり認める方向を打ち出した。政府の特例法の方針は同会議設置のはるか前から盛んにメディアに流されるなど「環境づくり」「既成事実化」は目にあまった。「またも結論ありきの有識者会議だ」との批判も予想された。

民進党幹事長野田佳彦《のだよしひこ》は、有識者会議について「(天皇の)意に反する発言をする人を呼び集めるやり方に強い違和感を持っている。危惧している」と述べた。

年末年始にかけ、同党の独自の典範本法改正案の提起、天皇の誕生日会見に続き、二月には皇太子の誕生日会見が予定され、前年八月八日の天皇の「お言葉」の本意が譲位の恒久制度化にあることがあらためて確認される可能性も想定された。

一月には、トランプ政権発足にともなう米国のTPP離脱という激震も予想され、場合によっては選挙区区割り変更適用前の解散・総選挙も取り沙汰された。こうした緊迫した政治情勢のなかで、政府の特例法に向けた「環境づくり」が裏目に出て、野党や世論の反発が高まり争点化する恐れも出てきた。

皇位継承に関わるだけに与野党の幅広いコンセンサスは不可欠だ。特例法か典範本法改正か――それが最大のハードルになったのである。

園部元最高裁判事の提言

宮殿という公空間に表御座所という〝奥の院〟があり、その地下の密室に鋼鉄製金庫があって、その中に機密を封印した革製金庫があったという話を書いた。

人間だれしも公《おおやけ》の顔と私《わたくし》の顔とはある。しかし天皇は存在そのものが国家機関であり、生身の個人としての言動記録は一部封印せざるをえなかった。

たとえば先の大戦での昭和天皇の戦争責任について近代史家三谷太一郎は次のように総括している。

一方で立憲君主としての立場を貫くべく努めながら、他方で国際協調主義の立場を守るために、時としては立憲君主の立場を超えて軍部に対して自己主張を試みた。昭和天皇の実際の言動に徴する限り、個人としての天皇に軍部の政策の責任を帰属させることは困難であろう。（略）個人としての天皇は、制度としての天皇の責任をいかに引き受けるべきなのか。それが敗戦後の人間天皇に問われた最も深刻な道義的問題であった（略）。

（「昭和期の政治と天皇」『近代日本の戦争と政治』所収）

そして今、皇室は制度自体が内包していた想定外の危機に直面している。

最近、園部逸夫《そのべいつお》元最高裁判事の講演記録を読んだ。香川大学などでの講演の原稿に加筆し『香川法学』第三十三巻に掲載された「憲法第一章に関連する問題について」だ。皇位継承者不足と東宮問題、秋篠宮家の位置づけの問題、天皇の高齢化、政治の皇室利用の問題などについて率直に見解を述べ提言も試みている。

園部は現在の危機を「制度にもともと内在していた不安定要因が現実化している」とし、まず危機の諸様相を位置づけるため皇室制度の特徴を五本柱に整理している。

①国の制度であると共に特定の限られた御一族に関する制度の面を持つ。

②柔軟性を持つ。

③皇室と国民との信頼関係により成立し維持されている。

④皇室の方々の御活動により意義が明らかにされる制度である。

⑤長い歴史を背景に持つ。

その上で、まず昨今の東宮批判を取り上げる。

皇太子妃の療養が十数年に及ぶ東宮に対し、皇室制度を大切に考える立場や同情的な立場からも即位辞退論などの声が出ていることについて、特徴①により皇族批判が制度批判につながりかねないと指摘。「御日常の御生活に関することは、限られた情報しか表に出ない制度」「議論をする際には、確かな情報を持って、よほど慎重に行わないと、事態を好転させることにはならない」として、特徴③の皇室と国民の信頼関係が損なわれ制度の根本が崩れて行きかねないと警告している。

ただ、特徴④との関連では園部の歯切れもややよくない。

象徴天皇は憲法上の国事行為だけにとどまらず、外国訪問、戦没者慰霊、福祉施設訪問など公的活動を幅広くおこなうことにより象徴としての役割を果たすという考えかたがあり、現天皇・皇后のこうした活動を多くの国民が支持している――と園部も認めるからだ。

「このような両陛下のご活動は、両陛下の大変な御努力によるものであり、誠に有りがたいことである。また、これまでの歴代の天皇・皇后の有り方の積み重ねという歴史もある」

その一方で園部は「公的な御活動というものも、本来、制度として定めて、皇室の方々に義務づけるような性格のものではない」「思し召しによって、国民のためになさって頂くものである」と指摘。「仮に、天皇の御配偶である皇后が、お体の御丈夫でない方で、公の場にお出ましが困難な方であっても、制度は十分維持できると思う」「御日常のお過ごし方が国民の共感を得るようなものであれば、批判されるということはないと思う」としている。

次に内廷皇族である皇太子家と内廷外の一宮家である秋篠宮家の扱いに大きな格差があるのは、直系の長男で皇位を継いでいく皇位継承制度に由来すると指摘。天皇の長男に継承者がなく次男に継承者がいて、皇太子が天皇に即位しても、継承順位一位と二位の男子皇族を擁する秋篠宮家が内廷外の一宮家にとどまるのは「皇室制度が想定していない事態」と認めている。しかし、「一部だけを手直しするということは難しい」として、東宮職のような本格組織を設けなくても必要な人員を配置し、秋篠宮が皇嗣となった場合に支給される皇族費も皇室経済法を改正して、現在の三倍にするとか内廷費から補うとかして対応できると提案している。

皇位継承制度見なおしについては、多くの国民の支持が得られ、伝統を考慮し、制度として安定したものである必要性をあらためて訴えている。女系・女子を認めるか旧皇族復籍で男系・男子主義を守るかで激しい対立を生んだことについて、国民が抱く皇室観、望ましい皇室像がそれぞれの背景にあるため妥協点を見出すのは難しいと述懐。制度の特徴①に鑑みて、国会の関与から隔絶した戦前の旧皇室典範の位置づけに戻らないまでも特殊な法規範として位置づけ、たとえば天皇・皇族の身分に関する基本的枠組みは典範に拠る一方で「身分に関する基本事項の改正に当たっては、(略)天皇陛下のお考えを反映することが、可能となる方法はないか」との思いを吐露している。

また象徴天皇制では、皇室は一方で国民のさまざまな利害関心の間に調和をもたらすための「国民からの超越性」を、他方で国民とともにある「国民との一体性」を保つという相反する難しい課題を抱えるだけに、政府の制度運用が政治利用と疑われることは望ましくないと警告。皇室制度の時宜に応じた運用基準や皇室の内部規範を皇室のいわば家法として、天皇が定める皇室令か宮内庁令のような形で規定する案も示している。

「皇室制度の問題を考える主体は、現在は『国民』と『政府』であるが、これに『皇室』を何らかの形で加えることにより、問題の解決が、皇室にとって良い方向になればと思う次第である」

最後に天皇の高齢化については「皇位継承のあり方として、極めて厳粛な事柄である崩御によって皇位を引き継ぐというあり方は、『人』を象徴とする場合、その人の人生と、国家の歴史、国民それぞれの生きて来た時代とを重ね合わせるということになり、それは象徴制度にとって大変意義深い」としつつも、「御年齢を重ねられ、また御健康の問題もある天皇皇后両陛下に、これまでのような御活動をお願い申し上げるのも、申し訳ないという思いもある」とする。そしてオランダ女王の譲位やローマ法王の六百年ぶりの生前退位の例を挙げ、「御健康で御長寿でいらして頂くために（略）何か制度的な対応も考えて差し上げるべきではないか」と問いかけている。

園部は大著『皇室法概論』などで皇室制度に詳しい法律家として知られ、小泉純一郎内閣の「皇室典範に関する有識者会議」で座長代理を、また野田佳彦内閣の女性皇族の扱いの見なおし作業で内閣官房参与を務めて危機打開を試みたが果たせなかった。政府・宮内庁側にも身を置き内情に接した経験もあるだけに、講演には生身の天皇・皇族方への気づかいや皇室の現状と将来に対する憂慮がにじむ。それぞれの論点に賛否はあるだろうが、傾聴に値する提言だと思う。

「王道」を行くべきだ

二〇一六（平成二十八）年十一月十四日、「天皇の公務の負担軽減等に関する有識者会議」のヒアリングで陳述の機会を与えられた。「皇室典範を改正し高齢譲位の選択肢を」と訴えた。世論調査も「皇室典範改正で将来の天皇も譲位可能に」との意見が圧倒的だ。

しかし、ヒアリング対象者の多くは「譲位不可」「摂政で対応」「現天皇一代かぎりの特別措置法で」などと主張し、かけ離れている。顔ぶれから予想したとおりだが、天皇にはまことに気の毒な様相だ。

議事録は官邸ホームページで公開されるが、報道されるのはさわりだけだ。筆者の「少数意見」の要点を紹介したい。

〈前提〉

長年取材してきた者として終身在位は残酷な制度だと思う。天皇の「お気持ち」表明は超高齢化時代に天皇が高齢による限界に直面した時は譲位すべきではないかとの問題提起と受け止めた。科学者でもある人間天皇らしい理にかなった考えだ。国や国民に対する強い責任感、残される者への思いやり、高い倫理性も感じる。

〈高齢譲位の選択肢を設けよ〉

①譲位が通例化した聖武以降は光格まで七割の天皇が譲位した。
②譲位は光格以来二百年ぶりというが、譲位を排除した帝国憲法までは仁孝、孝明の二代だけ。
③院政などの心配は象徴天皇が定着した現代では考えにくい。

譲位した天皇は約半数。神武や欠史八代など神話の天皇を含めてすらそうだ。

明治の皇室典範は歴史を踏まえたと強調されるが、皇室制度の成文法化を主導した岩倉具視《いわくらともみ》や井上毅《いのうえこわし》、柳原前光《やなぎわらさきみつ》も譲位を想定し典範原案を策定した。伊藤博文が強引に終身在位とさせた経緯がある。

譲位の弊害は、国民主権下のコンパクトな象徴天皇制が定着した情報化社会では考え難い。皇位継承候補者が数多くいて、上皇や大勢の皇族・公家集団が荘園などの経済力を保持し、武力集団、寺社勢力との関係も絡んで権力闘争が起きた時代のような不安定化は杞憂《きゆう》だろう。皇室が後継者不足に悩むような現代では現実離れした心配だ。もう少し柔軟に考えてもいい。

〈摂政は不可〉

①重患に陥った天皇の尊厳が傷つく（大正天皇の例）。
②皇族摂政は聖徳太子《しょうとくたいし》、中大兄皇子《なかのおおえのおうじ》、草壁皇子《くさかべのみこ》の三人だけで、昭和天皇まで皆無である。
③摂政は象徴ではない。活動も不完全になる。中途半端な立場で本人も苦労する。
④祭祀の核心部分も摂政にはできない。とりわけ新嘗祭。
⑤上皇との「象徴の二重性」への危惧は摂政との間でもある。

⑥超高齢化社会で天皇・皇族も長命の時代だ。三笠宮百歳、香淳皇后九十七歳、高松宮妃九十二歳、昭和天皇八十七歳、秩父宮妃八十五歳。香淳皇后の認知症は二十五年以上続いた。摂政が長引けば皇室の機能不全が深刻化する。

摂政を置くには大正天皇のときのように症状悪化の容赦ない発表は避けられず、崩御と同様に人間としての尊厳に関わる。

歴史上、藤原氏、五摂家などによる「人臣摂政」は大勢いたが、「皇族摂政」は昭和天皇まで一千二百三十五年間一人もいない。祭祀でも新嘗祭で摂政はお供えまでしかできず、穀霊とふれる肝心の「神人共食」はできない。中途半端な摂政はいろいろと苦労する。昭和天皇も日記に「死にたい」とまで記した。「伝統」至上主義の論者は天皇は「存在自体が尊い」「祈るだけでよい」と主張するが、超高齢化時代に摂政では新嘗祭などが長く不完全となることは無視している。

もちろん天皇が幼少の時や急な重患、事故の場合の緊急避難的な摂政はやむをえないと思う。

〈公務の削減は困難〉

①国事行為は国家機関としての天皇が天皇の意思に関わりなく憲法で定められた儀礼的活動を「内閣の助言と承認」でおこなうもので削減できない。

②公的行為は天皇の意思（「思召し」）により行われる。政府は憲法に定められた象徴の矩《のり》を越えないよう責任を持つが、政治利用は慎むべきもの。いわば「自発的な運用」の問題であり、天皇と補佐機関の宮内庁との間で適時適宜に「運用」を相談すべきものだ。

戦後の象徴天皇の歩みは、「神勅天皇」「統治権の総攬者」だった昭和天皇が昭和二十一年の「人間宣言」と「戦後巡幸」から再出発して始まった。現天皇もそれを継承し発展させてきた。天皇の顔も見えず肉声も聞こえぬ神格化の時代は終わり、人間としての面ざしが見え肉声が聞こえる活動だ。

天皇にとっても「国民」とはのっぺらぼうの集団ではない。一人ひとり名前と顔があり、さまざまに苦しみ悩み喜ぶ「市井の人びと」だ。寄り添い理解してこそ天皇の「祈り」にも内実がともなう。これが「初代象徴天皇」の二十八年間の「模索」の結晶なのだろう。いわば精妙な綾錦を皇后とともに織りなすような多彩な活動を一律に削減・軽減するのは難しい。

〈一代かぎりの特別立法は不可〉

①憲法は皇位の世襲について特に「国会の議決した皇室典範の定めるところによる」と明示している。特別法でどうにでもなる前例は典範の権威・規範性を損なう。

②高齢化による譲位に論点を絞り、天皇の高齢、本人の意思、皇室会議の承認の条件をつければ典範本法の改正は難事とは思えない。

③典範や皇室経済法、宮内庁法など関連法令の小幅手なおしが必要となる個所は幅広く多いので特別立法になじまない。

④皇太子不在となることへの対処は特別立法になじまない。

⑤天皇の真摯な問題提起をあたかも一人の天皇のわがままであるかのように扱い、しぶしぶ一時の「抜け道」をつくる安易な対処との印象を与えかねない。

⑥世論も譲位容認が九割。そして「将来の天皇にも適用」が六〜七割と圧倒的に典範改正を支持している。

⑦当面は特別立法、将来は本法改正という二段階論は、過去の経験からみて、当面の対処がすめば機運がしぼみ先送りとなる恐れがある。

天皇は、誰よりも歴代天皇、皇室の歴史に幼いころから向きあいつづけてきた。皇室制度にはさまざまな問題点や制度疲労もあり、いろいろな思いもあると思うが、あくまで最低限の一点に絞り控え目に問題提起している。

譲位のための典範改正は要件を高齢に絞りこめば与野党問わず、また多くの国民にも理解が得られるのではないか。世論調査の数字はけっして単純に「お気の毒」との一時の感情ではなく、天皇の問題提起に深い共感が広がった結果だろう。

「皇室の伝統」とは、戦争の惨禍とともに五十八年間で終わった明治の典憲体制だけではない。廃止された旧典範や旧皇室令の形式にあまりにこだわることは時代に逆行し、人間として親しみ敬愛される象徴天皇の時代にふさわしくない。

現天皇は即位後朝見の儀で「日本国憲法と皇室典範の定めるところにより皇位を継承しました」と内外に即位を宣言した。次の天皇は「日本国憲法と皇室典範および特別措置法により」と宣言するのだろうか。皇位継承に関わることは、やはり「王道」を行くべきだろう。

元日即位も悪くない

奈良文化財研究所が二〇一六（平成二十八）年秋、橿原《かしはら》市高殿町《たかどのちょう》の藤原宮の大極殿院南門の南側と朝堂院朝庭の北端部の発掘調査で、礫《こいし》敷き広場に旗竿遺構とみられる大型柱穴群や柱穴列を検出したと発表した。

『続日本紀《しょくにほんぎ》』に記された大宝《たいほう》元年（七〇一）の元日朝賀の際に正門に立てられた七本の幢幡《どうばん》（宮内庁は纛幡《とうばん》と呼ぶ）を立てた跡の可能性が高いとした。

大宝元年春正月乙亥の朔、天皇、大極殿に御しまして朝を受けたまふ。その儀、正門に烏形の幢を樹つ。左は日像《にっしょう》・青龍《せいりょう》・朱雀《しゅじゃく》の幡、右は月像《げっしょう》・玄武《げんぶ》・白虎《はくこ》の幡なり。蕃夷の使者、左右に陳列す、文物の儀、是に備《そなわ》れり。（『続日本紀』）

日・月は陰陽を、四神は五行の木・火・金・水を、烏形幢は土を象徴し、陰陽五行の世界観を示し、キトラ古墳や高松塚古墳の壁画とも共通する。

「元日節会《がんじつのせちえ》」とも呼ばれた「元日朝賀の儀」は大化《たいか》二年（六四六）の孝徳《こうとく》天皇の代に初めておこなわれ、大宝元年には文武《もんむ》天皇が律令国家成立を高らかに宣言する場となった。唐の「大唐開元《だいとうかいげん》礼《れい》」など中国の元日朝賀の儀にほぼ倣った儀式立てだった。

また文安《ぶんあん》元年（一四四四）に藤原光忠が書写した『文安御即位調度図』や『延喜式』兵部省にも元日と即位時にこれらの幢幡を立てたと記録されており、その構成や配置は古代から近世まで大きな変化はなかったとされる。

天皇は「衮《こん》」と呼ばれる唐風礼服で冕冠《べんかん》をかぶって高御座《たかみくら》に登壇し宣命《せんみょう》を述べた。筆者も明治天皇の父、孝明《こうめい》天皇の衮冕を京都で見学したことがあるが、赤地に龍や日月、北斗七星を刺繡した衮や冠は中国皇帝の礼服そのものだったのが強く印象に残っている。

年の初めの元日朝賀の儀と即位礼とはほぼ同じ儀式とされており、冬至の大嘗祭と並ぶ皇位就任儀式である即位礼は、往時の先進国中国の様式で法治国家を演出する最大の重儀だった。中国風を廃して平安の衣冠「黄櫨染御袍《こうろぜんのごほう》」となり、纛幡の紋様も改変されたのは明治以降のことだ。

当時の宮廷でも最大の盛儀だった元日朝賀の儀は、平城京にも受け継がれたが、平安中期の一条《いちじょう》天皇で中絶。その後は簡略化されて「小朝拝《こちょうはい》」となった。

明治になって一月五日の「新年宴会」となり、戦後は元日の「新年祝賀の儀」となった。宮殿で天皇、皇族、参列者らはいずれもモーニングなどの洋装や和礼装で執りおこなっている。宮中の恒例行事でも唯一の国事行為となっているのは、かつて即位儀と並ぶ盛儀だった「伝統」だからである。民俗学者折口信夫《おりくちしのぶ》によると宮中歌会始も、元日朝賀の後のくだけた直会《なおらい》にルーツがあるという（『古代人の思考の基礎』）。

往古には、暦と時間を支配する天皇は正月に即位する考えかたがあったとの説もある。神武＝正月一日、綏靖《すいぜい》＝正月八日、孝昭《こうしょう》＝正月九日、孝安《こうあん》＝正月七日、孝霊《こうれい》＝正月十二日……。

二〇一六（平成二十八）年十月十六日付で産経新聞が「大嘗祭は平成三十年（二〇一八年）」と報じた。「だれが考えても準備が間に合わないはずだ」と首をひねった。それに、新天皇が即位し同年元日に元号も改まるとしたら、「平成三十年」はないはずではないか、と。案の定、同紙は翌年一月十日付で「新元号は二〇一九年一月一日施行」と書いた。「軌道修正記事だな」と思ったが、各紙一斉に一面トップで追随したのには驚いた。どうも官邸筋からの情報のようだ。「もしそうなら、元日の国事行為『新年祝賀の儀』の代わりに即位の礼をおこなうのだろう」と思った。

もともと両儀式は天皇を核とする国家体制を象徴し、ほぼ同じ観念を具現化した同じ儀式だったようだ。大正以降は即位の礼と大嘗祭は秋に連続しておこなわれてきたが、これは明治天皇や岩倉具視らの意を受けて両儀式を京都でおこなうと旧皇室典範で定めたからで、前年末に譲位、元日に改元と即位の礼、十一月に大嘗祭と間が開いても問題はないはずだ。

新元号も、せっかく生前譲位によって前もって自在に施行日が決められるのだから、やはり元日施行がもっとも望ましい。先帝の崩御が年末年始だったため、昭和元年も昭和六十四年もわずか一週間という先例のような面倒な事態は避けられる。

ところが、二〇一七（平成二十九）年一月十七日の定例会見で宮内庁の西村泰彦《にしむらやすひと》次長が「元日は早朝から元旦四方拝や新年祝賀の儀など重要な行事が続き、それらに支障がある」と否定したのでいささか驚いた。宮内庁には「新年祝賀の儀」を兼ねて「即位の礼」をおこなう発想はまったく念頭にないようだ。天皇、皇族や役人はたいへんだろうし、元日となると海外賓客の出席も難しくなるかもしれないが、個人的には前年末に譲位の儀式、元日に「即位の礼」というのは、新天皇即位と新しい年の始まりを二重に祝うものとして、悪くないのではないかと思うのである。

元日未明の祭祀である四方拝や即位礼当日の賢所大前の儀などを簡略化したり、饗宴の儀を翌二日からに繰り延べ、例年の新年一般参賀はとりやめて即位後朝見《ちょうけん》の儀に合わせるのも一案だろう。

宮内庁は前年、政府の有識者会議で天皇の公務の削減説が強まると「公務削減は難しい」（西村次長）と発信し、今回は元日の即位や元号施行も難しいと発信した。山本信一郎《やまもとしんいちろう》長官も一月十二日の定例会見で報道について「まったく承知していない」と真っ向から否定した。「理解を超える」とまで言ったそうだから、先走り報道がよほど苦々しかったのだろう。

前年夏の天皇の「お考え」表明前後から、官邸・内閣法制局と宮内庁との間が、情報管理も含めぎくしゃくしている。今後、連携を強めるべきだろう。ただ、さまざまな報道が出るのは、崩御継承の場合は議論を密室で進めざるをえなかった先例よりむしろよいことかもしれない。

江戸末期の光格《こうかく》天皇までは生前譲位が通例だったとはいえ、近現代では天皇の譲位と「三種神器」などを移す先例はなく、政府・宮内庁にも旧皇室令などのような儀式マニュアルがない。崩御継承の場合の「剣璽等承継の儀」に代わるものとして、往古の「譲国の儀」にあたる譲位の儀式次第も新たに練り上げねばならないはずだ。『西宮記《さいぐうき》』『北山抄《ほくざんしょう》』『江家次第《ごうけしだい》』など平安の儀式書などの史料も参照しつつ、現代の象徴天皇にふさわしい姿を案出すべきだろう。

現天皇の即位の礼には海外から六十六ヵ国の国王・大統領などの元首、三十四ヵ国の皇太子・王族・副大統領級、二十ヵ国の首相級の出席があり、国内と合わせ約二千五百人が出席。昭和天皇の大喪とともに史上最大級だった。

このところ相次いだ海外の王室の譲位の例をみても、即位儀式ははるかに簡素だが厳粛におこなわれている。あまりに大がかりなのも時代にそぐわず違和感が出よう。

天皇の生前の譲位は、将来の太上天皇の葬儀（すでに本人が土葬から火葬への簡素化を希望している）も含め、皇位継承の儀式立てを根底から考えなおす好機でもある。政府、宮内庁挙げて取り組み、国民世論にも問いかけるべきだ。その意味でも、特例法による譲位によって「特例の儀式立て」を安易に組み立てるという小手先の事業ではすまないだろうと思うのである。

引かれ者の小唄

「引かれ者の小唄はしばらく歌いつづけますよ」

二〇〇五（平成十七）年十一月、小泉純一郎内閣の有識者会議が女性・女系天皇を容認する皇室典範改正の答申を決めた際に、宮内庁内の急先鋒だった幹部に「敗北宣言」した思い出がある。

ずっと「拙速」「時期尚早」と慎重論を唱えつづけていた。天皇の正統性の根底に関わる重大事の取り運びとしては安易で、必ず「万世一系の皇統の断絶」への反発が激化するというのが記者の勘だった。案の定、反対は予想を超えて燎原《りょうげん》の火のように広がったが、それでも強行突破が固まったからだ。

ところが、翌年二月、まもなく改正案が内閣部会にかかるというタイミングで秋篠宮妃の懐妊が明らかになり、典範改正は一気に挫折。国論分裂を顕在化させただけに終わった。多くの関係者が傷つき徒労感をかみしめた。「草の根の天皇制」の怖さである。

件《くだん》の幹部は「引かれ者はこちらでしたなあ」とつぶやいたものだ。

光格《こうかく》天皇以来二百年ぶり、近代以降初めての天皇の譲位が決まった。二〇一六（平成二十八）年夏の天皇の「お考え」表明から約七ヵ月。退位に反対する保守派の強硬論が前面に出され、それに同調するメディアも現れる局面もあったが、衆参正副議長が引き取り政党間調整を経て着地した。

天皇の側近、元側近らは「天皇の意思による退位は憲法に反すると内閣法制局が一貫して消極的だった」とふりかえる。天皇が異例の「お考え」を国民に発せざるをえなかった背景に現政権の「典範には手を着けさせない」との頑なな姿勢があり、結局は特例法という「抜け道」めいた形となった。

関係者によると、有識者会議の初顔合わせで安倍晋三《あべしんぞう》首相が用意された紋切り型の挨拶を述べただけで退出しようとして、今井敬《いまいたかし》座長に「少しはみなさんに総理自身の考えを言ったらどうか」とたしなめられる一幕もあったという。

小泉内閣有識者会議で座長代理を務め、今回の同会議でもヒアリング対象者となった園部逸夫《そのべいつお》元最高裁判事も「官房長官時代から安倍さんは皇室にはあまり関心がなかった」「今回も特例法でさっさと済ませて、本論の憲法改正発議がしたいから、国会論議を急いでいる」と嘆いたと伝え聞く。

退位と退位の恒久制度化を圧倒的に支持する世論とのあまりの懸隔ぶりを見かねて議長ら長老連が乗り出したのか。あるいは振り付けた知恵者がいたのかもしれない。

ただ、典範附則に根拠規定を置いて特例法とするアクロバティックな法形式は、典範改正を支持する世論や野党との政治的妥協の産物で、矛盾を抱えわかりにくい。

まず、典範本則は終身在位、特例法は退位という矛盾。また、退位は例外的措置だが将来の先例にもなるという矛盾だ。

各党協議で、当初は野党は典範改正で足並みを揃えたが、最終局面で共産党が特例法に理解を示しスクラムが崩れた。自民党は「嬉しい誤算だった」（高村正彦《こうむらまさひこ》副総裁）という。

しかし「天皇のお気持ちは理解できる」「人間としての権利は保障されねばならない」（志位《しい》和夫《かずお》委員長）としていた共産党が与党に歩み寄ったのは、高齢となった自然人としての進退に関してすら「天皇の意思」を認めず厳しく封じこめる方向だったからだろう。

正副議長の「とりまとめ」のなかの「お言葉を重く受け止める」との表現や、天皇の象徴行為（公的行為）に対する国民の共感への言及に同党が「同意できない」と注文をつけていることでも明らかだ。

天皇元首化の改憲を目指す自民と、綱領に民主共和国を掲げる共産との「同床異夢」だろう。

しかし、一人の自然人として高齢の限界に直面して、国や国民への責任感から国政の役割から去ることを問題提起すること、あるいは国民の側が本人の同意を確認することすら、天皇が「政治的権能」をふるうことなのだろうか。憲法学者の意見も分かれ、過去の政府答弁にも根拠例はないと聞く。

正副議長の「とりまとめ」は「強制的な退位や恣意的な退位を避けられる」としている。しかし、「天皇の意思に反する退位も、同意を確認する退位も駄目だ」として、天皇の意向や希望をゼロにまで切り捨てる退位は、むしろ「廃立」と呼ぶべきものではないだろうか。

「『例外』が『先例』となる」という際どい辻褄合わせで、将来、時の政権と多数党が天皇の意に反する「廃立」を策した場合の歯止めがどう確保されるかも不透明だ。

筆者は有識者会議のヒアリングで「特別立法は不可」として以下の理由を挙げた。

①憲法は皇位継承について「法の定めるところにより」とせず、特に「皇室典範の定めるところにより」と明示している。特別法は、特別法でどうにでもなる前例をつくり典範の権威・規範性を損なう。「王道」を行くべきだ。
②高齢化に対応する譲位に論点を絞り、天皇の高齢、本人の意思、皇室会議での承認といった条件をつければ典範本法の改正はさほど難事とは思えない。
③典範や皇室経済法、宮内庁法など関連法令の小幅手直しが必要となる個所は幅広く多いので特別立法になじまない。
④皇太子不在となることへの対処は特別立法にはなじまない。
⑤天皇の真摯な問題提起をあたかも一人の天皇のわがままであるかのように扱い、しぶしぶ一時の「抜け道」をつくる安易な対処との印象を与えかねない。
⑥世論も譲位容認が九割、将来の天皇にも適用が七割と圧倒的に典範改正を支持している。
⑦当面は特別立法、将来は本法改正という二段階では、過去の経験からみて、当面の対処がすめば機運がしぼんで先送りとなる恐れがある――
以上の見解は有識者会議や正副議長斡旋《あっせん》の経過を見たあとも、依然として変わらない。典範の体系と「第二皇室典範」（野田佳彦《のだよしひこ》民進党幹事長）ともいうべき特例法体系が並び立つのは「ハイブリッド典範」と呼ぶべき状態だ。典範の規範性が損なわれることになると思われる。

ギリシア神話に登場する怪物に「キメラ」という複合動物がいる。日本にも平安時代に清涼殿に現れて二条《にじょう》天皇を悩ませた「鵺《ぬえ》」という複合動物がいる。『源平盛衰記《げんぺいじょうすいき》』によると背中はトラだが、足はタヌキ、尻尾はキツネだったそうだ。

果たして国民は「超党派の国民的総意が成った」と納得するだろうか。

いずれにしろ、退位にともなう皇位継承儀式の再編成や秋篠宮の待遇、将来の上皇の葬儀のありかた、いわゆる「女性宮家」への取り組みなどをどうするかという、前例のない制度改革も俎上にのる。

筆者は、選挙区区割り変更適用前の解散・総選挙の可能性に言及した（五七七ページ）。政局も森友学園問題などで緊迫しており、その可能性は消えていないようにみえる。きな臭い政局のなかで法案の策定・提出のスケジュールが狂ったり、審議段階で与野党対立が再燃して影響を受けたりする恐れもないとはいえない。

政府による法案化、国会での審議をみながら、もうしばらく「引かれ者の小唄」を歌わねばならないかもしれない。


【付記】

安倍政権は二〇一七（平成二十九）年九月二十八日、「国難突破」解散に踏みきった。自民、公明の与党三百十三、野党百三十と、解散前勢力を確保する圧勝だった。天皇の退位問題を六月九日の特例法成立で処理したあとだった。

毒を食らわば

天皇の退位に関する政府特例法案の骨子が二〇一七（平成二十九）年四月なかばに一部で報道された。策定の前提となるべき有識者会議の最終報告も待たずリークされるなど現政権のメディア選別と情報操作ぶりは目にあまると思うが、取りあえずこれによって論点を洗い出してみた。

「骨子」によると、

①皇室典範附則で特例法は典範と一体と規定する。

②退位に至る事情として、公的活動に精励してきた天皇が、今後は高齢でみずから続けることが困難となることに深い心労を抱いており、これを国民が理解し共感している。

③その状況に鑑み典範第四条の特例として退位を認め、必要事項とともに特例法で定める。

――という。

去る三月十七日に衆参正副議長が政府に提出した各党協議の「とりまとめ」では、退位に至る事情を「昨年八月八日の『お言葉』は、国民の間で広く深い敬愛をもって受け止められている」としていたが、法案では「お言葉」への言及は削られ、天皇の心労への理解と共感との記述となった。共産党から「お言葉を重く受け止める」などの文言にクレームがつき、「天皇の意思」を連想させる「お言葉」の語を削ったものとみられる。

しかし、正副議長とりまとめの「盛り込むべき事項」ではこうなっていたのである。

昨年八月八日の「お言葉」は、国民の間で広く深い敬愛をもって受け止められていること。また、今上天皇は、在位二十八年余の間、象徴としての皇位を大切にしてこられ、これに対する国民の幅広い共感を受けていること。

今上天皇の退位については、従来のようにお務めを果たすことに困難を感じておられる状況において、昨年八月八日の「お言葉」が発表されて以降、そのお気持ちが広く国民に理解され、共感が形成されていること。立法府においても、その必要性が共通認識となっていること。

憲法第四条の「天皇は政治的権能を有しない」を楯にとって「天皇の意思」を徹底して排除し、典範本則改正を頑なに拒んできた政府が共産党のクレームを「これ幸い」と受け入れ、他党に諮《はか》らず「お言葉」への言及を削ったようだ。

すでに書いたが、天皇が政治的権能を振るうことを禁じ政治社外におく憲法第四条について、高齢を迎えた自然人としての天皇の最低限の問題提起をも抹殺するのには違和感が残る。憲法学説や過去の政府答弁でも明確な根拠となるものはないように思う。

筆者はこの三十年間、同条を常に念頭に置いて皇室をウオッチしてきた。ときに天皇の活動に同条の矩《のり》を越えるのではないかと疑問を呈し、ときに法制局の融通無碍《むげ》ぶりに批判記事も書いてきた。それだけに今回の法制局はじめ政府の峻厳ぶりに、政治臭を感じる。今後の各党への法案説明、国会審議で法制局はじめ政府は納得できる論拠を示すべきだろう。

将来への先例として歴史に残り、また天皇の意思による公的行為の性格づけにも関わるからだ。

また同骨子は、退位後の天皇、皇后の称号は「上皇《じょうこう》」「上皇后《じょうこうごう》」、敬称は陛下とし、上皇の葬儀・陵は天皇の例による、としている。

前段には異論はないが、葬儀を天皇と同じ「大喪の礼」とすることには趣旨説明が必要だろう。「天皇の例による」というのは、まず皇室行事ではなく国事行為とすることなのかどうか。香淳皇后（良子皇太后）の葬儀は「大喪」と名づけられたものの性格づけは皇室行事とされた。上皇の葬儀も天皇と同様に国事行為として営むとしても、昭和天皇のときのように大がかりな儀式を再現するのかどうか。

現天皇、皇后はみずからの葬儀について土葬から火葬に切り替えるなど簡素化を希望しており、崩御後は「もがり」である殯宮祗候《ひんきゅうしこう》も短縮され、本葬の時点では尊骸は火葬されて小さな骨壺に納められることになる。それでも大正、昭和両天皇の「例」に倣い巨大な柩を一・五トンもの葱花輦《そうかれん》で五十余人の護衛官が担いで葬場殿に運ぶのだろうか。

一方で政府は譲位の儀式は「特例だから」などの理由で国事行為ともしない方向との観測も出ている。現天皇の「退場」を貶《おとし》めることにならないか。

さらに「法案骨子」報道によると、上皇には皇位継承資格と皇室会議議員資格は付与しないが、上皇后は典範の皇太后としての摂政資格と皇室会議議員資格を認める。上皇の「御手元金」

は内廷費とする。つまり現天皇・皇后と皇太子一家三人に対し一括支給されている内廷費（現在は三億二千四百万円）はそのままで、身位変更により内輪の配分が変わることになる。

また、退位による代替わり後は皇位継承順位一位となる文仁《ふみひと》親王（秋篠宮）については「皇嗣《こうし》については皇太子の例による」とのみ定め、その御手元金は内廷外皇族としての皇族費を支給。その額を摂政在任中の皇族に準じて親王の定額（現在は三千五十万円）の三倍とし、スタッフも東宮職並みの体制とするという。秋篠宮家の親王、親王妃、成年内親王二人、未成年親王一人の定額総計は現在六千七百十万円だが、これが一億二千八百十万円になる。

ただ、文仁親王の称号は皇太子とはせず、新たに「皇太弟」の身分を新設することもしないという。したがって現在の秋篠宮のままとし、称号・敬称だけ「皇嗣殿下」とし、対外的には「クラウン・プリンス」と称することになるという。なぜこのような形とするのか。

①新身分を設けるには典範本則の改正が必要となり、これをあくまで避けたい政府の思惑によるのか。

②皇太子が男子を得る可能性がゼロではないからか。

③皇太弟の身分を設けると、将来に兄弟の継承争いにつながるからか。

④国民に親しまれ定着した宮号を残すためか。

⑤次男として一貫して皇太子家に遠慮してきた秋篠宮本人や現天皇、皇后の希望か。

⑥将来の愛子皇太子誕生の可能性や、内親王が「女性宮家」として受け継ぐ可能性への布石か。

――不透明でわかりにくいだけに、国民の胸に落ちる説明が必要だろう。

以上、特例法案の骨子を見て感じるのは、典範本則にいっさい手をつけず、今回の退位の発議主体も曖昧にするために、わかりにくい文言を連ねざるをえなくなったということだ。

いくつもの捩れの辻褄を合わせ繕う煩瑣《はんさ》な法文の迷宮のように感じるのは筆者だけだろうか。明治典範を起草した井上毅《いのうえこわし》や柳原前光《やなぎわらさきみつ》が存命なら、この法文を見て何と言うだろうか。

そして、事ここに至り思うのは、今後の宮家皇族の減少に対処するための課題となる女性皇族の扱いの改定こそ、むしろ特例法がふさわしいのではないかということだ。天皇の退位以上に世論も割れるだろうからだ。

男系男子の皇位継承原則に手をつけないとすれば、女性皇族を結婚後も一代かぎりで皇籍に残すか、あるいは英王室のように皇籍離脱後も特別の身分や資格を付与し皇室を支えてもらうことになる。

政治的妥協で典範が本法と特例法の重層構造となってしまった以上、該当女性皇族一代かぎりの扱いこそ特例法で乗りきらざるをえないのではないかということだ。

毒を食らわば皿まで、である。

モッコウバラ

モッコウバラが今年も咲いた。わが家では車庫の脇に仮植えの鉢を置いていたのが、あっという間に成長して蔓《つる》が車庫の屋根を覆い尽くした。

初夏ごとに小さな黄色い可憐な花がおびただしく咲き誇り、二階の窓から見惚れている。近隣の人たちも愛《め》でてくれる。もう根づいたに均しく、植え替えは忍び難くてできなくなっている。

眞子《まこ》内親王の婚約が内定した。婚儀は翌年になるという。モッコウバラは眞子内親王のお印で、花言葉は「初恋」である。

両親の秋篠宮夫妻の学生時代、結婚、「眞子ちゃん」誕生と成長——長く見守ってきただけに歳月の流れに感慨一入《ひとしお》である。

皇室では紀宮清子内親王から敬宮愛子内親王まで九人続けて女子誕生が続き、男子は四十一年ぶりに誕生した悠仁親王だけだ。清子内親王、高円宮《たかまどのみや》家の次女典子女王が「降嫁」。なお三内親王、四女王がいるが、まもなく筆頭宮家の秋篠宮家の長子である眞子内親王が去ろうとしている。

皇位の安定的継承への対処に関する政治の不作為は臨界点に達した感がある。

女性皇族の結婚後の扱いを変えるか、旧皇族の復籍を図るかの選択は待ったなしになったと言えよう。各種世論調査では、前者が圧倒的に支持されている。女性皇族を結婚後も皇室に残したり、皇籍を離れた後も皇室を支えたりしてもらう方策については五年前に当時の野田内閣が有識者のヒアリングをおこなって論点整理まで終え、三通りの選択肢にまとめていた。

（A1）女性皇族が結婚後も皇族の身分を保持する。夫や子も皇族とする。

（A2）女性皇族が結婚後も皇族の身分を保持する。夫や子は皇族としない。

（B）女性皇族は結婚後は皇籍を離脱するが、皇室の活動を支援できるようにする。

（A1）も（A2）も皇室典範改正が必要で、将来の女系天皇につながるので男系男子の皇位継承原則がなし崩しになるとの保守派の強硬な反対に遭った。

（B）は典範改正を要しない。

有識者の意見表明では、離脱後も「内親王」の称号を維持してもらうとの意見も多かった。戦前の旧皇室典範でも認められていたからだ。

しかし、内親王は皇族・華族に嫁ぐ定めだった戦前と違い、現憲法下では「新たな身分差別を設けることになり、法の下の平等を定めた憲法第十四条との関係で疑義が生じかねない」として、内親王称号付与案は退けられた。そして特別国家公務員などの資格で活動してもらう方向が提案されていた。

ただ、これでは皇族数の減少への対処にならないし、将来に男系男子による継承が行き詰まり女性・女系容認を検討せざるをえなくなっても対象候補がいなくなってしまうことになる。

皇太子家がなかなか子宝に恵まれなかった二〇〇二（平成十四）年、読売新聞社の国会議員アンケートの結果に驚愕した記憶がある。回答議員の九割近くが女性天皇に賛成。「事の重大さが理解されていない」と驚いたのだ。

そして十年後の二〇一二（平成二十四）年総選挙。いわゆる「女性宮家」創設を目指していた民主党政権が崩壊したあとの当選議員アンケートを集計した毎日新聞の調査によると、自民党議員二百九十四人のうち「女性宮家」創設に反対は二百十五人と実に七三パーセントを占めた。公明党は賛成が多いが、維新は反対が多く、全体でも四百八十人のうち反対は二百八十人と約六割を占めた。

二〇一四（平成二十六）年と二〇一七（平成二十九）年総選挙で改選されたものの、自公政権の圧勝は変わらなかったので、今も賛否分布はさほど変わっていないとみられ、女性・女系天皇を容認する典範改正は容易ではない国会勢力図が続いている。振幅の激しさ、国民世論とのギャップは絶望的に大きい。

強引に憲法改正を狙いはじめた安倍政権は、皇籍離脱後の内親王に特別公務員資格を与え、報酬や補佐組織をつけるとの選択肢（B）に、お得意の閣議決定だけで着地させようと考えるかもしれない。

ただ、これは皇族減少に対処して悠仁親王を支えてもらい、将来起き得る皇統の危機にも備え、「安定的な皇位継承」を確保するという本質的課題の解決にはならない。

筆者は、天皇の高齢にともなう譲位の途は、本来は皇室典範本則の改正で実現すべきだったとする一方で、女性皇族を結婚後も一代かぎり皇籍に残すか、準皇族資格で外から支えてもらうことこそ特例法で対処するにふさわしいのではないかと書いた（六〇二ページ）。

現天皇の退位を実現する特例法には、当初は反対した野党も政治的妥協の末に歩み寄った。その結果、皇室典範や皇室経済法などの関連法は本則と特例法を継ぎ接ぎした重層構造となり、コンシステントだった典範の規範性は損なわれた。

現在は、天皇の即位特例法の附帯決議で、皇位の安定的継承のためのいわゆる「女性宮家」の扱いをめぐって与野党の綱引きが展開されている。しかし、仮に期限を来年の通常国会までと区切っても、眞子内親王の婚儀に間に合わない恐れも大きい。

緊迫する今国会では会期延長論も出はじめた。民進党など野党は附帯決議の文言で争うくらいなら、会期の大幅延長によるか、秋の臨時国会で、一代かぎりの女性皇族残留を可能とする特例法の緊急議員立法の提起に踏みきってはどうだろうか。野田政権時代に論点整理、法案の下ごしらえまでしていた。政権与党に否決か対案提示かを迫って世論に問うのである。

与党内からは早くも「眞子内親王の結婚を政治利用すべきではない」「切り離して議論すべきだ」との声も聞こえる。筋違いだろう。そもそも天皇の退位について「差し迫っており時間がない」などとして特例法に固執したのは政権与党だった。眞子内親王の結婚はさらに差し迫っている。

もちろん本人や家族など皇室側が離脱を望むとしたら話は別だが、残る二内親王、四女王も適齢期にさしかかっており、〝離脱ドミノ〟の引き金になりかねない。本人方が希望すれば皇室を支えつづけてもらえる「受け皿」を作るとすれば待ったなしであることに変わりはない。

退位特例法では、典範本則改正を回避するため、なんと上皇、上皇后、皇嗣宮家という一代かぎりの「特例身分」まで新設する。

結婚する女性皇族が希望すれば、たとえば皇室経済法上の「独立生計を営む内親王」（皇族費は独立親王の定額の半分の一千五百二十五万円）や「独立生計を営む女王」（一千六十七万円）の扱いを一代かぎり特例として認めたり、皇籍を離れた後も準皇族的な位置づけを内含する新称号や敬称を付与して補佐体制を整えたりするためのハードルは従来になく低くなった。

明治以来の皇室制度の制度疲労が進んでいる以上、本格的な典範改正の論議は避けられないだろう。しかし、徒《いたず》らに「伝統」を叫ぶだけの政治の不作為が続く以上、必要に応じて対処するしかないだろう。

やはり、毒を食らわば皿まで、である。

【付記】

その後、二〇一八（平成三十）年三月四日と決まっていた眞子内親王と小室圭との納采の儀（結納）は延期されると宮内庁が二月六日に発表した。天皇の退位や皇太子の新天皇への即位などの儀式が終わる二〇二〇年まで延ばすという。「諸行事や結婚後の生活について、充分な準備を行う時間的余裕がない」（眞子内親王のコメント）との理由だが、小室家の借金などの問題が雑誌報道などで明らかとなったためともみられている。婚約が実現するのか破談となるのか不透明だが、いずれにしても内親王は当分は皇室にとどまることになった。

天皇退位特例法は附帯決議で「安定的な皇位継承を確保するための諸課題、女性宮家の創設等」について特例法「施行後、速やかに」検討することを政府に求めている。一時は女性宮家候補から外れるとみられた同内親王だが、あらためてその将来の扱いをどうすべきかスポットが当たるときが来るのではないだろうか。

四、五月改元への疑問符

現天皇の譲位にともなう改元は、二〇一九（平成三十一）年四月一日か五月一日が有力だという。

西暦との換算の便宜からも常識的には元日改元が自然だと思うが、年末年始の宮中の多忙を理由に宮内庁が難色を示し見送られそうだ。同年一月七日の昭和天皇三十年式年祭を現天皇がみずからおこないたいらしいとの推測報道も出ている。

しかし、同庁関係者やＯＢと話すと「陛下が式年祭をご自分でなさりたいなどとは聞いていない」「元日は多忙だが、年末がそんなに多忙とは思えない。違和感がある」と首を傾げる向きもある。

後世にわたり国民生活にも大きく影響が及ぶのにもかかわらず、検討過程が不透明なまま元旦改元が見送られる形勢だ。

思い当たるのが、「神社新報」が二〇一七（平成二十九）年九月に出した「時の流れ研究会」の提言である。

提言は、譲位の儀式を国事行為とする一方、敗戦で廃止された旧皇室令などを踏襲し、宮中三殿の祭祀を中軸におこなうよう主張している。とりわけ目立ったのが、譲位を一月七日の昭和天皇三十年式年祭の後にするべきだという主張だ。

「先帝陛下への今上陛下の篤い思し召しにより（式年祭をみずからおこなうことを）御望みのことと拝察申しあげられる」と忖度《そんたく》。政府にも「御即位三十年を奉祝申し上げたいとの国民の願ひを十分に考慮、検討されることを強く願ふ」と記念式典を催すよう求めている。そして改元の時期を「四月一日も一例」としているのである。

「時の流れ研究会」は、神社新報主筆だった保守思想家葦津珍彦《あしづうずひこ》の衣鉢《いはつ》を継ぐとして同社が設立。代表の同社社長以外のメンバーは明らかにしていないが、神社新報論説委員、日本会議や神道政治連盟のブレーンらで構成されているという。

四、五月改元説は、どうやら同提言が〝震源〟らしい。現天皇の在位を満三十年超えまで延ばして国民的「奉祝」「感謝」を盛り上げたい思惑も絡むとすれば、いささか本末転倒ではないだろうか。

筆者は昭和天皇の在位六十年、現天皇の即位十年、二十年の節目の奉祝祭典を皇居二重橋上で見つづけてきた。

一九八六（昭和六十一）年十一月十日、昭和天皇の在位六十年奉祝祭典ではパレードに三万五千人、皇居前広場への提灯行列に二万五千人（警視庁調べ）が集まった。

広場を埋めた提灯行列の人びとに昭和天皇が二重橋上に出て手を振った。提灯行列に応えて天皇が二重橋に姿を現したのは、一九三八（昭和十三）年十月、「武漢三鎮《ぶかんさんちん》陥落」を祝う四十万人に応えて以来だった。

暗闇の中で広場からは天皇の姿はほとんど見えなかった。

広場にもロープを張りめぐらせた通路が設けられ、あくまでも行列が広場を「通過」する形がとられた。皇居前広場では一九五二（昭和二十七）年の血のメーデー事件以来、閣議決定で集会は厳しく制限されていたためだ。

当時は奉祝側も謙虚で遠慮がちだった。互いに見えない相手に一生懸命に手を振る光景には不思議な感動を覚えたものだ。

ただ、当時の実行委の動員力不足で、自民党都議らは人集めにたいへんな苦労をしたという。平成の即位十年、二十年の奉祝祭典では、皇居前広場にステージと大音量のスピーカー、巨大スクリーンが設営され、芸能人らも揃えて度肝を抜くような派手なイベントと化した。

即位十年のときは、ロックバンドのGLAY、プロ野球の王貞治《おうさだはる》、松坂大輔《まつざかだいすけ》といったスターが顔を揃え、X JAPANのYOSHIKIが約二万一千人の観衆の前で自作の奉祝ピアノ協奏曲を披露した。

即位二十年でも、人気グループEXILEが奉祝曲を歌い、ダイナミックなダンスに、若い女性ファンら約三万人が酔い痴れた。

二重橋上から天皇、皇后が手を振り、天皇が「お言葉」を述べて引き揚げようと欄干《らんかん》から離れると、広場から悲鳴のような黄色い歓声があがった。天皇、皇后は急いで踵《きびす》を返しふたたび手を振ったが、実は歓声は巨大スクリーンに映し出された人気アイドルに向けられたものだったのだ。人気者を揃えて人寄せを図った末の笑えない一幕だった。

奉祝提灯行列と、ロックフェスティバルと見紛う派手な舞台との取り合わせには「皇室にそぐわない」とか「グロテスク」とか酷評する論評も散見された。

民主党政権発足の直後で、鳩山由紀夫首相らも参加するなど超党派の「国民的奉祝」を標榜《ひょうぼう》しながらも、各地方の奉祝実行委員会には地元政財界の有力者が名を列ね、事務局は日本会議地方本部に置かれた。

たとえば新潟県新発田《しばた》市では、即位十年に続き二十年にも地元伝統の屋台「しばた台輪《だいわ》」四基を東京に繰り出す運送費、関係者の交通費など一千三百万円を財政調整基金から「参加実行委員会」に支出した。「委員会が寄付を募り、不足分を市費で補う形がとれなかったか」との批判も出たという。

声をかけられれば断りにくい奉祝イベントは、日本会議が政財界との人脈・金脈を培い、組織力・動員力のウイングを広げる好機となってきたという見かたは穿《うが》ちすぎだろうか。

宮中の毎年十二月後半の外せない重要行事は十五日の御神楽《みかぐら》の儀、二十三日の天皇誕生日、二十五日の大正天皇祭、そして三十一日の節折《よおり》・大祓《おおはらい》だ。二十六日から三十日までの間に譲位と剣璽等を継承する儀式、それにともなう宮中三殿（賢所、皇霊殿、神殿）への奉告、新天皇の「朝見《ちょうけん》の儀」などを入れることがなぜできないのだろうか。

岡田精司《おかだせいし》元三重大学教授（古代史）によると、大王（天皇）就任儀礼では、即位儀は大嘗祭より古く、元旦に大極殿で挙行された「朝賀」の儀と同じ儀式だったという。

また、『日本書紀』では正月即位は神武《じんむ》―仁賢《にんけん》の間が十六例、舒明《じょめい》―持統《じとう》の間が五例。前者は架空の大王が多いが、後者の七世紀に王位に就いた大王も七名中五名が正月即位とされている。例外は大化の政変直後の孝徳《こうとく》（六月）と、壬申の乱で即位した天武《てんむ》（二月）だけ。七世紀の宮廷では「正月即位」が慣行であり、仁賢以前の十六例は、この慣行の反映とみられるという。（『天

皇代替り儀式の歴史的展開』所収論文）
現在の元日の「新年祝賀の儀」の原型が即位儀だったとすれば、新年祝賀の代わりに即位儀式をおこなうことはむしろ「伝統」に沿うのではないだろうか。
四月一日改元の場合は、国や地方公共団体、学校、企業などの年度替わりの節目なのでコンピューターのプログラム更改やカレンダー作成上も改元しやすいかもしれない。しかし同三日の神武天皇祭と重なるうえ、二つの元号を四月を境に使い分け、その年は天皇誕生日がなくなる。煩わしさを考えると、元日改元のほうが一般の国民にははるかに親切だろう。
また、ここへ来て、四月は統一地方選で慌ただしいなどとして五月一日改元案も急浮上した。黄金週間の最中であり、将来にわたり西暦換算の煩わしさが続くことに変わりはない。一般国民の便宜を置き去りにする政治家・官僚のご都合主義ではないだろうか。
四、五月改元論に浮かぶ疑問符である。

「前例踏襲」でいいのか

現天皇の退位は二〇一九年（平成三十一）年四月三十日、皇太子の即位と改元は同五月一日と決まった。せっかくの元日改元の好機が見送られたのは残念だ。

元日は四方拝や「新年祝賀の儀」で宮中が多忙だからとか、三月末は国会審議や統一地方選で慌ただしいといった理由づけは、何度聞いても腑に落ちない。政府も宮内庁も十分な説明責任を果たしているとは言い難く、不透明感は拭えない。

「一月七日の昭和天皇三十年式年祭を現天皇がみずからおこないたがっている」とも取り沙汰されるが、事実ならば「陛下、いくらなんでもわがままと見られます」と側近は忠言しなかったのだろうか。

お濠の内外に「在位三十年の奉祝と感謝」のイベントを盛り上げたい思惑もあるとすれば本末転倒だろう。昭和天皇の在位六十年奉祝以来、皇室の奉祝行事に時の政権の「便乗」めいた思惑が取り沙汰されてきたのも事実だ。

年度替わりの四月一日改元説は朝日新聞が書き、多くのメディアも追随したが、二〇一七（平成二十九）年十二月一日の皇室会議の直前になって五月一日説が急浮上して、一気に決まった。何が起きたかはうかがい知れない。

皇室会議でも五月一日改元に疑問を呈する声が出たと取り沙汰されているが、議長役の安倍晋《あべしん》三首相、菅《すが》義偉《よしひで》官房長官や宮内庁長官からの説明も含め、具体的なやりとりは非公開。発表された「議事概要」には影も形もない。

密室のなかで、国民の便宜や関心は置き去りになったのではないかとの不透明感が残ったことで、今後の皇位継承儀礼についての議論、ひいては将来の象徴天皇制の運用のゆくえにも危うさを覚えずにいられない。

五月一日即位・改元の場合、同日にレガリアの剣璽と御璽・国璽の移行をもって新天皇が即位する。先例によれば、その日から三日間にわたって皇祖神など神々に即位を奉告する「賢所の儀及び皇霊殿神殿に奉告の儀」が宮中三殿で執りおこなわれ、五月三日になってようやく新天皇が初めて国民代表と会って即位を宣言する「即位後朝見の儀」が国事行為として宮殿松の間でおこなわれることになる。手厚い「先神事」が貫かれる。

現天皇は「剣璽等承継の儀」から三日目の一九八九（平成元）年一月九日に朝見の儀に臨み、三権の長や認証官、地方自治体代表らの前で、即位を宣言する「おことば」を読み上げた。

ここに、皇位を継承するに当たり、大行《たいこう》天皇の御遺徳に深く思いをいたし、いかなるときも国民とともにあることを念願された御心を心としつつ、皆さんとともに日本国憲法を守り、これに従って責務を果たすことを誓い、国運の一層の進展と世界の平和、人類福祉の増進を切に希望してやみません。

次の天皇は即位・改元が五月一日となることで、勤労者の祭典「メーデー」の日に即位し、五月三日の「憲法記念日」に誓いの言葉を宣明することになる。

日本国憲法に基づく象徴天皇としては実にふさわしいとも言えそうだが、憲法改正を目指す現政権や官僚らが、この日程や憲法尊重の誓いに改変を加えるのか加えないのか。国民の側の受け止めかたはどうなるのか。ひとつの見どころである。

かつて大日本帝国憲法の天皇像を称揚するため旧登極令が定めた大がかりな皇位継承儀礼体系では、ことごとに神々のための祭礼が優先されて展開した。

たとえば中心儀礼の「即位礼正殿の儀」の当日朝には賢所でも庭上に威儀の者たちが整列し、正殿の儀並みの大規模な「即位礼当日賢所大前の儀」をおこなうと定められていた。さすがに一九九〇（平成二）年にはかなり簡略化はされたものの、これを筆頭に一つひとつの儀式ごとに宮中三殿で恭《うやうや》しく神々に奉告したり、神宮、山陵へ勅使を発遣したりするおびただしい神事・儀式が延々と続き、関係者の過重な負担は輪をかけて重くなる。

平成元年、二年と密着取材して、その煩瑣たるや、新天皇、皇族、参列者、事務方らを苛《さいな》む難行苦行のようにみえた。現天皇・皇后はよくぞ乗りきったものだと、その忍耐力、精神力には感嘆したものだ。それだけに、声高《こわだか》に「伝統」墨守を叫ぶ時代錯誤の論者に対しては「自分でやってみて言え」と怒りを覚える。もう思いきって再編簡略化したほうがいいと。

崩御継承の場合は救いとなる面もある。喪中となるため、即位直後の祭儀は略式化されていたのである。たとえば先に挙げた三殿での「奉告の儀」では、天皇のお告文《つげぶみ》や拝礼は掌典長の代読・代拝に、皇后の拝礼も掌典次長の代拝となる。剣璽等承継の儀や即位後朝見の儀の服装も、古装束ではなくモーニング、喪服だった。

しかし、次回は譲位継承となるため、新天皇、皇后は宮殿でも三殿でも古装束着用となり、三殿では三日連続でみずから拝礼することを求められる。三権の長らも連日参列を求められかねない。「適応障害」で十四年間以上、ほとんど祭祀に出ていない雅子新皇后には辛い試練となるだろう。

それ以上に、メーンの即位礼正殿の儀と大嘗祭、宮中饗宴のありかたや経費は「前例踏襲」では乗りきれないだろう。

官邸で首席参事官、官房副長官として十年以上にわたり準備を重ねて宮内庁長官として先の代替わりを仕切った故藤森昭一は、後年になって筆者に「忸怩《じくじ》たる思い」も漏らしていた。「根幹は前例踏襲で、憲法に抵触する枝葉は払ってなんとか乗りきったが、積み残した課題も多かった」と。

本来なら戦後の象徴天皇の皇位継承儀式は、戦前の旧皇室令の踏襲ではなく、ゼロベースから練り上げておくべきだったのだろう。

当時、高度経済成長とバブル景気にわいた日本経済も今や「デフレ経済」「失われた三十年」の停滞にあえぎ、皇位継承儀式に巨額の経費と膨大な人的エネルギーをさく余裕はない。第二次大戦の「主役」で在位六十年を超えた昭和天皇の大喪や現天皇の即位礼のように、大勢の外国元首らの参列を誇る時代でもないだろう。近年の欧州王室の譲位の儀式も、簡素だが厳粛で人間的なものだった。

東日本大震災や東京五輪のあおりで人件費は二倍近くに高騰しており、一夜にして壊される大嘗宮の建築費も先例の規模だと前回の二十億円では到底納まらないはずだ。

また、即位礼後の宮殿豊明殿での「饗宴の儀」は、先例では四日間計七回に及び、招待客は各回三、四百人。大嘗祭後の「大饗の儀」も二日間三回の、それぞれ二百五十人前後。席幅をとらない和食を供すると、国賓歓迎晩餐会の洋食の二倍の、五万円ほどかかるはずだ。

平成三十一年には現天皇の譲位儀式、新天皇の即位・改元、朝見の儀とパレード、即位の礼、饗宴、大嘗祭、大饗など祝賀や大宴会が打ち続く。これに現天皇の在位三十年奉祝も加われば、消費税増税も控えて国民の間に過剰感や反発が出ないか。心からの自然な盛り上がりとはかえって遠ざかりはしないだろうか。

政府、宮内庁は準備委員会をつくり本格的な準備に入る。市民感覚からかけ離れた事大主義や虚飾を排した抜本的な再編が求められる。

【付記】

内閣は二〇一八（平成三十）年四月三日、退位と即位の儀式の基本方針を次のように閣議決定した。

①式典の基本的な考え方や内容は前例を踏襲する
②現天皇の在位三十年記念式典を平成三十一年二月二十四日におこなう
③同四月三十日に「退位礼正殿の儀」を国事行為としておこなう
④同五月一日に新天皇の「剣璽等承継の儀」と「即位後朝見の儀」を国事行為としておこなう

⑤「即位礼正殿の儀」とパレード「祝賀御列の儀」を同年十月二十二日に国事行為としておこなう

⑥「饗宴の儀」を国事行為としておこなう

⑦秋篠宮の「立皇嗣の礼」を〝平成三十二年〟に国事行為としておこなう

「朝見の儀」は即位当日に「剣璽等承継の儀」のあとすぐにおこなうことになった。憲法記念日の朝見とはしないことになった。「前例踏襲」とならなかった理由については前例が崩御継承だったため大行天皇の尊骸との拝訣《はいけつ》（最後のお別れ）など葬送儀式と重なったが、次回はそうではないため、間をあける必要がなくなると説明していると聞く。それはそれで結構なことだが、前例でも斂棺《れんかん》（納棺）の日に朝見の儀がおこなわれている。これまで「手厚い先神事」と説明していた「前例」を省略することの説明にはなっていない。

柳田國男の憤懣

「大嘗祭《だいじようさい》は神嘉殿《しんかでん》でやればいいじゃないか」

昭和天皇の弟で一九八七（昭和六十二）年に死去した高松宮《たかまつのみや》は生前そう言っていたと聞いて意外に思ったことがある。平成の大嘗祭をめぐり「天皇が神になる儀式だ」「憲法の政教分離原則に反する」といった反発が強まっていた時期だ。

高松宮は神事の厳修など皇室の伝統継承に「うるさい宮さま」と宮内庁職員や掌典職職員らに煙たがられていた。その人が、大嘗宮を建てずとも宮中三殿に隣接した新嘗祭の常設祭場・神嘉殿でかまわぬと大胆な発言をしていたのは驚きだったのである。

戦前の旧皇室典範は「即位ノ礼及大嘗祭ハ京都ニ於テ之ヲ行フ」（第十一条）と定めていたが、戦後の典範では「皇位の継承があつたときは、即位の礼を行う」（第二十四条）として大嘗祭は削除された。内閣法制局も「神道儀式である大嘗祭を国家行事（国事行為）として行うのは憲法の政教分離原則から難しい」との見解だった。昭和天皇も「大嘗祭にそなえ内廷費を積み立てなくてよいのか」と心配していたという。

海部俊樹《かいふとしき》内閣が「皇室の長い伝統を受け継いだ、皇位継承に伴う一世一度の重要な儀式」として公的性格を認め国費支給に踏みきった。平成の大嘗祭は「皇室行事」（皇室の内輪の私的行事）

と性格づけながら、大正・昭和とほぼ同規模の巨大な大嘗宮を建造し、祭りのあと、すぐに取り壊されたのである。

各地で違憲訴訟が相次いだ。

昭和天皇も高松宮も、こうした事態の進展を見ぬまま世を去った。しかし、少なくとも生前は巨額の国費支出を求める考えはなかったのである。

一九九〇（平成二）年の大嘗祭を見た筆者には、二十数台のバスで参集した一千人もの参列者のざわめきばかりが記憶に残っている。悠紀殿供饌《ゆきでんきようせん》の儀で、何も見えない暗闇のなか三時間も寒さに耐えて座りつづけた参列者の多くは途中退席。翌未明の主基殿《すきでん》供饌の儀では、参列者幄舎はがらんとして空席が目立った。

民俗学者柳田國男《やなぎたくにお》は一九一五（大正四）年、貴族院書記官長のとき大礼使事務官に任じられ、大正天皇の大嘗祭に奉仕した。神門の内側で束帯姿で剣を佩《お》び弓矢を携えて警護する「威儀の者」も務めた。しかし、祭の実相には憤懣黙《ふんまんもだ》しがたく、建言書『大嘗祭ニ関スル所感』を密かに書き残した。元勲山県有朋《やまがたありとも》に提出することも考えたが、時代を憚ってか長く篋底《きようてい》に秘され、半世紀を経て没後に公表された。

柳田は大嘗祭を天地自然の経巡りのなかで農作物の稔りを神に感謝し新たな豊穣を祈ったものと見る。「国民全体の信仰に深き根底を有するものにして世中か新しくなると共に愈《いよいよ》其の斎忌を厳重にする必要のあるもの」という。だから、かつて旧暦十一月の中の卯の日という「仲冬《ちゆうとう》」におこなわれた冬至の時季の祭を、明治の改暦後に新暦十一月という「秋冬ノ間」（旧登極令）に前倒ししたのは「大祭の精神」を理解せぬものだと慨嘆した。

たとえば悠紀殿・主基殿の屋根に葺く稲わらは、米の収穫後のわらでは間に合わないため稔る前に刈り取っておかねばならず、聖域を区切る青柴垣をつくる椎柴も、中核神事の神饌親供《しんせんしんく》で原始自然の食器として使う柏の葉も新鮮なものを用意するのが難しいという（以下引用の原文は漢字カタカナ）。

葉盤《ひらで》・葉椀《くぼて》に用いらるる槲《かしわ》の葉の如きも期節尚早々、樹液多きが為め至って凋枯し易きにも拘わらず、何れも準備者の責任上、十日半月の以前より之を用意したるが為に、総体に於て清く新しき天然物を以て祭具を調製せらるるの趣旨十分に徹底せざるを認めたり。

また大嘗宮の規模がかつてなく大きくなったため、本来なら数日で急造すべきなのに、数ヵ月前に着工し祭のかなり前に竣工して「清きが上にも清かるへき神殿を長々雨塵に暴露せし」と憤った。

凡そ今回の大嘗祭の如く莫大の経費と労力を給与せられしことは全く前代未聞のこと（略）。参列する人員余りに多くして之が為め古例を超過したる大建築物を要し、（略）大祭の精神が急造素樸の間に存せしことを会得せざりしに因《よ》る。

また京都市中では「酒楼は絃歌の声を絶たす大忌の幄舎に参列すへき諸員にして火を忌ます人

を遠けさるは勿論獣肉五辛を喰ひ平然たる者其数少からす前代の慣習を見聞せし老人等をして是れ果して大嘗祭の前夜なるかを疑はしむるものありたり」と嘆いた。そして強い危機感を隠さない。

今回の如く混乱の内に三千年来の儀式を終るが如き前例を繰り返されざることを切望して已《や》まず。思うに明治以降制度の大変更を経たる後旧儀を復活することは各種の点に於て隠れたる種々の困難あるべく、例えば衣冠の使用法の如きも今回は期に臨みて之を百数十名の京都人に伝習せられたるも、（略）百年の後古老既に世を辞し、新人は洋風の生活に慣れ、古書を研究する者漸《ようや》く稀《まれ》なる時代に臨み、急に此《かく》の如き準備を企てらるるも恐らくは成績を挙ぐること難かるべし。

すでに柳田の『所感』から百年以上が経った。昭和のみならず平成の大嘗祭もほぼ大正を踏襲した。

そもそも大嘗祭自体が室町・戦国時代の後柏原《ごかしわばら》天皇から九代二百二十一年の間廃絶し、貞享《じょうきょう》四年（一六八七）に東山《ひがしやま》天皇のとき再興されたものだ。

旧登極令が下敷きにした貞観《じょうがん》儀式、延喜《えんぎ》式の儀礼体系は、平安期の皇位継承儀礼のもっとも盛大だった時代のものだ。大正以来の大嘗宮の規模もほぼこれに準じている。

しかし即位礼での天皇の中国風の装束や仏教儀礼は明治に廃された。大嘗祭でも、かつて京の民衆の耳目を集めた天皇の鴨川《かもがわ》への「御禊《ぎょけい》」行幸も、悠紀・主基の国人たちによる神饌や節会《せちえ》の食物を搬入する五千人もの大行列も廃されている。行列の目玉だった山車《だし》「標《ひょう》の山」も「造酒《さかつ》児《こ》」として輿で担がれた童女の姿もなくなった。

逆に、たとえば即位礼正殿の儀の当日朝の「賢所大前の儀」などは大正から登極令で設けられた「新儀」にすぎないのである。

「天皇の祈り」の形式は時代とともに変遷を重ねた。明治期の特異な天皇観による旧皇室令の政治的な「復興旧儀」の何を残し何をやめるか。象徴天皇にふさわしい皇位継承儀礼はどうあるべきかの議論は回避すべきではないだろう。

政府・宮内庁は「平成の即位儀式は現行憲法下において十分な検討が行われた」として前例踏襲の方向だという。往時、現場で取材していた筆者にはとてもそうは思えない。むしろ国論の亀裂を置き去りにして、とにかく厳戒態勢下で辛うじて乗りきったのが実情ではなかったか。

柳田や高松宮が提起した問いは「前例踏襲」で片付けるべきではないと思う。平成の前例が基本的には大正・昭和の前例踏襲だった以上、またもそれを踏襲することはいかにも安易で、また も問題点を後世に繰り越すことになるだろう。

現天皇は、すでに火葬による葬儀の簡素化を希望しており、旧皇室喪儀令による葬儀関連の儀式も再編は不可避だ。二百年ぶりの生前の退位に向け、新儀の検討も始まった。政府・宮内庁も、戦前の過剰な継承儀礼を見なおし、現代の象徴天皇にふさわしい儀礼を模索する努力をすべきだ。そうでないと、ますます市民感覚からかけ離れた空しい巨大イベントと化しかねないのではないか。

「記すに及ばぬ」秘儀ゆえに

手違いは、天皇が中核神事「神饌親供《しんせんしんく》」を終え、退出した直後に起きた。

一九九〇（平成二）年の大嘗祭。采女《うねめ》たちが供え物などを次々に撤下《てつか》し、最後に敷き物「神食《かみのす》薦《ごも》」を撤下しようとしたときだ。

「かしわの葉の食器や神饌を食薦に巻きこんで両端を紐（木綿《ゆう》）で縛って撤下する手はずでした。しかし担当の内舎人《うどねり》（掌典職員か）が紐で縛るのを忘れてしまったのです」（当時の采女役）

丸めた食薦がほどけ神饌をぶちまけてはたいへんだと采女らは必死で抱えて撤下するはめになったという。

大嘗宮の正殿である悠紀殿、主基殿で天皇が皇祖神に食物を供えてみずからも食する神饌親供を手伝う采女役は十人。白衣《しろぎぬ》、紅の切袴、青摺りの千早《ちはや》という采女装束姿で女官、元女官、女性御用掛など年配の女性たちが務めた。

筆頭格の陪膳采女《はいぜんのうねめ》が刀子筥《かたなばこ》、それに次ぐ後取采女《しんどりのうねめ》が巾子《たなご》筥《ばこ》を持ち、以下八人の采女がそれぞれ神への供え物を並べる神食薦、天皇の直会《なおらい》の食べ物を並べる食薦、箸筥《はしばこ》、枚手筥《ひらてばこ》、御飯筥《おものばこ》、鮮物《なまもの》筥《ばこ》、干物筥《からものばこ》、菓子筥《くだものばこ》を持って殿内に入る。掌典職員が、蚫汁漬《あわびのしるづけ》、海藻汁漬《めのしるづけ》や八足机などを運びこむ。天皇が竹の箸で盛りつける食べ物を陪膳采女が順次差し出すために采女たちは次々にリレー式に手交するのである。

十人のうち八人は正殿の外陣《げじん》に控える。聖域である内陣《ないじん》に入れるのは天皇のお供えと直会を補佐する陪膳采女と、彼女に順次手渡しする後取采女の二人だけだ。

古来、采女は手順を誤らぬようひそかに祈りを唱えるのが慣わしだったそうだ。

「先に挟むべき物を後に挟み給い、および諸《もろもろ》の咎《とが》ありとも、神直び大直びに受け給え」

平成の大嘗祭で采女がこの呪文を唱えたかどうかは定かではないが、祭儀の手順の複雑さに疲労困憊する采女にとって神饌撤下は、昔から鬼門だったのかもしれない。

午後七時ごろからの神饌行立《ぎょうりゅう》と呼ばれる悠紀殿内への参進から二時間半近く。そして同じ儀式が同じ顔ぶれで翌未明午前一時ごろから三時半ごろまで主基殿でも執りおこなわれる。儀式の骨格は毎年の新嘗祭とほぼ同じだが、所要時間はかなり上回り、皇族、大勢の宮内庁職員ら関係諸員だけでなく、一千人近くに及ぶ参列者にも過酷ともいえる我慢の儀式である。二時間近く前から廻立殿《かいりゅうでん》で潔斎と斎服への着替えをし、おびただしい供え物を特殊な箸で取り分ける複雑な所作を続ける新天皇にはさらに過酷だ。

采女の十人という人数も、神饌の品目やかしわの葉の食器も、平安時代の貞観儀式や延喜式による。大嘗宮全体や悠紀殿、主基殿の規模も天皇の「秘儀」の場となる内陣のしつらえもそうだ。

柴垣で囲まれた大嘗宮の聖域は東西二百十四尺（約六三メートル）、南北百五十尺（約四四メートル）。両正殿は東西二間一丈六尺（五メートル弱）。南北五間四丈（一二メートル弱）。近年の発掘で見つかった平城京や藤原京の大嘗宮跡も同規模という（なお、当時の一尺は現代とは長さが違う）。旧登極令による大正、昭和の大嘗宮はこれを踏襲。戦後初の平成の大嘗宮もそうだった。内輪の「皇室行事」という建前からは、いかにも巨大だ。

たしかに両正殿は、外陣に八人の采女が控える構造や内陣での儀式立てからあまり縮小はできないかもしれないが、全体規模は、近世では半分以下で実施されたものもある。関係建造物群の集約簡素化や、大正以降に新設された皇后の控え所「帳殿《ちょうでん》」や雨儀廊下などの見なおしは可能ではないだろうか。

もともと、掘立柱に茅葺きの簡素古朴な大嘗宮は、その用材の黒木なども悠紀の国、主基の国から人びとによって運ばれ、五日間で建造され、祭儀終了後はただちに取り壊され撤去されたのだ。

また、悠紀・主基両国の人びとが北野斎場から新穀や酒などを大嘗宮へと運ぶ行列は五千人に及び、その中心には造酒児《さかつこ》と呼ばれる童女が白木の輿《こし》で担がれ、京の人びとの目を奪った。対照的に大嘗祭そのものは厳重な物忌み、潔斎のうえで夜の浄闇のなかで執りおこなわれる古朴な秘儀であり、記録することも憚られてきた。

貞享四年（一六八七）に徳川幕府の援助で二百二十年ぶりに復興された東山天皇の大嘗祭について国学者荷田在満《かだのありまろ》が発刊した『大嘗会便蒙《だいじょうえべんもう》』は発禁とされ、荷田は百日間の閉門処分となったほどだ。

平成の大嘗祭は、憲法の政教分離の原則から皇室行事とされながらも「公的性格をもつ」として公費でおこなわれた。当時、宮内庁幹部は「宮廷費支出により政府の責任で制御できる面もある」などと苦しい説明をしていた。

一方、公費支出を理由に、天皇が廻立殿から悠紀殿へ向かう渡御行列は赤外線カメラで撮影されテレビ放映された。招待した大勢の参列者のために、本来一・九メートルの高さで視界を遮るはずの柴垣を一・一メートルに下げて渡御が見えるようにした。しかし、暗闇のなかで脂燭の明かり以外は何も見えなかった。

儀式立てについても詳細な説明は避けられ、一般の国民に十分な情報が伝えられないまま。大嘗宮も一九九〇（平成二）年十一月二十九日から一般参観が認められたが、十八日後には取り壊された。

悠紀殿、主基殿の内陣には二つの神座が設けられており、第一の神座は八重畳に坂枕の寝座に衾《ふすま》（寝具）がかけてある。第二の神座は皇祖神が神饌を食す座と考えられている。第一の神座には遠来の客の足元をはらう「打払布」や沓が添えられる。

この第一の神座については民俗学者折口信夫《おりくちしのぶ》の真床覆衾《まどこおぶすま》説が多くの民俗学者、史家に影響力を及ぼしていた。天孫降臨神話で天孫ニニギノミコトがくるまれて天降りした真床覆衾に相当し、新天皇はこれにくるまり天皇霊を身につけるとの解釈である。

これに対して、岡田《おかだ》荘司《しょうじ》國學院大学助教授（当時）が後円融《ごえんゆう》天皇の大嘗祭（永和《えいわ》元年［一三七五］）、称光《しょうこう》天皇の大嘗祭（応永《おうえい》二十二年［一四一五］）の記録や公家の記録などを精査して、天皇が寝具にくるまる所作はなく、天孫降臨神話に結びつける見かたもまったく見つからないとの研究結果を発表。采女、造酒児、中宮などとの「聖婚」説も退け、寝座は皇祖神を迎え休んでもらうためのものとの見解を発表した。当時の宮内庁も岡田説とほぼ同じ見解を示し、神社界もこれに呼応した。

しかし、たとえば廻立殿から悠紀・主基殿への渡御では、侍従たちが「葉薦《はごも》」という敷き物を前方に敷き延べ、後方から巻き取って天皇の足が地に触れぬようにする。『伏見《ふしみ》院御記《いんぎょき》』などによると、先導役は中臣《なかとみ》、忌部《いんべ》、猿女《さるめ》、御《み》巫《かんなぎ》。天孫降臨に随伴した神々を祖とする氏族の男女で、渡御は天孫降臨を象《かたど》ると考えられていたようだ。それだけに、平成の大嘗祭で式部官長が先導し宮内庁長官が随従したのには違和感があった。

平安より旧い時代の記録はなく、その後も「記すに及ばぬ」秘儀だっただけに、寝座をめぐってはさまざまな解釈が浮き沈みしている。そもそも、憲法の政教分離原則の下での象徴天皇の継承儀礼は、国家神道時代の旧登極令を下敷きにしているかぎり、神道原理主義的な称揚から違憲論までさまざまに国論を割れさせるシンボル体系となっているのではないか。

つくられた伝統

あんなに高い位置に登壇するのには、新天皇にもややためらいがあったようだ——一九九〇（平成二）年、「即位礼正殿の儀」での高御座《たかみくら》登壇について、宮内庁幹部からそう聞いたことがある。

日本国憲法下、初の象徴天皇の即位礼。宮内庁参与らにも意見を聴いたが、結局は大正天皇のときに新造され昭和天皇のときにも使われた高御座が京都から移送して使われた。

国民を代表して即位を寿《ことほ》ぐ役まわりの海部俊樹《かいふとしき》首相（当時）の側にも戸惑い、違和感があったようだ。

往古は中臣氏が「群臣」を代表して宮殿の十八階段下の地面に立ち、はるか殿上の高御座上の新天皇を仰ぎ見て「寿詞《よごと》」を述べて万歳を叫んだ。大正・昭和の即位礼でも歴代首相が平安装束姿で紫宸殿の階下で寿詞を読んだ。平成二年でも、宮殿の正殿に十八階段はしつらえたものの、国民主権を考慮して、首相はモーニング姿で正殿上に上がって寿詞を読み上げた。一時、保守派からは「せめて松の間外の廊下でやれ」との声まで出たが、本番では首相は敷居を越えて数歩進んで間内に入った。海部首相なりのこだわりがあったのだろう。

「天皇陛下万歳」と叫ぶことについても、社会党など野党の批判があり、最終的には「御即位を祝して、天皇陛下万歳」と限定づけることで折り合った。日本人参列者は一斉に起立して万歳三唱。北の丸公園で陸上自衛隊による二十一発の礼砲が響いた。ただ、多数の元首を含む外国賓客にまで唱和を求めることはできず、事前アナウンスで着席のままとした。

政府は高御座を即位式に欠かせぬ「伝統的な調度品」として平成二年でも使用したが、実は詳細な関連史料は少なく、定着した形状ははっきりしない。もともとは中国皇帝と同様に土盛りに昇っていたとも考えられている。幕末にいったん平安様式で復元されたが、すぐに安政《あんせい》元年（一八五四）の大火で紫宸殿とともに焼失。明治天皇の即位式では簡素な御帳台《みちょうだい》が使われた。現存の高御座は大正天皇の即位に際して江戸時代の絵図などを参考に新造されたものだ。

金箔、漆塗りの贅をつくした高御座は煌《きら》びやかで壮観ではあるが、「国民主権下の象徴天皇にふさわしいのか」との違和感も残る。屋形の屋根の鳳凰といい、壇の四方に描かれた架空の動物といい、明治初めに徹底して排除したはずの中国風の装飾でもある。

今は京都御所に安置されている大正の高御座は高さ六・五メートル、重さ八トン。江戸時代のものに較べて二割がた広く高く造られた巨大なものだ。政府は来年の代替わりでも、これを京都から運んで使う方針だというが、作製から百余年経って老朽化しつつあり、平成の際も本格的な修復を要した。巨大すぎて現宮殿の松の間は窮屈でもある。

一九六八（昭和四十三）年に建造された現宮殿は、京都御所の紫宸殿などを参考に即位式も想定して設計されたが、平成の「正殿の儀」では松の間に巨大な高御座と皇后の御帳台を置いたため、登壇した新天皇、皇后の顔は正殿の長押《なげし》に遮られて招待客席からはよく見えない状態だった。

もともと招待客を元首級六十六人はじめ外国人約四百五十人を含む総計二千五百人と過剰に膨らませたため、長和殿と豊明殿の中庭《ちゅうてい》側バルコニー前に仮設ステージを設けねばならなかった。屋内奥まで詰めこまれた人たちからは中庭上の「威儀の者」や松の間内の儀式はほとんど見えなかった。

たとえば松の間の中心に八角形の低い壇に椅子を置いて高御座を象徴させたり、コンパクトに簡略化された高御座を製作したりし、招待も絞るなど簡素化すべきではないだろうか。

そもそも即位礼正殿の儀は「宗教色はない」として国事行為とされたが、必ずしもそう割りきれない要素もある。たとえば正殿の南面の軒下に掛ける横断幕「帽額《もこう》」は、江戸時代までは日像《にっしょう》を中心に鳥龍、馬龍、獅子や、今は名称すら不詳の中国古代の伝説上の動物群が描かれていたが、明治以降は日像だけになった。白地小葵文に五彩瑞雲文散らしの中央に径五七センチの日章を金糸で織り出したものだ。

高御座上の案にはレガリアの剣と璽が置かれ、天皇が昇壇すると鉦《かね》の音を合図に侍従が前面を覆っていた帳《とばり》を開き、天皇が参列者の前に姿を現す。帽額の太陽の下、八重雲を押し分けてニニギノミコトが天降る「天孫降臨」を象るともみられる。貞享《じょうきょう》四年（一六八七）の二百年ぶりの大嘗祭復興の際は、高御座上の倚子や剣璽の案が内侍所（賢所）の神鏡より高くなるのを避けるため内侍所の床をかさ上げした。大正・昭和の即位儀でも春興殿（賢所）を床上げしている。平成の即位儀でも宮内庁は高低差をチェック。「皇居の新宮殿と宮中三殿との間ではかなりの標高差があったので賢所の床上げはせずにすんだ」（当時の幹部）という。

昭和の大礼の内閣の記録には次のように明記されている。

即位礼の淵源は天照大神が皇孫天津彦彦火瓊瓊杵尊《あまつひこひこほのににぎのみこと》を天つ高御座に即《つ》かしめられ、天璽《あまつしるし》の神器を授け給ひて、瑞穂国統治の神勅を賜ひたるに由来す。

（『昭和大礼要録』）

紫宸殿並大嘗宮の儀に先《さき》ちて賢所大前に神鏡を親斎せらるるは、蓋《けだ》し神武天皇が、橿原の宮に即位の式を挙げさせらるるに当り、天富命《あめのとみのみこと》諸々の忌部《いむべ》を率ゐ、天璽《あまつしるし》の鏡剣を捧持して正殿に奉安せられし古事を襲《つ》ぎ、猶一層鄭重ならしめんとの聖慮に出でしなるべし。（同）

一九九〇（平成二）年の「即位礼正殿の儀」は基本的に大正・昭和を踏襲した。新天皇の装束は平安時代の束帯「黄櫨染御袍《こうろぜんのごほう》」。江戸時代までの歴代の中国皇帝風の「袞衣《こんえ》」や「冕冠《べんかん》」は明治の初めに廃止され更新された。

宮殿中庭に林立させた旛《ばん》や旗類は、かつてはキトラ古墳や高松塚古墳で有名となった青龍、朱雀、白虎、玄武の四神など中国神話の紋様があしらわれていたが、明治で姿を消し、代わりに金《きん》鵄《し》や八咫烏《やたがらす》など神武東征神話のシンボルが登場した。

唐風なる龍像纛《とう》・蒼龍旗・朱雀旗・白虎旗・玄武旗・日像幢《とう》・月像幢等は之を廃し、我が国風なる日月像・纛旛《とうばん》・頭八咫烏形錦旛・霊鵄形錦旛・菊花章錦旛に更《あらた》めらる。（同）

また、万歳旛と呼ばれる旛には「厳瓮《いつべ》」と呼ばれる酒がめと鮎が描かれた。神武天皇が丹生《にう》の川上で酒がめを川に沈め、魚が酔って浮き上がれば国を平定できると占うと、魚が一斉に浮き上がったという神話に拠った。

ただ、これら神武神話の紋様は平成の即位儀では廃された。ほとんど大正・昭和を踏襲した平成の即位儀だが、これは唯一ともいえる「新機軸」だった。江戸時代以前に先例はなく「伝統」とは言い難いことや、軍国色に国民の抵抗感が強いとの判断とみられる。

即位儀式で天皇が体現する「伝統」は、実は時代とともに変遷を重ねている。古代以来続いた唐風が明治で排除されて神武神話が称揚され、戦後は神武色は消えた。しかし、こうした細部の変遷を超えて、「伝統」と呼ぶだけでは割りきれない神話色に彩られている。

象徴の危うさ

次の皇位継承が迫るなか、三十年前に昭和から平成への継承に接して経験した関連儀礼の過剰感について書いてきた。

なかでも、大嘗祭は神道祭祀では最大規模とされ、その他の諸祭儀も期日奉告、勅使発遣、奉幣等々のおびただしい関連祭儀が打ちつづき、神事こそが継承儀礼の主役かと見紛うほどで、煩瑣の感を否めない。平成の大礼の場合、二十六の主要祭儀のうち国事行為は五件にすぎず、残り二十一件が関連神道祭祀で、そのほかの祓除や地鎮祭も五件あった。

二〇一九（平成三十一）年の継承儀礼では、天皇の譲位に伴う退位の礼や秋篠宮の立皇嗣の礼およびその関連神事も加わる。宮内官の数は戦前の宮内省の六千五百人から現在は一千人に縮減。神事をおこなう掌典職も私的内廷職員となり僅少だ。職員や天皇・皇族方本人の負担は想像を絶する。

卑俗な喩えだが、企業規模が六分の一に縮小したあともオーナー家の宗教行事や公的行事を昔のまま続けるために、身の丈を超える膨大な人的・金銭的コストを払いつづけるようなものではないだろうか。そしてそれらは畢竟《ひっきょう》国民の負担に帰するのである。

やっかいなのは、神社界を中心に「国民的伝統」と称揚する声は根強いうえ、その「伝統」を誰も再検討できず硬直化していることだろう。

それら祭儀は戦前、国家事業として「帝室制度審議会」などで練り上げられ「登極令」「皇室祭祀令」などに法制化されていた。それだけに敗戦後に廃止され天皇家の私的な「皇室行事」となっても皇室の側から簡素化を言い出しにくいし、国会・政府の側も宗教領域として手をつけにくい構図だ。

結局は宮内庁が皇室と相談しつつ責任をもって再編するしかないのだろうが、いかに「儀式官庁」とはいえ、今の同庁の体制や人材で本格的に「聖域」に手をつけるのは難しいだろう。

かくして「神権天皇」称揚の時代の名残ともいえる巨大な祭儀体系が、いつまでも天皇家の人びとや宮内庁関係者、外部の協力者、参列者など関係者の過剰負担と巨額の国費の費消を生みつづけている。当然、根強い反発も絶えず、警備費用も膨大となる。

現天皇は、八十歳を超え「象徴天皇」としての模索の締め括りに差し掛かって、「伝統の継承者」を改めて自任しつつも（あるいはそれを自負するがゆえにか）皇位継承儀礼体系に風穴を開ける問題提起に踏み切った。火葬による葬儀・築陵の簡素化、憲政史上初の生前の退位である。制度疲労を起こし始めた皇位継承儀礼体系の根本的な再編につながるものだ。

近代以前の「伝統」も視野に収めつつ、「全身全霊をもって」（平成二十八年八月八日の「おことば」）重ねた模索の末の決断だったろう。根底には「事にあたっては、時として人々の傍らに立ち、その声に耳を傾け、思いに寄り添う」（同）との「国民統合の象徴」の行為、つまり「公的行為」の実践に裏打ちされた信念の表明だったのだろう。歴史と伝統への深い洞察と残される者への思いやりも感じられる。

しかし、その「心」はいまだ完全に解明され理解され、受け止められたとは言いがたい。政府の有識者会議でも国会でも、「象徴とは何か」についての天皇の提議を正面から掘り下げた議論にいたらず、葬儀や陵のありようにしても、特例法という変則的な生前譲位の形にしても、徹底を欠いた着地となった。

象徴天皇とは何者か——戦後憲法の施行にともない、政治学、憲法学、哲学、神話学、民俗学など多くの分野で数限りなく発せられた問いは今も解を求めてさまよいつづけているのではないか。

明治の帝国憲法下の元首としての権能——軍の統帥権、恩赦権、立法における裁可権、行政権など——を、戦後の国民主権下で天皇は失って象徴となった。一身で戦前、戦後の二生を生きた昭和天皇の在位は、背景に旧時代を背負いつつ「かつて為し得たことをもはや為さない、為させない」象徴として、戦後の体制転換を絶えず再現前させる存在だった。現憲法でも天皇が第一章に置かれたことは「旧憲法における天皇のあり方を否定し、そのことを通じて国民主権原理が登場してきたことの意味を示すもの」（樋口陽一『注釈　日本国憲法』）と解された。

しかし、初めから「象徴」として出発した現天皇は、初めから国家機関の中枢権能から切り離され、一般国民とともに受動的に歩み、等身大の儀礼的・形式的な役割を通じて「国民統合の象徴」としての望ましいありかたを「全身全霊で」追求する存在となった。

現憲法の策定作業にも関わった憲法学者佐藤功《さとういさお》は昭和三十二年、『君主制の研究　比較憲法的考察』で象徴天皇の位置づけを試みた。世界各国の君主制をこれほど広く視野に入れて考察したものは、その後も現れていないのではないかと思われる。

佐藤は日本国憲法で登場した象徴天皇制をプロシア型の帝国憲法からベルギー型立憲君主制への転換にも均しいとしつつ、あらためて英国型立憲君主制との比較検討をおこなった。主に「イギリスの学者によるイギリス君主制論の最も典型的なもの」としてアーネスト・バーカーの整理に注目。それによると君主の機能は以下の三領域に及ぶ。

①国内的に儀式的・形式的に統一の象徴として人びとの感情と情緒を共同体の奉仕へ引きつけるのに役立ち、政府の活動に儀式と形式を与える。また長い豊富な経験により政治勢力の対立を抱擁する「大きなマント」の役割を果たす。「国王は彼の大臣の助言によって行動する、しかし彼は大臣から区別される何ものかである。彼は国民の生活における真の力と感情とを代表する」

②対外的に友好諸国との厚誼と親交の上に貴重な役割を果たす。

③連合王国の国王であるだけでなくコモンウェルスであり「共同体の永続的象徴であり、その忠誠のための不断の磁石である」。

現天皇の歩んできた軌跡に引き寄せれば、「市井《しせい》の人々」（おことば）との哀歓の共有は、まさに①の「人々の感情と情緒を共同体の奉仕へ引きつける」「国民の生活における真の力と感情とを代表する」に通じる。言うまでもなく、②は初めて本格的に外国親善に乗り出した天皇であったことをあらためて想起させる。そして③は沖縄に対する姿勢にも通じるのではないだろうか。

ただし、佐藤は象徴の内包する危うさをも警告していた。

（マックス・ウェーバーによる）伝統的支配は、統治が長い伝統や慣習を背景にもち、そのような統治の長い歴史的由来に対する被治者の信頼が治者の支配を正統づける場合である。（略）この伝統がさらに君主の神話的起源に求められる場合が、いうまでもなく神権説の思想である。この神権説は近代に至ってほとんど正当化の力を失ったが、しかしこの神話に代えて伝統がもち出されるときに、古い神権説の思想は新しい装いの下に依然として維持されている。

そして米国の政治学者チャールズ・E・メリアムの指摘を紹介している。

もしも形式のみに権力があると考えるならば、それは儀式主義者の誤謬である。権力は実は象徴とそれが形成し、放出し、表現しようとする生命力との密接な関係の中に存する。死んだ象徴の所持者が今や厳しい政治的その他の秩序のより生き生きとした象徴の上に目を注いでいる人々から、その生命なき象徴の名前において、服従を獲ち得ようとして祈っている光景ほど悲劇的なものはない。

あとがき

絵画好きの知人がこのほどスイス旅行に出かけた。うらやんで目的を尋ねたら、パウル・クレーの絵を彼の郷里ベルンで見るためだという。日本にはなぜかクレーのファンが多い。

先年、有名な『新しい天使』（イスラエル博物館蔵）がベルンで里帰り展示された際には日本から大勢の愛好家が訪れたという。欧州でもクレーの展覧会に日本語ガイダンスが用意されたこともあるそうだ。

クレーと同じくナチスの迫害を受け、亡命しようとして果たせず命を断ったユダヤ系の思想家ヴァルター・ベンヤミンが『新しい天使』を愛蔵し、これに触発されて独自の「歴史哲学テーゼ」を書き遺したことはよく知られている。

現天皇・皇后両陛下を中心に昭和と平成の皇室の歩みを三十年余り見つづけ、月刊誌『選択』に書き継いできた連載を出版してもらえることになった。脈略なく自由気ままに書き連ねた十年間の連載を読み返していて、ふと思ったのは、両陛下が「象徴」たらんと歩んできた姿にはクレーの『新しい天使』などの天使たちとどこか通じるものがあるのではないかということだった。

ベンヤミンは「歴史哲学テーゼⅨ」で次のように記している。

「新しい天使」と題されているクレーの絵がある。（略）歴史の天使はこのような様子であるに違いない。かれは顔を過去に向けている。ぼくらであれば事件の連鎖を眺めるところに、かれはただカタストローフのみを見る。そのカタストローフは、やすみなく廃墟の上に廃墟を積みかさねて、それをかれの鼻っさきへつきつけてくるのだ。たぶんかれはそこに滞留して、死者たちを目覚めさせ、破壊されたものを寄せあつめて組みたてたいのだろうが、しかし楽園から吹いてくる強風がかれの翼にはらまれるばかりか、その風のいきおいがはげしいので、かれはもう翼を閉じることができない。強風は天使を、かれが背中を向けている未来のほうへ、不可抗的に運んでゆく。その一方ではかれの眼前の廃墟の山が、天に届くばかりに高くなる。ぼくらが進歩と呼ぶものは、この強風なのだ。（野村修訳）

両陛下が見つづけてきたのは、戦争の瓦礫《がれき》、大災害の瓦礫、放射能汚染で住めなくなった無人の街、汚染された海、そして犠牲となった死者たち、遺された生者たち、置き去りにされた弱者たち……。

神ならぬ身で人々すべてに寄り添うことなど不可能にきまっている。しかし「象徴」の務めとして、かけがえのない「いま」が「歴史」となる汀《みぎわ》に、忘却の風にあらがいつつ立ちつづけてきたのではないだろうか。

歴史上かつて生起した「いま」にこだわりつつ、次々に黄泉《よみ》の国に旅立つ人びとの思い出を書いた拙稿を読みなおすうち、そんな見かたがたちのぼってきた。

占領軍のマッカーサー司令官の軍事秘書で知日派だったボナー・フェラーズ准将は一九四五（昭和二十）年十月、同司令官に天皇不訴追を進言した覚書に、こう記した（本書一二一ページ）。

「彼らの天皇は、祖先の美徳を伝える民族の生ける象徴である」

昭和が終わりに近づいたころ、皇太子だった現天皇は、天皇のあるべき精神を問われ、皇室が衰微した十六世紀の後奈良《ごなら》天皇が写経に付した奥書を引用した。

「今茲《ことし》に、天下大疾、万民多く死亡に阽《のぞ》む。朕、民の父母として、徳、覆ふこと能《あた》はず。甚だ自ら痛む」

一九七五（昭和五十）年七月十七日、沖縄で火炎瓶を投げつけられた夜に出した談話では、こう述べた。

「払われた多くの尊い犠牲は、一時《いっとき》の行為や言葉によってあがなえるものではなく、人びとが長い年月をかけて、これを記憶し、一人ひとり、深い内省の中にあって、この地に心を寄せ続けていくことをおいて考えられません」

引き止めるすべもなく忘れられていく死者たち。記憶の風化に抗して戦場や災害の現場に立ち、その声を呼び覚まし、かつての「いま」にこだわりつづける決意表明のようだ。

クレーが描いた大勢の天使像は、まるで人間のようだ。それぞれの人に生涯を通して寄り添うらしい。だから天使も疑ったり、悩んだり、なまけたり、ともに戦い傷ついたりしている。人間の「心の内に潜むわれ」として成長するのかもしれない。ベンヤミンが愛蔵していた『新しい天使』の原語『アンゲルス・ノヴス』も「うら若い天使」と訳すべきだとの説もあるようだ。

「象徴」としての生涯を生きるということ、人びとのために祈るということについて、天皇と皇后の行動と言葉とは若き日からこんにちまで、歳月とともに深められたようにも感じる。

皇后さまは、かつて訪ねたバーミヤンの大仏がタリバンに爆破され崩れ落ちたときの衝撃を和歌に詠んだ（本書一〇〇ページ）。


知らずしてわれも撃ちしや春闌《た》くるバーミアンの野にみ仏在《ま》さず

これこそ自らの内なる「天使」にうながされて、人間だれもが知らず知らずのうちに抱えこむ不寛容や憎しみをかえりみて自らに問うている姿ではないだろうか。

東日本大震災では病をおして被災地を歴訪し、百人単位の大規模避難所でも「一人も置き去りにせぬ」と言わんばかりに膝をつき、それぞれに悲しみを抱える人びとにひとしなみに言葉をかけてまわる両陛下の姿は、千手観音もかくやと思わせるものがあった。（本書二六四ページ）

一期一会もその場限り。歴史を織り成す「いま」は引き止める手をしらず過ぎ去っていく。しかし、だからこそ大切なのだと思い定めているようでもある。

三十年余り身近で見てきたお二人は等身大のお人だった。それを隠したり権威で飾ったりしようとはしなかった。それだけに「翼にはらまれる風圧」を引き受けつづけた道のりの厳しさを思うのだ。

ナチスに追われて果てた画家と思想家の作品を「象徴天皇」に重ねるのには「粗雑な類推」とか「不敬」とかいった批判や異論も出るかもしれない。ベンヤミンが唯物史観をどうとらえたのかとか、彼の時間概念がヘーゲル、ハイデガーとどう違うのかとかいった専門家の深読みも大事なことだろう。

しかしそれらすべてを超えてクレーの天使の絵は一介の皇室記者の胸にも深くしみ入るのだ。

象徴は形であらわせないものを形象で呼び覚ます。感情、理念、精神、心、超越性、神話的心性……。歴史とは、生ける人々がたどった運命を時系列で記した「死せる標本」ではない。「神は細部に宿る」とすれば、「構成」することによって切り落とされる「細部」のなんと多いことだろう。だから必ずしも時制や脈絡にこだわらず、宮中で目にしたもの、耳にしたもの、感じ取ったものを「余話」として書き連ねた。専門書ではないので引用などの註も略し、書名などを簡略に付すにとどめた。優れた先学に感謝してご寛恕を請う。本文中は基本的に敬称は略した。

最後に、連載の書籍化にこころよく同意してくれた『選択』編集部に感謝します。また、こうした脈略のない連載を辛抱強く見守りつづけ書籍化を勧めてくれたうえ、「量は質に転化する」とつぶやきながら見事に再編整序してくれた講談社の編集者・横山建城氏に感謝します。

二〇一八年　六月二十三日

岩井克己

初出一覧

＊本書は雑誌『選択』連載「宮中取材余話　皇室の風」百十七回分（二〇〇八年九月号〜二〇一八年五月号）を書籍化したものです。
　書籍化にあたりテーマ別に配列、大幅に加筆修正しました。また、表記、体裁もあらためています。

　初出は以下のとおりです。

■はじめに

光の底のブラックホール（二〇〇八年九月号）

■お濠の向こうは

天井桟敷から見た宮殿（二〇一四年二月号）
伽羅先代萩（二〇一四年五月号）
内舎人と天皇（二〇一〇年九月号）
宮殿の秘所「表御服所」（二〇一四年六月号）
鋼鉄製金庫内の革製金庫（二〇一四年七月号）
元東宮大夫が見た宮中祭祀（二〇〇九年九月号）

■「昭和」は遠く

宮内庁廊下に幽霊が出た話（二〇一五年八月号）
堅強は死の徒なり（二〇一三年九月号）
歳歳年年人同じからず（二〇一五年十一月号）
山で死んだら草ぼうぼう（二〇一五年十二月号）
屍を曝すは固より覚悟なり（二〇一六年一月号　初出では、「屍を曝すは固より覚悟なり」）
還らぬ屍三十七万が語るもの（二〇一六年二月号）
難航する『昭和天皇実録』（二〇一一年一月号　初出では、難航する昭和天皇実録）
御召列車徐行す（二〇一四年十一月号）
『実録』が避けた制憲過程（二〇一五年二月号）
曼珠沙華緋色に咲いて（二〇〇八年十月号）

■終わらない「戦後」

破れし国の道義と民主（二〇〇八年十一月号）
天皇「神」と「人間」のあわい（二〇〇八年十二月号）
克服されなかった過去（二〇〇九年一月号）
加瀬俊一が語り残したこと（二〇〇九年四月号）
白洲次郎と新憲法（二〇〇九年七月号）
バッキンガムの小さな椅子（二〇一二年六月号）
靖国の名にそむきまつれる（二〇一三年二月号）

ゴルディアスの結び目（二〇一三年三月号）
女王退位と白菊の花（二〇一三年四月号）
ファビオラの柩と黒い喪帽（二〇一五年一月号）
慰霊の旅が投げかけるもの（二〇一五年五月号）
「戦後」のいちばん暑い夏（二〇一五年九月号）

■「退位」をめぐる歴史意識
『独白録』ふたつの「結論」（二〇一四年九月号）
退位しなかった心（二〇一四年十月号）
一切の恩遇は不詮議（二〇一五年十月号）
「朕は辞職する能はず」（二〇一六年十月号）
「摂政はダメなのよね」（二〇一六年十一月号）
柳原前光の深謀（二〇一七年三月号）
シラスとウシハク（二〇一二年二月号）
「世直し神」としてのアマテラス（二〇一二年三月号）
国譲り神話と美濃部達吉（二〇一二年四月号）
石原都知事の皇室観（二〇〇九年八月号）

■「平成流」皇室と東日本大震災
「男だねえ」（二〇一六年九月号）
平成の「玉音放送」（二〇一一年四月号）
二つの大震災と皇室（二〇一一年五月号）
黄色い旗と停まった時計（二〇一二年七月号）

伊勢神宮と鎮守さま（二〇一三年十一月号）
ディアスポラ（二〇一五年六月号）
「カネの切れ目は縁の切れ目」（二〇一五年七月号）
ひとしなみにかける言葉の力（二〇一二年十一月号）

■皇后・東宮・内親王
受け継がれる「伝統」の重さ（二〇〇九年十月号）
ハンセン病に寄り添って（二〇〇九年十二月号）
富美子と美智子（二〇一〇年七月号）
天皇が問う皇太子の覚悟（二〇〇九年二月号）
よみがえる光厳天皇（二〇一〇年二月号）
光厳帝に光を当てた岩佐美代子（二〇一〇年三月号）
皇太子と『誡太子書』（二〇一〇年四月号）
山折哲雄の皇太子退位論（二〇一三年五月号）
かくすればかくなるものと（二〇一三年七月号）
胡蝶蘭の思い出（二〇一五年三月号）
「浄瑠璃寺だね」（二〇一三年十月号）
出雲の高野槇（二〇一二年五月号）

■忘れえぬ人
日光儀仗隊長の述懐（二〇一〇年五月号）
奥日光天皇疎開秘話（二〇一〇年六月号）
白洲正子が語った秩父宮妃（二〇〇九年五月号）

「英雄」白洲次郎の実像（二〇〇九年六月号）
「キャピー原田」の死（二〇一〇年八月号）
『終戦のエンペラー』に思う（二〇一三年六月号　初出では、「終戦のエンペラー」に思う）
ロムロ将軍の思い出（二〇一六年三月号）
二君に事えるということ（二〇一五年四月号）
天皇のリゴリズム（二〇一四年十二月号）
クビをかけてるんだ（二〇一六年四月号）
ブリキのパンツ（二〇一六年八月号）
上山春平の思い出（二〇一二年十月号）

■神話は生きている

即位儀と天武天皇（二〇一一年六月号）
五節舞と天武の呪縛（二〇一一年三月号）
久米舞の謎（二〇一一年二月号）
天孫神話を映す即位儀式（二〇一一年七月号）
隼人の楯（二〇一三年八月号）
皇祖神の謎（二〇一一年八月号）
アマテラスの「誕生」（二〇一二年九月号）
ウケヒ神話の隠れた意図（二〇一一年十月号）
古事記の狙い（二〇一一年十一月号）
出雲国造の神賀詞（二〇一一年十二月号）
鎮まった祭神たち（二〇一二年一月号）

■必ずあること

皇室と仏教のつながり（二〇一〇年十一月号）
山階宮晃親王の遺言（二〇一〇年十二月号）
変貌する天皇喪儀（二〇一三年十二月号）
火葬と殯（二〇一二年八月号）
殯と大嘗祭（二〇一四年一月号）
問いなおされる天皇葬送儀礼（二〇一二年九月号　「問い直される天皇葬送儀礼」を表記変更）
副葬品から浮かぶ「人間天皇」（二〇一〇年十月号）

■皇室とメディア

英国王の刺青（二〇一四年四月号）
「お過ごしよう」をつかめ（二〇一六年六月号）
狭まりゆく皇室の「窓」（二〇〇九年三月号　「狭まり行く「報道」への窓」を改題）
狭まりゆく皇室の「窓」再論（二〇一二年十二月号）
狭まりゆく皇室の「窓」再々論（二〇一三年一月号）
守られるべき一視同仁の心（二〇〇九年十一月号）
まったくの僥倖から（二〇一七年七月号　「婚約取材の煉獄Ⅰ」を改題）
交渉決裂（二〇一七年八月号　「婚約取材の煉獄Ⅱ」を改題）

「朝日のおかげでしたね」（二〇一七年九月号「婚約取材の煉獄Ⅲ」を改題）
紀宮のメッセージ（二〇一七年十月号「婚約取材の煉獄Ⅳ」を改題）
礼宮の場合（二〇一七年十一月号「婚約取材の煉獄Ⅴ」を改題）
メディア・スクラム（二〇一六年五月号）

■きたるべき新時代に向けて

秋篠宮の発信（二〇一〇年一月号）
「平成のコメ騒動」（二〇一六年七月号）
天皇と自衛隊（二〇一四年三月号）
王より王党派（二〇一七年一月号）
園部元最高裁判事の提言（二〇一四年八月号）
「王道」を行くべきだ（二〇一六年十二月号）
元日即位も悪くない（二〇一七年二月号）
引かれ者の小唄（二〇一七年四月号）
毒を食らわば（二〇一七年五月号）
モッコウバラ（二〇一七年六月号）
四、五月改元への疑問符（二〇一七年十二月号）
「前例踏襲」でいいのか（二〇一八年一月号「継承儀礼の過剰感Ⅰ」を改題）
柳田國男の憤懣（二〇一八年二月号「継承儀礼の過剰感Ⅱ」を改題）
「記すに及ばぬ」秘儀ゆえに（二〇一八年三月号「継承儀礼の過剰感Ⅲ」を改題）
つくられた伝統（二〇一八年四月号「継承儀礼の過剰感Ⅳ」を改題）
象徴の危うさ（二〇一八年五月号「継承儀礼の過剰感Ⅴ」を改題）

岩井克己（いわい・かつみ）

1947年、富山県生まれ。慶應義塾大学経済学部卒業。1971年、朝日新聞社入社。1986年から東京社会部皇室担当。1994年から2012年まで朝日新聞編集委員、同年5月退社。2005年、「紀宮さま、婚約内定」の特報で新聞協会賞受賞。著書に『侍従長の遺言』（聞き書き・解説、朝日新聞社）、『天皇家の宿題』（朝日新書）、『皇室一五〇年史』（共著、ちくま新書）、監修に『徳川義寛終戦日記』『卜部亮吾侍従日記』（ともに朝日新聞社）などがある。

宮中取材《きゅうちゅうしゅざい》余《よ》話《わ》　皇室《こうしつ》の風《かぜ》

2018年7月20日　第1刷発行

著者　岩井克己《いわいかつみ》

発行者　渡瀬昌彦

発行所　株式会社 講談社
〒112-8001
東京都文京区音羽2-12-21
電話　出版　03(5395)3504
　　　販売　03(5395)5817
　　　業務　03(5395)3615

印刷所　慶昌堂印刷株式会社

製本所　大口製本印刷株式会社

定価はカバーに表示してあります。
落丁本・乱丁本は購入書店名を明記のうえ、小社業務あてにお送りください。
送料小社負担にてお取り替えいたします。
なお、この本についてのお問い合わせは、文芸第一出版部あてにお願いいたします。

N.D.C.323.15　648p　19cm
ISBN978-4-06-512305-8

慶喜のカリスマ

野口武彦　著

英邁豪胆？　卑怯臆病？
いったいどっちだったのか……。

歴史は時としてひとりの人物に過剰な役割を負わせる。そのとき、たしかに彼はカリスマであり、ある者は熱い希望を託し、ある者は深く警戒した。しかし、いつしかその行動は期待を大きく裏切り、あわれでなかば滑稽な結末を迎える。それはなぜだったのか。幕末の悲喜劇と明治の沈黙の向こうに日本最大の転形期の姿を見据えた傑作評伝。

講談社　定価：本体二五〇〇円（税別）
※定価は変更することがあります

元禄六花撰

野口武彦　著

元禄と平成、
なんの変わりがあるものか。

元禄の末期は地震に襲われ、宝永と改元され、将軍綱吉が没する。バブルの崩壊と天災、失政下の明るい諦念。この時代の諸相と現代とには、おそろしいくらいの共通性が読み取れる。それはたんなる江戸時代の年号のひとつではなく、派手やかなイメージで彩られた時間の実体であり、独特の蠱惑で人をさし招く。三百年の時空の皮膜に実をあらわす六つの物語。

講談社　定価：本体二〇〇〇円（税別）
※定価は変更することがあります

人間 昭和天皇（上）

高橋 紘 著

帝国の統治者たることを運命づけられた少年、裕仁。
皇室取材歴約四十年の著者による渾身の遺作。

偉大な祖父は皇孫の誕生を誰よりも喜んだ。
病弱な父と勁き母、闊達な弟宮たちとの葛藤、学友とともに受けた厳しい教育。乃木、東郷ら多くの功臣の期待を背に成長した彼は、第一次世界大戦後の欧州で君主とは何かを自問する。摂政就任から即位、戦争突入まで。

講談社 定価：本体二八〇〇円（税別）
※定価は変更することがあります

人間　昭和天皇（下）

大元帥から象徴へ、新しい物語が始まった……。
著者の遺言ともいうべき畢生の大作。

髙橋　紘　著

無謀な戦争の果てに帝国は瓦解し、占領された。戦犯訴追か、退位か……。苦悩のなか、彼は各地を巡幸して国民とふれあい、天皇のありかたを模索する。皇太子成婚、東京オリンピック、ふたたびの訪欧と訪米、そして崩御。平成の皇室についても筆は及ぶ。

講談社　定価：本体二八〇〇円（税別）
※定価は変更することがあります

伏見宮 もうひとつの天皇家

浅見雅男 著

「旧皇族」とは、
いったいいかなる存在か？

中世に世襲親王家として分岐し、独自の位置を占めた伏見宮系皇族。幕末の動乱、近代天皇制国家の成立後、その存在は徐々に数と重みを増し、変質してゆく……。万世一系の舞台裏、明治天皇と元勲・重臣の葛藤、大正・昭和期の宮さまたちの意外な姿と皇籍離脱までを描く。

講談社　定価：本体二二〇〇円（税別）
※定価は変更することがあります

皇后考

原　武史　著

時代と社会の変容とともに、
「ありうべき皇后」像はあった——。

血脈による正統性が保証された天皇とは異なり、人生の途中で皇室に嫁ぎ、さまざまな葛藤を克服するなかでその存在となる「皇后」。神功皇后や光明皇后ら、過去の偉大な皇后と感応しつつ、近代日本に時空を超えた皇后像を現出させ、さらにはアマテラスに自らを重ね合わせようとする貞明皇后。斬新な視点で天皇制の本質を明らかにし、秘められた扉を開いた記念碑的著作！

講談社　定価：本体三〇〇〇円（税別）
※定価は変更することがあります

儒学殺人事件　堀田正俊と徳川綱吉

小川和也　著

知られざる殿中暗殺事件から浮かび上がる、
異色の思想史ドラマ。

貞享元年（一六八四）八月二十八日。
江戸城御用部屋近くで大老堀田正俊が刺殺された。下手人は若年寄の稲葉正休。しかし、その背後には時の将軍綱吉がいた……⁉　いったいなぜ正俊は殺されねばならなかったのか。事件を解くカギは「儒学」にあった。第36回サントリー学芸賞（社会・風俗部門）受賞作。

講談社　定価：本体二八〇〇円（税別）
※定価は変更することがあります